Ensaios Sobre o Dia Seguinte

ENSAIOS SOBRE O DIA SEGUINTE.
O MUNDO, PORTUGAL E A EDUCAÇÃO

AUTOR
David Justino

EDITOR
EDIÇÕES ALMEDINA, S.A.
Avenida Emídio Navarro, 81, 3D
3000-151 Coimbra
Tel.: 239 851 904 · Fax: 239 851 901
www.almedina.net • editora@almedina.net

REVISÃO
Inês Castelhano

CAPA
Joana Carvalho

FOTOGRAFIA DA CAPA
© Nuno Ferreira Santos

PAGINAÇÃO
Aresta Criativa – Artes Gráficas

IMPRESSÃO E ACABAMENTO

janeiro, 2023

DEPÓSITO LEGAL
....

Biblioteca Nacional de Portugal – Catalogação na Publicação

JUSTINO, David, 1953-

Ensaios sobre o dia seguinte
ISBN 978-989-40-1031-9

CDU 821.134.3-4"20"

David Justino

Ensaios Sobre o Dia Seguinte

O MUNDO, PORTUGAL E A EDUCAÇÃO

ALMEDINA

Aos meus alunos,
razão maior de ser professor.
(1976–2022)

ÍNDICE

NOTA DO AUTOR

Todas as transcrições de textos e autores foram traduzidas pelo autor e são da sua inteira e exclusiva responsabilidade. Quanto à ortografia, o autor segue o acordo em vigor, não obstante manter a sua posição crítica em relação ao mesmo.

INTRODUÇÃO

> Se alguma vez a questão do Mal Físico mereceu a atenção de todos os homens, é nestes eventos desastrosos que nos lembram a contemplação da nossa débil natureza, como as pestes gerais que levaram um quarto dos homens no mundo conhecido, o terramoto que engoliu 400 mil pessoas na China em 1699, o de Lima e Callao, e por último o de Portugal e o do reino de Fez. O axioma *Está tudo bem* parece um pouco estranho para aqueles que testemunham esses desastres. Tudo está organizado, tudo é ordenado, sem dúvida, pela Providência; mas é muito sensível que tudo, há muito tempo, não é preparado para o nosso bem-estar presente.
>
> Voltaire, prefácio a *Poèmes sur le Désastre de Lisbonne et sur la Loi Naturelle*. Genebra, 1756.

A notícia do terramoto de 1 de novembro de 1755 que destruiu Lisboa de forma tão arrasadora ecoou pelo mundo, como se, nas palavras de Goethe, «o demónio do terror nunca tivesse difundido tão rapidamente e poderosamente os seus terrores sobre a terra», «espalhando um alarme prodigioso por todo o mundo, há muito habituado a paz e sossego».[1]

---

[1] Johann Wolfgang von Goethe. «Autobiography: Truth and Fiction Relating to My Life». Apple Books. Disponível em: https://books.apple.com/pt/book/autobiography-truth-and-fiction-relating-to-my-life/id501272420?l=en.

Muita da investigação histórica publicada[2], assinalando os 250 anos do terramoto de Lisboa, dá-nos um retrato das múltiplas reações que a catástrofe provocou um pouco por toda a Europa, com especial incidência no restrito círculo da reflexão filosófica, de Rosseau a Kant, passando por Diderot.

Voltaire terá sido dos primeiros a reagir, publicando, poucos meses passados sobre o acontecimento, os seus «Poemas sobre o Desastre de Lisboa e sobre a Lei Natural». Lisboa dera-lhe o melhor argumento contra as visões providencialistas e «otimistas» do mundo, especialmente as expressas por Alexander Pope e Leibniz. Como é que uma catástrofe como aquela poderia ser a imagem da obra perfeita de Deus e das suas leis naturais. Como é que o sofrimento humano provocado por catástrofes naturais era explicável à luz das teodiceias e das visões providencialistas do século XVIII.

A coincidência de o terramoto ter ocorrido no Dia de Todos os Santos e à hora (9h30) a que os fiéis se encontravam reunidos nas inúmeras igrejas de Lisboa desde logo despertou a especulação sobre o sinal que poderia representar. O padre Jesuíta Gabriel Malagrida não demorou a publicar um opúsculo[3] onde expressou a angústia «de ver [...] em decadência uma Côrte tão rica, tão bela, tão florescente, debaixo do suave, e pacífico Império de um Rei Pio, e Fidelíssimo, que podia causar inveja às mais opulentas Cortes de todo o Mundo».[4] O escrito, ao estilo da mais eloquente parenética, tinha como tese central que terá sido o pecado dos homens a suscitar a ira de Deus: «Sabe pois, ò Lisboa, que os únicos destruidores de tantas casas, e Palácios,

---

[2] Sem ser exaustivo, são contributos fundamentais os de José Luís Cardoso, «El terremoto de Lisboa de 1755 y la política de regulación económica del Marqués de Pombal». *Historia y política: Ideas, procesos y movimientos sociales*, 16 (2006): 209–236. Araújo, Ana Cristina. «The Lisbon earthquake of 1755: Public distress and political propaganda». *E-journal of Portuguese History* 2 (2006). Araújo, Ana Cristina. «O desastre de Lisboa e a opinião pública europeia». *Estudos de História Contemporânea Portuguesa. Homenagem ao Professor Víctor de Sá* (1991): 93–107. Tavares, Rui. *O Pequeno Livro do Grande Terramoto: Ensaio sobre 1755*. Tinta-da-china, 2005. Paice, Edward. *Wrath of God: The great Lisbon earthquake of 1755*. Quercus Books, 2008. Num outro registo, a notável obra de ficção de Real, Miguel. *A Voz da Terra*. LeYa, 2012.

[3] *Juizo da Verdadeira Causa do Terremoto que Padeceo a Corte de Lisboa no Primeiro de Novembro de 1755*. Lisboa, Officina de Manoel Soares, 1756.

[4] *Idem*: 3.

os assoladores de tantos Templos, e Conventos, homicidas de tantos seus habitadores, os incêndios devoradores de tantos tesouros, os que as trazem ainda tão inquieta, e fora da sua natural firmeza, não são Cometas, não são Estrelas, não são vapores, ou exalações, não são Fenómenos, não são contingências, ou causas naturais; mas são unicamente os nossos intoleráveis pecados.»[5]

O destinatário era, muito provavelmente, Sebastião José de Carvalho e Melo, o homem que emergia da catástrofe com um poder reforçado e que assumira como responsabilidade do Estado a resposta de emergência e a mobilização do esforço coletivo para a reconstrução da cidade.

Para o futuro marquês de Pombal, as causas não eram sobrenaturais, tão-só o que Voltaire viria a considerar como uma consequência do «mal físico» suscetível de ser explicado pela ciência e pelas leis da natureza.

Russel R. Dynes, um dos já clássicos especialistas da sociologia das catástrofes, defendeu a ideia de que o terramoto de Lisboa de 1755 terá sido «o primeiro desastre moderno», o qual se deverá contextualizar nos processos de construção do modelo de Estado moderno na Europa e na progressiva secularização da ação pública e afirmação da legitimação científica.

Numa obra publicada há poucos anos, *Evil in Modern Thought: An Alternative History of Philosophy*, Susan Neuman[6] retoma a questão do «mal físico» em torno da relação do terramoto de Lisboa com o pensamento moderno e a própria ideia de modernidade, mas reformula-a a partir da comparação com um outro mal do século XX, Auschwitz. O texto é estimulante e coloca-nos perante a ideia de uma catástrofe natural que deveria ser referenciada como uma rutura, um novo ponto de partida. Para a autora, o terramoto de Lisboa pode ser entendido como o «berço da modernidade», pelo impacto que teve na secularização da cultura e na afirmação do conhecimento científico moderno. O significado desta catástrofe não residia na dimensão da destruição provocada ou na surpresa com que o mundo recebeu a notícia, mas antes na conjuntura específica da afirmação do iluminismo na Europa e da emergência de um novo programa e de uma nova matriz cultural a que mais tarde se virá a designar por modernidade.

---

[5] *Idem*: 3–4.

[6] Princeton University Press, edição de 2015.

A história das catástrofes naturais nos últimos cinco séculos deixa-nos, entretanto, um balanço menos ameaçador do que o balanço das grandes epidemias. No século XVI, a varíola no Novo Mundo terá provocado mais de 50 milhões de mortes, a gripe espanhola andou perto dessa ordem de grandeza e o VIH/SIDA, cerca de 30 milhões. Ora, entre as grandes catástrofes naturais, raras ultrapassaram o milhão de óbitos, e as que superaram esse limiar foi mais pelo rasto de fome e de doença que deixaram do que pelo seu efeito direto. São os casos das grandes inundações na Índia (1876–1879) e na China (Rio Amarelo, 1887).

Porém, as maiores catástrofes foram as resultantes das guerras. Muito superiores aos efeitos do «mal físico» foram os do «mal moral». No caso da China, o século XVII foi marcado pelas lutas da transição da Dinastia Ming para a Qing, que provocaram mais de 25 milhões de mortes. A rebelião de Taiping (1850–1864) terá causado algo como entre 20 e 70 milhões de vítimas mortais, a segunda Guerra Sino-Nipónica, entre 20 e 25 milhões. Na Europa, as Guerras Napoleónicas (1803–1815), a I e a II Guerras Mundiais terão provocado, no seu somatório, mais de 100 milhões de baixas civis e militares.

Ainda não encerrado o ciclo pandémico da covid-19, a contagem de mortes, a nível mundial, passou os 6,6 milhões (OMS, 13 de outubro de 2022). É uma ordem de grandeza muito inferior à das pandemias anteriores, mas escandalosamente reduzida em comparação com os conflitos militares. Se as catástrofes não se medem exclusivamente pelo seu impacto destruidor e pelas baixas causadas, podem também avaliar-se pelos efeitos que provocam nos estilos e conceções da vida, nas crenças, nos valores, nas expectativas e nos medos com que se encara o dia seguinte.

Por isso, parece-me ter todo o sentido recuperar a questão que anda nas mentes de muitos cientistas: como vai ser o dia seguinte, como será a Humanidade pós-covid-19? A pergunta tem múltiplas respostas, consoante o ângulo e o foco da reflexão, quer se trate da economia ou das dinâmicas sociais, dos sistemas políticos ou dos sistemas de valores, das ideologias ou dos modelos de sociedade. «Nada vai ser como dantes!», clamam os mais abismados. Só que o efeito de catálise não depende em exclusivo do catalisador, mas também do reagente, ou seja, do contexto em que se opera a mudança. Se quisermos, poderemos invocar outra analogia com o chamado «efeito borboleta». Pequenos e limitados acontecimentos podem provocar um efeito desestruturante em grande escala, dependendo da maior ou menor resiliência do sistema onde se opera.

Ora, os tempos pré-pandemia estavam longe de se enquadrarem na expressão otimista que Voltaire denunciou: «Está tudo bem!». Não, não estava tudo bem. Apesar das visões mais otimistas do crescimento económico, multiplicavam-se os sinais de alarme, vindos um pouco de todo o lado. São esses sinais que tentarei identificar para que possamos compreender até que ponto estamos perante um ponto de rutura ou um mero sobressalto na «Marcha da Humanidade» que a ideia de progresso sustentou.

Neste último ano, a invasão da Ucrânia pelos exércitos russos agravou ainda mais o cenário que acabámos de desenhar a traços largos. Ao fim de 77 anos, a Europa voltou a ser palco de uma guerra entre Estados. Ainda mal refeitos do choque da Guerra dos Balcãs — muito mais próxima de uma guerra civil do que uma guerra entre Estados, não obstante o envolvimento da NATO (North Atlantic Treaty Organization, ou Organização do Tratado do Atlântico Norte) e o apoio de outras potências —, a situação que se vive atualmente na Ucrânia representa o regresso da barbárie onde as próprias leis da guerra são diariamente violadas. Não sabemos quais os efeitos globais deste conflito, mas tudo aponta para uma nova reconfiguração geopolítica, construída sobre o escalar das tensões e uma maior incerteza sobre o futuro que se aproxima. A ameaça nuclear passou a integrar a narrativa beligerante, qual chantagem que impende sobre a Humanidade, e o medo e a insegurança instalam-se um pouco por todo o mundo.

Os grandes acontecimentos ou as grandes catástrofes raramente são previsíveis. Também os processos de mudança que se desencadeiam por esses acontecimentos dificilmente são antecipados. A maneira como abordo alguns dos problemas que considero fundamentais neste livro segue muito os ensinamentos dos autores clássicos, especialmente Alexis de Tocqueville, quando escreve:

> A história me ensina que nenhum dos homens que testemunharam a destruição das organizações religiosas ou sociais que o mundo já viu poderia adivinhar ou mesmo imaginar o que se seguiria: o que não impediu que

> o cristianismo sucedesse à idolatria, a domesticidade à escravidão, os bárbaros à civilização romana, e a hierarquia feudal à barbárie. Cada uma dessas mudanças ocorreu sem ter sido minimamente prevista por nenhum dos escritores [...] que viveram no tempo imediatamente precedente e anterior às revoluções fundamentais.[7]

Vai no mesmo sentido a abordagem de Reinhard Bendix quando denuncia a «falácia do determinismo retrospetivo», em que, ao olhar para o passado, «parece como se tudo tivesse de decorrer exatamente como aconteceu».[8] Tal como Bendix, não simpatizo com visões deterministas, nem retrospetivas nem prospetivas, porque, tal como ele, «quero devolver ao homem do passado a imprevisibilidade do futuro e a dignidade de atuar perante a incerteza. Ao olhar para trás, nós, observadores, tendemos a despojar o passado do futuro que lhe pertence, porque o nosso conhecimento dos factos subsequentes nos engana.»[9]

Eu reconheço que não é facilmente aceitável este tipo de abordagem quando na sociedade atual existe uma obsessão com o seu futuro. Quanto maior a incerteza, maior a obsessão. Os jornalistas desvalorizam os factos do dia-a-dia para se centrarem no exercício especulativo «do que vai acontecer», os comentadores, especialmente na esfera da política e da economia, passam o tempo a fazer previsões e a traçar caminhos para o futuro, os líderes partidários tornam-se cada vez mais escravos do imediato e do mediático e o cidadão comum reage a todo este ruído, tornando-se ou indiferente ou cauteloso, apostando sempre na pomba que tem na mão, em detrimento das que estão a voar.

Este livro é um exercício de reflexão partilhada sem preocupações de afirmação de qualquer campo do conhecimento — que não sejam as ciências sociais —, atividade profissional ou política. Não é extensivo nem sistemático na seleção dos temas e nos problemas que aborda. Eles surgem um pouco

---

[7] «Lettre de A. Tocqueville à Madame Grote, 24 juillet 1850». *Oeuvres completes d'Alexis de Tocqueville.* Tome 6, *Correspondance.* Paris, Michel Lévy Frères, Libraires Éditeurs, 1867: 150.

[8] *Force, Fate and Freedom. On Historical Sociology.* Berkeley, University of California Press, 1984: 55.

[9] *Idem*: 58.

ao sabor das inquietações que nos estimulam a pensar sobre os problemas das sociedades atuais, com particular atenção para Portugal e, como remate, para os problemas da educação no mundo de hoje. Tentaremos explicar o porquê deste movimento de *zoom* a que não é alheia a experiência académica e política do autor.

Incluo neste conjunto de ensaios alguns temas já desenvolvidos em artigos científicos, em conferências realizadas nos últimos anos e que há muito abordo nas minhas aulas da licenciatura em Sociologia e dos cursos de mestrado e doutoramento em Educação, na Universidade Nova de Lisboa. Esse é o meu laboratório, onde, com os meus alunos, tenho a pretensão de os ajudar a pensar os problemas sociais e culturais contemporâneos. É desse hábito arreigado que extraí algumas páginas nunca publicadas, adotando o formato de ensaio, dado que estes textos refletem, antes de mais, maneiras de pensar, questionando adquiridos e menos explícitos exercícios de análise empírica que ficarão vertidos nas dezenas de artigos científicos que publiquei ao longo de 46 anos de carreira académica.

A primeira parte centra-se sobre alguns dos problemas mais candentes do mundo de hoje, a começar pela incerteza e pelos processos de mudança. Alguns dos capítulos foram publicados no jornal *Público*, numa série de dez artigos, agora revistos e, na maior parte dos casos, ampliados, porque muito ficou por escrever, limitados que estávamos pela natureza da publicação. Esses artigos mais não queriam ser que limitadas formulações das problemáticas. Refleti sobre alguns dos comentários que me chegaram e ajustei algumas ideias e conceitos que não tinham ficado devidamente esclarecidos.

A globalização foi assumida, quer no mundo académico quer na opinião pública e publicada, como o mais importante referencial da mudança operada nas últimas três décadas no mundo. Numa única palavra, encerra-se uma multiplicidade de alterações e de processos de transformação que vão da revolução digital e das comunicações à incorporação de vastos mercados na economia mundial, da transnacionalização dos problemas sociais e políticos às alterações climáticas. Tudo se enreda nessa ideia simples de uma reconfiguração da escala e de um poder de impregnação e de mobilização de recursos nunca observada.

Por onde vamos neste «mundo às avessas»? Fascinados pela incessante torrente das novidades, inseguros e abismados pelo vórtice da mudança, exacerbados pelo fundamentalismo ideológico e religioso, disfarçamos o medo face à contingência do dia seguinte.

A segunda parte é dedicada a alguns dos problemas fundamentais da sociedade portuguesa. Os textos que incluo não pretendem apontar soluções — deixo esse desafio para a esfera da intervenção política —, tão-só formular problemas e destacar as diferentes maneiras como eles têm sido pensados. Mas faço-o num particular contexto da nossa vida coletiva e numa circunstância que não pretendo dissimular: a de um ator político que não ilude as suas opções e a de um académico que não confunde o esforço de isenção com qualquer busca de neutralidade.

Portugal regressou ao «Labirinto» de onde, provavelmente, nunca saiu. Porém, ainda prefiro pensar que se trata de um embaraço suscetível de ter saída, e não de um beco cuja única alternativa será o retrocesso. Duas décadas de crescimento económico envergonhado, uma evolução demográfica depressiva, quase meio século de um sistema político que degenera lentamente, uma organização social tolhida pelas desigualdades, enfim, uma sociedade deslaçada que não consegue criar as oportunidades que as novas gerações exigem. Uns clamam por reformas, mas a maioria resigna-se à gestão do dia-a-dia, ao «fazer pela vidinha», despertando o indiferentismo de quem não quer ser importunado.

A terceira parte é dedicada à educação. Se há instituição que representa uma visão de futuro, a educação é claramente aquela em que as sociedades depositam a esperança maior. Porém, essa esperança tem sido desproporcionada. As expectativas que se acumulam sobre o poder da escola para resolver os problemas da sociedade são muito superiores ao que a própria escola consegue suportar. A escola da modernidade, assente sobre os princípios da racionalidade, da massificação e da cidadania, generalizou-se à escala global e a ela se deve o facto de 90%[10] da população em idade escolar frequentar o ensino primário. Mas nem por isso o «mal moral» se dissipou. A violência, a criminalidade, a intolerância, a servidão e a guerra continuam a dominar o espectro dos riscos mais ameaçadores da Humanidade.

---

[10] UNESCO, School enrollment, primary (% net). Disponível em: https://data.worldbank.org/indicator/SE.PRM.NENR (consultado em 9 de maio de 2021).

A escola nunca deixou de ser o espelho idealizado da sociedade. Nela coexistem o espaço «sacralizado» da existência coletiva, do legado de uma identidade construída ao longo dos tempos e as projeções e anseios de uma sociedade futura que se pretende aperfeiçoada através da concretização das ideias, das teorias e das ideologias, quer as entendamos como dominantes ou periféricas. Para uma sociedade como a portuguesa, que só nas últimas décadas conseguiu superar o atraso educativo secular, o cansaço de uma mudança acelerada e tardia conduziu à desfocagem dos propósitos fundamentais e à busca da mudança voluntariosa, à inovação ritualista e ineficaz ou, pelo contrário, ao enquistamento corporativo.

Estes *Ensaios Sobre o Dia Seguinte* são, assim o pretendo, uma abordagem do porvir a partir da reflexão sobre o passado, mais ou menos recente, tal como o interpretamos. Não os entendam como qualquer tentativa de «antecipação» do futuro. Neste aspecto, continuo fiel ao conselho de Raymond Aron: «Toda [a] previsão histórica deve levar em conta aquilo que é chamado a *pluralidade das determinações*, e a *possibilidade das coincidências e dos acidentes*. Felizmente, para o nosso bem ou para o nosso mal — acho que é para o nosso bem —, não podemos prever o futuro.»[11]

Fiéis que somos às maneiras de pensar cientificamente conduzidas em ciências sociais, essa reflexão parte sempre dos problemas e da sua constante (re)formulação, numa incessante busca de explicações verosímeis, de preferência a conclusões ditas verdadeiras. Por isso, lembro, mais uma vez: escolhi a fórmula dos ensaios que nos conferem um pouco mais de liberdade e de capacidade de questionamento do adquirido válido ou do senso comum que nos tende a esmagar neste mundo de comunicação avassaladora.

---

[11] *Dix-huit leçons sur la société industrielle*. Paris, Gallimard, 1962: 375.

PRIMEIRA PARTE

O MUNDO INCERTO

1

GLOBALIZAÇÃO, OU O SEU FIM[1]

O efeito natural do comércio é conduzir à paz. Duas nações que negoceiam juntas tornam-se reciprocamente dependentes: se uma tem interesse em comprar, a outra tem interesse em vender; e todas as uniões são baseadas em necessidades mútuas.
Mas, se o espírito do comércio une as nações, não une os indivíduos da mesma forma.

Montesquieu, *De l'Esprit des lois.* 1748, Livro XX, Capítulo II (De l'esprit de commerce).

O amor ao nosso próprio país parece não derivar do amor à humanidade. O primeiro sentimento é totalmente independente do segundo, e às vezes parece até nos predispor a agir de maneira inconsistente com ele.
[...]
Não amamos o nosso país apenas como parte da grande sociedade da humanidade: amamo-lo por si mesmo e independentemente de qualquer consideração.

Adam Smith, *The Theory of Moral Sentiments.* Oxford UP, 1976: 229.

---

[1] Este texto é uma versão atualizada que recupera alguns excertos de um capítulo, «Globalização, uma perspectiva sociológica», do livro editado por Curto, Diogo Ramada. *Estudos sobre a Globalização.* LeYa, 2018.

A queda do Muro de Berlim, o novo fôlego das reformas na China após a repressão de Tiananmen, o Uruguay Round, que conduziu à maior liberalização do comércio mundial e à criação da Organização Mundial do Comércio (OMC), a generalização do computador pessoal, do telemóvel e da Internet, a autêntica revolução nos transportes e comunicações e a multiplicação e densificação dos fluxos migratórios foram, entre muitos outros, factos que marcaram a passagem dos anos 80 para os 90 e que moldaram as três décadas seguintes. A esse conjunto de mudanças e inovações associamos a ideia de globalização.

Em termos económicos, há um indicador central que nos permite avaliar a dimensão das mudanças: desde meados da década de 80 que o comércio mundial cresce acima do ritmo da produção. A nível mundial, a percentagem das exportações no produto passou de 17,4% em 1986 para 30,7% em 2008. Entretanto, esse crescimento estagnou em termos tendenciais, não indo além dos 30,5% em 2019[2]. A crise de 2008 travou a onda ascendente e a recente crise pandémica seguida da invasão russa da Ucrânia fê-la retroceder.

Para os que viveram a última metade do século XX, este facto poderá impressionar, mas se olharmos bem para os dados históricos, encontraremos outras conjunturas similares. Por exemplo, entre 1830 e 1870, aquele *ratio* passou de 6% para 14%, ou seja, mais do que duplicou[3]. Se na época não se falava ainda de globalização, nem por isso o movimento deixava de impressionar os contemporâneos: foi a época de ouro do comércio mundial sustentado nas teorias do livre-câmbio e na pressão para o desarmamento pautal.

O que explica o mais recente surto comercial?

Em primeiro lugar, a incorporação de novos espaços económicos na economia mundial, especialmente a China e outros países do Extremo Oriente, bem como as economias da Europa de Leste.

Em segundo lugar, a transnacionalização e fragmentação das cadeias de valor.

---

[2] *The World Bank*, (https://data.worldbank.org/indicator/NE.EXP.GNFS.ZS, consultado em 25 de junho de 2021).

[3] Federico, Giovanni e Tena-Junguito, Antonio. «World trade, 1800–1938: a new data-set», WP from European Historical Economics Society, EconPapers, 2016.

Se a primeira razão não representa algo de novo em relação ao registado no século XIX, a segunda encerra algo raramente observado. No século XIX, as cadeias de valor desenvolvem-se predominantemente em contextos nacionais. Na globalização, essas cadeias tendem a deslocalizar segmentos relevantes dos processos produtivos, descentralizando os espaços de acumulação de capital.

Ora, a desaceleração do ritmo de crescimento do comércio mundial após 2008 deve-se mais à reconfiguração das cadeias globais de valor do que ao confinamento das economias, não obstante algumas episódicas «guerras comerciais».

Estes dois fatores de crescimento do comércio mundial foram sustentados por uma autêntica revolução dos transportes e das comunicações. A redução do custo dos fretes por unidade transportada densificou e estendeu a rede dos fluxos comerciais. Porém, convém situar esse movimento. A redução dos fretes marítimos (em cerca de 80%) regista-se desde o fim da II Guerra Mundial. As tarifas do transporte aéreo reduziram-se a um décimo do que eram em 1930, mas é nas comunicações que o esmagamento dos preços assume proporções inimagináveis. A generalização do acesso à Internet tornou-se uma realidade verificada até nos mais recônditos lugares do planeta.

Também o século XIX teve a sua revolução nos transportes e comunicações, ainda que em escala e densidade mais modestas. Teve efeitos mais sensíveis na configuração dos mercados internos, mas não deverá ser menosprezada a sua articulação com o transporte marítimo, nomeadamente quando aparecem navios mais rápidos e com maior tonelagem, mesmo antes da navegação a vapor.

Todas estas alterações convergem na identificação da globalização com o aumento da *mobilidade* — nas suas diferentes dimensões de densificação, aceleração e escala —, que se expressa na ideia da *compressão do espaço/tempo* generalizada por Bauman[4] a partir da ideia pioneira de David Harvey[5].

---

4 Bauman, Zygmunt. *Globalization: The Human Consequences.* Polity Press, 1998.

5 Harvey, David. *The Condition of Postmodernity: An Enquiry into the Origins of Cultural Change.* Cambridge, MA: Blackwell, 1990.

Entretanto, a consequência mais marcante não se limitou à densificação, aceleração e escala da mobilidade, mas antes à alteração profunda da estrutura das economias nacionais, tal como as conhecíamos até meados da década de 50 do século xx. A economia característica do Estado-nação é agora confrontada com a progressiva desnacionalização de uma parte significativa dos seus capitais e da sua produção, em que os diferentes segmentos da cadeia de valor se encontram deslocalizados.

Desnacionalização, globalização e transnacionalização acabam por ser expressões de um mesmo processo de estruturação de redes globais de negócios que se estabelecem para além das fronteiras nacionais, procurando, para cada segmento da cadeia de valor, a localização mais competitiva. Mais do que falar de «vantagens competitivas das nações», terá mais sentido falarmos das vantagens competitivas dos sistemas de localização das diferentes atividades produtivas e de prestação de serviços. Estas redes globais de negócios afirmam-se, elas próprias, pela precariedade da geometria das suas relações, assente em deslocalizações permanentes das suas atividades. Mobilidade e competitividade combinam-se para encurtar os ciclos de vida da produção ou dos serviços num determinado local.

As consequências deste novo cenário da divisão internacional do trabalho fazem-se sentir com maior impacto na forma como os Estados nacionais são obrigados a reformular os seus instrumentos de controlo e regulação da economia. Desde a fiscalidade à normatividade jurídica, passando pelo controlo de fronteiras ou pela regulação do mercado de trabalho, as velhas políticas económicas que assentavam todas as suas formulações na ideia de economia nacional confrontam-se agora com essa hipermobilidade dos fatores de produção e com a segmentação, à escala global, da cadeia de valor dos bens e serviços.

O conceito tradicional de *divisão internacional do trabalho* começa, assim, a revelar dificuldades em adequar-se a este novo panorama das relações económicas à escala mundial. A multiplicação das redes globais de negócios e a sua natureza transnacional, coexistindo com as formas de organização empresarial modernas, exigem que paralelamente recorramos ao conceito de *divisão global do trabalho,* libertando o anterior conceito da sua dimensão relacional entre as diferentes economias nacionais.

É neste contexto que ressurgem novos e múltiplos dualismos intranacionais, já não opondo sectores tradicionais aos sectores modernos da economia e da sociedade, mas acentuando a diferenciação entre sectores, atividades e *clusters* integrados na economia global e outros orientados maioritariamente para o mercado interno. Os primeiros estão focados na produção de bens transacionáveis e sujeitos à lógica da competição internacional, os segundos arreigados às regras e aos privilégios do mercado protegido, em muitos casos, de carácter monopolístico ou oligopolístico, que medraram à sombra do estado nacional. A este dualismo das atividades económicas correspondem outros dualismos especialmente evidentes no mercado de trabalho, coexistindo segmentos de maior desregulação com outros hiper-regulados e protegidos, ou mesmo dualismos sociais que minam os princípios da igualdade e universalidade das políticas públicas. É toda a arquitetura do Estado-nação, em especial a sua versão *welfare*, que é posta em causa — não necessariamente a sua existência.

As últimas décadas foram assinaladas por transformações inéditas na estrutura das organizações empresariais. Se a internacionalização económica do pós-II Guerra Mundial foi marcada pela dinâmica expansiva das empresas multinacionais, os últimos 20 anos são marcados pelas empresas transnacionais e pelas redes globais de negócios. Entre as primeiras e as segundas identificam-se soluções organizacionais extremamente inovadoras.

A empresa multinacional caracteriza-se pela replicação de modelos da *casa-mãe* nos mais diferentes locais do mundo, integrando-se numa estrutura hierarquizada, de gestão fortemente centralizada e privilegiando a autoridade burocrática. A cultura de mimetismo organizacional tende a construir a identidade pela homogeneização de procedimentos e de soluções.

No contexto das sociedades acolhedoras das suas extensões, estas empresas assumem-se como incrustações de modernidade sem capacidade nem intenção de «contaminar» as culturas locais. Jogam com o benefício que trazem da criação de novos postos de trabalho, uma base fiscal acrescida para os Estados e um rendimento acima da média para um número não muito alargado de trabalhadores.

A lógica de inserção das empresas transnacionais é claramente diferente: tende a adaptar-se às culturas locais, beneficia de um razoável grau de autonomia de decisão e de organização da força de trabalho, tende a envolver parceiros locais no seu segmento da cadeia de valor e, o mais importante, tende a competir com as suas congéneres, quer no contributo para os resultados globais quer na captação de novos investimentos. O princípio da descentralização competitiva tende a orientar a gestão da rede global: mais descentralização representa maior responsabilidade de cada polo, e a avaliação faz-se pelos resultados obtidos.

Isomorfismo ou diferenciação?

Alguns dos mais importantes contributos teóricos sobre a globalização convergem na tese de que representa uma progressiva homogeneização de valores, princípios, modelos de sociedade e de estilos de vida, que, sendo estranhos às sociedades que se abriram a essa autêntica invasão, acabam por impor padrões culturais dominantes. Os produtos e as marcas globais seriam o veículo privilegiado desse processo de aculturação global.

Benjamin Barber[6] foi um dos pioneiros no lançamento da ideia de um *McWorld* enquanto expressão de uma cultura global capitalista orientada para o consumo: «[...] forças económicas, tecnológicas e ecológicas que exigem integração e uniformidade e que hipnotizam os povos de todo o lado com música rápida, computadores rápidos e *fast-food* — MTV, Macintosh e McDonald's — pressionando as nações num parque temático global homogéneo, um McWorld ligado por comunicações, informação, entretenimento e comércio»[7]. Se é verdade que Barber reconhece efeitos positivos na globalização, nomeadamente na eliminação do isolacionismo, no maior crescimento económico e numa maior pressão para a abertura de muitos sistemas políticos mais autoritários, a sua preocupação central vai para o efeito que essa cultura provoca na desestruturação das culturas nacionais e nas inevitáveis reações extremistas e fundamentalistas contra o Ocidente.

Este processo de *McDonalização*, para utilizar um termo generalizado por George Ritzer[8], não se restringe à estandardização cultural dos consumos.

---

[6] *Jihad vs. McWorld*, Ballantine Books, 1995.

[7] *Idem*: 4.

[8] *The Mcdonaldization of Society*. Pine Forge Press, 2000.

Identifica-o aquele autor com a difusão de valores e princípios da eficiência, do cálculo económico e estilos de vida característicos da sociedade americana.

A profusão de movimentos antiglobalização nem por isso disfarça o carácter adversarial em relação ao «imperialismo americano», à ideologia neoliberal e à modernidade ocidental que correntemente denuncia.

À tese da progressiva homogeneização cultural, outros autores tendem a privilegiar os efeitos de diferenciação provocados pela globalização.

Os movimentos migratórios tornaram as grandes cidades extensos palcos de culturas. O cosmopolitismo nas grandes cidades é ainda reforçado pelo acesso fácil aos produtos provenientes dos quatro cantos do mundo, a busca do exótico, também ele massificado, favorece os fluxos turísticos, agora a custos ao alcance das classes médias sequiosas de novas experiências. O consumo de distinção favorece os produtos «raros» cuja comercialização foi viabilizada pelos ganhos de escala proporcionados pela baixa dos custos de transporte e comunicação.

Ao contrário da análise produzida por Barber, são cada vez mais os autores a defender o valor da heterogeneidade e da diferenciação das culturas globalizadas. Na atualidade, as marcas globais não param de crescer e nos lugares cimeiros começam a aparecer com evidente dinamismo os produtos e empresas identificados com as economias emergentes[9]. As novas tecnologias da informação, as atividades financeiras, as bebidas e alimentação, as comunicações e o entretenimento dominam os lugares cimeiros, e a representação da sua origem nacional está muito longe de refletir o domínio avassalador das marcas americanas, não obstante a sua liderança.

Contrariando a tese da hegemonia homogeneizadora, toda a evidência converge no facto de serem as grandes marcas que tendem a ajustar os seus produtos às culturas e circunstâncias locais. O exemplo das estratégias de produto aplicadas nomeadamente pela McDonald's revela esse processo de incorporação de variantes adaptadas aos padrões locais de consumo. Como demonstra Brian Turner, «o sucesso da McDonald's global foi o de se

---

[9] Veja-se a propósito o mais recente relatório sobre os valores das marcas globais e a sua evolução (http://files.newsnetz.ch/upload/3/9/3985.pdf).

organizar e apresentar como uma empresa local, onde aspira a incorporar os gostos e os pratos locais».[10]

Como Roland Robertson defendia já em 2002, o capitalismo global demonstra uma incrível capacidade de conciliar homogeneidade e heterogeneidade, consoante se move nas diferentes escalas espaciais, do local ao global, passando necessariamente pelo nacional:

> O capitalismo global promove e é condicionado pela homogeneidade cultural e pela heterogeneidade cultural. A produção e consolidação da diferença e da variedade é um ingrediente essencial do capitalismo contemporâneo, que está, em todo o caso, cada vez mais envolvido numa crescente variedade de micromercados (nacional-cultural, racial e étnico; género; social-estratificado; e assim por diante).
>
> [...] Devemos, assim, reconhecer diretamente as tentativas do «mundo real» de trazer o global, no sentido macroscópico da vida contemporânea, em conjunto com o local, no sentido do lado microscópico da vida no final do século xx...[11]

É neste contexto que Robertson propõe a ideia de *glocalização* como fórmula capaz de expressar a integração de dinâmicas tão diferenciadas como as da homogeneização e da heterogeneização, na diversidade das escalas, do local ao global.

A pertinência desta proposta ganha especial importância em mais dois aspectos: o primeiro, que traduz a complexificação crescente dos microssistemas globais, ao contrário das perspetivas que sugeriam o seu progressivo isomorfismo; o segundo permite-nos destacar a inegável capacidade adaptativa do capitalismo, a surpreendente forma como «aprendeu» a lidar com a diversidade das culturas e das instituições locais e nacionais e, simultaneamente, conseguiu criar modelos descentralizados e diferenciados de acumulação.

---

[10] Turner, Brian S. «The McDonald's Mosaic: Glocalization and Diversity» in, George Ritzer e Zeynep Atalay. *Readings in Globalization. Key Concepts and Major Debates.* Wiley-Blackwell, 2010: 393.

[11] Robertson, Roland. *Globalization. Social Theory and Global Culture.* Sage Pub., 1992: 173.

Um mundo mais desigual?

Quem sustenta, promove e potencia o processo de globalização? Que grupos sociais se identificam com esse processo? Quais os que beneficiam e se integram, quais os que se veem excluídos?

A abordagem teórica marxista tem em William Robinson um dos contributos mais interessantes. Em síntese, Robinson defende:

> A classe e a estrutura social dos países em desenvolvimento sofreram uma profunda transformação nas últimas décadas, à medida que cada nação se incorporou num sistema de produção e financeiro global cada vez mais integrado. As elites nacionais experimentaram um novo fracionamento. Elites transnacionais emergentes baseadas em circuitos globalizados de acumulação competem com elites mais antigas orientadas para o nível nacional, baseadas em circuitos nacionais e regionais mais protegidos e muitas vezes guiados pelo Estado.[12]

A tese centra-se no efeito que a globalização exerce sobre as estruturas sociais nacionais, criando uma nova «elite global», orientada para a potenciação das oportunidades proporcionadas pelas redes globais de negócios e para um novo modelo de acumulação capitalista à escala global. Mas o mais interessante na tese de Robinson é o facto de considerar a existência latente de um novo tipo de conflito entre estas novas classes transnacionais e a velha classe dominante afirmada sobre o tradicional modelo de acumulação nacional. Já num artigo publicado em 2000, a hipótese tinha sido colocada contrariando as velhas teses da escola sociológica marxista:

> Um processo central para a globalização capitalista é a formação de classes transnacionais, que tem prosseguido em linha com a internacionalização do capital e a integração global das estruturas produtivas nacionais. Dada a integração transnacional das economias nacionais, a mobilidade do capital

[12] Robinson, William. «Global Capitalism Theory and the Emergence of Transnational Elites», World Institute for Development Economics Research, Working Paper n.º 2010/02, January 2010.

> e a fragmentação e descentralização globais dos circuitos de acumulação, a formação de classes está progressivamente menos ligada à territorialidade. A suposição tradicional dos marxistas de que a classe capitalista é por determinação teórica organizada nos Estados-nação e impulsionada pela dinâmica da concorrência capitalista nacional e das rivalidades estatais precisa de ser modificada.
>
> [...] Este bloco histórico é composto pelas corporações transnacionais e instituições financeiras, as elites que gerem as agências supranacionais de planeamento económico, as principais forças nos partidos políticos dominantes, os conglomerados dos *media* e as elites tecnocráticas e os gestores estatais tanto no Norte como no Sul.[13]

Esta tese da desterritorialização do processo de estruturação social ganha maior sentido na perspetiva da desnacionalização de uma parte dos grupos dominantes. A consequência seria a de um fracionamento entre elites globais e classes nacionais, tendendo estas para uma oligarquização progressiva em estreita articulação com o velho Estado-nação.

A configuração esboçada, ainda que muito simplista, tem a vantagem de evidenciar os efeitos da globalização sobre as estruturas sociais nacionais e locais e como aquela introduz novas lógicas de diferenciação social. O primeiro problema que se deverá colocar é o de saber se um mesmo estímulo exterior gera idênticos efeitos em estruturas sociais e políticas diferenciadas, consoante se trate de países mais ou menos desenvolvidos, mais centrais ou mais periféricos, com maior ou menor dinamismo social e cultural. O segundo problema centra-se na evidente superação das bases tradicionais de diferenciação social de que as teorias marxistas têm dificuldade em libertar-se, nomeadamente na oposição simples do capital e do trabalho.

Novos atores, novas instituições e novas formas de estruturação social tenderão a tornar mais complexas as relações sociais. Não chega considerar os efeitos da globalização numa estrutura social típica das velhas sociedades industriais, mas antes apreender o efeito combinado dos efeitos da

[13] Robinson, William e Harris, Jerry. «Towards A Global Ruling Class? Globalization and the Transnational Capitalist Class». *Science & Society*, Vol. 64, n.º 1, Spring 2000: 11–12.

desnacionalização e da transnacionalização sobre economias e sociedades mais ou menos orientadas para a valorização do conhecimento, mais ou menos poderosas no processo de acumulação de conhecimento científico e de capital humano.

Um outro efeito da globalização, enquanto processo rápido de incorporação diferenciada das economias e comunidades locais e regionais, expressa-se através da emergência de novos e múltiplos dualismos, especialmente entre atividades formais e informais, sectores tradicionais e sectores internacionalizados, mercados de trabalho mais ou menos segmentados em função da diferente capacidade de se integrarem nas redes globais e nas novas lógicas de competição alargada.

É a perceção desses novos dualismos económicos e sociais que orienta o debate recorrente sobre se a globalização é responsável pelo aumento da pobreza e pelo acentuar das desigualdades sociais.

Opositores e defensores da globalização tendem a extremar posições em torno das consequências desta nova era do capitalismo sobre as populações, os seus níveis de vida e a sua condição social.

No caso do debate sobre a «pobreza da globalização» e a «globalização da pobreza», a única evidência centra-se na evolução diferenciada dos seus indicadores, especialmente o da pobreza monetária. Enquanto os países asiáticos têm vindo a fazer descer as suas taxas de pobreza monetária extrema — dos mais levados níveis à escala mundial, registados na década de 80, para cerca de metade, na primeira década deste século —, a maior parte dos países de África e da América Latina não registou alterações significativas[14].

Todas as estimativas da pobreza global apontam para um decréscimo, mais ou menos acentuado, dos seus indicadores[15], mas como muito bem salienta Ann Harrison[16], a relação entre globalização e pobreza é extremamente complexa: por um lado, os processos de internacionalização das economias nacionais e locais, especialmente do chamado Terceiro Mundo,

---

14 *The Millennium Development Goals Report.* United Nations, 2007.

15 Sudhir Anand, Paul Segal, e Joseph E. Stiglitz, *Debates on the Measurement of Global Poverty*, Oxford UP, 2010, especialmente a introdução assinada pelos três autores: 1–21.

16 *Globalization and Poverty*, University of Chicago Press, 2007: 26–28.

com especial evidência nos países em vias de desenvolvimento, são acompanhados de uma redução significativa do número de pobres; porém, se é fácil identificar os ganhadores com os processos de globalização, é igualmente possível identificar perdedores entre os pobres.

Já o problema das desigualdades, especialmente de distribuição de rendimento, tem expressões diferenciadas consoante se trate de desigualdades entre países ou desigualdades dentro de cada país.

Desde o século XIX até à década de 80 do século XX que as desigualdades de rendimento interno se acentuaram. O estudo de Korzeniewicz e Moran[17] atesta um aumento sustentado dessas desigualdades, medidas pelo Índice de Gini, sendo mais pronunciado quando esse índice é ajustado em paridades de poder de compra do que quando convertido em taxas de câmbio. Porém, essa tendência iniludível de desigualdade crescente entre países inverte-se nos últimos 30 anos, especialmente após 1995.

Quanto às desigualdades de distribuição de rendimento intranacionais, o que se pode concluir, na esteira do velho U invertido de Simon Kuznets[18], é que, em períodos de rápido crescimento do produto, essas desigualdades tendem a aumentar, atenuando-se mais tarde. Países como a China ou a Índia apresentam resultados divergentes: na China, as desigualdades aumentaram entre agregados domésticos urbanos, mas não tanto entre os rurais; na Índia, essas desigualdades não têm esboçado qualquer tendência[19]. Já na América Latina, um estudo do CEPAL sobre 18 países revela que, pelo menos, em 15 diminuíram as desigualdades de distribuição de rendimento em 1990, 2002 e 2008[20].

Entre os países mais ricos, essas desigualdades, durante os últimos 20 anos, ou se reduziram ou se mantiveram em torno de pequenas variações conjunturais[21].

---

[17] Roberto Patricio Korzeniewicz e Timothy Patrick Moran. «World Inequality in the Twenty--first Century: Patterns and Tendencies», in George RITZER, *Blackwell Companion to Globalization*, Blackwell Publishing, 2007: 565–592.

[18] Simon Kuznets. «Economic Growth and Income Inequality». *American Economic Review*, n.º 45, 1955: 1–28.

[19] *Idem*: 573–575.

[20] ECLAC — United Nations, *Social Panorama of Latin America 2009*: 17.

[21] Korzeniewicz e Moran, *op. cit.*: 572–573.

A imagem da globalização dada pelos movimentos sociais que se lhe opõem é a da generalização da pobreza e do acentuar das desigualdades. Esta imagem não encontra fundamentação científica categórica. Como em todos os processos de mudança social, vencedores e derrotados, beneficiários e excluídos tendem a desempenhar papéis diferenciados consoante o palco onde atuam e conforme as respostas às ameaças, bem como às oportunidades que enfrentam. Não há respostas globais para os problemas colocados pela globalização.

Mas, ao contrário do que a sua história deixaria prever, o capitalismo à escala global parece ter aprendido a lidar com a diversidade dos modelos descentralizados de acumulação e com o mosaico cultural e civilizacional que essa escala proporciona. Surpreendentemente, esse capitalismo global revela uma capacidade de adaptação e de potenciação das diferenças que nos leva a pensar que terá sido prematuro e precipitado o anúncio da sua morte.

Fim ou pausa da globalização?

Desde o princípio deste século que se multiplicam as vozes proféticas anunciando o fim da globalização, tantas quantas as que refutam semelhante tese. Em 2001, Harold James publicou *The End of Globalization — Lessons from the Great Depression*[22], em que compara a conjuntura decorrente da crise de 1929 com os sinais antiglobalização vividos ao longo da década de 90. As suas conclusões são prudentes em relação ao que o novo século poderia trazer, mas, de uma maneira geral, os sinais mais preocupantes estavam longe da escala que haviam atingido na década de 30.

O livro de H. James foi publicado antes do ataque às Torres Gémeas (2001) e da invasão do Iraque pelas tropas americanas (2003), mas também muito antes da crise do *subprime* (2007–2008), que conduziu à maior recessão desde a década de 60. A sua prudência é louvável e compreensível à luz da conjuntura vivida à época em que escreveu. Porém, aqueles acontecimentos posteriores, de alguma forma, contribuíram para dar acrescida razão a alguns críticos da globalização.

---

[22] Harvard UP, 2001.

Os efeitos sobre o comércio mundial fizeram-se sentir nos anos seguintes, com o crescimento a abrandar depois de 2011, quer em termos absolutos quer em relação ao crescimento do produto. Esse abrandamento acentuou-se depois de 2016. Para quem escrevesse em 2018 ou 2019, diríamos que os efeitos da recessão ainda não estavam superados. Entretanto, em 2020 e 2022 dois factos surpreenderam a maioria dos decisores, cientistas e cidadãos comuns: a pandemia da covid-19 e a invasão da Ucrânia pelas tropas da Federação Russa. Entre os dois acontecimentos ainda se registou uma crise nas cadeias de abastecimento a nível global.

A sequência dos acontecimentos invocados não nos permite conferir uma elevada probabilidade de retoma do comércio mundial nem da onda de otimismo que a globalização provocou. Pelo contrário, aumentou a incerteza, diminuiu a confiança, reforçou as autarcias e abriu feridas profundas em sectores de grande fragilidade estratégica: alimentação, energia, semicondutores e produção automóvel.

Não sei se poderemos adotar o termo já corrente de desglobalização, mas, sem ousar anunciar a morte da globalização, é razoável considerar que muito já mudou e muito mais poderá mudar, independentemente do termo que queiramos usar.

A nossa tendência para confundir o comércio de bens com a circulação de mercadorias tangíveis ilude a verdadeira revolução que se está a realizar através do comércio eletrónico à escala global. A pandemia terá acelerado o crescimento da utilização da infraestrutura digital, os fluxos densificaram-se e a rede espalhou-se pelos mais recônditos lugares do mundo.

Muito provavelmente a globalização, tal como a conhecemos na sua época de esplendor, acabou. Como sugeriu Kevin O'Rourke, à semelhança do verificado em finais do século XIX, a globalização criou os seus próprios insucessos, entre «vencedores e perdedores, com estes últimos a influenciar com sucesso as políticas comerciais e migratórias em vários países».[23] Uma vez mais, o regresso das conceções nacionalistas, um pouco por todo o lado, parece ser o traço comum dos nossos dias.

---

[23] O'Rourke, Kevin Hjortshøj. «Economic history and contemporary challenges to globalization». *The Journal of Economic History* 79.2 (2019): 367–368.

Entretanto, há algo que se me afigura mais aceitável: a conceção da globalização como uma nova fase do desenvolvimento do capitalismo afigura-se como uma ideia que peca por simplismo e por ignorar que dinâmicas semelhantes são historicamente observáveis. Para não recuar mais que a época contemporânea, o exemplo do segundo terço do século XIX é, nas suas principais características, em tudo idêntico ao período 1985–2008. Não o é na escala, nem na densidade e extensão das dinâmicas, nem na sua geografia.

O que distingue a globalização de finais do século XX e primeiras décadas deste século de processos similares historicamente reconhecidos é o grau aprofundado de interconectividade entre as diferentes regiões e civilizações mundiais e, não menos importante, a consciência social dessa aproximação. A interconectividade não conduz necessariamente ao isomorfismo. Pelo contrário, pode potenciar a diferenciação. A ideia de uma cultura mundial que age como rolo compressor das diferenças culturais é um manifesto exagero que os nacionalismos e os imperialismos latentes se encarregarão de desmentir.

Regressando a Montesquieu e a Adam Smith, a utopia liberal de uma harmonia mundial pela generalização da liberdade de comércio confronta-se com aquele detalhe que Montesquieu assinala: «[...] se o espírito do comércio une as nações, não une os indivíduos da mesma forma». Como bem assinala Adam Smith, «Não amamos o nosso país apenas como parte da grande sociedade da humanidade: amamo-lo por si mesmo e independentemente de qualquer consideração.»

A crise de 2008 interrompeu o crescimento acentuado do comércio mundial. Desde então, assistimos a uma desaceleração dos ritmos de crescimento, quer da produção quer do comércio mundiais, a que a pandemia veio acrescentar uma quebra dos respetivos indicadores. O pós-pandemia é uma incógnita. Voltaremos aos ritmos anteriores à crise? A globalização terá um novo fôlego semelhante ao verificado nos 25 anos que a antecederam? Não é impossível, mas revela-se pouco provável.

O recente conflito no Leste Europeu vem confirmar essa reduzida probabilidade. Os sinais ineludíveis de algum enquistamento das economias mais poderosas, das guerras comerciais e das restrições ao livre-comércio multiplicam-se, um pouco por todo o lado, e novas cortinas de ferro podem ressurgir. As narrativas do nacionalismo económico tornam-se mais evidentes e as políticas protecionistas regressaram em força. As cadeias globais de abastecimento evidenciaram de forma sintomática, ainda antes da pandemia, as dificuldades que viriam a evidenciar numa dimensão crítica durante a recuperação pós-covid.

Se a globalização económica inverteu a tendência ascendente, o mesmo deveremos assinalar quanto ao que designamos por programa cultural da globalização. A interconectividade proporcionada pelas novas tecnologias de comunicação, pela revolução da mobilidade e pela consciência da proximidade não superara as dinâmicas nacionais, como Montesquieu e Smith anteviam. A face ideológica da globalização, expressa através dos postulados neoliberais, não conseguiu aplanar a diversidade de culturas e civilizações, provocando, pelo contrário, a reação de radicalismos e ortodoxias que julgávamos superados. A ideia de Montesquieu expressa no postulado de que «o efeito natural do comércio é conduzir à paz» continua a ser um desígnio de difícil concretização.

Todas as teorias da modernização e da modernidade tinham um pressuposto cuja origem remonta ao iluminismo e ao pensamento de Immanuel Kant: o progresso conduziria inevitavelmente à paz e ao bem-estar, sustentado na ideia da perfectibilidade moral da Humanidade. Aquilo a que assistimos nos nossos dias é precisamente o contrário do que anunciavam.

2

A ERA DA INCERTEZA

> O homem natural não gosta do incómodo que acompanha o incerto e está pronto a recorrer a quase todos os meios para acabar com ele. A incerteza é afastada por meios lícitos ou ilícitos. A longa exposição ao perigo gera um amor avassalador pela segurança. O amor pela segurança, traduzido num desejo de não ser perturbado e importunado, leva ao dogmatismo, à aceitação de crenças sobre a autoridade, à intolerância e ao fanatismo, de um lado, e à dependência irresponsável e preguiça, de outro.
>
> John Dewey, *The Quest for Certainty. A Study of the Relation of Knowledge and Action*. Londres, George Allen & Unwin Ltd, 1929: 217 (tradução do autor).

O título deste capítulo não é original. Recuperei-o do livro com o mesmo título de John Keneth Galbraith[1], publicado em 1977, que serviu de guião para uma notável série de documentários da BBC sobre as transformações operadas na economia na primeira metade dos anos 70.

Galbraith sustentava que as certezas do pensamento económico, dominantes desde finais do século XIX, teriam então de ser confrontadas com a incerteza provocada pelas mudanças operadas pela crise de 1973–74, pelo

---

[1] *The Age of Uncertainty*. Boston, 1977.

primeiro choque petrolífero e pelo rescaldo de uma derrota humilhante dos Estados Unidos no Vietname.

Quarenta e três anos após a publicação, podemos perceber que Galbraith foi pioneiro e, se tivesse sobrevivido mais 14 anos à sua morte (2006), haveria de reconhecer que a sua previsão terá ficado muito aquém da realidade dos nossos dias.

Durante mais de um quarto de século, o mundo ocidental adotou, desenvolveu e aplicou com enorme sucesso os princípios e modelos da teoria keynesiana, chegando ao ponto de se convencer de que os ciclos económicos e os efeitos devastadores das crises e recessões (1929–1933 tinha deixado marcas profundas) seriam mais facilmente controláveis. O que Galbraith veio anunciar é que «pouco desta certeza agora sobrevive», incentivando o desenvolvimento das teorias pós-keynesianas neste quase meio século da história do pensamento económico.

Dois anos após a publicação de *A Era da Incerteza*, um dos mais notáveis historiadores franceses, Fernand Braudel, publicou o terceiro volume da monumental obra *Civilisation matérielle, Économie et Capitalisme, XVe–XVIIIe Siècle*.[2] Logo no primeiro capítulo, Braudel retoma o tema dos ciclos económicos e o seu conceito de longa duração e de *trend* secular. Sugere mesmo que a crise de 1973–74 marcava a inversão do ciclo secular, passando de uma fase ascendente, que se iniciara em finais do século XIX, para um *trend* descendente de longa duração, em tudo semelhante ao que se identificara de 1815 a 1896.

Ora, para Braudel, estes *trends* seculares descendentes são marcados pelo que designa por «aceleração da história», entendida como precipitação dos processos de mudança económica e social, pela maior propensão à inovação tecnológica, pela desaceleração do crescimento económico e pela incerteza: «Todos os fundamentos da vida económica, todas as lições da experiência, presentes e passadas, são postos em causa.»

A era das revoluções industriais, do crescimento do comércio mundial, dos movimentos sociais e dos nacionalismos que marcaram o século XIX encontra um paralelo, com a devida distância do contexto e a salvaguarda dos anacronismos, no quase meio século que vivemos desde 1973–74.

---

[2] *Tome 3: Le temps du monde*. Armand Colin, 1979.

Tal como então, a força dos processos de desestruturação social tende a sobrepor-se aos esforços de regulação e de (re)estruturação. O vórtice da mudança tende a abalar os pilares sociais e culturais das sociedades existentes. O capitalismo industrial triunfou sobre os escombros das sociedades de Antigo Regime, o livre-câmbio sobre o sistema mercantil e o protecionismo, o liberalismo e os sistemas representativos sobre os regimes autoritários e absolutos.

As flutuações, as crises e recessões económicas que ambicionámos dominar emergem de novo, agora com mais força e com intervalos mais estreitos, mas com o mesmo efeito devastador sobre os mais vulneráveis, quer sejam países, regiões, instituições ou grupos sociais.

A incerteza, na perspetiva sociológica de Roland Robertson, era algo que tinha vindo para ficar: «Entrámos numa fase do que nos parece, em 1990, uma grande incerteza global — tanto que a própria ideia de incerteza promete tornar-se globalmente institucionalizada.»[3] O reconhecimento de que uma nova era — a derradeira fase V, a da incerteza — emergia do esboroar dos pilares culturais da modernidade animou os círculos e as teorias pós-modernas que anunciavam a ideia iluminista de um «mundo como um todo», rendido à ocidentalização, ao capitalismo e a uma cultura global, decerto inspirado na ideia da «macdonalização». Como tivemos a oportunidade de destacar — tema que voltaremos a abordar nos capítulos seguintes —, não foi essa a tendência seguida pelas diferentes civilizações.

Quando Robertson defende que a «ideia de incerteza promete tornar-se globalmente institucionalizada», está a admitir que a derradeira «fase V» traz algo de novo para a existência humana. Não creio que essa tese seja pertinente. A incerteza, tal como a noção de risco que lhe está associada, é inerente à condição humana e à própria natureza. O que poderemos admitir é que o avanço e difusão do conhecimento, especialmente do conhecimento científico, reduziu a margem de incerteza e a perceção do risco por parte dos seres humanos. Em sentido inverso, novos problemas e desafios para os quais o conhecimento não tem resposta adequada, a multiplicação e sucessão de

---

[3] Robertson, Roland. «Mapping the global condition: Globalization as the central concept». *Theory, Culture & Society* 7.2–3 (1990): 16.

fenómenos contingentes ou processos de mudança, mais ou menos acelerada, que coloquem em causa os sistemas sociais e institucionais consolidados, tendem a aumentar a perceção da incerteza e o cálculo do risco.

A distinção entre incerteza e risco

A perceção da incerteza e do risco, bem como os valores, atitudes, ações e estratégias orientadas para a sua explicação e mitigação dos seus efeitos, são eminentemente fenómenos sociais e culturais. A maior ou menor perceção da incerteza e do risco varia em função do contexto social e histórico em que ela se realiza. Ela estará dependente da informação e do conhecimento disponível sobre um determinado fenómeno, mas também da confiança, segurança ou do sentimento de vulnerabilidade que os atores sociais desenvolvam.

A questão mais pertinente torna-se, assim, mais fácil de formular: como é que os indivíduos, os grupos sociais e as sociedades se organizam para lidar com a incerteza e o risco?

A segunda questão central decorre do problema formulado no início deste capítulo e que representa uma ampliação da escala de análise: em que medida poderemos falar de uma nova era em que a incerteza e o risco ganham um relevo acrescido e decisivo na estruturação das sociedades e das suas instituições?

Antes de tentarmos responder a estas duas questões, há que marcar a distinção entre os dois conceitos: incerteza e risco. Em muita da literatura científica, nos mais variados domínios, os dois conceitos aparecem associados, quando não mesmo confundidos.

O risco é a racionalização da incerteza através do recurso à informação e ao conhecimento suscetíveis de sustentar o cálculo ou a intuição probabilística. Os fenómenos contingentes ou aqueles cuja observação não permite o estabelecimento de uma relação entre uma evidência e uma hipótese explicativa enquadram-se no que poderemos designar de incerteza não racionalizável. Quando o conjunto de observações de um determinado tipo de fenómeno permite a mensuração e o cálculo ou mesmo a intuição probabilística, então já poderemos falar de risco.

A problemática da distinção entre incerteza e risco há muito que foi refletida na teoria económica, com particular relevância nas teorias da decisão. Frank Knight, um dos pioneiros na abordagem desta problemática aplicada à decisão empresarial[4], defendia que a decisão do empresário raramente era deixada à sorte. Quando numa situação de incerteza, o empresário, mesmo quando não recorre ao cálculo estatístico, tende a desenvolver um juízo sobre a maior ou menor razoabilidade da opção feita e dos resultados esperados.[5]

John Maynard Keynes abordou o mesmo problema em relação à capacidade de produzir estimativas e projeções económicas em contexto de incerteza. Num artigo publicado em fevereiro de 1937[6], Keynes esclarece o que entende por «conhecimento incerto» quando, a propósito da eventualidade de uma guerra na Europa, da evolução do preço do cobre, das taxas de juro a 20 anos ou da obsolescência de uma inovação, defende não haver «base científica para formar qualquer probabilidade calculável. Nós simplesmente não sabemos!»[7]. As alterações que um fenómeno contingente pode provocar nos sistemas económicos e sociais tanto podem ser tão irrelevantes quanto desastrosas:

> A prática da tranquilidade e da imobilidade, da certeza e da segurança, de repente quebra. Novos medos e esperanças, sem aviso prévio, tomarão conta da conduta humana. As forças da desilusão podem subitamente impor uma nova base convencional de avaliação. Todas estas técnicas bonitas e polidas, feitas para uma sala de reuniões bem revestida e um mercado bem regulamentado, são suscetíveis de entrar em colapso. Em todos os momentos, os vagos medos de pânico e as esperanças igualmente vagas e irracionais não são realmente aquietadas, e mentem um pouco abaixo da superfície.[8]

---

[4] Knight, F. *Risk, Uncertainty and Profit*, Nova Iorque, AM Kelley, 1921.

[5] *Idem*: 227.

[6] Keynes, John Maynard. «The general theory of employment». *The quarterly journal of economics* 51.2 (1937): 209–223.

[7] *Idem*: 214.

[8] *Ibid.*: 215.

Como bem destaca Pat O'Malley[9], a lição que Keynes nos lega leva--nos a não levar muito a sério quer a ortodoxia determinista dos modelos complexos de projeção de tendências quer, no polo oposto, o considerar que tudo é incerto e imprevisível ou, em versão mais leve, que toda a incerteza é suscetível de ser convertida em risco, ou seja, apreendida de forma racional por instrumentos estatísticos sustentados numa base probabilística.

Resistindo à tentação da analogia precipitada com outros domínios do pensamento científico, há que reconhecer que é a própria mecânica quântica que legitima a incerteza como inerente aos sistemas abertos. Tal como demonstrou Ilya Prigogine[10], Prémio Nobel da Química, estamos perante «o fim da certeza» no pensamento científico e, na perspetiva dos sistemas complexos e abertos, há uma nova forma de racionalidade que ultrapassa a racionalidade clássica do determinismo e de um futuro já definido[11]. Estamos perante um outro olhar sobre a incerteza. Entretanto, esses sistemas abertos longe do ponto de equilíbrio podem enquadrar estruturas dissipativas (de entropia) de auto-organização, fazendo e refazendo os equilíbrios desses sistemas.

Mais recentemente, Helga Nowotny, uma académica da área da ciência e tecnologia, fundadora e primeira presidente do European Research Council, publicou *The cunning of uncertainty*.[12] Nowotny conduz-nos para uma visão otimista da contingência e da incerteza, que, em vez de se basear numa abordagem linear e determinista do progresso científico e da evolução das sociedades, alerta-nos para a necessidade de privilegiarmos a perspetiva probabilística da vida como forma de lidarmos e acomodarmos as contingências. A incerteza é o maior estímulo para o avanço do conhecimento e da ciência.

[9] O'Malley, Pat. *Risk, uncertainty and government*. Routledge-Cavendish, 2012: 11.

[10] *O Fim das Certezas*. Lisboa, Gradiva. *O Futuro Está Determinado*. Lisboa, Esfera do Caos. Prigogine, Ilya. «O fim da certeza». *Representação e complexidade*. Candido Mendes (Org.); Enrique Larreta (Ed.). Rio de Janeiro: Garamond (2003): 49–67.

[11] *O Fim das Certezas*: 49–67.

[12] Polity Press, Cambridge, 2016.

Incerteza, uma nova era?

A teorização da incerteza contrariou, assim, um dos princípios básicos do pensamento ocidental, o da crença na certeza e no determinismo dos processos, herdados do iluminismo e estruturantes da primeira modernidade.

O que observamos nesta nova era da incerteza não é necessariamente uma nova fase do desenvolvimento social, mas antes um outro olhar e uma particular conjuntura longa em que os ritmos de mudança, inovação tecnológica e a obsolescência produzem maior instabilidade nos sistemas económicos e sociais, maior contingência, logo, maior incerteza.

Entretanto, o desafio que se coloca nos nossos dias é o de saber como lidar com essa incerteza e contingência, com os problemas para os quais não há soluções preconcebidas, mas que têm o poder de abanar os fundamentos do adquirido, a segurança do estabelecido ou a confiança no amanhã, porque tudo parece efémero.

Apesar dos enormes avanços verificados na ciência, a Humanidade continua exposta a novas pandemias, à maior incidência de doenças sem cura eficaz, aos fenómenos extremos e imprevisíveis provocados pelas alterações climáticas, às ameaças contingentes das ações terroristas. A teoria económica esforça-se por modelizar a incerteza, mas mais não faz do que admiti-la como um *outlier*, cujas externalidades são inestimáveis.

Da parte das ciências sociais e, em particular, da Sociologia, a problemática centrou-se na liquidez das relações sociais em Bauman e de forma mais consistente na «sociedade de risco», em Ulrich Beck.

A ideia de Beck parte do reconhecimento que nas sociedades pré-modernas ou numa primeira fase da modernidade a origem do risco era exterior à consciência e ao controlo dos atores sociais. As variações climatéricas, a destruição de bens provocada por terramotos, cheias ou fogos, o efeito das forças naturais eram imprevisíveis e, de certa forma, incontroláveis. Nas sociedades modernas avançadas, a origem do risco seria predominantemente resultante da ação humana: poluição, destruição dos ecossistemas, alterações climáticas provocadas pelo aquecimento global, desastres nucleares.

A proposta de Beck é aliciante, mas apresenta fragilidades que a minam na sua essência. Em primeiro lugar, porque o risco natural, o «mal físico» de Voltaire, não desapareceu nem se tornou mais previsível ou controlável.

A destruição provocada pelos chamados fenómenos climatéricos extremos não é recente nem está demonstrado que a sua capacidade destruidora seja superior à verificada nas sociedades pré-modernas. Os terramotos e os *tsunamis* continuam a fazer vítimas, as secas sucedem-se periodicamente — que pena o trabalho pioneiro de Emmanuel Le Roy Ladurie, *Histoire du Climat Depuis l'an Mil*[13], não ser um pouco mais lido — sem que o conhecimento científico consiga prevê-las ou controlá-las.

Por outro lado, a intervenção humana nas sociedades pré-modernas não pode ser desvalorizada, a começar pelos efeitos devastadores das guerras prolongadas. Os 50 milhões de mortes provocadas nas populações do «Novo Mundo» pela varíola trazida pelos «descobridores» são um exemplo a não esquecer.

Se é aceitável a tese de que uma parte significativa dos «novos riscos» é uma consequência da modernidade, ou seja, é um produto da ação humana e do modelo de desenvolvimento económico e social subjacente ao capitalismo moderno, não será menos aceitável a ideia de que esses riscos não são propriamente «novos», mas antes velhos riscos cuja frequência e intensidade os tornaram mais presentes.

A consciência do risco, essa sim, mudou radicalmente graças ao avanço da ciência, da escolarização e das tecnologias. A incerteza, nesse contexto, teria de aumentar, tão-só porque a uma maior consciência não correspondeu uma maior capacidade de lidar com a contingência, a imprevisibilidade e... o medo.

O mesmo diremos da ação do Estado e das políticas de prevenção e mitigação dos efeitos desses fenómenos. A sua responsabilidade na proteção dos cidadãos exige maior investimento na prevenção e de antecipação dos riscos nos mais variados domínios, desde as reservas de água, às políticas de edificação em meio urbano, da defesa das zonas costeiras, à preservação dos ecossistemas, da regulação das emissões de CO2 à indispensável transição dos sistemas energéticos.

Regressemos aos nossos dias. A possibilidade de se registar uma crise económica mundial era admitida na passagem da segunda para a terceira década do século. Os sinais eram iniludíveis, especialmente a desaceleração

---

13 Paris, Flammarion, 1967.

do crescimento económico sensível desde 2018. Mas era o contexto de incerteza que mais atenção despertava. Kristalina Georgieva, atual diretora executiva do Fundo Monetário Internacional, declarava aos primeiros sinais da crise pandémica no Ocidente: «Se eu tivesse de identificar um tema no início da nova década, seria a incerteza crescente»[14]. Porém, como já haviam evidenciado alguns economistas, a incerteza tem vindo a crescer tendencialmente desde a entrada no novo século.[15]

A crise pandémica teve o efeito de precipitar e ampliar a crise económica que se desenhava, mas, mais importante, alterou a sua natureza, conferindo-lhe maior complexidade, incerteza e imprevisibilidade. Na história económica contemporânea não é muito comum a sucessão de duas recessões em pouco mais de dez anos.

Este é um enorme desafio que se coloca à governação e aos sistemas políticos. Além dos efeitos económicos sobre o emprego e o rendimento de largos estratos da população, a atual crise tende a gerar redução da confiança, o aumento do *stress* social e uma inevitável radicalização da vida política.

Ainda mal refeitos da crise pandémica, o mundo está a assistir ao regresso da mais devastadora das ameaças: a guerra. A paz vivida na Europa durante três quartos de século após o fim da II Guerra Mundial foi definitivamente quebrada pela invasão russa da Ucrânia. A cicatriz aberta pela Guerra dos Balcãs, que constituiu o único e lamentável episódio de conflito em território europeu, há muito está contida e poucos anteviam uma ação tão ameaçadora como a que a Rússia de Putin desencadeou sobre a Ucrânia.

Putin quebrou definitivamente o elo de confiança e segurança que sustentou o processo de dessovietização do Leste Europeu. A ideia de uma maior integração económica e política da Federação Russa e dos antigos países do Bloco Soviético na economia ocidental sempre se sobrepôs à potencial ameaça que poderiam representar. A despesa dos países da União Europeia (UE) em defesa é o melhor indicador dessa confiança excessiva: desde pelo menos 1960, em que a percentagem da despesa em relação ao Produto Interno Bruto (PIB) na Europa Ocidental se situava perto dos 4%,

---

[14] Conferência no Peterson Institute for International Economics, 17 de janeiro de 2020.

[15] Ahir, Hites, Nicholas Bloom, e Davide Furceri. «60 years of uncertainty». *Finance & Development* 57.001 (2020).

a tendência tem sido sempre para a redução, situando-se em 2020 em pouco mais de 1,5%.[16] A adesão à NATO de muitos dos antigos países do antigo Bloco Soviético alimentou essa confiança, sustentada pela proteção do «guarda-costas» americano. Hoje, a ideia de uma maior cooperação entre Leste e Oeste está definitivamente posta em causa.

O outro sinal de que o Ocidente confiou em demasia numa paz sustentada na Europa vem dos Estados Unidos, onde a administração Biden assume claramente uma reorientação estratégica para o Pacífico, onde as tensões militares com a China ganharam especial relevância nos últimos anos.

Putin aproveitou essa particular conjuntura de confiança para dar asas à velha ambição de repor as fronteiras dos impérios czarista e soviético, de forma a controlar diretamente o que considera ser o seu espaço vital. Não podendo competir a nível global nos sectores mais dinâmicos da economia, nomeadamente nas novas tecnologias digitais, a oligarquia russa centra-se na exploração dos seus recursos naturais (petróleo, gás e minerais) e no seu complexo militar industrial e nuclear, recuperado da velha herança soviética. É neste binómio que assenta a ambição de preservar o estatuto de grande potência, resistindo à sua inevitável periferização.

Ouvi e li, mais de uma vez, alguns comentadores a manifestarem a sua surpresa e indignação pela «irracionalidade» da estratégia de Putin e dos dirigentes russos, não percebendo que a história mundial está repleta de irracionalidades que a nossa racionalidade não entende. Este é mais um caso.

Os últimos três anos conjugam as tradicionais ameaças que, de tempos a tempos, se abatem sobre as sociedades: a pandemia (a «peste»), a inflação (a «fome») e a guerra. Não sabemos qual o efeito que os últimos acontecimentos poderão gerar nas mentalidades coletivas e nas crenças mais arreigadas entre os povos, mas não será decerto abusivo admitir que os próximos tempos serão marcados por uma maior consciência da incerteza e a inevitável procura de maior segurança.

---

16 https://data.worldbank.org/indicator/MS.MIL.XPND.GD.ZS?end=2020&locations=EU&start=1960.

Incerteza, insegurança e confiança

É neste contexto que o excerto da obra de John Dewey com que abrimos este capítulo nos reenvia para os domínios da psicologia coletiva, ao relacionar a perceção da incerteza com a busca de segurança. A partir dessa relação, percebemos os apelos à autoridade reforçada, as expressões de intolerância perante a diferença e o exótico e ao fanatismo tribal, religioso ou mesmo cultural.

Hoje, a consciência da incerteza e o medo generalizam-se. A esperança é mais limitada. A visibilidade prospetiva é cada vez mais reduzida e não é certa a convicção de que «melhores dias virão». Daí que os extremismos tendam a explorar esse medo e a insegurança, a reação emocional, o ressentimento e a expressão recalcada de frustrações coletivas e de crenças que pensávamos ultrapassadas.

Cada vez mais, a vida política e social tenderá a polarizar-se entre a moderação racionalista e o radicalismo emocional, face a um mundo de incertezas e inseguranças. A ação racionalista, individual, coletiva e institucional tende a valorizar a prevenção, o recurso ao conhecimento validado, à legitimidade da ciência protagonizada pelos «especialistas» e pelos «cientistas». O radicalismo enaltece as soluções «alternativas», na medicina, na produção e consumo alimentar, no ambiente, o que, na maior parte dos casos, se traduz numa nostalgia assente nos mitos do passado, no conservacionismo ambiental ou nas receitas tradicionais.

O conhecimento científico ora é ritualizado na sua «objetividade» ora é contestado por negacionismos, crenças e ideologias. Pedro Caetano e Maria Manuela Mendes sintetizam esse novo contexto da modernidade: «Na verdade, o radicalismo religioso, o negacionismo e a rejeição obstinada da ciência estão atualmente a emergir como uma série de manifestações irracionais que estão a minar um edifício laboriosamente construído em torno das ideias de progresso e objetividade.»[17]

De uma maneira geral, o aumento da incerteza está associado à diminuição da confiança, quer a confiança nas instituições quer a interpessoal.

---

[17] Caetano, Pedro, e Maria Manuela Mendes (org.). *Simmel and Beyond. The Contemporary Relevance of Simmel's Thought*. Routledge, Londres, Nova Iorque, 2022: 4.

O exemplo dos Estados Unidos é paradigmático da forma como o aumento da incerteza está associado à diminuição da confiança. A quebra sustentada da confiança interpessoal sugere ainda a hipótese do progressivo deslaçamento social em estreita relação com a crise das instituições tradicionais de socialização.

Ao contrário do que se possa concluir dos últimos parágrafos, não tenho uma visão pessimista destes novos tempos. Estamos perante uma conjuntura longa dominada pela incerteza, mas na sua origem está um acelerado processo de mudança social que se inscreve à escala global e atinge a multiplicidade de escalas, do nível mais macro ao micro, e de onde se revelam quer as alterações geopolíticas quer os comportamentos individuais.

Peter L. Bernstein, um reputado conhecedor dos mercados financeiros internacionais, inspira-se em Keynes e na frase já por mim citada «We simply don't know» para resumir, numa pequena e lapidar frase, o que pretendo expor nos capítulos seguintes: «[...] não somos prisioneiros de um futuro inevitável. A incerteza torna-nos livres.»[18]

A incerteza se, por um lado, aumenta a ansiedade coletiva, podendo conduzir ao desespero, cria a tensão indispensável à construção da esperança e da liberdade. Miguel de Unamuno, no seu ensaio sobre o *Sentimento trágico da vida nos homens e nos povos*[19], dá-nos conta dessa aparente contradição:

> O ceticismo vital vem do choque entre a razão e o desejo. E deste confronto, deste abraço entre o desespero e o ceticismo, nasce a santa, a doce, a incerteza salvadora, o nosso supremo consolo.

A incerteza desperta, por outro lado, a inquietude face ao desconhecido, a curiosidade face ao inexplicável, a dúvida e o questionamento do adquirido, do estabelecido. Ora, estes são os requisitos indispensáveis ao progresso científico. Novos desafios do desconhecido despertam a busca de novas respostas, novos problemas incentivam a construção de novas

---

[18] *Peter L. Bernstein Classics Collection: Capital Ideas, Against the Gods, The Power of Gold and Capital Ideas Evolving*. John Wiley & Sons, 2012.

[19] Miguel de Unamuno. *Obras completas. El sentimiento trágico de la vida em los hombres y en los pueblos*. Madrid, Escelicer, 1960: Vol. VII, 179.

soluções. O progresso científico registado nas últimas décadas nos mais variados domínios configura uma nova revolução do conhecimento, que tanto resulta do contexto de incerteza quanto é causa de mudanças sociais e culturais profundas e de novas incertezas.

Gráfico 1: Índice de incerteza mundial

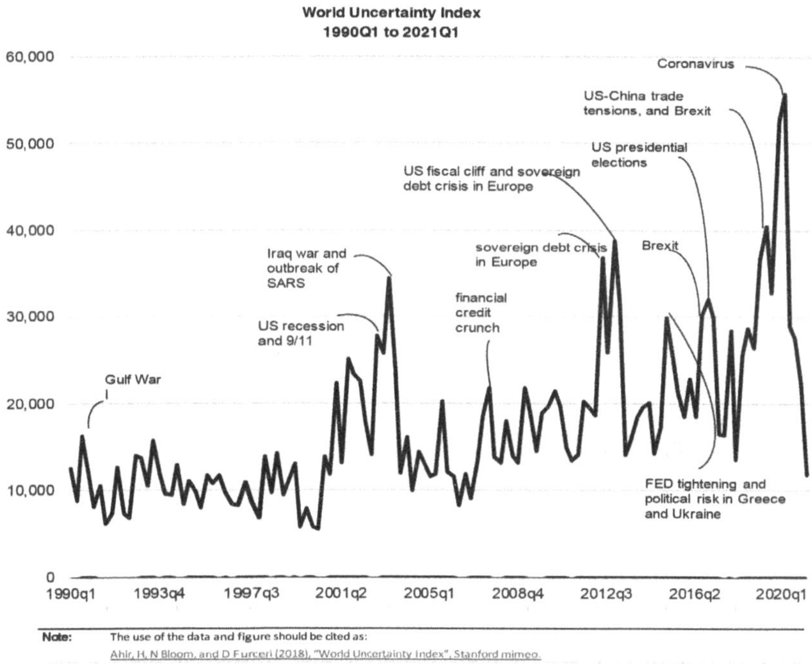

Gráfico 2: Índice de incerteza das políticas económicas dos Estados Unidos da América (EUA)

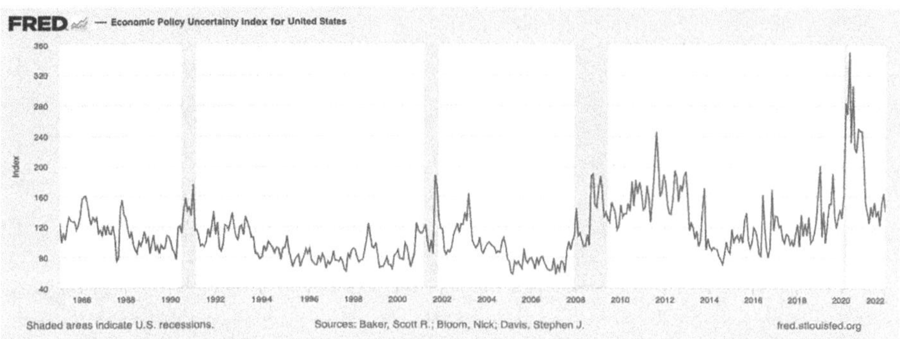

Gráfico 3: Confiança pública no governo nos EUA

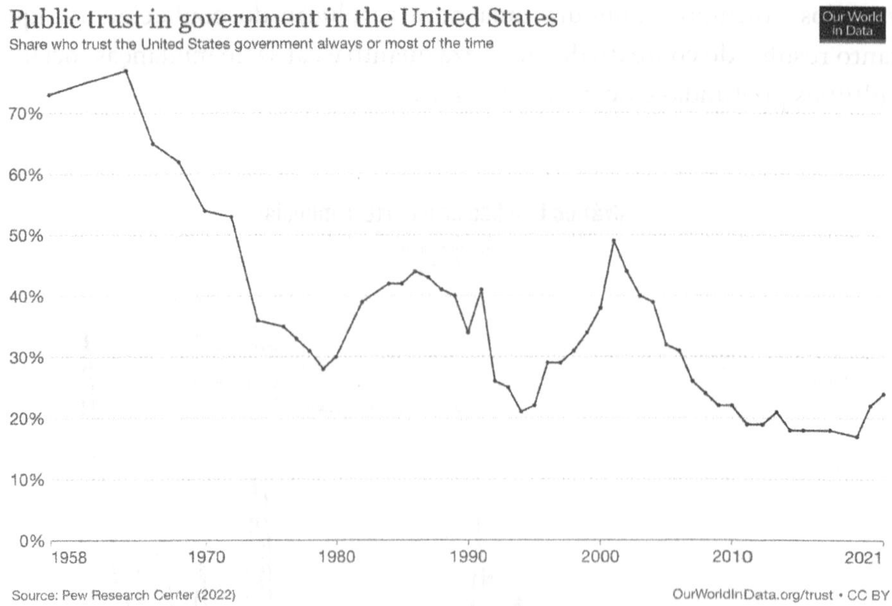

Gráfico 4: Confiança interpessoal nos EUA, 1972–2014

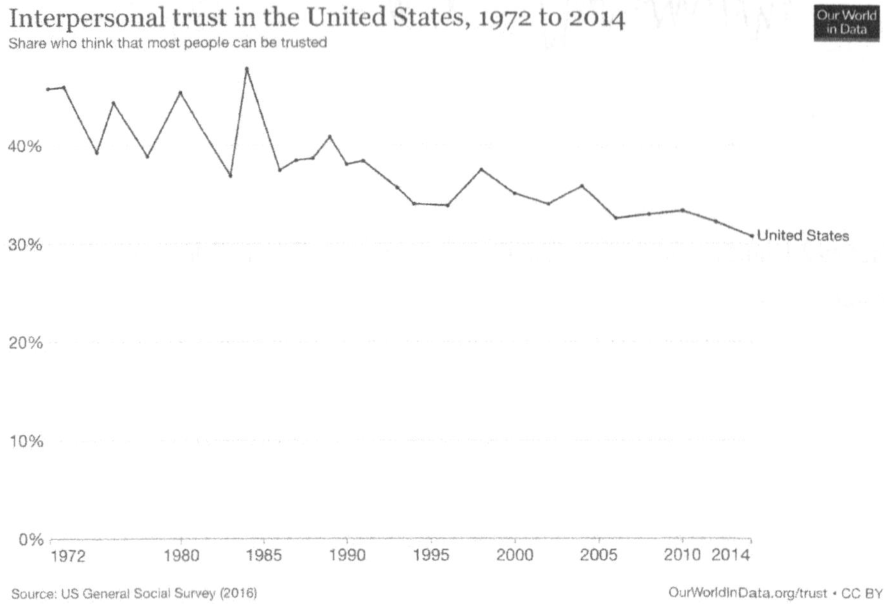

3

KONDRATIEFF REVISITADO

A ideia de que a dinâmica da vida económica na ordem social capitalista não é de características simples e lineares, mas sim de um carácter complexo e cíclico, é hoje geralmente reconhecida. A ciência, no entanto, está longe de esclarecer a natureza e os tipos desses movimentos cíclicos semelhantes a ondas. [...]
Há, de facto, motivos para supor a existência de ciclos longos com duração média de cerca de 50 anos na economia capitalista, facto que complica ainda mais o problema da dinâmica económica.

N. D. Kondratieff. «The Long Waves in Economic Life». *The Review of Economics and Statistics*. Vol. XVII, 6, novembro de 1935: 105–115 (tradução do autor).

A minha primeira experiência como docente e investigador tive-a em 1976, quando escolhi trabalhar em história dos preços. Incentivado pessoalmente por Vitorino Magalhães Godinho e pela sua obra menos conhecida do grande público — *Prix et Monnaies au Portugal, 1750–1850*[1] —, entrei no domínio da teoria dos ciclos económicos e tive o primeiro contacto com os ciclos longos de Kondratieff através de uma outra obra monumental: *Business*

---

[1] Paris, Librairie Armand Colin, 1955. Esta obra fundamental que constituiu a tese complementar do seu doutoramento de Estado, cuja publicação mereceu o prefácio de Lucien Febvre.

Cycles, de Joseph Schumpeter, numa primeira edição existente na biblioteca do antigo Instituto Superior de Economia.

O economista russo Nikolai Dmitrievich Kondratieff (1892–1938) é provavelmente um dos mais conhecidos a nível mundial. A sua tese sobre os ciclos longos de 50–60 anos terá sido a referência para a sua fama, mas também a razão para o seu fuzilamento após um longo período de prisão, logo após a ascensão de Estaline. O seu pecado original residiu no facto de, ao conceber a dinâmica do capitalismo associada ao carácter cíclico do seu desenvolvimento, ter acabado por pôr em causa a visão «simples e linear» de base determinista que era subjacente à teoria marxista e à versão mais ortodoxa que vingou na sociedade soviética.

A contestação das hipóteses de Kondratieff não surgiu só das perspetivas dos seus compatriotas soviéticos. A maior parte dos economistas ocidentais que privilegiavam a perspetiva dedutiva da teoria económica olhou com fortes reservas para a metodologia de base empírica e indutiva que o economista russo havia privilegiado. Mises, Hayek ou Myrdal estão entre os contemporâneos que contestaram a metodologia utilizada.[2] Outros, como foi o caso de Schumpeter, acabaram por ser os principais divulgadores dos «ciclos longos», ainda que colocassem algumas reservas às limitações teóricas do estudo.

Com base na recolha de séries longas de preços, taxas de juro, salários e valores do comércio externo para três países (França, Inglaterra e Estados Unidos), Kondratieff identificou, desde finais do século XVIII, uma sequência de ciclos longos cujos pontos de inversão (cristas e cavas da onda) balizou nos seguintes intervalos (respeitando a diversidade evidenciada para cada um dos países):

[2] Makasheva, Natalia A. «Kondratiev and a new methodological agenda for economics». *Russian Journal of Economics* 7 (2021): 50.

Quadro 1: Ciclos e fases propostos por Kondratieff

	Fase A		Fase B
	Início	Fim/início	Fim
K1	1780-85	1810-17	1844-51
K2	1844-51	1870-75	1890-96
K3	1890-96	1914-20	

Cada ciclo compunha-se de uma fase A (ascendente) e de uma fase B (descendente). Em fases A, o crescimento económico seria mais rápido e em fases B mais lento. Mais interessante é a abertura para a interpretação das vagas de inovação tecnológica, a de conflitos internacionais e revoluções, bem como da incorporação de novos países na economia mundial.

Mas o ponto central da proposta de Kondratieff, sendo mais simples, continha uma sugestão mais estimulante: as flutuações económicas não se sucediam em torno de um determinado nível ou ponto de equilíbrio nem sugeriam causas aleatórias. Pelo contrário, eram «inerentes à essência da economia capitalista». Revelando-se muito cauteloso quanto às suas descobertas, sugeria nas suas conclusões que o carácter cíclico destas «ondas longas» era «muito provável».[3]

O que me parece evidente é o facto de os acontecimentos históricos que se sucederam à publicação dos seus artigos terem acabado por lhe dar razão e sustentação. Estudos subsequentes acabaram por prolongar a cronologia dos ciclos longos até aos nossos dias. Por outro lado, Braudel acrescentaria o seu «*trend* secular». O quadro completo ficaria assim:

[3] Kondratieff, N. D. «The Long Waves in Economic Life». *The Review of Economics and Statistics*. Vol. XVII, 6, novembro de 1935: 115.

Quadro 2: Ciclos e fases de Kondratieff, *trend* secular de Braudel

	Fase A		Fase B	*Trend* secular (Braudel)		
	Início	Fim/início	Fim	Início		Fim
K1	1780-85	1810-17	1844-51	1745	↗	1810
K2	1844-51	1870-75	1890-96	1810	↘	1896
K3	1890-96	1914-20	1939-50	1896	↗	1974-75
K4	1939-50	1968-74	1984-91			
K5	1984-91	2006-08	2020's (?)	1974-75	↘	2020's (?)

Fonte: Grinin, Leonid, Andrey Korotayev, e Arno Tausch. «Kondratieff waves in the world system perspective». *Economic cycles, crises, and the global periphery*. Springer, Cham, 2016, 25-26. Fernand Braudel, *Civilization...* Vol. III, 64.

A hipótese Braudel integra, assim, os contributos de Kondratieff, mas alarga-os para grandes tendências seculares. Cada tendência secular ascendente integraria duas fases A e uma fase B de Kondratieff e, no caso de baixa tendencial, juntaria duas fases B e uma A de Kondratieff.

Não existe uma explicação consolidada para as causas destas ondas longas. A produção científica proveniente das ciências sociais e humanas, a despeito da sua prolixidade, não encontrou ainda o consenso indispensável a superar a polémica que lhe está associada. Porém, estas hipóteses ganham pertinência quando as associamos a outros processos de mudança, nomeadamente às vagas tecnológicas.

Tal como Kondratieff já havia sugerido e Schumpeter desenvolvido, as fases B tenderiam a identificar-se com a maior propensão à inovação tecnológica e as fases A com a massificação da aplicação das inovações à produção até que se tornassem obsoletas e substituídas por outras tecnologias mais avançadas. Assim acontecera com a sucessão de diferentes vagas tecnológicas:

- K1: metalurgia do ferro, energia hidráulica, mecanização;
- K2: máquina a vapor, carvão, aço e caminho-de-ferro;
- K3: eletricidade, motor de combustão, *fuel*, indústria química;
- K4: petroquímica, eletrónica, aviação e espaço;
- K5: redes digitais, biotecnologia, tecnologias da informação.

A dinâmica de inovação-massificação sustentaria, assim, a alternância entre ritmos de crescimento económico mais rápido (fases A) e mais lento (fases B), fases de maior crescimento de capital fixo e fases de excesso de *stock* de capital financeiro, com a previsível evolução das taxas de juro.

A proposta interpretativa de Fernand Braudel, desde logo secundada por Immanuel Wallerstein, vai um pouco mais longe, associando os ciclos longos com os «centros de gravidade» da economia mundial e com as economias-mundo (Braudel) ou sistemas-mundo (Wallerstein). Assim, à sucessão dos ciclos longos corresponderia a sucessão de hegemonias polarizadas em cidades (Amesterdão, Londres, Nova Iorque) e de complexos geográficos de maior ou menor dinamismo económico e demográfico.

A guerra e os ciclos longos

No artigo de Kondratieff que temos vindo a citar, o economista russo formula algumas hipóteses explicativas para os potenciais fatores que condicionam as suas ondas longas. Agrupa-os em quatro categorias: as mudanças tecnológicas, as guerras e revoluções, a integração de novos países na economia mundial e as flutuações na produção de ouro.

Cada uma destas categorias tem sido explorada por vários autores, dos quais: Schumpeter desenvolveu as relações entre ciclos económicos e a inovação tecnológica, os teóricos da globalização têm aprofundado o conhecimento sobre o papel da incorporação de novos mercados na economia global, S. Kuznets e W. W. Rostow, que debateram a configuração dos ciclos com as flutuações da produção de ouro.

Reservámos para uma abordagem um pouco mais cuidada a relação entre os ciclos longos e as guerras e revoluções. Kondratieff parte de um pressuposto ao considerar que guerras e revoluções «não são causadas por atos arbitrários ou personalidades individuais» e lança a hipótese:

> Muito mais provável é a suposição de que as guerras têm origem na aceleração do ritmo e no aumento da tensão da vida econômica, na intensificação da luta

económica por mercados e matérias-primas, e que os choques sociais ocorrem mais facilmente sob a pressão de novas forças económicas.[4]

A proposta do economista russo enquadra-se no que poderemos designar por uma abordagem estruturalista do problema que viria a despertar, desde a década de 70 do século xx, novos contributos: Braudel desenvolve a ideia de economias-mundo que se sucedem desde, pelo menos, o ocaso da Idade Média, polarizadas por uma cidade dominante; Wallerstein conceptualiza os complexos geográficos através da noção de «sistemas-mundo», enquanto macrossistemas sociais com sucessivas hegemonias de base capitalista; George Modelski identifica, desde 1494, cinco ciclos longos com duração média de 100 anos, cada um identificado por uma liderança de uma superpotência e pela sucessão de quatro fases: a guerra global, a emergência da potência global, a deslegitimação e a desconcentração do poder.[5]

Pela mesma altura, Joshua S. Goldstein publica uma investigação empírica sobre a relação dos ciclos longos com o carácter cíclico da guerra entre grandes potências no núcleo do sistema mundial.[6] Goldstein chega mesmo a concluir que, das quatro categorias de problemas avançados por Kondratieff, as guerras entre grandes potências são a variável que mais se correlaciona com os ciclos longos. Considerando a série de conflitos registados ao longo dos últimos cinco séculos, Goldstein conclui que o elemento central das «ondas longas» é a «grande guerra de poder» com vista a assegurar ou a disputar a hegemonia nos sistemas-mundo.

Em todos estes autores se identifica a problemática avançada por Kondratieff enquanto legado de uma investigação pioneira que, sendo limitada na sua capacidade analítica e explicativa, não deixou de motivar a produção de novos contributos teóricos, ainda que a partir de perspetivas muito

---

4 *Idem*: 112.

5 Braudel, Fernand. *Civilisation matérielle, Économie et Capitalisme, XVe–XVIIIe Siècle. Tome 3: Le temps du monde*. Armand Colin, 1979. Wallerstein, Immanuel. *The Modern World-system, I-II-III*. Academic Press, Nova Iorque, 1976, 1980, 1989. Modelski, George. *Long cycles in world politics*. Macmillan Press, 1987.

6 Goldstein, Joshua S. «Kondratieff waves as war cycles». *International Studies Quarterly* 29.4 (1985): 411.

diferenciadas, desde as abordagens mais funcionalistas às estruturalistas de inspiração marxista.

Uma coisa é certa: o tema volta a ganhar relevância na atual conjuntura internacional, marcada pela emergência de novas potências hegemónicas e por uma nova ordem mundial, em que a tensão entre potências dominantes, emergentes e contestantes desperta o risco de uma nova guerra global.

O gráfico elaborado por Max Roser (cf. Gráfico 5, anexo a este capítulo) corrobora a tese de Goldstein sobre a existência de sucessivos ciclos de guerra que se relacionam com os ciclos longos dos preços, mas essa relação é ainda mais próxima nas fases ascendentes de cada ciclo. Um dos teóricos das ondas longas é um investigador luso-brasileiro, Tessaleno Devezas, que editou em 2006 um conjunto de artigos em que resume os resultados obtidos neste particular domínio de investigação, ousando avançar, por extrapolação, um cenário que aponta para o início de um novo ciclo Kondratieff e um «conflito grave altamente provável, [...] envolvendo países que lutam pela liderança na Orla do Pacífico».[7]

K6 e as perspetivas para a nossa década

Situar os nossos dias na sucessão de ciclos longos é um exercício que terá tanto de especulação quanto de cenarização sustentada nos mais recentes indicadores. Uma particularidade a reter: à entrada da terceira década do nosso século, há uma coincidência entre o completar do ciclo longo de Kondratieff (K5) e o hipotético fim do *trend* secular descendente (iniciado em 1974–75) sugerido por Braudel.

Se assim for, estaremos em pleno processo de inversão de tendência e na perspetiva de uma nova fase de expansão do capitalismo. O problema está em saber quando e assente em que novas tecnologias se delineará esse novo ciclo de Kondratieff, já designado por K6, e que nova ordem mundial surgirá dessa inversão cíclica.

---

[7] Devezas, Tessaleno C., org. *Kondratieff waves, warfare and world security*. Vol. 5. Ios Press, 2006: viii.

As taxas de juro mantiveram-se, na última década, surpreendentemente baixas, sugerindo excesso de liquidez nos mercados financeiros globais. Porém, a tendência descendente expressa-se desde o pico dos primeiros anos da década de 80. Como seria de esperar, a inflação acompanhou esse movimento tendencialmente descendente e atingiu níveis historicamente baixos.

O ano de 2021 marca a inversão desta conjuntura. Muito antes da Guerra Rússia-Ucrânia, as taxas de inflação já haviam disparado, desde, pelo menos, o mês de setembro, quer na Europa quer nos Estados Unidos. A recuperação económica com a superação da pandemia *stressou* as cadeias de abastecimento, especialmente no aumento da procura de bens energéticos. A invasão russa agravou as perspetivas: de um movimento inflacionista que se acreditava conjunturalmente limitado, coloca-se atualmente o cenário de uma alta de médio e longo prazo. O contexto de incerteza na Europa, gerado pelo potencial conflito alargado a leste, baixa as perspetivas de crescimento económico e, mais uma vez, arriscamo-nos a entrar numa conjuntura duradoura de estagnação e inflação.

A invasão russa da Ucrânia coloca ainda desafios novos às sociedades ocidentais. Após 77 anos de paz na Europa e os últimos 30 anos de um nível de conflitualidade global muito baixo (cf. Gráfico 6), que permitiu o desenvolvimento do comércio mundial a um nível nunca conhecido na História da Humanidade, o regresso da guerra às portas da Europa abre um novo e inesperado cenário onde os atores têm dificuldade em se situar e adaptar.

Noutras paragens, as economias do Indo-Pacífico mantêm taxas de crescimento económico das mais elevadas — ainda que mais moderadas em reação à pandemia —, contrastando com o crescimento modesto dos países mais ricos. A dinâmica demográfica dá respaldo a essa emergência das economias asiáticas, quando os países ocidentais de debatem com problemas de envelhecimento e de tensões sociais associadas às sucessivas vagas de migrantes.

E quanto às tecnologias? O novo quadro parece já estar esboçado: inteligência artificial, nanotecnologias, redes energéticas inteligentes de base renovável em substituição das fontes fósseis, biotecnologia associada ao sector da saúde e farmacêutico, tecnologias para a economia circular. Estes domínios tecnológicos tenderão a uma progressiva convergência, estabelecendo interações de elevado valor acrescentado.

Entretanto, há domínios estratégicos que tenderão a sobressair do emaranhado de inovações.

Em primeiro lugar, a base energética. O potencial de conversão e substituição dos combustíveis fósseis é ainda muito grande e é natural que nas próximas décadas possamos assistir a uma baixa acentuada do custo da energia proveniente de fontes renováveis e a ganhos de eficiência na sua distribuição e consumo.

Em segundo lugar, posicionamos as ciências da vida na resposta ao envelhecimento demográfico global. De acordo com as estimativas da Organização das Nações Unidas, em 2019, 1 em 11 habitantes no mundo tem 65 anos ou mais. Em 2050, essa proporção aumentará para 1 em 6. Este grupo etário, que em 2019 representava 703 milhões de habitantes, aumentará para 1500 milhões em 2050.[8] Esta tendência representa já um enorme desafio aos sistemas de saúde e de pensões, mas representa também um enorme potencial de crescimento das tecnologias orientadas para a longevidade e para o bem-estar.

Em terceiro lugar, os domínios da inteligência artificial e da automação no que representam de ganhos de produtividade e controlo dos processos produtivos. Não incluo os esforços desenvolvidos na mimetização dos processos humanos de raciocínio e decisão, os quais têm ainda muito de ficção, mas resultados muito limitados. Destaco os desenvolvimentos em curso no que se designa por *machine learning* e *machine reasoning*, bem como na mobilização de grandes conjuntos de dados sistematizados. Ou seja, aprender e raciocinar a partir da identificação de padrões de relações entre diferentes variáveis, nomeadamente os não diretamente observáveis, pela enorme escala que representam, pela mente humana. Passar deste nível para o nível de decisão é um passo de gigante que ainda está longe de poder ser generalizado.

Este é um quadro hipotético que nos poderá ajudar a cenarizar a próxima década, mas ficam por esclarecer alguns aspectos que considero relevantes:

- Se é aceitável identificar o período pós-crise de 2008 como a última fase B do quinto ciclo de Kondratieff (K5), que tipo de crise se anuncia como «indispensável» à inversão para um próximo ciclo (K6)?

[8] United Nations. *World Population Ageing 2019 Highlights*. United Nations, Department of Economic and Social Affairs. Population Division: Nova Iorque, EUA (2019).

Se a pandemia da covid-19 acelerou a tendência recessiva, até que ponto será superada na economia mundial, quando o conflito Rússia--Ucrânia vem lançar sobre todas as previsões o espectro de uma nova guerra mundial?

- Se é identificável um novo e potencial quadro tecnológico, até que ponto a fase de inovação passa à fase de massificação, suscetível de sustentar um novo modelo de crescimento económico expansionista?
- A passagem a um novo *trend* secular conduzirá à emergência de uma nova geografia do sistema-mundo e a uma nova hegemonia, alternativa à atual?

Estas questões dominarão decerto os debates e também os acontecimentos que se avizinham na próxima década. Não nos precipitemos.

Gráfico 5: Mortes a nível global em conflitos desde 1400

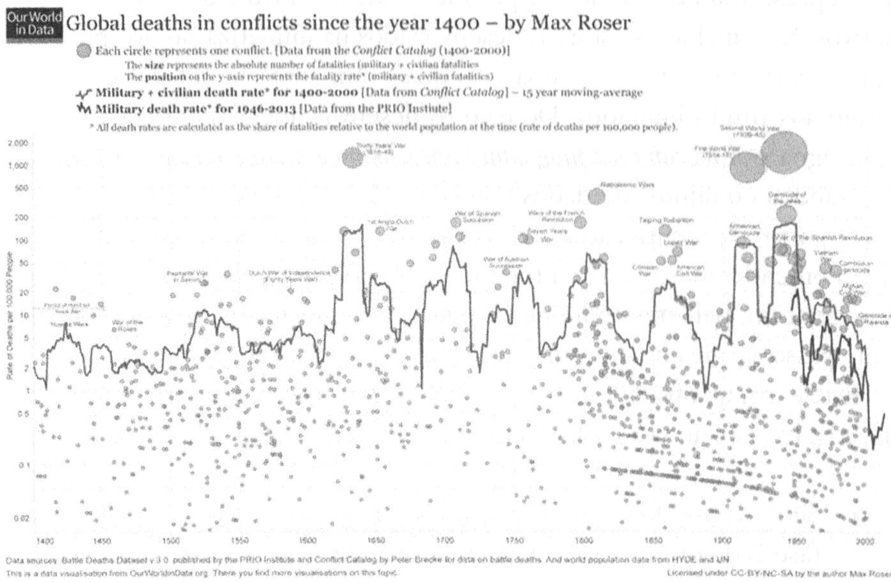

Gráfico 6: Mortes em conflitos entre Estados por 100 000, de 1946 a 2020

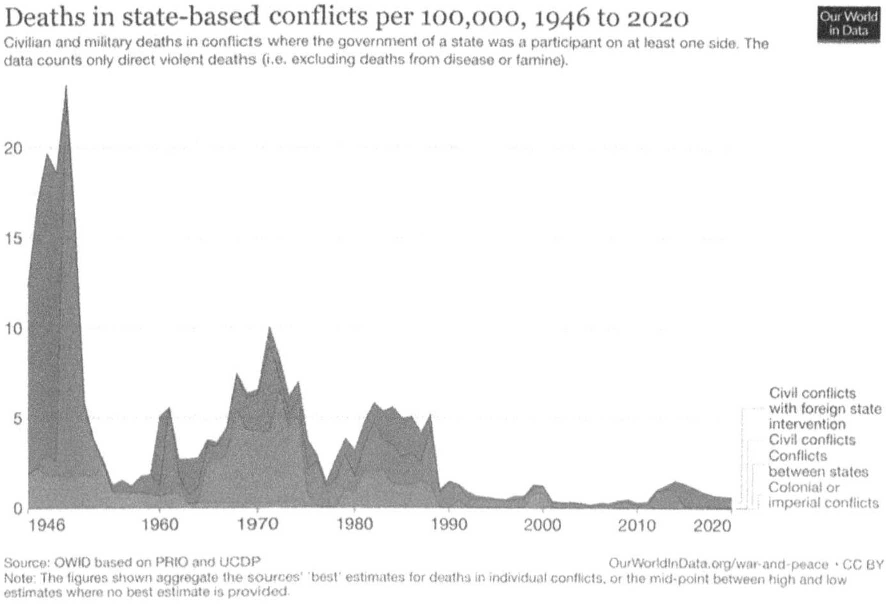

4

E SE TUDO MUDA...

À medida que o tempo passa, a «modernidade» muda as suas formas à maneira do lendário Proteu... O que há algum tempo foi apelidado (erroneamente) de «pós-modernidade», e o que escolhi chamar, mais precisamente, «modernidade líquida», é a crescente convicção de que a mudança é a única permanência e a incerteza a única certeza. Cem anos atrás, «ser moderno» significava perseguir «o estado final de perfeição» — agora significa uma infinidade de melhorias, sem nenhum «estado final» à vista e nenhum desejado.

Zygmunt Bauman, *Liquid Modernity*. Prefácio à edição de 2012. Cambridge, Polity Press, 9.

Nunca, como nas últimas décadas, se falou e escreveu tanto sobre a mudança, a ponto de se banalizar a ideia de que tudo muda e tudo é feito de mudança, como se nada permanecesse ou, pelo menos, de que os processos de mudança não se desenvolvem a ritmos e dinâmicas muito diferenciados, desde os de longa duração até aos de mais limitada conjuntura.

Nos vários domínios do conhecimento e nas suas múltiplas narrativas, identificamos quatro conceitos que andam sempre relacionados: mudança, complexidade, incerteza e inovação. Estes quatro conceitos formam a moldura de um retrato dos nossos tempos, mas nem por isso o retrato é mais fidedigno.

Ocorre-me a analogia do caçador na floresta que só tem olhos para tudo o que mexe, não se apercebendo da floresta que permanece viva, mas aparentemente inerte, ou da terra que a sustenta escondida pela folhagem e pelos galhos perdidos que os anos foram acumulando.

Estamos perante um problema de perceção: só olhamos para o que muda e esquecemo-nos do que persiste. Aparentemente, Bauman tem razão, mas esquece que é muito mais o que permanece e muda muito lentamente do que o que se transforma. Somos mais facilmente atraídos pelo ruído do que pelo silêncio, pela luz do que pela escuridão, mas nenhum deles é inerte.

Os processos de mudança social, na longa duração, não se desenvolvem sempre ao mesmo ritmo. Períodos há em que esses processos são mais acelerados, outros bem mais lentos. A vaga de fundo que se formou nos últimos 45 anos é marcada pela aceleração desses processos de mudança, envolvendo os movimentos sociais, as economias, as tecnologias, as instituições e as culturas. Felizes aqueles que, como nós, puderam assistir e viver um dos períodos mais fascinantes da História da Humanidade. Só que o fascínio tem um reverso: insegurança, instabilidade, maior incapacidade em lidar com a incerteza e a contingência.

É o «mundo às avessas» para os que se espantam com o turbilhão que tanto poderá despertar os medos, como as mais radicais e revolucionárias ideias e movimentos sociais.

Alguns apressaram-se a anunciar o fim da modernidade cujos princípios moldaram as sociedades contemporâneas. Outros, menos precipitados, defenderam a tese de uma outra modernidade, de uma nova fase mais avançada de uma modernidade que se havia reconfigurado nas suas manifestações, mas que permanecia intacta nos seus fundamentos.

Mudança e futuro

Provavelmente nunca se terá falado tanto de futuro como nos tempos mais recentes. Diríamos mesmo que existe uma obsessão social em antecipar o futuro. Estranho, porque tudo aconselharia a sermos comedidos com essas representações: a angústia e insegurança perante a incerteza, a ilusão de que tudo muda, sem se saber muito bem para onde, e a radicalização do presente pela eterna reconstrução do passado seriam razões mais do que suficientes para sermos menos temerários nessa antecipação. Podemos ainda argumentar que a ilusão do futuro possa ser mais evidenciada pelas populações mais jovens em comparação com os seniores, dos menos informados face aos mais informados, dos mais ambiciosos face aos mais resignados. Contudo, fica ainda muito por explicar.

O fascínio pelas tecnologias poderá esclarecer um pouco mais essa obsessão. O ritmo das inovações e da sua obsolescência alimenta o sentimento de que o presente é cada vez mais efémero e as expectativas tendem a centrar-se no que vem a seguir. Mesmo assim, sobra ainda uma parte significativa das populações que não são enquadráveis, ou estarão mesmo excluídas, desse contexto cultural que a revolução tecnológica despertou. O argumento não nos satisfaz.

Arrisco, entre várias, uma hipótese explicativa: a ideia de progresso — e a orientação para o futuro que lhe é inerente — está impregnada nas culturas ocidentais e continua a fazer o seu percurso na difusão à escala global dos seus princípios.

Dois séculos e meio nos separam das primeiras formulações dessa ideia que traduz a passagem progressiva da visão providencialista — «o futuro a Deus pertence» — para a conceção progressista — «o futuro está nas nossas mãos» — dessa marcha ininterrupta, mas nem sempre confirmada, do aperfeiçoamento da Humanidade.

O século XIX europeu está cheio de «profetas», «visionários» e «cientistas» que anunciam e enunciam os postulados de trajetórias de um futuro desenhado por uma convicção teleológica da evolução faseada das sociedades. Outros, por reação ao capitalismo industrial dominante, recuperam e constroem utopias, umas idealizando «o mundo que nós perdemos», outras anunciando sociedades perfeitas construídas sobre os escombros do capitalismo.

Porém, a primeira metade do século XX, a *era das catástrofes* de Hobsbawm, remeteu para o silêncio essas antevisões idílicas, perante as atrocidades de duas guerras mundiais, uma recessão económica profunda e repleta de memórias da indignidade humana e o lastro negro despejado por regimes totalitários, um pouco por todo o mundo. A fé no progresso ruiu, a Humanidade pagou um preço muito elevado por acreditar que as utopias eram concretizáveis. A sanha purificadora dos nacionalismos, a propalada superioridade moral dos comunismos e a mobilização militar da ciência para processos de destruição em massa traduziram-se num retrocesso humanitário sem equivalente no passado.

Após um período de recuperação e de paz que o pós-guerra proporcionou, voltámos a recuperar, nas décadas mais recentes, aqueles postulados do progresso, reinventando novos futuros e novas esperanças para a Humanidade. Regressámos ao tempo dos profetas, mas as utopias cederam o lugar às distopias, às visões pessimistas do futuro em que o totalitarismo subjuga a democracia, a tecnologia elimina a liberdade individual e o desastre ambiental põe em causa a vida na Terra. À conceção idealista e otimista do progresso contrapõe-se a visão escatológica das suas consequências.

Progresso e modernidade: o paradigma da mudança

Desde as suas primeiras formulações que a ideia de modernidade está associada à convicção da mudança institucionalizada. Baudelaire expressa essa associação na perspetiva do crítico de arte: «A modernidade é o transitório, o fugidio, o contingente, a metade da arte, cuja outra metade é eterna e imutável.»[1]

Porém, o conceito é bem anterior, desde a presença nos textos de Bernard de Fontenelle[2] à consagração pelo iluminismo do conceito de *progresso* que o antecede e que parcialmente se confunde. De certa forma, a modernidade é a condição do progresso, e este a expressão da sua dinâmica e propósito.

O pensamento social oitocentista, com especial difusão na segunda metade do século, consagrou a ideia de progresso como processo de mudança institucionalizado nas sociedades, assente no axioma de que a Humanidade

---

[1] Baudelaire, Charles. *Le Peintre de la Vie Moderne*. Textos publicados no *Figaro* (Sec. IV, 26 de novembro de 1863).

[2] Fontenelle, Monsieur de. «Digression sur les Anciens et les Modernes», in *Poésies Pastorales*, ed. 1708: 201–242.

avançaria de forma lenta, gradual e contínua, da sua condição de privação económica, social e cultural para níveis mais elevados de civilização e felicidade. Nesta perspetiva, os processos de mudança seriam irreversíveis, lineares, orientados para um fim ou propósito (teleológicos) e deterministas.

Em primeiro lugar, a irreversibilidade da mudança decorre do efeito acumulado dos próprios processos de mudança, que podem ser incrementais ou por «saltos» resultantes da ação disruptiva.

Em segundo lugar, a linearidade pressupõe uma direção tendencial com vista a um determinado fim, sem afastar a perspetiva faseada e por etapas, correspondentes a níveis de «civilização» cada vez mais avançados.

Em terceiro lugar, a ideia de progresso tende a assumir a existência de um último patamar em que a mudança tende a esbater-se face ao nível de perfectibilidade humana e social, tal como foi idealizada por Immanuel Kant. Cada avanço traduz-se numa melhoria das condições da existência até que mais altos valores da felicidade, da abundância, da igualdade, da liberdade e da justiça se vejam generalizados. Neste sentido, é uma visão teleológica e tende a orientar a ação humana com vista a um propósito comum.

Por último, é uma perspetiva determinista porque sujeita a mecanismos independentes da vontade individual e a dinâmicas endógenas ao próprio sistema social, logo, inevitável.

Com pequenas diferenças, estas características estão presentes em Auguste Comte, Herbert Spencer, Karl Marx ou nos mais destacados economistas clássicos. De alguma forma, estes princípios impregnaram a própria ideia de modernidade e ainda estão presentes em muitas das ideologias identificáveis nos nossos dias.

Entretanto, o século XX moderou essa fé e essa esperança no progresso. O desencantamento emergiu de duas guerras mundiais e muitas mais que provocaram em diferentes partes do mundo a destruição e a morte de milhões de seres humanos, o Holocausto e o Gulag, a ameaça nuclear, a fome e as pandemias, a pobreza, a violação reiterada dos direitos humanos, a destruição ambiental e as causas das alterações climáticas. A inevitável «Marcha da Humanidade» fez-se por caminhos de desilusão e retrocesso, as utopias deram lugar às distopias e hoje o futuro já não é tão atrativo quanto a ideia de progresso nos tentou fazer acreditar.

Modernidade e modernização

A sociedade industrial deixou-nos, entretanto, um legado que continua a estar presente nas sociedades pós-industriais: a «institucionalização da mudança social», como bem destacou Seymour Lipset.[3] Porém, com uma limitação relevante: a mudança é hoje confrontada com a falta de um propósito e convertida num ritual de afirmação social. Mas é ela própria um produto da modernidade, quer se trate da mudança orientada para um determinado objetivo quer da mudança planeada suscetível de mobilizar recursos de forma racional para a concretização de uma vontade, uma ambição, de um grupo, de uma comunidade, de uma estrutura burocrática ou de um Estado. O que lhe sobra de vontade de mudança falta-lhe de capacidade de projetar um fim, uma utopia.

Jean Baudrillard, ainda nos anos 80, chamava a atenção para a forma como a modernidade promoveu o que designa por «estética da ruptura, de criatividade individual, de inovação marcada pelos fenómenos sociológicos das vanguardas (seja no domínio da cultura ou da moda) e pela destruição cada vez mais extensa de formas tradicionais».[4] Desenvolveu-se uma retórica da mudança e da inovação contra tudo o que poderia ser considerado «tradicional».

O mesmo se verificou com a universalização das teorias clássicas da modernização. Muito em voga nas teorias económicas e sociológicas dos anos 50 e 60, a ideia de modernização era então caracterizada como um complexo e longo processo de mudança estrutural, sequencialmente faseado — em que cada fase decorria do desenvolvimento e concretização da anterior —, tendencialmente homogeneizador, conduzindo à convergência tendencial das economias e sociedade nacionais.

Na base deste modelo, residia o pressuposto de que todas as sociedades seguiriam o mesmo padrão de desenvolvimento que o observado na modernização dos países ocidentais, especialmente o Reino Unido e os Estados Unidos. Quer a ideia de modernidade quer a de modernização, enquanto processo de mudança, reproduziam o padrão de desenvolvimento,

---

[3] Lipset, Seymour Martin. «Failures of extremism». *Society* 35.2 (1998): 245.

[4] Baudrillard, Jean. «Modernity». *Canadian Journal of Political and Social Theory* 11.3 (1987): 68.

considerado universal. Tratava-se, assim, de um processo progressivo, irreversível e sustentado na transposição dos valores e instituições do mundo ocidental, eles próprios referências para a transformação mimética das sociedades tradicionais ou pré-modernas que caracterizavam a maior parte dos países do Terceiro Mundo.

Há, claramente, nestes pressupostos teóricos a dimensão ideológica que se expressa pela superioridade moral dos valores e das instituições da modernidade ocidental e no seu potencial ecuménico. Mas existe igualmente a crença na mudança inevitável, evolutiva e disruptiva face aos valores tradicionais, sociais e religiosos, que passaram a ser entendidos como os principais entraves à modernização das economias e das sociedades.

Essa dimensão ideológica está ainda presente no pressuposto, mais ou menos implícito, de que a modernização era um processo pacífico e conducente a uma paz duradoura. A era dos conflitos violentos, quer no seio das sociedades quer entre países, tenderia a ser superada pelo desenvolvimento económico e social, pelo bem-estar e pelas formas de controlo emocional do conflito e da violência, agora sujeitas aos princípios da racionalidade.

O sociólogo Edward Shils sintetizou em 1959 os princípios fundamentais da teoria da modernização que dominava a elite académica dos Estados Unidos:

> Nos novos Estados «moderno» significa democrático e igualitário, científico, economicamente avançado e soberano. Os Estados «modernos» são «estados de bem-estar», proclamando o bem-estar de todas as pessoas e, especialmente, das classes mais baixas como a sua principal preocupação. Os Estados «modernos» devem ser, necessariamente, estados democráticos em que as pessoas não são meramente protegidas e cuidadas pelos seus governantes, mas também são a fonte de inspiração e orientação desses mesmos governantes. A modernidade implica a democracia, e a democracia nos novos Estados é, acima de tudo, igualitária. A modernidade implica, portanto, a destronação dos ricos e dos tradicionalmente privilegiados das suas posições de influência proeminente. Envolve a reforma agrária. Envolve uma fiscalidade sobre os rendimentos muito progressiva. Envolve sufrágio universal. A modernidade envolve a educação pública universal. A modernidade é científica. Acredita que o progresso do país assenta na tecnologia racional e, em última análise, no conhecimento

> científico. Nenhum país poderia ser moderno sem ser economicamente avançado ou progressista. Ser avançado economicamente significa ter uma economia baseada na tecnologia moderna, ser industrializado e ter um elevado nível de vida. Tudo isto requer planeamento e emprego de economistas e estatísticos, realização de inquéritos para controlar as taxas de poupança e investimentos, construção de novas fábricas, construção de estradas e portos, desenvolvimento de caminhos-de-ferro, sistemas de irrigação, produção de fertilizantes, investigação agrícola, investigação florestal, investigação em cerâmica e investigação de utilização de combustíveis. «Moderno» significa ser ocidental sem o ónus de seguir o Ocidente. É o modelo do Ocidente destacado de alguma forma das suas origens geográficas e *locus*.[5]

Esta é a ideia central e a referência para os novos tempos do pós-guerra e do pós-colonialismo, em que o velho conceito de «progresso» é substituído pelos de «desenvolvimento» e «mudança social», «civilização» pelo de «modernidade», o providencialismo pela mudança orientada e planeada pelos Estados e pelas elites tecnocráticas que os lideravam.

Este foi também o quadro teórico e ideológico que dominou a ação das organizações internacionais dedicadas ao financiamento da cooperação e do desenvolvimento, especialmente para os países «menos avançados» e os «atrasados» e em «vias de desenvolvimento». Se muitos países acabaram por adotar este modelo, é hoje um dado adquirido que uma parte deles tenha registado um insucesso manifesto na prossecução dos seus objetivos.

As dificuldades de generalização dos processos de mudança social associados à modernização despertaram as críticas mais contundentes: em primeiro lugar, porque esses processos não eram nem unidirecionais nem necessariamente determinísticos e irreversíveis; em segundo lugar, porque a visão excessivamente etnocêntrica não se compatibilizava com os quadros culturais e religiosos de uma parte significativa desses países; em terceiro lugar, porque tradição e modernidade não seriam necessariamente exclusivas e contrárias.

---

[5] *Apud*, Nils Gilman. *Mandarins of the future. Modernization Theory in Cold War America*. Baltimore, The John Hopkins University Press, 2003: 1–2.

Ronald Inglehart, já no século XXI, reconheceu a pertinência de muitas das críticas formuladas às teorias clássicas da modernização e avançou com uma visão mais atualizada dessas teorias. É interessante elencar as críticas mais relevantes que enuncia:

1. A modernização não é um processo linear nem se desenvolve sempre na mesma direção.
2. As mudanças desencadeadas nos processos de modernização não são irreversíveis.
3. As mudanças sociais e culturais estão dependentes dos contextos culturais e civilizacionais onde se operam. Ainda que o desenvolvimento económico tenda a moldar as ideologias e visões do mundo, o legado cultural, particularmente o religioso, tende a prevalecer na maior parte das sociedades.
4. A modernização não é uma ocidentalização, contrariamente às primeiras formulações etnocêntricas das teorias.
5. A modernização não conduz necessariamente à democracia, ainda que a longo prazo as mudanças sociais e culturais tornem os regimes democráticos altamente prováveis.

Para Inglehart, «a ideia central da modernização é que o desenvolvimento económico e tecnológico conduz a um conjunto coerente de mudanças sociais e políticas».[6]

Não obstante as críticas e as experiências menos bem-sucedidas, as ideias de modernização, de mudança social e de inovação, tal como foram modeladas pelas teorias do desenvolvimento dos anos 50 e 60, continuam arreigadas na cultura ocidental, ainda que reformuladas em alguns dos seus conceitos e modelos. É o caso das teorias do capital humano que hoje tendem a prevalecer, quer nas conceções neoliberais quer nas mais socializantes. Mais uma vez, o papel das organizações transnacionais é decisivo. A Organização para a Cooperação e Desenvolvimento Económico (OCDE), o Banco Mundial e o Fundo Monetário Internacional (FMI) vão atualizando as suas

---

[6] Inglehart, Ronald. «Modernization and democracy». *Democracy versus Modernization.* Routledge, 2013: 124–126.

«gramáticas» presentes nos seus relatórios, avaliações e recomendações. Mas em pouco, muito pouco, se distanciam dos pressupostos das clássicas teorias da modernização.

Modernização e democracia

Regressando à síntese de Shils, retenhamos a ideia de que «a modernidade implica a democracia, e a democracia nos novos Estados é, acima de tudo, igualitária». Inglehart é mais moderado na tese de que, a longo prazo, é «altamente provável» a democratização como resultado das mudanças sociais e culturais associadas à modernização. Em ambas as perspetivas, traça-se a regra de oiro de que o desenvolvimento conduz, mais tarde ou mais cedo, à democratização das sociedades, retomando a velha conceção determinista e ocidental, expressa agora sob a forma de uma «forte correlação entre desenvolvimento e democracia».[7]

Esta relação, quase inequívoca, entre desenvolvimento, modernização e democracia não encontra respaldo nas tendências que se observam ao nível global, particularmente nas últimas três décadas. É certo que o desmantelamento do Bloco Soviético acalentou a esperança de uma generalização das democracias liberais e, em geral, do que poderemos designar por regimes democráticos constitucionais, mas nem por isso esse movimento de democratização de regimes autoritários afastou a ameaça das soluções que, por comodidade, designaríamos como iliberais.

Este novo quadro de diversidade dos padrões de transição das sociedades tradicionais para a modernidade obriga a refletir sobre a regra determinística das teorias clássicas do desenvolvimento e da modernização. Nem a democracia pressupõe o desenvolvimento, nem este conduz necessariamente a sociedades onde os regimes democráticos e constitucionais predominam.

O problema centra-se sobre alguns dos requisitos para uma via bem-sucedida da relação entre desenvolvimento e democracia. As teorias da modernização davam especial importância à reforma institucional, às dinâmicas sociais que estruturassem grupos sociais intermédios resultantes da

---

[7] *Idem*: 140.

abertura de canais de mobilidade social ascendente e ao decisivo papel que o Estado deveria assumir na orientação das suas políticas para o preenchimento desses requisitos.

Identificam-se dois domínios em que as teorias da modernização não deram resposta adequada: o que poderemos designar por contexto histórico e contexto cultural.

O contexto histórico centra-se na singularidade da formação do sistema de estados europeu e do seu desenvolvimento para um sistema de Estados-nações que se consolidou na época contemporânea. Tal como enuncia S. N. Eisenstadt, os modelos de modernidade ocidental e de democracia constitucional estão intrinsecamente associados ao modelo do Estado-nação que consagrou a centralidade do poder político e a legitimação da soberania «nacional» e popular pela mobilização da «sociedade civil» em torno dos princípios e dos valores como os da liberdade, cidadania, participação e solidariedade. Se podemos considerar problemática a «exportação» do modelo para novos países emergentes da II Guerra Mundial, especialmente os que emergiram do movimento pós-colonial, mais problemático será mimetizar os processos sociais e políticos que conduziram ao próprio modelo.

Ainda no contexto histórico, e em segundo lugar, há que atender ao facto de que nem todos os países ocidentais trilharam os mesmos caminhos da modernização: se uns seguiram a via democrática das sociedades abertas e liberais, outros adotaram as vias autoritárias do fascismo e outros ainda a variante comunista que cedo se transformou numa outra via autoritária e burocrática. Os países que seguiram a primeira via beneficiaram de processos revolucionários que construíram o Estado-nação de baixo para cima, combinando sistemas económicos capitalistas com regimes representativos de base parlamentar, vincadamente burgueses. As outras duas vias formaram-se através de processos de modernização desenvolvidos a partir do Estado, de cima para baixo. Nestes casos, o contexto histórico raramente se identifica com a formação do Estado-nação e mais frequentemente com modelos imperiais ou oligarquias tradicionais aristocráticas e de base camponesa.[8]

---

[8] Moore, Barrington. *Social origins of dictatorship and democracy: Lord and peasant in the making of the modern world.* Alen Lane — Penguin Press, 1967.

Historicamente, e como Max Weber já havia defendido, «a liberdade europeia nasceu de circunstâncias únicas, talvez irrepetíveis, num tempo em que as condições intelectuais e materiais foram excecionalmente propícias».[9] As mesmas circunstâncias dificilmente seriam «exportáveis» em comparação com a adoção de modelos, eventualmente muito coerentes, mas pouco condizentes com os contextos históricos, sociais e culturais dos países que os viessem a mimetizar.

Por contextos culturais, entendemos os decorrentes de três dimensões relevantes, mas não necessariamente exclusivas nem estanques: a religião, a racionalidade e a autorrepresentação da identidade coletiva.

Os sistemas de valores em cada sociedade tendem a refletir uma tensão entre a modernização económica e tecnológica e o condicionamento persistente da tradição, em grande parte expressos através de crenças, visões do mundo e padrões éticos, enraizados em religiões e dimensões civilizacionais. Como lembra Ronald Inglehart[10], os primeiros teóricos da modernização estavam convencidos de que as tradições étnicas e religiosas acabariam por sucumbir perante os princípios universais da racionalidade secular difundidos pela escola e os benefícios materiais do aumento generalizado da riqueza e do desenvolvimento. Não foi isso que se verificou.

Mesmo entre os países com regimes democráticos liberais não se pode concluir que exista uma similitude de valores. Desde muito cedo que a Europa da Reforma se distinguiu e distingue da Europa da Contrarreforma, e estas do cristianismo ortodoxo. Considerem-se então as diferenças culturais entre os países asiáticos de tradição confucionista e aqueles em que o predomínio é hindu ou muçulmano.

Se podemos falar da universalização da escola de massas, poucos países escaparam à sua difusão, mas nem por isso se criou uma cultura global assente na interiorização dos valores da racionalidade formal e instrumental que caracterizou a modernidade ocidental. Max Weber entendeu bem a distinção desta racionalidade «moderna» em confronto com a «racionalidade substantiva» dos fins e objetivos que se moldam pelas religiões, éticas

---

[9] *Apud.*, Richard Pipes, «Max Weber and Russia». World Politics, Vol. 7 (1955): 383.

[10] Inglehart, Ronald, e Christian Welzel. «How development leads to democracy: What we know about modernization». *Foreign affairs* (2009): 38.

diferenciadas e regras de conduta não necessariamente sujeitas ao cálculo e à prevalência dos processos.

De alguma forma, a cultura ocidental centrou-se na dimensão instrumental da racionalidade económica e, ao fazê-lo, acabou por limitar a capacidade de compreensão do Ocidente na sua complexidade, ao mesmo tempo que tornava as culturas não ocidentais que valorizam a racionalidade substantiva incompreensíveis e «irracionais».[11]

Por último, as condicionantes da autorrepresentação da identidade coletiva, que podem não ser necessariamente religiosas, mas que se expressam através de identidades ideológicas, étnicas e míticas que tendem a prevalecer sobre os valores do pluralismo democrático, da tolerância perante a diferença ou da liberdade e autonomia individuais perante os mecanismos de coerção coletiva.

Por estas razões, torna-se problemática a ideia ainda prevalecente no Ocidente de que, «no longo prazo, o desenvolvimento conduz à democracia». A questão que se justifica formular é se é possível o desenvolvimento sem democracia ou não conducente a regimes democráticos constitucionais, em geral, e a democracias liberais, em particular.

As vagas de democratização e a modernização neoliberal

O contexto que explicitámos em capítulo anterior sob a designação de *era da incerteza* corresponde a um iniludível movimento global para a democratização verificada num assinalável número de países onde predominavam regimes autoritários e ditatoriais. A crise das ditaduras do Sul da Europa iniciou-se em Portugal com a revolução democrática de 25 de abril de 1974 e estendeu-se à Espanha, à Grécia, bem como a alguns países da América Latina. No final da década de 80, com o desmoronar dos regimes soviéticos a leste, o número de países europeus que iniciam processos de transição democrática alarga-se de forma considerável.

---

[11] Eisenstadt, Shmuel N., Jens Riedel, e Dominic Sachsenmaier. *The context of the multiple modernities paradigm*. Brill, 2002: 20–21.

Samuel Huntington concebe estes movimentos como a *terceira vaga de democratização* do mundo moderno.[12] Recuando ao século XIX, Huntington identifica três vagas de democratização, intercaladas por duas vagas de reversão a que correspondem os períodos de 1922–1942 e 1958–1975. A perspetiva adotada relaciona-se muito com as teorias das ondas longas (Kondratieff e Braudel), ao considerar fases de expansão e, neste caso, de reversão.

A terceira vaga expressava-se por, nos 15 anos a seguir à Revolução dos Cravos, cerca de 30 regimes autoritários, na Europa, Ásia e América Latina, terem sido substituídos por democracias. Noutros países, os regimes autoritários adotaram processos de liberalização e noutros ainda movimentos pró-democracia ganharam força e legitimidade. Por finais da década de 80, as democracias emergiram do esboroar do mundo comunista. A terceira vaga fez subir a percentagem de estados democráticos em todo o mundo de 25% em 1973 para 45% em 1990.[13]

Nas décadas seguintes, as transições democráticas associam-se ao desarmamento pautal decorrente do Uruguay Round, ao crescimento do comércio internacional, à revolução tecnológica digital, à globalização e a um inegável abrandamento dos conflitos militares, num período que surpreendentemente criou a ilusão de que caminhávamos para a mítica paz perpétua. Foram quase três décadas de um incontestável progresso global que ficou associado à ideia de globalização.

Aquele período assistiu ainda à retoma das clássicas teorias da modernização, só que, desta vez, em versão corrigida e atualizada. Em que é que as duas versões se distinguem? Num conjunto limitado de novas conceções que passamos a enunciar.

Em primeiro lugar, a dicotomia e oposição entre tradição e modernidade é reconfigurada para a ideia de transição de sociedades não democráticas para sociedades modernas e liberais, de regimes autoritários e relativamente fechados para sociedades abertas e regimes democráticos constitucionais. O novo contexto de dessovietização ajudou a reconfigurar este pressuposto basilar.

---

[12] Huntington, Samuel. *The third wave: Democratization in the late twentieth century*. Norman-London, University of Oklahoma Press, 1991.

[13] A estimativa de Huntington apenas considera os países com, pelo menos, 1 milhão de habitantes.

Em segundo lugar, enquanto na versão clássica das teorias da modernização o Estado era considerado o veículo privilegiado para desencadear os processos de mudança social orientados para a modernidade, as novas conceções elegem o mercado livre como o principal instrumento de mudança. No domínio económico, em particular, as políticas de liberalização ganharam fôlego, remetendo progressivamente o papel do Estado para o indispensável papel de regulador dos mercados e de facilitador do desenvolvimento económico.

Em terceiro lugar, o processo de liberalização da economia exigiria que o Estado reduzisse a sua dimensão e que procedesse a programas sistemáticos de privatização dos seus ativos industriais, financeiros e de sectores estratégicos da distribuição e das infraestruturas.

Estes são os três novos pilares das novas teorias da modernização, num princípio axiomático expresso no ajustamento da frase de Seymour Lipset, «a liberalização económica, "no longo prazo", leva à democratização» e ao valor acrescido dos direitos humanos, assente numa nova ordem moral à escala global.[14]

Este é o novo modelo que viria a ser adotado pelas organizações transnacionais, enquanto referencial teórico e ideológico para orientar os processos de mudança e de modernização. Este seria o novo padrão a que se convencionou designar por *neoliberalismo*.

Como teremos oportunidade de demonstrar, no rescaldo da recessão iniciada em 2008, alguns destes pressupostos atualizados tornaram-se obsoletos e contraditórios com o que na última década se veio a verificar. Por outro lado, tudo leva a crer que a *terceira vaga de democratização* sugerida por Samuel Huntington entrou muito provavelmente na sua fase de reversão. Quanto à globalização, tal como a conhecemos entre os anos 80 e a crise de 2008, afigurasse-nos ser mais pertinente falarmos do seu esgotamento do que da sua continuidade.

E se tudo muda... o que fazer? No domínio particular da governação e das políticas, como e por onde seguir?

E se tudo muda neste contexto de transformação, obsolescência e incerteza, será avisado estar atento ao que «mexe» e muito bem ancorado sobre

---

[14] Gilman, Nils. *Mandarins of the future. Modernization Theory in Cold War America.* Baltimore, The John Hopkins University Press, 2003: 272.

o que permanece. A retórica e a ilusão da mudança desviam-nos do fundamental: os adquiridos civilizacionais do conhecimento e da cultura, da ciência e da perceção alargada do tempo, da história e dos valores fundamentais da Humanidade. Esses não mudam tanto quanto parece.

5

A NOVA ERA DOS EXTREMOS

O patriotismo é nacionalmente aquilo que o egoísmo é individualmente — tem, de facto, a mesma raiz; e junto com benefícios afins traz males afins.

Spencer, Herbert. *The study of sociology*. Vol. 5. Henry S. King, 1873, 9.

— Você concorda comigo que a guerra é uma coisa monstruosa; que esse costume de massacrar os povos constitui um estado permanente de selvageria; quão odioso seja, quando o único bem real é a «vida», ver governos, cujo dever é proteger a existência de seus súbditos, que buscam obstinadamente meios de destruição? Sim, não é. Ora, se a guerra é uma coisa horrível, não seria o patriotismo a ideia principal que a sustenta?

Fala de Mr. Rade. Guy de Maupassant. *Les Dimanches d'un Bourgeois de Paris*. La Bibliothèque Électronique du Québec. Vol. 228, 103.

Volto a recuperar o título de uma obra consagrada para abordar alguns dos mais candentes problemas das sociedades atuais. Desta vez recorro ao livro do historiador inglês Eric Hobsbawm, *The Age of Extremes: The Short Twentieth Century, 1914–1991* (Londres, 1995). A história deste curto século XX — por contraste com o longo século XIX, iniciado pela Revolução Francesa e extinto pela I Guerra Mundial — é balizada por Hobsbawm pelo mais destruidor conflito mundial e o desmoronamento do regime soviético.

Duas guerras mundiais entremeadas por uma recessão económica sem equivalente marcaram o quadro de «catástrofe» que foi a primeira metade do século XX. Milhões de baixas militares e civis, destruição em massa de capital fixo, o genocídio das minorias étnicas, a aniquilação da liberdade e dos direitos humanos mancharam irreversivelmente as páginas mais negras da História da Humanidade. A própria ideia de progresso que marcara o desenvolvimento mundial do século XIX era agora remetida para o estatuto de quimera sem qualquer ajustamento à verdadeira natureza humana.

Como chegámos a tal estado? Nacionalismo exacerbado, radicalização ideológica, intolerância social, dogmatismo político, generalização das soluções autoritárias e antidemocráticas. A «era dos extremos» iniciara-se nas ideias, nos movimentos sociais e nas políticas.

A segunda fase foi de reconstrução e de sustentado crescimento económico. No campo político, a polarização deu lugar ao centrismo e, durante quase três décadas, o mundo voltou a beneficiar da prosperidade e a acreditar no progresso ilimitado. Mas, como decorrência do balanço entre vencedores e vencidos da II Guerra Mundial, o mundo bipolarizou-se, a «guerra fria» alimentou uma «paz fria» nos cenários onde a guerra havia reduzido tudo a escombros.

A crise de 1973–75 foi o primeiro marco de passagem para uma nova fase que Hobsbawm designa por «the landslide» e que se traduz na desaceleração dos ritmos de crescimento económico, na sucessão de choques assimétricos à escala global e pelo fim do mundo bipolar, repartido entre capitalismo e socialismo. O que se segue e prolonga até aos nossos dias é a fragmentação do campo político e ideológico, minado por movimentos desgarrados e ideologias de nicho, populismos e demagogia, tensões autoritárias e de reação nacionalista, à esquerda e à direita, pelo radicalismo dos direitos e o fundamentalismo das crenças. A liberdade, a democracia e a universalidade dos direitos humanos perdem terreno.

Este é o mundo que herdámos. Vivemos uma nova era dos extremos. E a cada crise em que mergulhamos, descobrimos que a distância entre eles é cada vez maior.

É difícil entender como na primeira nação da história da democracia se mantém latente o complexo de tensões que o «trumpismo» alimentou.

Diariamente, somos expostos aos milhões de deserdados do progresso e às vítimas da violência institucionalizada. Uma horda de radicalizados conseguiu subtrair à União Europeia — o mais bem-sucedido projeto de paz e de desenvolvimento humano — um dos seus pilares fundamentais, o Reino Unido. O fundamentalismo teológico espalha o terror e a destruição um pouco por todo o lado. As soluções autoritárias e antidemocráticas assumem-se com naturalidade como uma escolha racional a respeitar resignadamente. O ressentimento pós-soviético recupera o sonho da Rússia imperial, conduzindo à banalização da guerra de terra queimada, primeiro na Chechénia, depois na Geórgia e na Síria e, finalmente, na Ucrânia.

Não nos podemos deixar subjugar pelo dilema entre a ordem autoritária e a desordem complacente. A radicalização das opções não é mais do que o produto de os extremos se alimentarem mutuamente. O mundo a preto e branco não pode ser uma ambição, é uma tormenta.

Por isso entendo que é urgente reconstruir uma cultura política que assente na moderação e no compromisso. Não se confunda, entretanto, moderação com resignação e abdicação de valores, princípios e convicções. Pelo contrário, exige o reforço dos valores e princípios fundadores das democracias liberais contemporâneas, na linha de Montesquieu e Tocqueville, entre os clássicos, de Raymond Aron a Amartya Sen, entre os mais recentes.

Durante as últimas décadas, a moderação política que havia subtraído a Europa ao espectro da guerra foi substituída pelo primado da tecnocracia, especialmente inspirada pela economia pós-keynesiana, nomeadamente do neoliberalismo inspirado na «escola de Chicago», pelo unanimismo das soluções únicas e pela desideologização da ação política. Na última década passou a ser combatida pelo radicalismo e pelo extremismo.

Radicalismo e extremismo

Ainda que usados, por vezes, de forma indiscriminada, estes dois conceitos distinguem-se e tomá-los-emos como distintos ao longo deste livro.

Não cabe nesta minha abordagem o que se designa por radicalismo filosófico, talvez a mais adequada aplicação do termo quando se refere à busca da raiz (do latim *radicalis*, relativo à raiz) dos problemas da sociedade e da sua superação através da ação social transformadora.

Historicamente, o radicalismo político assumiu formas diferenciadas entre as correntes anglo-saxónicas, visando o sufrágio universal, o voto das mulheres ou aquilo que são hoje adquiridos fundamentais dos regimes democráticos. Neste contexto, o radicalismo está presente nas correntes liberais, democráticas e republicanas, contra o conservadorismo parlamentar oitocentista.

No caso francês, os movimentos radicais expressaram de forma pronunciada a tradição jacobina herdada da Revolução Francesa, mas ambas as perspetivas se podem integrar no que poderemos designar por radicalismo progressista.

Por oposição e, na maior parte dos casos, de modo reativo, emerge ainda no século XIX uma nova expressão do radicalismo, assente em princípios primários e recorrendo à retórica populista: os investigadores dos movimentos sociais adotam a designação de radicalismo popular ou reacionário, em estreita associação com a defesa dos valores da tradição e por oposição à simbologia da modernidade política.

Neste sentido, aproximo-me da proposta de definição avançada por Hande Gaspar: «definimos radicalização como o crescente desafio à legitimidade de uma ordem normativa e/ou a crescente vontade de combater a estrutura institucional dessa ordem».[1]

O contexto originário do radicalismo político sofreu alterações relevantes nas diferentes expressões que assumiu até aos nossos dias. A problemática da radicalização deslocou-se para ideologias e movimentos sociais associados à violência e à marginalidade — senão mesmo à clandestinidade — face aos sistemas políticos institucionalizados nos regimes democráticos, bem como a modelos não democráticos do exercício do poder por parte de grupos e líderes autoritários e mesmo ditatoriais. Ou seja, a versão contemporânea do radicalismo ficou claramente associada ao recurso a meios de coerção e violência, quer em relação a outros grupos, mas, principalmente, em relação à ordem estabelecida que é objeto da sua contestação.

---

[1] Gaspar, Hande Abay *et al.* «Radicalization and political violence — challenges of conceptualizing and researching origins, processes and politics of illiberal beliefs». *International Journal of Conflict and Violence (IJCV)* 14 (2020): 5.

Estes movimentos e organizações polarizam a intensidade emocional da ação violenta e invocam laços sociais de solidariedade e identidade tipicamente «tradicionais», quer sejam de base étnica, racial, religiosa ou mesmo «nacional».

Em termos sintéticos, poderemos dizer que os primeiros movimentos sociais radicais que lutavam pelo acesso à cidadania e à representação como via para terem acesso à participação no centro político deram lugar à ação violenta e pretensamente revolucionária, afrontando a ordem estabelecida. Enquanto os primeiros movimentos sociais radicais acabaram por ser incorporados e institucionalizados, especialmente nos regimes constitucionais democráticos, o radicalismo mais recente tende a subverter e a substituir as instituições existentes por outras cujos princípios e valores são alternativos e adversariais dos preexistentes.

É neste último quadro de referência que conceptualizamos a radicalização política e social contemporânea, quer se trate de indivíduos, grupos, a própria radicalização em massa ou mesmo a radicalização da ação política, interna e externa, dos estados.

O conceito de extremismo pode revelar-se mais ambíguo, mas ganha significado nos regimes democráticos em que se verifica a existência de um centro político, enquanto espaço dominante e de consenso do espectro da oferta partidária. A manifestação dos extremismos concretiza-se a partir dos movimentos de contestação e disputa desse poder do centro, quer à esquerda quer à direita. Porém, não se trata apenas de um problema de posicionamento no espectro político. O extremismo é geralmente associado à radicalização das ideologias, do discurso político e dos movimentos sociais que estão na sua génese, quer pelos objetivos que se propõe prosseguir quer pela expressão, mais ou menos massificada, da sua base social e da sua representação.

No contexto dos regimes democráticos constitucionais, o extremismo, tanto nas suas conceções como na sua ação, expressa-se pela contestação dos valores fundamentais da democracia e da liberdade, tendo como objetivo a sua abolição ou a limitação da sua aplicação em concreto.

Na maior parte dos casos, a emergência dos extremismos políticos, sociais e culturais coincide com a erosão e fragilidade desse poder do centro, nomeadamente em conjunturas de limitação de expectativas económicas ou de quebra de laços de confiança. Tal tende a verificar-se em situações de degradação dos meios de subsistência de alguns estratos da população, bem como pela generalização de casos de corrupção e de incapacidade das instituições democráticas de assegurar, por exemplo, a transparência e igualdade no acesso à justiça e à proteção dos cidadãos.

O extremismo ideológico, outrora «progressista» e «emancipador», deu lugar ao extremismo das causas, do ressentimento, da intolerância e das crenças religiosas. Por outro lado, o recurso mais generalizado à violência associa, nos nossos dias e talvez de forma precipitada, o extremismo e o radicalismo ao «terrorismo». O recurso à violência raramente é o ponto de partida dos movimentos radicais e extremistas, antes um ponto de alavancagem visando uma maior projeção dos seus propósitos, o alargar das suas bases de recrutamento ou reconhecimento social, quer pela aceitação quer pela rejeição.

Para todos os efeitos, a grande distinção está no recurso à violência. Daí que na produção académica se considere o radicalismo e o extremismo não-violento por oposição ao violento e organizado.[2]

No primeiro caso, indivíduos e grupos atuam no quadro existente da legalidade, recorrendo frequentemente às demonstrações de desobediência civil, e tendem a articular-se através de redes transnacionais, como é o caso, entre vários, da proteção ambiental, climática ou da biodiversidade, ou da proteção e bem-estar animal.

No segundo caso, pela sua própria natureza, o radicalismo e o extremismo violentos agem à margem do quadro legal, desenvolvem formas de organização clandestinas e, em função dos seus propósitos e ideologias, tendem a associar-se em redes transnacionais e recorrem com frequência ao financiamento externo através de canais clandestinos. Neste particular aspecto, tanto podem envolver-se com organizações ligadas ao tráfico, de droga ou de armas, como recorrer à «ajuda» encoberta de estados.

O fundamentalismo religioso

Existe um preconceito arreigado no Ocidente, que se instalou no último meio século, que associa o conceito de fundamentalismo ao extremismo, à radicalização religiosa e a uma especial identificação com o islamismo.

---

[2] *Idem*: 11.

Esta tendência não é exclusiva nem do Ocidente nem do islamismo. Trata-se de algo mais extenso e mais diversificado do que a particularidade do suposto preconceito.

Martin Riesebrodt, na passagem para o século atual, já havia problematizado em torno da «dramática ressurgência à escala global dos movimentos religiosos, desde os anos de 1970», que terá apanhado de surpresa não só a maior parte dos estudiosos das religiões, como também a maioria dos que professavam as dominantes teorias da modernização.[3] Era dada como adquirida a tendência irreversível para a secularização e a privatização das sociedades modernas. A progressiva mudança das crenças e das práticas religiosas da esfera pública das instituições — nas sociedades tradicionais — para a esfera privada das escolhas individuais nas sociedades modernas constituiu um dos mitos de uma modernidade assente no domínio da racionalidade e da ciência. A inquestionada irreversibilidade dessa tendência era um adquirido que punha de parte a ressurgência da religião como força política e como pilar de identidades sociais e, em alguns casos, de catalisador de identidades nacionais e de culturas civilizacionais.

Entretanto, esse ressurgir da religião como base de legitimação da ação política expressava-se através da resistência e oposição à «ocidentalização» — quando não mesmo à própria ideia de modernidade —, ao mesmo tempo que promovia a reinterpretação dos fundamentos culturais e religiosos, pretensamente esquecidos ou secundarizados. Daí que a designação de fundamentalismo tenha muito mais que ver com o regresso às conceções primárias, aos textos fundamentais e à recuperação da tradição, que, como não poderia deixar de ser, repunha o lugar da religião no centro da legitimidade política e como fonte exclusiva de afirmação moral.

Esta postura adversarial dos múltiplos movimentos de «regresso ao passado» era identificada quer em países em vias de modernização quer mesmo nos países de modernidade avançada. Por outro lado, os movimentos observados entre as comunidades islâmicas não eram substancialmente diferentes dos observado entre judeus, hindus, cristãos ou budistas, entre outras religiões. Gabriel Almond, que coordenou uma vasta investigação sobre

[3] Riesebrodt, Martin. «Fundamentalism and the Resurgence of Religion». *Numen* 47.3 (2000): 266.

os diferentes fundamentalismos, reconhece o papel da Revolução Iraniana como acelerador do ressurgimento de movimentos religiosos, a partir da década de 70 do século xx, desde o Sudão à Índia, do Afeganistão à Turquia, de Israel aos Estados Unidos.[4]

Neste contexto, o fundamentalismo religioso é algo mais complexo e diferenciado do que o geralmente referenciado como fundamentalismo islâmico.

Se concebermos o fundamentalismo religioso nesta perspetiva mais alargada, poderemos então defini-lo, seguindo a proposta de Riesebrodt, como «um tipo específico de movimento de ressurgência religiosa» e de reinterpretação dos seus fundamentos que «reage a mudanças sociais percebidas como uma crise dramática. Nesses movimentos, as pessoas tentam reestruturar os seus mundos de vida cognitiva, emocional e praticamente, reinventar as suas identidades sociais e recuperar um sentido de dignidade, honra e respeito. Mas tais objetivos são alcançados no fundamentalismo de maneiras diferentes de outros tipos de movimentos de reavivamento religioso.»[5]

Não muito longe da proposta de Riesebrodt, Gabriel Almond define fundamentalismo enquanto um padrão «percetível de militância religiosa pelo qual os autointitulados "verdadeiros crentes" tentam travar a erosão da identidade religiosa, fortalecer as fronteiras da comunidade religiosa e criar alternativas viáveis para instituições e comportamentos seculares».[6]

Ambas as definições concebem o fundamentalismo como uma resposta a processos de mudança social e cultural e às orientações ideológicas do modernismo ocidental que tendem a marginalizar as instituições religiosas através do reforço da secularização.

Porém, os diferentes fundamentalismos, mesmo que dominantemente religiosos, tendem a revelar diferentes formas de expressão e diferentes vias de desenvolvimento. Mesmo que se enquadrem no que poderemos designar de tradicionalismo radical de base religiosa, o seu desenvolvimento dá origem a movimentos sociais com expectável consequência nos sistemas políticos e no surgimento de poderes e regimes marcadamente teocráticos.

---

[4] Almond, Gabriel A., R. Scott Appleby, e Emmanuel Sivan. *Strong religion*. University of Chicago Press, 2011.

[5] Riesebrodt, 2000: 271.

[6] Almond, 2011: 17.

Uma das características da interação entre fundamentalismo religioso e organização política prende-se com o facto de estes movimentos se organizarem em torno de líderes carismáticos que, além da capacidade de mobilização de seguidores, se assumem como referenciais morais e dirigentes de uma estrutura hierarquizada assente no autoritarismo e no maniqueísmo da divisão entre o bem e o mal, a luz e as trevas, os eleitos e os excluídos... do «reino dos céus».

Porém, nem todos os movimentos fundamentalistas assumem uma identificação religiosa. O tradicionalismo radical expressa-se, em muitos casos, pela recuperação e reinterpretação de uma identidade nacional que remete para a nostalgia de uma cultura perdida e de uma moral ultrapassada que é necessário recuperar para responder aos «abusos» da liberdade e à degradação moral que o modernismo terá alimentado. Em síntese, uma nova ordem que preserve a autoridade e a moral tradicionais.

O regresso dos nacionalismos

Esta é a expressão com que no meio académico das ciências sociais se pretende caracterizar o ressurgimento, um pouco por todo o lado, de movimentos sociais e de alternativas políticas ao modelo de democracia liberal. Neste contexto, não estaremos a falar propriamente de um regresso — as ideias nacionalistas nunca desapareceram do leque de referenciais ideológicos —, mas antes da difusão e aceitação, entre um número crescente de países, das conceções mais radicais e extremistas do nacionalismo que o século XIX concebeu e consagrou. Alguns autores recorrem mesmo ao conceito de *neonacionalismo* como se fosse algo de reformulado nos seus princípios, valores e conceções ideológicas. A sua natureza continua a ser a mesma, só que a sua expressão na atualidade apresenta traços que o distinguem, nem que seja pelos contextos sociais e culturais em que se desenvolvem.

O traço mais marcante desta nova vaga de nacionalismo é o facto de estar associado ao populismo radical. Esta ligação não é nova. Encontramo-la em muitos dos movimentos nacionalistas que percorreram a Europa durante quase um século que antecedeu a II Guerra Mundial. Porém, os novos contextos criados pela revolução dos *media*, das tecnologias de comunicação e das redes sociais conferiram um enorme poder de projeção social de movimentos que noutras condições não passariam de fenómenos de nicho. Existe, de facto, um contexto extremamente favorável à difusão rápida e de amplificação social destas novas ideias e movimentos.

Se o nacionalismo tradicional colocava a nação e o «interesse nacional» acima de qualquer prioridade, interesse particular ou extranacional, o populismo assume a sua dimensão adversarial e antissistema focando-se no confronto entre o povo e as elites, sejam políticas, financeiras ou intelectuais. Por isso, tem sentido falar de nacionalismo populista não só na sua retórica comum, mas também na natureza ideológica e nas consequências da sua ação.

Não abordaremos a problemática dos nacionalismos emancipatórios, aqueles que, ao longo de dois séculos, sustentaram a multiplicidade dos movimentos independentistas, ou seja, os nacionalismos que sustentaram a libertação de muitos povos da submissão a potências estrangeiras, nomeadamente da dominação imperial e colonial. Alguns desses movimentos ganharam algum fôlego nas últimas décadas. No caso europeu, assistimos ao ressurgimento das velhas nacionalidades silenciadas pela consolidação dos estados nacionais, como são os casos do País Basco, da Catalunha ou da Escócia. Outros movimentos desenvolveram-se a partir de enclaves étnicos nunca dissolvidos. Eles estiveram na origem da Guerra da Jugoslávia e fora da Europa têm alimentado tentativas secessionistas, ora alimentadas por interesses geoestratégicos exteriores ora pela ambição de autodeterminação e representação. Estes casos têm todos uma longa história e não constituem nas suas expressões algo diferente do que há muito é observado.

O que nos interessa abordar é o nacionalismo populista enquanto movimento político no seio de Estados e nações sem problemas relevantes de identidade nacional ou de soberania, mas que representam uma exacerbação das ameaças aos seus interesses e à sua própria identidade.

Por outro lado, esse nacionalismo populista afirma-se igualmente pela ação do Estado e de governos formalmente legitimados pelo apoio popular. Há uma via democrática para o poder, ainda que, logo que alcançado esse poder, ele seja exercido pervertendo os princípios e as regras do jogo democrático. Foi assim na Argentina peronista, na Venezuela bolivariana, na Rússia de Putin ou nas Filipinas de Duterte. Entretanto, é no coração das democracias ocidentais que a ameaça nacionalista e populista se torna mais sentida. A política de Donald Trump, nos Estados Unidos, as tensões que conduziram ao Brexit, no Reino Unido, ou os governos de Orban, na Hungria, e de Erdogan, na Turquia, são exemplos de modelos iliberais. No caso europeu, a representação parlamentar de movimentos e partidos nacionalistas e populistas não tem parado de aumentar. São cada vez mais uma séria ameaça aos regimes democráticos e constitucionais.

Uma ameaça, porquê? Em primeiro lugar, e a pretexto de compensar as fragilidades dos regimes democráticos, tornam-se tendencialmente autoritários e pouco respeitosos das liberdades e garantias dos cidadãos, do princípio da separação de poderes, da liberdade de opinião e de expressão através dos meios de comunicação social, do papel e estatuto das forças oposicionistas. A coberto de uma legitimidade popular, contrariam todos os princípios do escrutínio e do equilíbrio entre poderes. Ou seja, além de autoritários, facilmente se tornam autocráticos, potenciando lideranças carismáticas que tendem a perpetuar-se no poder.

Em segundo lugar, a dimensão nacionalista rapidamente potencia o protecionismo económico, em defesa dos produtores nacionais, favorecendo-os na concorrência do mercado interno através do aumento dos direitos alfandegários ou, de forma mais sub-reptícia, através do protecionismo técnico ou administrativo. No rescaldo da crise de 2008, o recurso às barreiras alfandegárias transformou-se numa guerra comercial que ganhou especial relevância com a administração Trump. Se o principal visado foi a China, nem por isso a administração americana se coibiu de condicionar a concorrência dos seus aliados, nomeadamente europeus.

Em terceiro lugar, o condicionamento no acesso aos mercados de bens tornou-se extensivo aos mercados de trabalho, especialmente na tentativa de conter os fluxos migratórios. A pretexto da defesa dos empregos para os cidadãos nacionais ou de questões de segurança, as políticas de imigração tornaram-se mais restritivas e mais discriminatórias.

A liberalização do comércio internacional e dos fluxos migratórios que a globalização havia incentivado era agora travada pela internalização das prioridades de crescimento económico.

Se a globalização permitiu a prosperidade que caracterizou as duas décadas que antecederam a crise de 2008, esse benefício não se distribuiu de forma equilibrada quer entre países quer, no seio destes, entre diferentes estratos da população. O balanço da investigação internacional sobre as desigualdades de rendimento em contexto de globalização permite identificar uma base de consenso mínimo: as desigualdades sociais e de rendimento internas a cada país revelaram-se mais acentuadas do que as desigualdades da riqueza entre os diferentes países.[7]

De alguma forma, a incorporação progressiva das economias nacionais no comércio internacional atenuou as diferenças substanciais entre economias mais desenvolvidas e mais atrasadas. Contudo, no seio de cada país, os benefícios dessa incorporação foram desigualmente distribuídos, aumentando o fosso entre os beneficiários da globalização e os prejudicados e excluídos. A deslocalização e a fragmentação das cadeias de valor criaram, nomeadamente em países industrializados, uma horda de deserdados da globalização.

O ressentimento face à concorrência externa, quer de bens quer de força de trabalho, está na origem da reação desses deserdados, cada vez mais sensíveis à retórica nacionalista, ao protecionismo e rejeição dos imigrantes, especialmente quando portadores de uma identificação étnica, religiosa e cultural que é entendida como uma ameaça à identidade e pretensa homogeneidade dos nacionais.

Neste contexto, o regresso dos nacionalismos populistas é, em grande parte, uma consequência da globalização. O progressivo cosmopolitismo nas sociedades economicamente mais avançadas e maioritariamente com regimes democráticos liberais não foi uma mudança pacífica. Poderá ter sido silenciosa, mas exprimia-se através dos movimentos e das narrativas políticas de carácter extremista e xenófobo.

A síntese de Richard W. Mansbach e Yale H. Ferguson é esclarecedora: «a crise económica e financeira de 2008–2009 aumentou a perceção das desigualdades económicas domésticas e globais que contribuíram para

---

[7] Mills, Melinda. «Globalization and inequality». *European sociological review* 25.1 (2009): 1–8. Bourguignon, François. «The globalization of inequality». *The Globalization of Inequality*. Princeton University Press, 2015.

a disseminação do nacionalismo-populismo. Os inimigos da globalização enfatizam a desigualdade e o baixo crescimento económico porque a culpa recai sobre os estrangeiros, especialmente estados rivais e/ou imigrantes.»[8]

Racismo e etnocentrismo

Num dos mais destacados trabalhos publicados por um historiador português, Francisco Bethencourt[9] aborda a temática dos racismos numa perspetiva histórica, de longa duração, identificando a diversidade de contextos e de expressões do que se convencionou designar por racismo.

O primeiro aplauso vai para a forma simples, mas não menos rigorosa, como define a noção de racismo perante a diversidade de contextos sociais, culturais e geográficos verificados ao longo de quase um milénio da história universal. Para F. Bethencourt, a noção de racismo apresenta-se com o preconceito relativo à identificação étnica, necessariamente por descendência, associada à ação discriminatória. As duas dimensões conceptuais não se entendem fora desse emparelhamento entre preconceito e discriminação.

A noção de preconceito remete para as atitudes perante a diferença, as quais só podem ser conformadas pela interação e pelos processos de socialização. Neste sentido, esse preconceito é socialmente adquirido, expressando-se através de disposições (alguns autores recorrem ao termo predisposição, o que não se me afigura como mais adequado), ou «hábito mental», que tendem a ser mais ou menos explícitas em função de contextos diferenciados. É assim que alguns autores distinguem entre racismo explícito e implícito, este último mais generalizado, mas também mais subtil.

O racismo explícito abarca atitudes e comportamentos enraizados em crenças sobre a inferioridade inata do outro e tende a tornar-se mais afirmativo em contextos de mudança social, insegurança ou incerteza, ou através de atitudes perante fenómenos de base religiosa. Neste contexto, o racismo

---

[8] Mansbach, Richard W., e Yale H. Ferguson. *Populism and Globalization: The Return of Nationalism and the Global Liberal Order*. Springer Nature, 2021: 361.

[9] Bethencourt, Francisco. *Racisms: from the Crusades to the Twentieth Century*. Princeton University Press, 2015.

tende a ser uma expressão de etnocentrismo, quer se baseie no ressentimento quer na ideia de supremacia individual e coletiva.

Se passarmos da escala *micro* das disposições, atitudes e condutas individuais para a escala macro das sociedades organizadas ou dos movimentos sociais, teremos de entrar com o segundo conceito, a discriminação institucionalizada, que em alguns autores é traduzida nas designações de racismo estrutural ou sistémico. O facto de haver manifestações racistas não quer dizer que estejamos perante uma sociedade racista. Sê-lo-á caso sejam institucionalizados e reconhecidos mecanismos de discriminação étnica, religiosa e cultural.

Os diferentes racismos são identificáveis ao longo da História da Humanidade, porém, o problema do racismo ganhou especial relevância social com a expansão dos nacionalismos nos séculos XIX e XX e com a formulação das novas ideologias da modernidade, em grande parte baseadas na novel teoria das raças. F. Bethencourt destaca esta mudança ao defender que «a inclusão dos velhos e novos preconceitos relativos à descendência étnica num quadro científico potenciou a ação discriminatória, pois cristalizou os preconceitos étnicos dando-lhe um *status* superior de conhecimento».[10] A teoria das raças teve um impacto relevante um pouco por todo o mundo, mas com particular aceitação na Europa e no mundo ocidental, onde os nacionalismos emergentes se guiavam para concretizar o princípio de um território, um Estado, uma nação étnica e culturalmente coincidentes.

Nacionalismo, etnocentrismo e racismo tornaram-se indissociáveis nesta inovadora formulação e acentuaram a ideia de que as diferentes manifestações de racismo surgem invariavelmente associadas a projetos políticos.

O que há de novo nos tempos mais recentes é o ressurgimento de projetos políticos radicalizados, após algumas décadas em que prevaleceu o antirracismo expresso pelas teses do multiculturalismo e do cosmopolitismo social e cultural. Se a argumentação das diferenças físicas perdeu eficácia, o racismo mais recente invoca correntemente a incapacidade de adaptação ou o atraso cultural, a injustiça no acesso a bens e benefícios públicos, ou a desigualdade na representação ou a injustiça da discriminação positiva, especialmente as que se prendem com políticas redistributivas.

---

[10] *Idem*: 368.

O que me parece mais grave é a escalada ineludível das retóricas extremistas, quer sejam racistas ou antirracistas. Essa escalada é produto de um generalizado sentimento de insegurança que a incerteza crescente alimenta. A aceleração dos processos de mudança social, a revolução tecnológica e as novas desigualdades alimentam também esses sentimentos mais manifestos entre os deserdados do progresso, dos que não se adaptam aos novos tempos e buscam sem cessar um mundo já perdido.

Por outro lado, esta nova era dos extremos ganha contornos há muito conhecidos no relacionamento entre Estados ou entre grupos etnicamente rivais no seio dos mesmos Estados. Mais uma vez, nacionalismo, etnocentrismo e racismo estão a conduzir o mundo para a multiplicação de conflitos armados. A guerra é cada vez mais o recurso generalizado para impor soluções dos mais poderosos sobre os mais frágeis.

Guerra e nacionalismo

Quando se iniciou a invasão russa da Ucrânia, não resisti a recuperar um artigo de Vladimir Putin — «Sobre a unidade histórica de russos e ucranianos»[11] —, publicado em julho de 2021. Não creio que o recurso à invasão pelo líder do Kremlin se fundamente exclusivamente na velha ideologia do nacionalismo russo. Questões geoestratégicas à escala global são relevantes para compreender essa decisão crítica. Porém, a narrativa que pretende legitimar essa intervenção é a todos os títulos paradigmática de como o nacionalismo de base étnica e religiosa constitui um quadro de mobilização e apoio do povo russo, não deixando de recorrer à história comum para sustentar a inevitável e natural integração dos dois países.

Putin começa por enunciar a sua tese central: «Russos e Ucranianos são um só povo». Um pouco mais à frente, essa unidade é extensiva à Bielorrússia, invocando a descendência comum da antiga Rus' de Kiev, uma só língua (russo antigo), a mesma etnia (eslavos) e uma só religião (cristãos ortodoxos). Faltava o mito da «pátria histórica» e de um território que incompreensivelmente se dividira em diferentes estados. A ideia de uma pátria comum

---

[11] http://en.kremlin.ru/events/president/news/66181.

seria indissociável de um território histórico e dos laços de sangue que, ao longo do tempo, haviam entretecido uma identidade comum e um «espaço espiritual» que a sustenta.

A este repositório de argumentos há muito reconhecidos noutros nacionalismos, Putin acrescenta um símbolo: S. Vladimir, o primeiro rei eslavo que em finais do século X se converteu ao cristianismo, após a conquista da Crimeia, e o casamento com a irmã do imperador de Constantinopla, Basílio II.

No artigo de Vladimir Putin não falta a expressão do ressentimento quando alude aos sucessivos «erros próprios cometidos em diferentes períodos», cujas consequências terão conduzido à divergência e à divisão. O que afirmou sobre a queda do regime soviético, considerando-a «a maior catástrofe geopolítica do século» (2005), não deixa grandes dúvidas sobre o seu propósito de reconstruir o império e o estatuto que a Rússia detinha no mundo bipolar.

O desenvolvimento dado por Putin à história milenar de Russos e Ucranianos tem um significado e relevância política a não esquecer: a ênfase dada à origem étnica comum aumenta a importância que Kiev e a própria Ucrânia têm para a identidade russa.

O ataque de Putin às autoridades ucranianas que surgiram da revolta de Maidan centra-se na destruição da velha identidade comum, nomeadamente na reforma do ensino do russo nas escolas e na autonomização da Igreja Ortodoxa Ucraniana, a que o dirigente russo designa por «mudança forçada de identidade».

Neste contexto, o recurso à invasão e à guerra era «inevitável», como Putin viria a reconhecer.

Porém, joga-se na Ucrânia, o que poderá representar a estruturação de uma nova ordem mundial. O mundo hegemonizado pelos Estados Unidos confronta-se com tensões multipolares decorrentes de velhas e novas potências, nomeadamente a Federação Russa e a China. A primeira esforça-se por recuperar a posição de que o Bloco Soviético desfrutou, a segunda emerge, cada vez mais, como a potência que desafia a liderança americana e ocidental.

Esta particular conjuntura remete-nos para o modelo de George Modelski que considera a sucessão das lideranças mundiais através de ciclos seculares de liderança e hegemonia. Como é próprio de qualquer um dos ciclos longos de Modelski, integra diferentes fases com uma duração média de 25 anos cada. A primeira fase é caracterizada pela desordem global e pela multiplicação dos conflitos militares. A segunda, pela afirmação de um estado hegemónico e liderante. A terceira, pela perda de autoridade e deslegitimação do *status* da potência dominante. A quarta, pela perda de hegemonia através da desconcentração dos instrumentos de dominação. Nesta sucessão de hegemonias, o confronto estabelece-se entre a potência hegemónica, a potência desafiante e os parceiros coligados.

Tratando-se de um modelo descritivo e construído sobre uma interpretação da história das grandes potências desde o século XVI, é sempre suscetível de diferentes leituras e de muita especulação. Porém, julgo que vale a pena arriscar a sua aplicação ao mundo dos nossos dias.

A primeira questão que se deverá colocar é a de saber em que fase do ciclo hegemónico americano nos situamos. Se considerarmos o período entre as duas guerras mundiais como o correspondente à primeira fase, então estaremos, muito provavelmente, entre a quarta fase e a estruturação de um novo ciclo de hegemonia global. Ou seja, poderemos estar a caminho da desordem global e da multiplicação dos conflitos armados. Este é um cenário que não poderá ser menosprezado.

Os Estados Unidos confrontam-se com uma dupla frente: no Pacífico, face ao aumento da competição e tensão com a China, e no Leste Europeu, face ao expansionismo russo. Não deixa de ser relevante o facto de a Federação Russa continuar a expressar a ambição de recuperar a sua área de influência (a nostalgia do Bloco Soviético) no Leste Europeu, precisamente quando a NATO dava sinais de enfraquecimento e os Estados Unidos elegiam o Pacífico como prioridade geoestratégica (fê-lo com Donald Trump, continua a fazê-lo com Joe Biden).

A Europa descansou à sombra do «guarda-costas» americano, os níveis de investimento em defesa são historicamente dos mais baixos, acreditou na progressiva integração pacífica da Rússia na economia do Ocidente e convenceu-se da superioridade do seu modelo de desenvolvimento e bem-estar social. Menosprezou os novos ventos do Extremo Oriente, sujeitou-se à dependência energética face à Rússia e deixou que as forças da extrema-direita exercessem um condicionamento das suas políticas. O Brexit, a contaminação de regimes autoritários entre os seus Estados-Membros e a crescente conflitualidade social inorgânica e extremista só revelam a fragilidade de um projeto ainda refém da lógica dos interesses nacionais.

O que me parece mais preocupante no caso europeu é o facto de combinar três fragilidades difíceis de superar: a primeira identifica-se com a erosão dos regimes de democracia liberal face à crescente influência das forças políticas de extrema-direita e do aumento da conflitualidade social; a segunda prende-se com a inexistência de uma política de defesa comum que responda às reais e potenciais ameaças que se prefiguram no seu espaço vital, a leste e a sul, e que compense as alterações geoestratégicas da política americana; a terceira decorre da inadequação das instituições comunitárias aos sucessivos alargamentos e à prevalência dos «interesses nacionais» sobre os interesses comunitários.

O extremismo das novas causas

Há um traço distintivo na natureza e projeção dos movimentos sociais: a sua progressiva transnacionalização e ampliação através das redes sociais digitais que as novas tecnologias proporcionaram. Não deixa de ser paradoxal que esses movimentos, especialmente os mais críticos da globalização, tenham sido dos primeiros a explorar os instrumentos da mesma globalização. É o caso do movimento da Justiça Global, que, atacando os efeitos da globalização, promove indiscriminadamente a globalização dos direitos humanos e da solidariedade global. O mesmo poderemos dizer dos movimentos ambientalistas que combatem as alterações climáticas ou de libertação das mulheres que dificilmente se projetam nas sociedades onde as mulheres são mais exploradas e os seus direitos mais vilipendiados.

Uma grande parte destes movimentos, mais afetos às visões igualitárias e emancipadoras, nem por isso se distingue das perspetivas deterministas e lineares da modernização. Nesse sentido, estes movimentos transnacionais serão menos radicais nas soluções que defendem e mais extremistas nas manifestações que adotam.

Entretanto, será justo reconhecer que os movimentos de extrema-direita representam uma ameaça mais preocupante para as democracias liberais. A preocupação das forças moderadas em incorporar esses movimentos ou em considerá-los conjunturais e transitórios tende a fragilizar os valores e princípios que sustentam os regimes democráticos constitucionais. Daremos três exemplos sintomáticos dessa ameaça.

O primeiro refere-se ao populismo judicial e penal. O termo «populismo penal» foi utilizado para identificar a ação política no domínio da justiça penal orientada para a obtenção de apoio e vantagem eleitoral, com a particularidade de responder à exacerbação sancionatória popular. Essa ação política envolve quer os responsáveis políticos quer os próprios agentes judiciais na perspetiva de corresponder aos clamores da «opinião pública», quer no agravamento das molduras penais definidas pela lei quer na sua aplicação a situações concretas. Essa pressão traduz-se não só na pretensão de agravamento das penas, mas também no recurso indiscriminado à detenção.

Porém, a pressão exercida já não se circunscreve à justiça penal, estendendo-se a todo o processo judicial, quando se estabelece uma ação paralela entre o processo institucionalizado e o seu desenvolvimento na «praça pública». Quando essa ação paralela se verifica, todos os princípios de racionalidade, equilíbrio e isenção tendem a ser postos em causa em clara violação dos direitos do acusado ou mesmo da própria vítima.

A maior parte da literatura académica converge na relevância de alguns fatores que sustentam esse populismo judicial e penal: a perda de autoridade quer das instituições políticas quer das judiciais; a perda da confiança dos cidadãos; o aumento da insegurança e da incerteza que conduz a uma maior ansiedade coletiva; a decisiva influência da comunicação social e das redes sociais que alimentam essa exacerbação e alarme.

A combinação do populismo judicial e penal com as manifestações de racismo e xenofobia amplia o extremismo da retórica e da ação coletiva. A atitude perante o «estrangeiro» é condicionada pelo etnocentrismo que conduz à contestação do princípio da igualdade de direitos e garantias.

O segundo exemplo invoca o movimento dos «coletes amarelos» em França, não pela expressão transnacional — alguns ensaios de mimetização noutros países não tiveram a sequência e sucesso pretendidos —, mas pelo que representa da combinação da tradição contestatária francesa com os novos contextos gerados pela globalização e pela revolução digital.

Este movimento afirma-se de geração espontânea e é ampliado pelo recurso às redes sociais como plataforma de mobilização. A princípio, a motivação central do movimento terá sido a contestação aos preços dos combustíveis e a elevada carga fiscal, bem de acordo com a tradição dos movimentos sociais tradicionais em França. Entretanto, o seu aparente sucesso e desenvolvimento fez alargar o espectro de queixas e motivações: melhoria do nível de vida, especialmente das classes populares, imposto sobre as grandes fortunas e redução da idade de reforma, entre as mais invocadas.

Como pressuposto identitário, o movimento reivindicava independência dos partidos políticos e dos sindicatos, ao mesmo tempo que defendia a «democracia direta e participativa» como expressão legítima dos cidadãos. A crítica aos partidos políticos e aos sindicatos centrava-se na sua incapacidade de responder aos problemas e anseios da população. As manifestações de rua e as grandes concentrações geravam a oportunidade para os confrontos com as forças de segurança e a violência destrutiva de automóveis, montras e equipamentos urbanos.

A mediatização do movimento rapidamente fez alastrar o impacto sobre a sociedade francesa, gerando uma profunda divisão entre apoiantes e opositores do movimento. Num estudo publicado em 2019[12], pretenderam os seus autores caracterizar socialmente uns e outros. Principais conclusões: «a velha oposição esquerda/direita deu lugar a um novo antagonismo, no qual as variáveis de bem-estar subjetivo ou da confiança nas instituições ou de pessoas desempenham um papel central»; quando questionados sobre o seu voto na primeira volta das eleições presidenciais de 2017, a oposição estabelece-se entre os apoiantes que votaram nos candidatos mais à esquerda e mais à direita (Mélanchon e Le Pen) e os que votaram em candidatos do centro (Macron e Fillon); num quadro de um baixo nível de confiança nas instituições e nas relações interpessoais, sobressai «uma desconfiança profunda em relação ao Estado e aos corpos intermédios».

Em síntese, à radicalização dos mais ativos corresponde um maior extremismo nas opções políticas dos potenciais apoiantes. Contudo, o repertório pouco tem de inovador. A pretendida despolitização do movimento acaba por mobilizar mais facilmente os que tendem a recorrer aos extremos ou que se refugiaram na abstenção.

---

[12] Algan, Yann *et al.* «Qui sont les Gilets jaunes et leurs soutiens?». *Observatoire du Bien-être du CEPREMAP et CEVIPOF* 3 (2019): 1–13.

O terceiro e derradeiro exemplo centra-se nos movimentos anticorrupção. Há uma crescente e justificada preocupação sobre os efeitos perversos da corrupção quer nos regimes democráticos liberais quer nos regimes autoritários. Essa tendência crescente é identificável desde os anos 90 do século passado, mas registou um agravamento desde a crise e depressão de 2008–2013. É ineludível a relação entre os efeitos da crise económica e financeira e a perceção pública da corrupção, tal como o é em torno dos problemas sociais que dela resultaram.

Nos países que registaram uma quebra maior na riqueza e no desemprego, esse acentuar da perceção da corrupção é geralmente associado à crítica das elites económicas, aos efeitos nefastos da globalização, às políticas neoliberais e às desigualdades sociais.[13] No caso particular dos países sujeitos a programas de ajustamento e austeridade, essa perceção foi, em grande parte, sustentada pelos programas de privatizações e pelos processos de desregulação económica e, muito especialmente, financeira.

Este particular contexto desencadeou a divisão entre as perspetivas mais liberais que entendem a corrupção como consequência da excessiva presença do Estado no mercado e as conceções mais estatistas que invocam correntemente o *deficit* de regulação e da ação coerciva do Estado, nomeadamente nos sistemas de justiça.

Contudo, esse aumento da perceção pública da corrupção deve-se, em grande parte, à politização do fenómeno. A luta anticorrupção começou por ser uma «causa de nicho», tal como foram a seu tempo as questões ambientais, a proteção dos animais, a imigração, a baixa de impostos, a globalização ou as alterações climáticas. Só que, ao contrário daquelas, a luta anticorrupção invocava uma dimensão moral que revelava um enorme potencial eleitoral e de descredibilização dos «políticos» — leia-se: das forças políticas com acesso legítimo ao poder. Daí que rapidamente esses movimentos e os pequenos partidos emergentes se apresentassem como forças antissistema e como alternativa que o eleitorado de forma crescente viria a reconhecer e a compensar.

---

[13] Veja-se sobre este tema os numerosos estudos que têm sido desenvolvidos pelo The Quality of Government (QoG) Institute, da Universidade de Gotemburgo: https://www.gu.se/en/quality-government.

A combinação dos movimentos anticorrupção com o recurso ao populismo, nomeadamente judicial e penal, alimentava o indiferentismo — «eles são todos iguais» — e, em muitos casos, o extremismo mediatizado. Nesta, como noutras causas, as instituições democráticas acabaram por integrar essas causas nos seus programas políticos, enquanto os regimes autoritários silenciavam a contestação.

A literatura científica há muito que incorporou o tema em numerosos projetos de investigação. A conclusão mais relevante é a interação entre a perceção da corrupção e os níveis de confiança social (quer pessoal quer nas instituições). No quadro europeu, identifica-se nas últimas décadas um ineludível declínio dos níveis de confiança dos cidadãos quer nos outros cidadãos quer nas instituições nacionais e europeias. Porém, é identificável um padrão de elevados níveis de confiança pessoal nos países do Norte da Europa e de baixos níveis nos países de Leste e na Europa mediterrânica. Não surpreende que esse mesmo padrão se expresse nos níveis de perceção da corrupção. Há duas outras variáveis que se associam a esta perceção: a qualidade das instituições e a desigualdade económica.

Neste contexto, poderemos perceber quais os países onde a democracia liberal corre mais elevados riscos de perversão: precisamente naqueles onde os níveis de confiança dos cidadãos são menores e onde as desigualdades sociais são mais acentuadas. A tentação de normalizar as soluções autoritárias e extremistas surge como último recurso à desidentificação consolidada com o *statu quo* institucional.

Os extremismos e a crise das ideologias

Ao contrário das teses que anunciavam o fim das ideologias, julgo que assistimos, nas últimas décadas, à crise das ideologias. Se as entendermos como matrizes culturais e como expressão de visões do mundo assentes em conjuntos ordenados de valores, símbolos culturais e crenças, perceberemos que elas perderam capacidade de mobilização e de se incrustarem nas instituições. Por isso, deixaram de ser referenciais para a ação e para a construção de futuros imaginados. Perderam o poder de construir a esperança e a confiança. Perderam o fundamental da sua vantagem: o de serem visões alargadas aos mais variados domínios da vida coletiva.

Estamos perante uma dupla tendência: a multiplicação de ideologias de nicho e o suposto neutralismo tecnocrático. A esta dupla tendência junta-se o lastro corroído do enfraquecimento e erosão da cultura cívica, do que poderemos designar por ética da responsabilidade. Como defende S. Eisenstadt, a homogeneidade cultural e política dos Estados-nação europeus tornou-se mais frágil face ao crescente cosmopolitismo cultural e ao novo quadro de potenciais ameaças a leste e a sul. A acumulação desses processos poderá ter dado lugar ao crescimento da desconfiança, da apatia, mas também do extremismo.[14]

Em paralelo, a globalização e algumas das respostas à depressão de 2008–2013 incentivaram a reação ao extremismo neoliberal subjacente à intervenção das organizações financeiras transnacionais.

Combater os extremismos de nicho pressupõe a mobilização de valores, princípios, visões do mundo e matrizes culturais que configuram ideologias. Há uma diferença entre compromisso e consenso, entre inconformismo e radicalismo, entre moderação e neutralismo. O debate ideológico é clarificador desde que não se torne maniqueísta e que não se deixe subjugar à suposta neutralidade tecnocrática.

As redes sociais representam hoje um excelente observatório dos processos de radicalização política: a ignorância, o simplismo argumentativo, o insulto, o primitivismo emocional e a demagogia ganham, dia-a-dia, um terreno cada vez mais minado. Numa parte significativa das expressões, encontramos os estilos próprios de algo que fica entre a seita, pela facilidade com que se transformam convicções em crenças, e a «massa associativa» manipulada pelas claques mais ruidosas.

Mais do que realidade, é a antevisão de cenários futuros e da emergência de uma nova era dos extremos que as próximas décadas poderão ou não confirmar. A cada dia que passa, as peças do *puzzle* vão encaixando na construção de um cenário pouco animador.

---

[14] Eisenstadt, S. N. *Paradoxes of democracy: fragility, continuity, and change.* Johns Hopkins University Press, 1999: 97.

6
INOVAÇÃO E O FETICHISMO DA TECNOLOGIA

> Se, ao encontrar um marinheiro americano, lhe pergunto por que motivo os navios do seu país são construídos de modo a durarem tão pouco, ele responde-me sem hesitar que, como a arte de navegar conhece todos os dias progressos tão rápidos, até o navio mais belo depressa se tornaria quase inútil se prolongasse a sua existência para além de alguns anos.
> Nestas palavras pronunciadas casualmente por um homem rude e a propósito de um facto particular, antevejo a ideia geral e sistemática de acordo com o qual um grande povo conduz todas as coisas.
> As nações aristocráticas são naturalmente levadas a contrair demasiadamente os limites da perfectibilidade humana, ao passo que as nações democráticas os alargam, por vezes, excessivamente.
>
> Alexis de Tocqueville, *Da Democracia na América*. Principia, Cascais, 2002: 520.

É espantoso o desenvolvimento tecnológico verificado no último meio século. Se rebobinarmos a fita do tempo, surpreendemo-nos com os «saltos» sucessivos que permitiram passar dos grandes computadores dos anos 70 para os milagres da miniaturização e das nanotecnologias, das caixas de cartões perfurados para os *big data*, alojados não se sabe bem onde, dos meios elementares de diagnóstico médico, do centenário estetoscópio à imagiologia e à cirurgia robótica, da automação industrial aos sensores e à inteligência artificial. Esta é a maior revolução tecnológica alguma vez concretizada na História da Humanidade.

Na sua relação com as dinâmicas sociais e culturais identificam-se alguns traços distintivos dessa revolução. Destaco, entre os mais relevantes, as relações tensionais entre individualismo e massificação, inovação e obsolescência, e, por último, a que daremos um pouco mais de atenção, o fetichismo da tecnologia.

Individualismo e massificação

A tensão entre individualismo e massificação está formulada, pelo menos, desde John Stuart Mill e Alexis de Tocqueville e centra-se na liberdade e diversidade de uma sociedade de indivíduos e cidadãos face ao que temia ser o risco de «tirania das massas» ou, de outra forma, no despotismo das maiorias que os regimes democráticos poderiam representar. Ambos convergiam na necessidade de criar instituições políticas que garantissem um indispensável equilíbrio entre os direitos fundamentais dos indivíduos, da sua liberdade e poder de diferenciação, e o respeito pela vontade das maiorias, por mais irracional e anacrónica que seja.

Stuart Mill sintetiza esse processo de massificação como a consequência do progresso para níveis de civilização mais avançados: «que o poder passa cada vez mais dos indivíduos, e pequenos nós de indivíduos, para as massas: que a importância das massas torna-se constantemente maior, a dos indivíduos menor».[1] Nesse processo de massificação, Mill destacava dois fatores, acrescentando-lhe mais um requisito: por um lado, o acesso mais generalizado à propriedade, por outro, o que designava por «poderes e aquisições da mente». A estes dois fatores Mill acrescenta o «poder da cooperação». O acesso à propriedade, nomeadamente através de participações financeiras, e a «inteligência» pelo acesso ao conhecimento proporcionado pela educação seriam os instrumentos da ascensão

[1] Mill, J. S. Artigo «Civilization» publicado em 1836 na *London and Westminster Review*. *Dissertations and Discussions Political, Philosophical, and Historical.* Londres, John W. Parker and Son, 1859: 163.

social não só das classes médias, mas podendo generalizar-se às «classes trabalhadoras».

Em termos políticos, estas tendências já então observáveis traduzir-se-iam no «triunfo da democracia, ou, por outras palavras, no governo da opinião pública», não pela ação de qualquer indivíduo ou grupo de indivíduos, mas pelas leis naturais do progresso da riqueza, pela difusão da leitura e pelo aumento da facilidade da interação humana.[2]

Porém, Stuart Mill não ignora os efeitos perversos da massificação sobre o desenvolvimento das capacidades de cada indivíduo. Dá o exemplo da leitura ao referir que a literatura se tornara mais efémera, os «livros, com alguma densidade reflexiva, quase desapareceram; e mesmo as revistas não são agora consideradas suficientemente *light*». «O mundo lê muito e muito rápido para ler bem.»[3]

Por isso alertava para a decadência da energia individual, o enfraquecimento da influência das mentes superiores sobre a multidão, o crescimento da charlatanice e da eficácia reduzida da opinião pública como poder moderador. Este poderia ser o preço a pagar pelos benefícios da civilização.

Para Tocqueville, à vista da sociedade americana na década de 30 do século XIX, «a ideia do progresso e da perfectibilidade indefinida da espécie humana» era «característica das épocas democráticas»[4] e, mais tarde ou mais cedo, todas as sociedades tenderiam para níveis cada vez mais avançados de civilização. A sintonia com Stuart Mill e o espírito da época não poderiam ser mais explícitos.

Porém, diferente disposição animava o povo americano em confronto com os povos europeus: o seu sentido prático. «Os mesmos americanos que não descobriram uma única das leis gerais da mecânica introduziram na navegação uma nova máquina que muda a face do mundo» (a navegação a vapor). Notava-se entre os americanos uma maior propensão à inovação tecnológica alimentada pela busca de «qualquer método novo que conduza por um caminho mais curto em direção à riqueza, qualquer

---

[2] *Idem*: 172–173.

[3] *Idem*: 185–186.

[4] Alexis de Tocqueville, *Da Democracia na América*. Principia, Cascais, 2002: 563.

máquina que abrevie o trabalho, qualquer instrumento que diminua os custos de produção, qualquer descoberta que facilite os prazeres e os aumente parece o mais magnífico esforço da inteligência humana».[5] Tocqueville caracterizava assim o que poderemos definir como a cultura e a ecologia social favorável à inovação: nas sociedades democráticas onde predomina a igualdade, a instrução e a liberdade dos cidadãos, maior seria a propensão à inovação, resultado do individualismo e da busca de distinção e reconhecimento através do lucro.

Pelo contrário, nas sociedades aristocráticas, leia-se, na maioria das sociedades europeias, «a desigualdade permanente das condições conduz os homens a fecharem-se na procura orgulhosa e estéril das verdades abstratas».[6]

Entre as duas visões extremas, Tocqueville sugeria uma via de compromisso. Dava como exemplo a China do século XVI:

> Quando, há trezentos anos, os Europeus chegaram à China, descobriram que, aí, todas as artes tinham atingido um certo grau de perfeição e ficaram espantados com o facto de, tendo-se atingido esse ponto, não se ter ido mais além. Mais tarde, descobriram os vestígios de alguns grandes conhecimentos que se tinham perdido. A nação era industrial; a maioria dos métodos científicos tinham sido conservados, mas a própria ciência já não existia. Isso explicou-lhes a espécie de imobilidade singular em que encontraram o estado de espírito desse povo. Os Chineses embora trilhando o mesmo caminho dos mesmos antepassados, haviam esquecido as razões por que estes últimos se tinham orientado. Ainda utilizavam a fórmula, mas não procuravam entender-lhe o sentido; conservavam o instrumento, mas já não possuíam a arte necessária para o modificar e reproduzir. Portanto, eram incapazes de mudar o que quer que fosse.[7]

Conhecimento e inovação entendia-os como inseparáveis, estimulando-se mutuamente, nessa senda da perfectibilidade que a ideia de progresso

[5] *Idem*: 531.

[6] *Idem*: 532.

[7] *Idem*: 532–533.

exigia. Liberdade, igualdade e individualismo constituíam o ecossistema institucional propício ao progresso do conhecimento e da inovação.

Nem Stuart Mill nem Tocqueville deram especial atenção à tecnologia, nomeadamente ao processo de massificação do seu acesso e utilização. É compreensível que assim fosse. Ambos viveram numa época em que os avanços proporcionados pela Revolução Industrial se registavam nas grandes unidades de produção. As aplicações da mecânica e do maquinismo só eram eficazes em função da escala onde operavam. O acesso individual às novas tecnologias era limitado pela capacidade de mobilização de capital e pelo escasso retorno que só a produção em massa proporcionava. Só com a eletricidade e o motor de combustão da Segunda Revolução Industrial se criaram condições para a massificação do consumo de bens com elevada incorporação tecnológica. Também aqui a diferença entre a Primeira Revolução Industrial, liderada pela Inglaterra e a Europa, e a Segunda, liderada já pelos Estados Unidos, é prenunciadora da hegemonia americana que o século XX viria a consagrar.

As novas tecnologias, nomeadamente as da informação e comunicação, vêm ampliar essa tensão e introduzir novos motivos de preocupação relativamente ao acesso massificado à informação, à opinião e ao poder que pequenos grupos têm para induzir ideias, conceções e comportamentos da enorme massa humana de utilizadores e consumidores. A visão orwelliana continua a pairar sobre o futuro das nossas sociedades, ainda que numa escala ampliada, mais descentralizada, mas também mais fragmentada. A tensão entre individualismo e massificação continua, nos nossos dias, a potenciar os diferentes ecossistemas sociais e institucionais na sua capacidade para conferir sustentabilidade ao avanço do conhecimento e da inovação tecnológica.

Precisamente quando escrevo este capítulo, surge a notícia da aquisição do Twitter pelo multimilionário Elon Musk. O que leio um pouco por todo o lado centra-se na ameaça à liberdade de expressão ou na possibilidade da reentrada de Donald Trump na cena do populismo digital. Poucos admitem que o principal objetivo da compra poderá ser «ganhar dinheiro» e potenciar os diferentes negócios do seu grupo. Quarenta e quatro mil milhões de dólares não são coisa pouca, mesmo para um multimilionário que enfrenta um elevado risco de não ver compensado o seu investimento. Proponho que se faça um pequeno repositório de tentativas semelhantes que foram votadas ao insucesso.

A lógica do capitalismo está bem presente neste negócio: acumulação de capital e poder de condicionamento da competição e do mercado. A maior ou menor liberdade de expressão dos indivíduos será tanto maior ou menor quanto contribua para alimentar essa mesma lógica. Ninguém concebeu as diferentes redes sociais para promover a liberdade de expressão individual. Todos o fizeram para ganhar e acumular capital e poder que a massificação proporciona.

Inovação e obsolescência

O segundo traço distintivo da revolução tecnológica identifica a relação entre o ritmo e amplitude da inovação com o problema da obsolescência. Desvalorizada durante décadas, a teoria da inovação de Joseph Schumpeter ganha especial relevância pela ajuda que nos dá a compreender a atual revolução tecnológica. A ideia de um modelo assente nos conceitos de «cachos de inovações», da trajetória incremental e, talvez o mais divulgado, da «destruição criadora» permite-nos compreender em que medida esta revolução traz algo de novo.

A primeira hipótese de trabalho centra-se no facto de os «cachos de inovações» se terem libertado da sua associação a determinadas fases do ciclo económico para se inscreverem em processos contínuos de base incremental. Em segundo lugar, porque os ciclos de inovação se tornaram cada vez mais curtos: o tempo que medeia entre a inovação e a sua obsolescência é mais reduzido. Em terceiro lugar, porque estamos perante um modelo autofágico, ou seja, cada inovação tende a destruir a inovação anterior que lhe deu origem. A destruição criadora já não afeta os empresários inovadores da geração anterior que não conseguiram adaptar-se à competição aberta, tende a destruir e a tornar obsoletas as suas próprias inovações. Ou seja, a figura do empresário inovador tende a ser substituída por sistemas despersonalizados de inovação contínua.

Comecemos pela teoria da inovação. Para Schumpeter, a forma mais sintetizada de definir inovação é tudo aquilo que possa contribuir para a reconfiguração da função de produção. O problema não está só no preço e na quantidade de fatores de produção, mas na forma como eles são combinados.[8] Neste sentido, considera inovação:

1. A introdução de um novo produto;
2. A introdução de um novo método de produção;
3. A abertura de um novo mercado;
4. Uma nova fonte de aprovisionamento de matérias-primas ou produtos intermédios;
5. Uma nova configuração organizacional.

Por outro lado, a dinâmica sustentada sobre a evolução conjuntural dos custos marginais unitários tende a criar oportunidades de maior ou menor propensão à inovação. Na formulação da sua teoria da inovação, Schumpeter conclui:

> Em primeiro lugar, que as inovações não se mantêm isoladas, e não são distribuídas uniformemente no tempo, mas que, pelo contrário, tendem a agrupar-se, a surgir em cachos, simplesmente porque primeiro algumas, e depois a maioria, seguem na sequência de uma inovação bem-sucedida; em segundo lugar, que as inovações não são distribuídas por todo o sistema económico aleatoriamente, mas tendem a concentrar-se em certos sectores e nas suas proximidades.[9]

A propensão à inovação varia ao longo do ciclo económico e tende a acelerar os seus processos de acordo com o que se designa por ciclo da inovação: introdução, crescimento, maturidade e declínio.

É neste contexto que Schumpeter introduz a noção de «destruição criadora» que integra no mesmo processo quer a criação quer a obsolescência tecnológica. Song Ma enuncia esta ideia de forma exemplar: «À medida que a inovação cria vencedores e ganhos económicos, também cria perdedores e gera perdas de valor das tecnologias existentes. Este mecanismo de

---

[8] *Business Cycles. A Theoretical, Historical and Statistical Analysis of the Capitalist Process.* Nova Iorque, McGraw-Hill, 1964, reimpressão de Porcupine Press, Filadélfia, 1989: 62.

[9] *Idem*: 95.

destruição funciona através da *obsolescência tecnológica*: as tecnologias existentes, que outrora estavam na fronteira, tornam-se menos valiosas quando as tecnologias evoluem.»[10] Esta sucessão de processos é operada ao longo da escala de produção, desde o produto e da tecnologia até ao da empresa e da estrutura industrial, no que poderemos designar por ecossistema tecnológico.

Em escritos posteriores, nomeadamente *Capitalism, Socialism and Democracy*[11], Schumpeter reconfigura parcialmente a sua teoria da inovação para a adaptar ao desenvolvimento das grandes empresas e do próprio capitalismo. O papel do empresário inovador perde centralidade para as grandes empresas — aquilo que Galbraith vem a designar por tecnoestrutura —, em que a inovação se cria e desenvolve a partir das combinatórias entre a ciência, a tecnologia, o investimento inovador e o mercado.

Na sua derradeira e mais divulgada obra, Schumpeter dedica um subcapítulo à «obsolescência da função empresarial».[12] A perda de importância do empresário inovador para a tecnoestrutura decorre de duas tendências: por um lado, como consequência da complexificação tecnológica; por outro, do próprio desenvolvimento do capitalismo. «O progresso tecnológico está a tornar-se cada vez mais o trabalho de equipas de especialistas formados que acabam com o que é necessário e fazem com que funcione de forma previsível. O romance da aventura comercial anterior está rapidamente a esgotar-se, porque muitas coisas podem ser rigorosamente calculadas e que tinham antigamente de ser visualizadas num golpe (*flash*) de génio.»[13]

O economista austríaco percebeu claramente como se estava a passar do «golpe de génio» para a inovação e a obsolescência planeada. Porém, não as considerava exclusivas. A revolução tecnológica dos anos 70 e 80 recuperou o papel do empresário inovador. Os jovens que a partir das «garagens» se tornaram grandes empresários marcaram uma época a que a atual febre das

---

[10] Ma, Song. *Technological Obsolescence.* N.º w29504. National Bureau of Economic Research, 2021.

[11] Utilizaremos a edição digital da Taylor & Francis e-Library, 2003, cotejando com a edição francesa, Payot, 1951.

[12] *Idem*: 131 e seguintes.

[13] *Idem*: 132.

start-ups pretende dar continuidade. Foram eles que reintroduziram e deram corpo a conceitos como inovação e obsolescência tecnológica, canibalização dos produtos ou inovação incremental. Pense-se, a título de exemplo, no sector dos computadores pessoais e recorde-se as marcas e os empresários que desapareceram e os que sobreviveram.

Inovação e obsolescência apresentam-se, assim, como duas faces da mesma moeda. Porém o valor da «moeda» só é relevante em ecossistemas que lhes sejam favoráveis. Nesses ecossistemas, a inovação e a obsolescência planeadas coexistem com o empresário inovador, umas vezes cooperando, outras competindo, outras mesmo transformando-se em processos autofágicos que conduzem à concentração nos mais fortes. Nada de novo, capitalismo puro!

O fetichismo tecnológico

Por último, talvez o mais decisivo traço distintivo: o fetichismo da tecnologia.

Recordo um episódio verificado em 1996 e repetido em 1997. Pela primeira vez, um computador ganhou uma partida de xadrez ao que na altura era considerado o melhor jogador de todos os tempos, Garry Kasparov. Em 1997, o computador criado pela IBM voltou a ganhar duas partidas, o que lhe permitiu ganhar o *match* de seis (três empates e uma derrota). Muitos dos leitores lembrar-se-ão do nome do campeão de xadrez. Outros tantos recordarão o nome do computador, *Deep Blue*. Mas pergunto: quantos se lembram dos nomes dos programadores que desenvolveram o *software*? Cinco engenheiros e um ainda jovem grande mestre de xadrez: Chung-Jen Tan, Murray Cambell, Feng-hsiung Hsu, Joseph Hoane Jr., Jerry Brody e Joel Benjamin.

O que ficou para a história foi Kasparov e o *Deep Blue*, o homem derrotado pela máquina. Todo o conhecimento que foi necessário mobilizar a partir do registo de 700 mil jogos envolvendo os grandes mestres do xadrez, bem como o complexo processo de programação, foi liminarmente colocado em segundo plano.

A nossa relação com a tecnologia de então para cá não se alterou de forma significativa. O fascínio da tecnologia faz esquecer o valor do conhecimento e da ação humana que a concebem e desenvolvem. À tecnologia são atribuídos poderes mágicos, por vezes sobre-humanos, quando de mágico não tem nada e a capacidade humana de produzir essas tecnologias está muito longe do seu limite.

O conceito de fetichismo foi pioneiro em Marx, quando, a propósito do conceito de alienação, falava do «fetichismo da mercadoria». David Harvey — um geógrafo inglês de orientação marxista — transpõe a ideia para falar do fetichismo da tecnologia, entendendo-o como a propensão humana para «dotar objetos ou entidades, reais ou imaginárias, de poderes autocontidos, misteriosos e até mágicos para mover e moldar o mundo de maneiras distintas».[14] Porém, a sua preocupação de «implantar o conceito marxista de fetichismo com toda a sua força», de modo a fazer ressaltar o valor trabalho e as relações sociais que lhes estão subjacentes, leva-o a ignorar a dimensão social e cultural que os atores sociais conferem à mercadoria e à tecnologia.

O traço fundamental que pretendo relevar é o da aparente desumanização que o fetichismo tecnológico tende a promover. É certo que o materialismo dialético não valoriza essas dimensões na produção e na apropriação social dos objetos. Por isso, talvez seja mais interessante guiarmo-nos pela reflexão dos antropólogos que há muito lidam com o conceito de fetiche.

Marcel Mauss não era um entusiasta do conceito. Numa das suas conferências na École Pratique des Hautes Études, em 1906, chegou a defender que a noção de fetiche «corresponde apenas a um imenso mal-entendido entre duas civilizações, a africana e a europeia», pelo que seria necessário «eliminar a noção de fetiche e de fetichismo» da teoria sociológica das religiões.[15] Porém, as reservas de Mauss cingiam-se à sua inadequação à teoria das religiões e não necessariamente às representações e práticas sociais que se pretende explicar.

---

[14] Harvey, David. «The Fetish of Technology: Causes and Consequences». *Macalester International*, Vol. 13, Article 7 (2003). Disponível em: http://digitalcommons.macalester.edu/macintl/vol13/iss1/7?utm_source=digitalcommons.macalester.edu%2Fmacintl%2Fvol13%2Fiss1%2F7&utm_medium=PDF&utm_campaign=PDFCoverPages.

[15] Mauss, Marcel. *I. Religions des peuples non civilisés*. École pratique des hautes études, Section des sciences religieuses, 1906: 37. Disponível em: https://www.persee.fr/doc/ephe_0000-0002_1906_num_20_16_19685.

David Graeber, um antropólogo anarquista recentemente falecido, abordou a temática do fetichismo numa perspetiva mais descomplexada, entendendo-o como um produto da imaginação humana e do que designa por «criatividade social». A sua reflexão parte de uma questão, aparentemente simples, «como os objetos materiais são transformados tornando-se objetos de desejo ou valor, um valor que muitas vezes parece de alguma forma deslocado, desordenado ou inadequado».[16] Neste sentido, afasta-se de Marx pela limitação da lógica do valor do trabalho incorporado nas mercadorias, bem como pela forma como entende o fetichismo enquanto «ilusão»: «[...] estamos habituados a ver o fetichismo como uma ilusão. Criamos coisas, e depois, porque não entendemos como o fizemos, acabamos por tratar as nossas próprias criações como se tivessem poder sobre nós.»

Ao contrário do que se possa pensar, estes conceitos não são limitados na sua aplicabilidade às modernas tecnologias. Na literatura do século XIX, encontramos ora o fascínio ora a demonização dos símbolos tecnológicos do progresso material, tratados não como objetos, mas como entidades mágicas e alquímicas.

A história das primeiras câmaras fotográficas é um excelente exemplo. Em 1839, Louis Daguerre, em França, e Henry Fox Talbot, em Inglaterra, fizeram a apresentação pública de duas tecnologias diferentes com o mesmo fim: a fotografia impressa em papel. Não obstante o sucesso que o primeiro obteve nos anos 40 e 50, foi a tecnologia desenvolvida pelo segundo que viria a ficar consagrada.

A forma como a inovação é apresentada por Talbot na Royal Society de Londres em 31 de janeiro daquele ano é reveladora da dupla representação que faz da descoberta. Por um lado, destaca a «nova prova do valor dos métodos indutivos da ciência moderna» perante os mais distintos cientistas presentes, mas, por outro, invoca as «maravilhas, feitiços, emblemas e os sonhos arcaicos da alquimia para descrever a nova tecnologia mais importante do século XIX».[17] A recetividade na imprensa da época não poderia ser mais efusiva e o recurso ao imaginário da magia não poderia deixar de aparecer.

---

[16] Graeber, David. «Fetishism as social creativity: or, Fetishes are gods in the process of construction». *Anthropological Theory* 5.4 (2005): 410–411.

[17] Nickel, Douglas R. «Talbot's natural magic». *History of photography* 26.2 (2002): 133.

Expressões como «magia natural», «imagens mágicas», «arte negra», «necromancia moderna», etc. foram aduzidas à apresentação de Talbot. O próprio cientista resumia de forma lapidar tratar-se de «imagens mágicas, carimbadas com nitrato de prata em papel de sal».[18]

Poderá o leitor imaginar que outras reações seriam produzidas por mentes menos informadas sobre os progressos da ciência. Imaginemos também as reações às fotografias «animadas» que o cinema viria a proporcionar quando, 50 anos depois, William Friese-Greene regista as primeiras imagens de Hyde Park num filme que projetaria em sua casa. A «caixa mágica» sobrepôs-se sempre à nova tecnologia.

A história da fotografia e do cinema vai a caminho de dois séculos, mas se nos focarmos na sucessão de inovações até chegar ao digital e às redes sociais, identificamos duas tendências ineludíveis: a massificação no acesso, produção e fruição das imagens, por um lado, e a eterna recriação do fantástico que o fetichismo tecnológico proporciona, por outro.

Racionalidade e progresso científico dificilmente se libertam dessa tendência para identificar nos objetos um «deus oculto», um fascínio pelo seu poder de mudar o mundo e de nos mudar a nós próprios. A arte do antigo retratista, reservada às figuras mais notáveis da aristocracia, está agora ao alcance de qualquer *smartphone*, e mesmo as mais avançadas e complexas câmaras fotográficas e de vídeo são rapidamente relegadas para a arqueologia das técnicas, dignas de qualquer museu, onde se transformam nas máquinas mais estranhas que o passado produziu.

Ao contrário do que Max Weber defendia, com a modernidade secularizada, a generalização do pensamento racional e o desenvolvimento do conhecimento científico não conduziram ao «desencantamento do mundo» nem ao «declínio da magia». George Steiner explica esta persistência pelo quase vazio deixado pela secularização que acabou por ser preenchido pelo «culto do irracional, as histerias organizadas, o obscurantismo que se tornou uma característica tão importante da sensibilidade e do comportamento ocidentais durante as últimas décadas».[19]

---

[18] *Idem.*

[19] Steiner, George. *Nostalgia for the absolute.* ANANSI, Toronto, 1974: 38.

Por último, mas não menos relevante, importa considerar a retórica tecnológica, nomeadamente na ação e no discurso político — que expressam esse fetichismo da tecnologia. A grande moda da digitalização abarca todos os domínios da vida social, está presente no vocabulário do discurso «inovador» e «vanguardista», como se fosse a solução mágica para a resolução dos problemas da sociedade. Pura ilusão! Na melhor das hipóteses, tornar-nos-emos melhores consumidores da tecnologia que outros concebem, produzem e comercializam, meros agentes passivos de um processo cujo valor acrescentado é reduzido.

Como teremos oportunidade de defender no capítulo dedicado à sociedade do conhecimento, o que nos poderá salvar é a produção de conhecimento inovador, incorporado ou não em tecnologia, suscetível de ser mobilizado para acrescentar valor aos bens que produzimos. Digitalizar sem uma prévia mudança dos processos é reproduzir os (maus) serviços existentes. Automatizar sistemas industriais obsoletos é dar-lhes uma nova roupagem, sem mudar a sua real natureza.

A retórica tecnológica está presente também na educação quando se multiplicam os projetos inovadores da «escola do futuro» ou da sala de aula tecnológica, onde o professor reduz o seu papel de educador para o alienar ao computador pessoal, aos motores de busca, essas novas «caixas mágicas» que respondem a tudo o que supostamente pretendemos saber, esquecendo que a aprendizagem é um fenómeno bem mais complexo do que parece.

O fascínio preditivo do desenvolvimento da inteligência artificial, da *machine learning*, dos *big data* e dos algoritmos mágicos que nos desvendam o futuro é incomensuravelmente maior do que a ciência e a tecnologia que os suporta.

7
A SOCIEDADE DO CONHECIMENTO

A mudança no sentido do conhecimento iniciado há 250 anos transformou a sociedade e a economia. O conhecimento formal é visto como o principal recurso pessoal e o recurso económico fundamental. *O conhecimento é o único recurso significativo hoje em dia.* Os tradicionais «fatores de produção» — terra (ou seja, recursos naturais), trabalho e capital — não desapareceram, mas tornaram-se secundários. Podem ser obtidos e obtidos facilmente, desde que haja conhecimento como meio para obter resultados sociais e económicos.

Peter F. Drucker. «The rise of Knowledge Society». In *The Wilson Quarterly*, n.º 2, 1993: 65.

Todas as sociedades tendem a instituir uma forma particular de conhecimento socialmente válido. Este pressuposto baseia-se na abordagem de Peter Wagner que considera a formulação de três problemáticas fundamentais com que todas as sociedades humanas se confrontam: um conjunto de regras para a vida em comum, uma forma de conhecimento válido e uma vontade de satisfazer as suas necessidades de modo a assegurar a sua sustentação. Wagner designa a primeira problemática por política, a segunda, por epistémica e a terceira, por económica.[1] Da interação e adequação destas três problemáticas decorre uma configuração social particular que se inscreve quer no sistema de valores quer no das instituições.

A validade do conhecimento decorre da sua veracidade. Trata-se de uma velha questão da filosofia do conhecimento e da ciência para a qual não tenho especial competência. Porém, o que pretendo esclarecer em torno do conceito de conhecimento válido é o da sua apropriação social e a forma como ele é estruturante dos valores e das instituições sociais.

Num sistema social coexistem diferentes formas de conhecimento, mas uma delas tende a prevalecer sobre as restantes, conferindo-lhe não só a centralidade nesse sistema, mas, acima de tudo, o poder de referenciar as restantes formas como verdadeiras ou falsas.

O que a modernidade inova face às sociedades pré-modernas é a consagração dos princípios da racionalidade e da ciência sobre as conceções transcendentais, o da «objetividade» sobre a «subjetividade», a demonstração sobre a crença e o mito, o método sobre a inspiração.

Sociedade do conhecimento ou sociedade da informação?

Desde os primeiros anos da década de 60 do século passado que alguns dos mais destacados economistas e sociólogos americanos refletiram sobre o papel do conhecimento no desenvolvimento económico. Simon Kuznets publica em 1960 um artigo sobre o papel da acumulação de conhecimento, decorrente do aumento do número de pessoas mais qualificadas, sobre o crescimento económico.[2] Em contributos anteriores, Kuznets já havia recorrido aos conceitos de *tested knowledge* e *useful knowledge*, que, mais tarde, viria a sistematizar em torno da noção de *stock* de conhecimento disponível. Esta preocupação orientou também Fritz Machlup, quando, em 1962, publicou *The Production and Distribution of Knowledge in*

---

[1] Wagner, Peter. *Modernity as Experience and Interpretation. A new Sociology of Modernity*. Cambridge, Polity Press, 2008: 12–13.

[2] Kuznets, Simon. «Population change and aggregate output». *Demographic and economic change in developed countries*. Columbia University Press, 1960: 324–351.

the United States.[3] Para estes dois economistas, o desafio estava centrado na medição e avaliação do impacto do conhecimento no desenvolvimento económico. Entre os sociólogos, o destaque vai para a formulação pioneira de Robert Lane de uma «Knowledgeable Society» como resultado do «aumento do conhecimento e a mudança nas maneiras de pensar» que «levam a mudanças nos procedimentos de formulação das políticas. Há uma aplicação crescente de critérios científicos para a determinação das políticas em detrimento dos critérios políticos usuais de curto prazo, bem como do pensamento ideológico.»[4]

Na década seguinte, o problema de base, ainda que sustentado em muitas das ideias da década anterior, estava na questão: face às profundas mudanças observadas, que tipo de sociedade se estava a estruturar? Dois termos ganharam relevância em vários domínios das ciências sociais — economia e gestão incluídas: pós-industrialismo e pós-capitalismo.

Alain Touraine foi pioneiro quando titulou uma publicação de 1969 *La Société post-industrielle.* Daniel Bell, em 1973, publica *The Coming of Post--Industrial Society: A Venture in Social Forecasting.* Yoneji Masuda publica, em 1981, a obra *The Information Society as Post-Industrial Society.* Em 1993, Peter Drucker publica *Post-capitalist Society*, em que formula a ideia de *Knowledge Society.* Sem entrar na polémica da paternidade da expressão, importa identificar quais as alterações registadas nas sociedades industriais que justificaram a formulação da sucessão.

Em primeiro lugar, o crescimento dos sectores terciários, quer em termos de ocupação da população ativa quer em termos de contributo para o produto. Situando essa mudança no período posterior à II Guerra Mundial, Touraine tem uma visão crítica da terciarização da economia a que associa a excessiva urbanização, bem como a emergência das tecnoestruturas condicionantes da ação política e dos regimes democráticos, impondo uma nova racionalidade restrita assente na quantificação, na reificação da estatística e dos indicadores da gestão.

---

3 Machlup, Fritz. *The production and distribution of knowledge in the United States.* Vol. 278. Princeton University Press, 1962.

4 Lane, Robert E. «The decline of politics and ideology in a knowledgeable society». *American sociological review* (1966): 649.

Daniel Bell reivindica a originalidade da formulação do problema, nomeadamente quando, desde, pelo menos, 1967, a propósito da economia americana, a considera num estado mais avançado de terciarização e de declínio do sector produtor de bens e mercadorias, quer na agricultura quer da indústria. Na verdade, nas suas *Notes*[5], o fundamental do modelo está enunciado.

Em 1973, Bell publica a mais importante das suas obras, *O Advento da Sociedade Pós-Industrial.*[6] Nela enuncia o fundamental da sua tese, que pode ser sintetizada nos seguintes aspectos:

1. Alteração da composição da população ativa como indicador da transição de uma sociedade assente na produção de bens tangíveis para outra assente no fornecimento de serviços. A esta alteração corresponde a da estrutura ocupacional, com a emergência das elevadas qualificações e das profissões técnicas, com correspondente declínio das profissões de reduzidas qualificações.
2. São as qualificações e a educação que constituem o principal mecanismo de mobilidade social, distinguindo-se o *stock* de capital humano como o mais importante fator de produção.
3. Se a infraestrutura decisiva na sociedade industrial era a rede de transportes de bens, na sociedade pós-industrial são as redes de comunicações.
4. A mudança decisiva: o conhecimento passa a ser a mais importante fonte do valor incorporado nas mercadorias e nos serviços.

A obra de Bell serviu de fonte de inspiração para as duas principais perspetivas teóricas: uma em torno do conceito de *sociedade da informação*, outra da *sociedade do conhecimento.* Bell foi propositadamente ambíguo no título que adotou, ao não explicitar que tipo de sociedade se seguiria à sociedade

---

[5] Bell, Daniel. *Notes on the post-industrial society*. Public Affairs, 1967. Disponível em: https://www.nationalaffairs.com/storage/app/uploads/public/58e/1a4/a3e/58e1a4a3ecc7b017615572.pdf. https://www.nationalaffairs.com/public_interest/detail/notes-on-the-post-industrial-society-i.

[6] Bell, Daniel. *The Coming of Post-Industrial Society*. Nova Iorque: Basic Books, 1999.

industrial: «Rejeitei a tentação de rotular essas características emergentes como "sociedade de serviços" ou "sociedade da informação" ou "sociedade do conhecimento", ainda que todos esses elementos estejam presentes.»[7] A designação de pós-industrial é uma sequência do conceito que já havia adotado em escritos anteriores. Contudo, no desenvolvimento do seu exercício de prospetiva, ele desenvolve o que entende por «estrutura da sociedade do conhecimento»:

> A sociedade pós-industrial, é claro, é uma sociedade do conhecimento em um duplo sentido: em primeiro lugar, as fontes de inovação são cada vez mais derivadas da investigação e desenvolvimento (e, mais diretamente, há uma nova relação entre ciência e tecnologia por causa da centralidade do conhecimento teórico); em segundo lugar, o peso da sociedade — medido por uma proporção maior do Produto Nacional Bruto e uma parcela maior do emprego — está cada vez mais no campo do conhecimento.[8]

Por outro lado, Bell considera que o conhecimento, sob diferentes formas, sendo comum a todas as sociedades, é distinto na sociedade pós-industrial:

> O que agora se tornou decisivo para a sociedade é a nova centralidade do conhecimento teórico, a primazia da teoria sobre o empirismo e a codificação do conhecimento em sistemas abstratos de símbolos que podem ser traduzidos em muitas circunstâncias diferentes e variadas.[9]

Para Bell, o que a sociedade pós-industrial traz de novo é a «centralidade do conhecimento teórico», em detrimento do que poderemos designar por conhecimento experiencial.

Em 1993, Peter Drucker publica *The Post-Capitalist Society*[10] e no mesmo ano publica o artigo «The Rise of The Knowledge Society».[11] De certa forma,

---

[7] *Idem*: Prefácio à edição de 1976.

[8] *Idem*: 300.

[9] *Idem*: 434.

[10] 1.ª edição em Butterworth-Heinemann, 1993. Utilizamos a edição de Routledge, 2011.

[11] Drucker, Peter F. «The rise of the knowledge society». *The Wilson Quarterly* 17.2 (1993): 52–72.

Drucker consolida os diferentes contributos que o antecederam em torno da emergência da sociedade do conhecimento, mas num contexto do que designa por sociedade pós-capitalista. A ideia de base é muito simples: «o recurso real e controlador e o "fator de produção" absolutamente decisivo já não é o capital, nem a terra, nem o trabalho. É o conhecimento. Em vez de capitalistas e proletários, as classes da sociedade pós-capitalista são os trabalhadores do conhecimento e os trabalhadores dos serviços.»[12]

Não cabe neste capítulo discutir a conceção que Drucker tem do capitalismo, mas esclareça-se que o capitalismo em nada é incompatível com a sociedade do conhecimento. Drucker situa a sociedade capitalista nos «últimos 250 anos», o que nos faz pensar que se refere ao que poderemos designar por capitalismo industrial, o que é manifestamente limitativo do que entendemos por capitalismo historicamente identificado.

Por outro lado, a opção — que subscrevo — pela ideia de sociedade do conhecimento não ilude nem apaga a existência de uma corrente teórica muito forte em torno do conceito alternativo de sociedade da informação. Tentarei a seguir precisar conceitos e defender a opção feita.

Dados, informação e conhecimento

Yuval Noah Harari, o historiador israelita autor de *Sapiens*, publicou em 2018 *21 Lessons for the 21st Century* (*21 Lições para o Século XXI*), em que desenvolve um conjunto de ideias que têm tanto de irreverência e provocação quanto de inquietude e especulação. Apesar do abuso do método ensaístico, Harari tem algumas análises estimulantes.

Por exemplo, no Capítulo 3, «Liberty. Big Data is watching you», o autor coloca o problema da liberdade em confronto com a capacidade de acumular dados pessoais e de os processar com o objetivo de condicionar e influenciar a decisão dos cidadãos. O risco identificado é o da emergência das «ditaduras digitais» ao bom estilo orwelliano. No capítulo seguinte, «Equality. Those who own the data own the future», problematiza sobre o poder das grandes empresas e dos governos que lhes advém da posse das grandes bases de dados. Quem detém a informação detém o poder.

---

[12] Drucker. 2011: 5.

Permitam-me que discorde. O foco de Harari está nas bases de dados, nos supercomputadores e na informação. Eu defendo que o foco deve estar no processamento da informação, o mesmo é dizer, no conhecimento que permite construir os dados, sistematizá-los e processá-los, com vista à produção de valor acrescentado. Ou seja, o valor e o poder estarão mais nos algoritmos e menos nos dados.

Trata-se de uma velha confusão, de mais de 50 anos, que tentámos esclarecer entre o conceito de *sociedade da informação* e *sociedade do conhecimento*. Não há economia que se sustente nem sociedade que se organize em torno de um bem abundante, excessivo e tendencialmente gratuito como é a informação. Pelo contrário, só o conhecimento é escasso, limitado face ao potencial que encerra e tendencialmente sobrevalorizado. Se me é permitida a analogia, a informação tende a desempenhar o papel de matéria-prima ou produto intermédio, o conhecimento torna-se o verdadeiro «maquinismo» que a processa e cria valor.

Nesta perspetiva, uma sociedade baseada na economia do conhecimento é aquela em que o valor do conhecimento incorporado em bens transacionáveis tende a assumir a maior proporção na cadeia de valor.

O próprio conhecimento é cada vez mais um bem transacionável e um fator de produção, não suscetível de ser confundido com a trilogia clássica da terra, trabalho e capital. O conhecimento assume-se como fator suscetível de ser incorporado de cinco formas distintas:

1. O conhecimento incorporado na tecnologia — que é a forma mais tradicional de criação de valor e que o transforma em capital fixo.
2. O conhecimento incorporado no produto — que se pode expressar através do *design*, da marca, de um particular processo de produção ou do conjunto de significados expressos através de símbolos.
3. O conhecimento incorporado nas pessoas — o que geralmente se designa por capital humano, enquanto combinatória de capacidades desenvolvidas pelos indivíduos ao longo do seu trajeto de vida.
4. O conhecimento enquanto bem intangível suscetível de ser transacionado. Consideram-se nesta categoria os contributos para o avanço do conhecimento científico, as aplicações, as bases de dados

sistematicamente organizadas, no que alguns teóricos definem como bens digitais.

5. O conhecimento incorporado nas organizações enquanto culturas específicas suscetíveis de constituírem uma identidade própria orientada para um propósito comum.

O traço comum a estas cinco formas de incorporação de conhecimento é o facto de se tratar de conhecimento de base científica, aquilo que Daniel Bell definia como «conhecimento teórico codificado».

Entretanto, é urgente precisar conceitos, a começar pelo mais elementar: os dados. Recordo sempre uma velha tese que Vitorino Magalhães Godinho não se cansava de repetir nos seus seminários: «os dados não são dados, são sempre construídos». A tese inscreve-se na teoria das fontes sempre muito cara aos historiadores e considera as fontes bens culturais, ou seja, produto da ação humana, do seu propósito e contexto.

A produção de dados obedece ao mesmo princípio, mesmo quando são recolhidos de forma automática por qualquer sensor físico. Nesta situação, a forma como se coloca um determinado sensor em função do tempo, do espaço e da energia desenvolvida é determinada pelo conhecimento prévio do que se pretende observar e registar.

Uma estação meteorológica que recolhe os dados de sensores que automaticamente os transmite para um computador que os processa não é estabelecida de forma aleatória nem cobre a totalidade dos fenómenos que pretende observar e registar. Uma rede de estações meteorológicas é o produto de uma decisão que decorre do conhecimento prévio e racional que se desenvolveu sobre o que se pretende observar. Os dados registados e transmitidos são codificados e processados por um programa de computador que os organiza de acordo com critérios previamente definidos. É nesta altura que os dados se transformam em informação. Para todos os efeitos, os dados foram «construídos», a sua recolha e registo obedeceram a um propósito humanamente determinado através de conhecimento adquirido e, quando foram processados por um computador, foram também humanamente construídos pelo programa e pelo propósito que os orientou para se transformarem em informação.

É essa mesma informação que vai servir de base aos modelos matemáticos previsionais, também eles produto do conhecimento científico, que identificam padrões estáveis suscetíveis de serem interpretados.

Em todo o processo, desde a observação até à leitura-interpretação, passando pelo registo e pela sistematização, o papel do conhecimento é decisivo porque é ele que os concebe e produz.

A crítica às teorias da informação baseia-se, em grande parte, na forma como se conceptualiza cada uma das categorias utilizadas e a maneira como se ignora a dimensão social e cultural da relação entre dados, informação e conhecimento. Max Boisot e Agustí Canals sintetizam no excerto seguinte essa crítica:

> Crucialmente, a teoria da informação leva o repertório de símbolos para ser transmitido como *um dado*. Não pergunta como o repertório se tornou existente, de onde veio a distinção do sistema de símbolos, ou se o repertório simbólico foi estabelecido por uma convenção prévia ou por um processo gradual de descoberta. No entanto, antes de estarmos em condições de extrair informação de um símbolo, temos primeiro de extrair a informação *de que ela é, de facto, um símbolo* e, portanto, um candidato aceitável para o processamento posterior.[13]

Neste sentido, a informação é sempre o produto de um processamento dos dados, por mais elementar que seja, que preenche os requisitos de validade e de adequação ao propósito que presidiu à observação. Os dados são sempre um registo de uma observação orientada, geralmente codificados através de um sistema de símbolos que os tornam significantes para quem os lê. Em ambos os casos, não há neutralidade nem aleatoriedade absolutas, do mesmo modo que não existe uma dissociação do conhecimento que subjaz à observação dos dados e à informação com eles obtida. É nesta perspetiva que considero o conhecimento o bem decisivo quer na produção de dados quer na de informação.

Como é evidente, quer os dados quer a informação quer o conhecimento partilham uma parte ou a totalidade da cadeia de valor de uma mercadoria.

---

[13] Boisot, Max, e Agustí Canals. «Data, information and knowledge: have we got it right?». *Journal of evolutionary economics* 14.1 (2004): 51.

A tese da sociedade do conhecimento atribui uma proporção tendencialmente maior ao valor do conhecimento incorporado na mercadoria, porque mais escasso, socialmente mais reconhecido e economicamente mais valorizado.

Uma sociedade organizada em torno do conhecimento

O problema que pretendo formular centra-se na transposição da escala mais micro (das pessoas, das organizações e das tecnologias) para a escala macro das sociedades e dos sistemas sociais. Essa transposição não é uma mera ampliação, antes uma reconfiguração das diferentes formas de incorporação do conhecimento, à medida que ampliamos a escala de análise.

Neste contexto, importa avaliar os efeitos deste tipo de desenvolvimento nas formas de organização social e na reconfiguração das culturas.

Em primeiro lugar, já estamos a assistir ao que poderemos identificar como «intelectualização do trabalho». Isto significa que estamos perante uma estrutura renovada do emprego e das qualificações e novos mecanismos de criação e reprodução das desigualdades sociais.

O futuro dificilmente estará do lado dos que não possuem um elevado nível de qualificações. Mas também não estará do lado dos que apenas detêm informação. Muito provavelmente, os ventos soprarão a favor dos que detêm o conhecimento indispensável a processar a informação disponível de forma a construir novo conhecimento socialmente válido e economicamente transacionável, à escala global.

Daniel Bell já havia identificado as universidades e os centros de investigação como «instituições primárias» na produção e difusão de conhecimento. Porém, o seu desenvolvimento no último meio século aponta para uma considerável diversificação da sua natureza. O conhecimento, enquanto bem transacionável sujeito às pressões do mercado e da competição acelerada pelos ritmos de inovação, obriga aquelas instituições a adaptarem-se a novos modelos de organização e a reverem a sua própria natureza como instituições públicas.

Dominique Foray[14] aborda este problema confrontando dois modelos historicamente prevalecentes entre as instituições académicas:

1. O modelo Humboldt, de origem europeia e ainda muito presente nas universidades do velho continente, que enfatiza a ligação entre ensino e investigação. Este modelo assentava na criação e produção de dois produtos: conhecimento científico e formação de técnicos altamente especializados sem que se estabeleça uma ligação privilegiada com a indústria.
2. O que se designa por modelo MIT (Massachusetts Institute of Technology), que privilegia a ligação entre educação, investigação e inovação com uma maior «permeabilidade» às necessidades da procura de soluções por parte da economia. Esta opção conduziu à criação de um conjunto de instrumentos que facilitavam a transferência do conhecimento e do produto da investigação para a indústria.

Foray identifica, entretanto, um novo modelo alternativo e já em desenvolvimento conhecido por «capitalismo académico». O termo não é novo e foi utilizado por Edward J. Hackett em 1990[15] para caracterizar as «circunstâncias emergentes da engenharia e da ciência académica» nas grandes universidades dos Estados Unidos. Essas circunstâncias caracterizam-se pela «mercadorização» de algumas das funções básicas das instituições do ensino superior, com especial relevo para a comercialização de patentes e para a promoção de *start-ups* baseadas em patentes resultantes da investigação desenvolvida nessas instituições.

Não creio que a «mercadorização» seja condição suficiente para o desenvolvimento de um modelo de capitalismo académico. A tendência crescente para tornar o conhecimento um bem transacionável não conduz necessariamente a um processo de acumulação de capital, característico de um modelo capitalista.

---

[14] Foray, Dominique. *Economics of knowledge*. MIT Press, 2004: 226–7.

[15] «Science as a Vocation in the 1990s: The Changing Organizational Culture of Academic Science». *Journal of Higher Education* 61 (3): 241–79.

Porém, levanta uma questão não menos interessante. Tratando-se de instituições que vivem, em grande parte, de financiamento público, acabam por transferir para o sector privado um valor concebido e validado por um organismo público. Vários autores aludem à «privatização» tendencial das instituições do ensino superior, mas essa também não é condição suficiente do suposto capitalismo. Há, entretanto, um aspecto que importa destacar: o crescente investimento privado nessas instituições públicas e a elevada permeabilidade entre os sectores capitalistas — da engenharia à saúde e à tecnologia digital — e as grandes universidades.

Dominique Foray avança com indicadores muito relevantes dessa concentração de capital conhecimento e também de capital financeiro:

> O número de patentes emitidas para universidades dos EUA mais do que duplicou entre 1984 e 1989 e mais que duplicou novamente na década de 1990. O número de universidades com um Serviço de Transferência de Tecnologia aumentou de 25 em 1980 para 200 em 1990. As receitas de licenciamento das universidades aumentaram muito, de US$ 221 milhões em 1991 para US$ 698 milhões em 1997. Um número muito grande de *start-ups* foi estabelecido com base em investigação universitária.[16]

Os números de Foray foram ultrapassados já no século XXI num crescimento anual feito à escala exponencial.

Esta tendência observada nos Estados Unidos é seguida há muito pelas grandes universidades mundiais, configurando um novo paradigma organizacional do ensino superior, centrado na formação de capital humano altamente qualificado, na valorização da infraestrutura de investigação e da prestação de serviços e na transferência de conhecimento que direta ou indiretamente contribui para a acumulação de capital. O carácter competitivo da produção de conhecimento e da capacidade de responder à procura de inovação atingiu níveis dificilmente imagináveis há 30 ou 40 anos.

Há, entretanto, outros indicadores que sugerem o desenvolvimento de novas formas de organização desta nova centralidade do conhecimento. Em primeiro lugar, o incrível aumento da mobilidade dos estudantes à escala

---

[16] Foray, 2004: 227–8.

global, incrementando a procura de formação superior, principalmente entre as universidades mais credenciadas. Em segundo lugar, a multiplicação de redes globais de investigação, envolvendo entidades públicas e privadas no financiamento de projetos inovadores e que potencia a transferência de conhecimento e de investigadores não só entre estes parceiros, mas também entre os diferentes nós da rede. Em terceiro lugar, como decorrência dos dois pontos anteriores, uma densificação dos fluxos de mobilidade transnacional de pessoas, capital, conhecimento e inovação.

Talvez o melhor exemplo dessa transnacionalização do conhecimento seja o que se designou por corrida à produção de vacinas para combate à covid-19. Universidades, investigadores, grandes farmacêuticas e Estados estiveram envolvidos numa operação cujo financiamento e escala de produção nunca foram observados, o que permitiu obter ganhos avultados. É difícil de dizer se tal terá sido um sinal desse «capitalismo académico». Uma coisa é certa: foi uma resposta de vários capitalismos mobilizados para combater uma pandemia e também para conquistar uma oportunidade para afirmar a sua lógica de acumulação.

O conhecimento já é e será cada vez mais a fonte da *Riqueza das Nações*, para utilizar a velha expressão de Adam Smith. A maneira como esta tendência gerará novas formas de organização e diferenciação social é objeto ainda mal esclarecido e sobre o qual não cabe aqui especular.

8

O ESTADO: UM PROBLEMA DE ESCALA OU DE ESTRUTURA?

> [...] o único governo que pode satisfazer plenamente todas as exigências do Estado social é aquele em que todo o povo participa; que qualquer participação, mesmo na mais pequena função pública, é útil; que a participação deve ser em todos os lugares tão grande quanto o grau geral de melhoria da comunidade permitir; e que nada menos pode ser, em última análise, desejável do que a admissão de todos a uma participação no poder soberano do Estado. Mas como todos não podem, em uma comunidade que excede uma única cidade pequena, participar pessoalmente de qualquer porção muito menor dos negócios públicos, segue-se que o tipo ideal de governo perfeito deve ser representativo.
>
> John Stuart Mill, *Considerations on Representative Government*. Londres, 1861: 69.

O sociólogo americano Daniel Bell escreveu em 1988, no *The Washington Post*, um artigo que pretendia ser um exercício de prospetiva para o que poderia ser o mundo em 2013 («Previewing Planet Earth in 2013») e em que, entre outras ideias, defendia que o modelo de Estado-nação, prevalecente à escala global, sofria de uma inadequação de escala: estava a tornar-se demasiado pequeno para os grandes problemas da Humanidade e demasiado grande para os pequenos problemas da vida dos cidadãos e das comunidades locais.

Se à data da publicação a análise era pertinente, passados 32 anos, não só a antevisão se confirma como a dimensão do problema se tornou maior.

Os estados enfrentam dificuldades crescentes no controlo dos fluxos financeiros, na atenuação das causas e consequências das alterações climáticas, no tráfico de estupefacientes, armas e seres humanos, nos fluxos migratórios e no controlo de fronteiras, nas ameaças à segurança interna quer pelos atentados terroristas quer através de ataques informáticos a sistemas estratégicos. Estas e outras ameaças dificilmente se reduzirão e a única solução reside na cooperação internacional e na ação de organizações transnacionais. Cada estado, por maior e mais poderoso que seja, não consegue resolver, por si só, aqueles desafios.

Por outro lado, o Estado-nação tornou-se excessivamente grande e complexo para atender aos problemas do cidadão, da vida local, a uma escala mais micro. É um estado cada vez mais afastado das pessoas e das suas comunidades. A resposta a este afastamento foi a descentralização e a generalização do princípio da subsidiariedade.

Era suposto que este duplo movimento de transnacionalização e de descentralização pudesse traduzir-se num reajustamento da escala. Porém, as tendências de redução da despesa e dívida públicas no produto nacional não se verificaram e, em muitos casos, assistiu-se mesmo a um reforço. Estamos perante um paradoxo, o que nos leva a pensar que o problema não estará na escala, mas estará muito provavelmente na sua estrutura, ou seja, no complexo de relações de poder e nas suas funções e competências. Por outras palavras, o problema não reside em mais ou menos estado, mas numa outra configuração do Estado.

Origens do Estado moderno

É incontornável o recurso à proposta de Max Weber para definição do Estado moderno: «[...] uma comunidade humana que reclama (com sucesso) o monopólio do uso legítimo da força física num dado território».[1] Nesta definição, cada palavra e cada frase abrem para leituras nem sempre inequívocas.

---

[1] *From Max Weber: Essays in Sociology*. Routledge, Londres, 1991: 78.

Em primeiro lugar, uma «comunidade humana». Porquê comunidade? Pressupõe um grupo de pessoas, organizadas e com um propósito comum, que estabelece uma relação de domínio e poder desse grupo de pessoas sobre outros seres humanos, estando para o efeito legitimadas de diferentes formas para o exercício desse poder.

Em segundo lugar, «o monopólio do uso legítimo da força física». Essa comunidade reclama a exclusividade de um conjunto de poderes, processo mais ou menos lento, de eliminação de poderes concorrentes, e fundado no reconhecimento público dessa exclusividade.

Em terceiro lugar, um «dado território». O exercício desses poderes e da sua legitimidade é limitado por um espaço circunscrito pelas suas fronteiras, a partir das quais essa legitimidade cessa perante a existência de um outro Estado.

Não seria inadequado poder substituir a «comunidade humana» pelo conceito de «organização», acrescentando-lhe a dimensão hierárquica, a capacidade de liderança e de mobilização de recursos existentes numa determinada sociedade, indispensáveis ao cumprimento da sua missão e objetivos.

Mais problemática seria a substituição da «força física». Autores mais recentes recorrem ao conceito de «coerção», que, integrando a coerção física, permite associar outras forças no exercício desses poderes sem recurso à violência ou à força física. O poder de legislar os diferentes aspectos da vida em comum está associado à coerção e nem sempre requer o recurso à força física. O poder de julgar rege-se pela coerção, já o de sancionar através da privação da liberdade ou da aplicação de castigos corporais poderá enquadrar-se no uso da violência e da força física.

Incontestável parece ser a ideia de monopolização. O modelo do Estado moderno, em comparação com outras formas de organização do Estado que o precederam, afirma-se pela concentração e exclusividade no exercício dos seus poderes legítimos (defesa perante a ameaça externa, segurança interna, representação perante outros Estados, justiça e capacidade de extração fiscal).

Para Weber, o problema da legitimidade reconhecida por governantes e governados distingue duas fases. Uma, coincidente com o processo de monopolização da força física, concentrado num número restrito de indivíduos, caracteriza-se pela dominação do Estado patrimonial, personalizado no príncipe, na liderança carismática e na autoridade assente na tradição e na linhagem. É a fase do absolutismo real que caracterizou os estados europeus nos séculos XVII e XVIII. A outra, que lhe sucede, assenta na despersonalização e no controlo público dos meios de violência, pela institucionalização do seu controlo e acesso, na legitimação política e legal da coerção e nos sistemas de autoridade racional-legal.[2]

Charles Tilly privilegia a análise da construção do Estado moderno centrada no processo de acumulação e concentração dos meios de coerção, precisando a própria definição de Weber. Porém, acrescenta-lhe uma outra dimensão: o papel da guerra nessa construção. «States made war and war made the State.» A ameaça e o desenvolvimento da guerra obrigam os Estados a organizarem-se para mobilizar os recursos indispensáveis: recrutas para a guerra, mantimentos, financiamento, infraestrutura logística. A necessidade do recrutamento e de assegurar o fornecimento de materiais e alimentos exige o controlo e territorialização por parte do aparelho militar. O controlo do território e das fronteiras exige infraestruturas que assegurem a mobilidade das forças armadas. Por último, mas o mais decisivo de todos os requisitos, o financiamento associa o processo de acumulação dos meios de coerção ao processo de acumulação de capital. Exige também uma burocracia e um aparato institucional que tornem eficazes os processos de extração fiscal e de gestão da dívida flutuante e consolidada.[3]

Tilly tipifica a evolução dos Estados europeus, durante a época moderna, em função da combinação entre coerção e capital. Assim, alguns Estados desenvolveram-se com base numa combinação «capital intensivo», como é o caso do Norte da Itália, dos Países Baixos ou dos pequenos Estados do Sul da Alemanha anterior à unificação. Por oposição, agrega no mesmo tipo os estados baseados em «coerção intensiva», onde inclui os países do Leste Europeu, Rússia, Hungria, Polónia,

---

[2] Elias, Norbert. *The Civilizing Process: The History of Manners and State Formation and Civilization*. Oxford, Blackwell, 1994.

[3] Tilly, Charles. *Coercion, Capital, and The European States, AD 990–1990*. Oxford, Basil Blackwell, 1990.

mas também a Suécia e a Prússia. Por último, considera que os casos da Espanha, Inglaterra e França se desenvolveram numa base de «coerção capitalizada». É notória a consideração da extensão territorial desses Estados, mas também a sua posição geopolítica. Estados imperiais, em que a escala territorial obriga a uma formação menos centralizada, pequenos Estados-cidades com maior potencial de concentração e acumulação, Estados que se desenvolveram com base em impérios marítimos, por oposição às soluções imperiais a leste.

A diversidade dos processos de desenvolvimento é considerável, mas identifica-se a base comum que referenciámos acima. Esta diversidade é gerada num território, a Europa, que à escala global é de dimensão limitada. Nunca, ao longo da época moderna, foi possível imaginar uma dispersão tão grande de Estados e de recursos coercivos como a que assistimos num espaço tão reduzido quanto o do continente europeu.

Desde meados do século XVI, com o insucesso do esforço imperial de Carlos V, que na Europa ocidental se estruturou o sistema de Estados soberanos. No século seguinte, com a Paz de Vestefália resultante dos Tratados de Münster e Osnabruque, consolidou-se esse sistema. Porém, a leste, mantiveram-se as soluções imperiais, primeiro com o domínio turco-otomano, mais tarde com os impérios russos (desde 1721) e austro-húngaro (1867).

O Estado-nação

Na Europa Ocidental, o Estado-nação estruturou-se sobre os pilares do Estado absoluto. O fundamental das suas funções de soberania foi mantido, mas a fonte de autoridade e legitimação foi radicalmente alterada. Três revoluções foram pioneiras no desencadear desse processo:

1. A Revolução Inglesa de 1688 — altera radicalmente a relação de poder entre a Coroa, o Parlamento e a sociedade britânica. Com a Declaração de Direitos imposta pelo Parlamento Inglês, a monarquia absoluta e personalizada na figura do rei conhece o seu fim. Os poderes do monarca são limitados e o Parlamento assume o poder legislativo.

2. A Revolução Americana de 1776 — representa o primeiro processo de emancipação da primeira colónia europeia face ao império colonial britânico e a fundação da primeira república democrática definida por uma constituição que estabelece os direitos e garantias fundamentais dos cidadãos, a separação dos poderes legislativo, executivo e judicial. A administração colonial é eliminada e substituída por um Estado autónomo e independente.
3. A Revolução Francesa de 1789 — abriu caminho à primeira experiência republicana na Europa e à difusão dos princípios e ideais que irão inspirar outros países europeus e da América Latina. Além do princípio da separação de poderes, concretizou a ideia de contrato social, desenvolveu a secularização do Estado e influenciou decisivamente as sucessivas vagas de monarquias constitucionais e democracias liberais.

Nos cerca de 100 anos compreendidos entre o fim das guerras napoleónicas e o final da I Guerra Mundial, o modelo de Estado-nação difundiu-se em torno de três vias fundamentais:

a) As velhas nações coincidentes com estados independentes, sucessoras de monarquias absolutas (Reino Unido, França, Portugal, Espanha, Holanda, Dinamarca);
b) A integração de estados independentes em estados unificados orientados pela ideia de uma nação comum (Itália e Alemanha);
c) Novos estados independentes emancipados da dominação imperial, principalmente a leste e sudeste.

A última vaga de generalização do modelo de Estado-nação é maioritariamente pós-colonial. O modelo europeu é «exportado» para os diferentes continentes onde os impérios coloniais europeus haviam lançado administrações coloniais que acabaram por ser reconfiguradas em Estados nacionais.

O processo de despersonalização e dessacralização do poder régio passou, em grande parte, pela criação de novas instituições políticas, concebendo-se o Estado-nação como uma «forma centralizada do governo representativo baseado em processos eleitorais e num conjunto de organizações administrativas, policiais e militares. O Estado moderno reclama o monopólio legítimo da força física que as agências estatais exercem sobre um determinado território e uma população relativamente coesa que forma uma comunidade de cidadãos com direitos políticos, sociais e económicos.»[4]

Objetivamente, o que o Estado-nação vem acrescentar ao modelo caracterizado por Weber é o problema da coesão social em torno da ideia de uma «comunidade de cidadãos com direitos» próprios, garantidos por lei e, em princípio, protegidos pelo próprio Estado. É na nação que o Estado procura uma nova fonte de legitimidade e autoridade e se há casos em que o Estado precede e cria a própria nação, noutros, é a nação que constrói o Estado, como instrumento de emancipação, autonomia e independência.

Há, entretanto, um propósito comum: o de fazer coincidir o Estado, a pátria, enquanto território historicamente reconhecido, e a nação, como comunidade de cidadãos culturalmente identificados ou irmanados num propósito comum.

Esta é a matriz fundamental do Estado-nação que se desenvolve, pelo menos, com maior poder estruturante, desde o século XIX e que representa o modelo dominante de Estado à escala global. As variantes a este modelo são múltiplas, mas os fundamentos são comuns. As diferenças são detetáveis nos contextos históricos em que se desenvolvem, mas também nos complexos geopolíticos em que se inserem.

Por outro lado, a construção da nação pressupõe um alargamento das funções do Estado além das tradicionais funções de soberania. É o caso da rede de infraestruturas, em que a iniciativa privada não encontra retorno para o elevado investimento indispensável a cobrir o território e a garantir a acessibilidade das populações e das mercadorias aos mercados. Estradas, caminhos-de-ferro, comunicações, portos tiveram participação direta do Estado na sua construção e/ou gestão. É também o caso da rede de escolas e do professorado, em que a iniciativa das comunidades locais não garantia o serviço público tão decisivo para a construção da nação.

Ainda no século XIX, muito antes das primeiras experiências de *Welfare State*, um considerável número de países europeus assume responsabilidades

[4] Jung, Dietrich. «State Formation and State-Building: Is there a lesson to learn from sociology». *DIIS Report* 11 (2008): 37.

de proteção social. Peter Lindert demonstra que, no meio século compreendido entre 1880 e 1930, as transferências sociais ganham maior proporção no rendimento nacional. Além de algumas iniciativas de atenuação da pobreza extrema, essas transferências sociais tendem a aumentar, quer se trate de pensões, compensação para situações de desemprego, apoio à deficiência, saúde pública ou habitação.[5]

Nos países mais ricos, as despesas sociais crescem de forma significativa: de percentagens inferiores a 1% do PIB em 1880, triplicam até 1930. Nos primeiros anos da década de 80 do século XIX, Bismarck desenvolve na Alemanha um ambicioso e pioneiro programa de proteção social na doença e na velhice, ainda que seja a Dinamarca, seguida dos restantes países escandinavos, a desempenhar o mais destacado papel no desenvolvimento do Estado-social.[6]

O Estado social

Duas guerras mundiais devastadoras, uma pandemia e uma grande recessão criaram o contexto mais favorável para a afirmação do Estado social.

As duas guerras mundiais terão causado cerca de 80 milhões de mortes e 50 milhões de feridos (não inclui feridos civis). A pandemia da gripe espanhola provocou entre 20 e 50 milhões de mortes resultantes de 500 milhões de infetados. A Grande Depressão de 1929–1933, além dos efeitos nas estruturas económicas, teve no desemprego o seu principal impacto.

A taxa de desemprego nos Estados Unidos atingiu o máximo de 25,6% em maio de 1933. Estima-se que aproximadamente 23 milhões de americanos passaram por um período mais ou menos alargado de desemprego.

Do clássico trabalho de Walter Galenson e Arnold Zellner concluímos que, num conjunto de nove países entre os mais industrializados, a média das taxas de desemprego no período compreendido entre 1929 e 1939 se situou entre os 13 e os 25%. Porém, no ano de 1932, a Austrália registou uma

---

[5] *Growing Public. Social Spending and Economic Growth Since the Eighteenth Century*. Cambridge UP, Nova Iorque, 2004: Vol. 1, 171–190.

[6] *Idem*: 175.

taxa de 28%, a Alemanha de 44%, a Holanda de 25%, a Noruega de 31% e o Reino Unido atingiu os 22%.[7]

Além do contexto adverso descrito, importa refletir sobre dois outros que, de alguma forma, influenciaram a adoção de medidas convergentes com o alargamento das funções do Estado e correspondente aumento das despesas sociais.

Peter Lindert destaca a importância crescente do que designa por «political voice». O desenvolvimento dos regimes democráticos, especialmente na Europa Ocidental, com o alargamento das bases eleitorais para estratos da população menos favorecidos, revela uma manifesta associação com o aumento das transferências sociais. A institucionalização progressiva do sufrágio universal num número crescente de países induziu os partidos políticos e os governos a encontrar respostas para as manifestas situações de empobrecimento, exclusão social e fragilidade de diferentes grupos sociais. É o caso dos idosos, em sociedades em que o envelhecimento foi mais precoce, das mulheres e de uma vasta camada de trabalhadores que não beneficiavam de nenhum regime de segurança e proteção social.

«A taxa de participação eleitoral continuou a ter um forte efeito positivo nas transferências sociais e nos impostos dos governos», «aumentar a parcela de votos de 70 para 85 por cento dos eleitores elegíveis aumenta significativamente as pensões, [as despesas em] saúde pública, transferências sociais totais e gastos com educação».[8]

Esta tendência comum a um conjunto de países ocidentais mais desenvolvidos não foi seguida pelos Estados Unidos. Neste caso, a restrição do direito de voto a minorias étnicas e a resistência em vários Estados ao sufrágio universal coincide com uma progressiva diminuição das taxas de participação eleitoral.

Entretanto, na Europa, os abalados regimes liberais e democráticos eram então confrontados com a dupla ameaça do aparente sucesso de um regime

[7] Galenson, Walter, e Zellner, Arnold. «International comparison of unemployment rates». *The measurement and Behavior of Unemployment*. NBER, 1957: 439–584. Considerem-se ainda os dados publicados por Paul Bairoch. *Victoires et déboires. Histoire économique et sociale du monde du XVIE siècle à nos jours III*. Paris, Gallimard, 1997: 78–83.

[8] *Growing Public...*: 181.

socialista na União Soviética e a afirmação das experiências nazis e fascistas. A base social das sociedades abertas esboroava-se pelos seus extremos, a radicalização dos movimentos sociais minava os pilares fundamentais dos regimes democráticos. Além das ameaças que a guerra, a pandemia e a recessão económica representavam e que punham em causa os Estados e as nações, eram os regimes políticos até então vigentes cuja continuidade estava em causa.

Se os programas pioneiros do *Welfare State* são lançados durante o período compreendido entre as duas guerras mundiais, o pós-II Guerra vai consolidar o crescimento sustentado da despesa social e, com ela, o próprio crescimento do Estado.[9] Com especial destaque, a despesa com saúde e educação representa uma proporção crescente.

Considerando a maioria dos países industrializados e o peso da despesa pública no PIB, identifica-se uma fase de crescimento moderado entre 1930 e 1970, a seguinte de crescimento acentuado entre 1975 e 1995 e uma desaceleração nos 20 anos seguintes, mantendo-se aos mais elevados níveis desde então.

É sobre a estrutura do Estado-nação herdada do século XIX e muito centrada sobre as funções de soberania que se vai desenvolver o Estado social, ou seja, o processo não é substitutivo, é cumulativo.

Os Estados que temos

No longo prazo, o Estado nunca parou de se reinventar, mas sempre o fez pelo alargamento dos seus poderes e das suas funções. Apesar das várias tentativas de desregulação, privatização e liberalização, nunca parou de crescer e de aumentar a sua presença e interferência nos mais variados domínios da sociedade.

O modelo do Estado-nação, mesmo que apresentando configurações diferenciadas, continua a prevalecer à escala mundial. Se esse modelo foi primariamente concebido e desenvolvido na Europa Ocidental, cedo acabou por ser «exportado» e adotado por um considerável número de países

---

9 Para uma visão gráfica da evolução da despesa pública e das transferências sociais, consulte-se: https://ourworldindata.org/government-spending.

de outros continentes. Onde a presença dos impérios coloniais europeus deixou as suas marcas, talvez a mais destacada desse legado tenha sido o modelo de Estado-nação. As administrações coloniais foram reconvertidas para suportar esse modelo com as limitações funcionais e institucionais que seriam de adivinhar: esses novos Estados não tiveram de passar pelos processos de construção mimética que na Europa se registaram e, por outro lado, confrontavam-se com sistemas sociais distintos das metrópoles e com padrões de modernização muito diferenciados.

Algumas teses académicas precipitam-se no anúncio do «fim do Estado-nação». Umas porque antecipam uma globalização avassaladora que reduz aos mínimos as instituições estatais, outras porque a erosão e as disfuncionalidades observadas contribuiriam para o mesmo fim. A tese que tentarei defender aponta noutro sentido: estamos perante uma reconfiguração, mas que em muito pouco altera os pilares fundamentais do modelo de Estado-nação.

Em paralelo, algumas teorias económicas destacaram a função reguladora necessária a lidar com as falhas de mercado, as externalidades ou os abusos de posição dominante. Da formulação de um problema a encontrar uma solução que passasse pelo Estado foi um passo curto para a criação de instituições e serviços que exercessem essa função reguladora. O problema que viria a surgir centrava-se na autonomia, independência e isenção da entidade reguladora, capazes de garantir decisões equilibradas e justas. Até que ponto essas entidades tinham um poder, alternativo ao dos tribunais, para resistirem à subversão do violador das normas do mercado foi sempre uma dúvida presente nos debates. A independência e a isenção sem poder coercivo arriscam a tornar-se frágeis e vulneráveis.

De alguma forma, a busca de regulação era uma resposta ao reconhecimento de que as instâncias judiciais não eram suficientemente céleres, justas e transparentes para lidar com os processos e a litigância que lhes estão associados, envolvendo grandes operadores e elevadas somas de dinheiro.

Destas primeiras formulações rapidamente se passou para a regulação como instrumento mais generalizado aos vários domínios das políticas públicas. Daí a ideia da emergência do *Estado regulador*, como se os adquiridos do Estado-nação e do Estado social tivessem sido subalternizados. Foi este modelo que promoveu a proliferação de agências independentes orientadas para obter ganhos de eficiência e para corrigir as falhas do mercado, nomeadamente os monopólios públicos, a informação imperfeita e as externalidades negativas. Porém, o que pretendia ser um ganho de *expertise*, profissionalismo e autonomia não evitou a captura dos reguladores pelos regulados e decisores políticos, nem algum *deficit* de transparência e de eficácia. Criou, entretanto, uma nova burocracia de orientação mais tecnocrática e desqualificou a velha burocracia administrativa, que se viu esvaziada dos seus poderes.

Paralelamente, e com especial expressão nos países europeus, as funções de soberania (defesa, segurança e justiça, especialmente) foram sacrificadas ao incontrolável crescimento do Estado social (educação, saúde, segurança e proteção social). A maioria dos Estados europeus desguarneceu funções fundamentais como a defesa e a segurança interna, à sombra da NATO e do «guarda-costas» americano. Foi necessária a invasão russa na Ucrânia para acordar para a triste realidade de que não há paz sem estrutura defensiva e de que os Estados europeus necessitam urgentemente de reforçar os alicerces da sua soberania própria e coletiva.

A União Europeia e as suas instituições têm vindo a representar uma oportunidade única de reconfiguração dos Estados nacionais que a integram. Não obstante a federalização de algumas funções de soberania (controlo de fronteiras, controlo da massa monetária, etc.) e de inegável promoção das entidades reguladoras por parte das instituições comunitárias, nem por isso os Estados-Membros desenvolveram modelos alternativos de organização do Estado e das administrações públicas. A redução limitada do peso das suas despesas no produto, além de conjuntural, deve-se muito mais ao controlo dos *deficits* do que a qualquer ganho de eficiência.

O processo de integração europeia continua refém da tensão entre objetivos federalistas e resistências nacionalistas, o que não deixa de ser paradoxal quando constatamos um progressivo isomorfismo e desnacionalização das políticas públicas de cada Estado, sustentados na influência crescente do *soft power* das organizações transnacionais (OCDE, FMI, etc.).

Regressemos à tese de Daniel Bell centrada na ideia de «inadequação de escala», expressa pela pequenez do Estado-nação face aos desafios globais, e da sua incapacidade de resolver os pequenos problemas dos cidadãos, resultante do seu sobredimensionamento. De então para cá, essa «inadequação» tem vindo a ser mitigada através de duas tendências: transnacionalização e descentralização.

A emergência de um conjunto considerável de problemas globais (redes de tráfico, fluxos financeiros, alterações climáticas, migrações e movimentos de refugiados, regulação económica, etc.) deu oportunidade às soluções transnacionais, à cooperação entre Estados e a um maior protagonismo e poder das organizações transnacionais (Banco Mundial, FMI, OCDE, UNESCO, entre outras com menor relevo). Por outro lado, os movimentos sociais globalizaram-se e a intervenção de organizações não-governamentais (direitos humanos, questões ambientais e do clima, a título de exemplo) ganhou projeção e influência na orientação e condicionamento das políticas nacionais.

Não dispondo de poder coercivo, detêm, contudo, poder de influência para poderem desenvolver práticas do que designo por regulação induzida.

É neste contexto que poderemos falar de transnacionalização da ação pública e, de certa forma, do que se retira desse reconhecimento, de desnacionalização de políticas públicas. A educação, a saúde, as migrações, as políticas monetárias e de desenvolvimento económico são alguns dos sectores em que se evidencia essa tendência.

No sentido oposto, se todo o processo de construção dos Estados modernos passou por uma concentração dos meios de coerção, nas últimas décadas assistimos à tendência inversa: desconcentração e descentralização.

O caso europeu é um bom ponto de partida. A transferência e reforço dos poderes supranacionais das instituições europeias têm sido acompanhados, especialmente desde os últimos anos da década de 90, de um reforço inverso dos poderes das regiões e dos municípios.[10] Como destacam Hooghe, Marks e Schakel, o desenvolvimento da União Europeia com as sucessivas incorporações de novos países assentou na dupla tendência de reforço do nível supranacional «para obter os benefícios de escala na prestação de bens públicos» e em «novos níveis de governo subnacional [que] foram criados em vinte e dois países europeus», bem como no reforço do papel das regiões.[11]

---

[10] Chacha, Mwita. «European Union membership status and decentralization: A top-down approach». *Regional & Federal Studies* 30.1 (2020): 1–23.

[11] Hooghe, Liesbet, Gary Marks, e Gary Wolfe Marks. *Multi-level governance and European integration*. Rowman & Littlefield, 2001.

Esta nova configuração, que é comum à maioria dos Estados integrantes da UE, tem sido interpretada na ciência política à luz das teorias da «governação multinível»[12], advogando a dispersão por diferentes centros de autoridade como alternativa à governação centralizada e hierarquizada. Como seria de esperar, o debate entre a perspetiva policêntrica descentralizadora e as teses centralistas está, há muito, lançado, quer na Europa quer mesmo nos Estados Unidos.

O problema que se poderá colocar é o de saber se os efeitos produzidos apontam para uma maior eficácia na prestação dos serviços, mantendo elevados níveis de coesão social e política, ou se essa complexificação conduz à fragmentação e dispersão dos diferentes centros de autoridade. É reconhecido que a governação multinível pressupõe uma maior capacidade de coordenação vertical (entre os diferentes níveis) e horizontal (entre os diferentes domínios da ação pública). O risco, alicerçado em alguma evidência, está no sobredimensionamento do Estado e na sua fragilização.

As opções colocam-se de forma muito diferenciada entre pequenos e grande países, entre soluções federalistas e unitárias, entre tensões centralistas e, por vezes, autoritárias, e reivindicações autonómicas e descentralizadoras. Mas o contexto em que essas opções são ponderadas não é despiciendo quer se trate da União Europeia, dos Estados Unidos ou da China (sim, o problema também tem sido formulado com alguma acuidade no caso chinês). Por outro lado, se as tensões internacionais se agravarem — os casos da Ucrânia e do Leste Europeu poderão ser só o início de um regresso das soluções centralistas e nacionalistas —, a tendência para um maior enquistamento dos Estados nacionais e um reforço da autoridade central acentuar-se-á. A próxima década poderá revelar e responder às muitas interrogações que ainda se mantêm.

---

[12] Liesbet, Hooghe, e Marks Gary. «Unraveling the central state, but how? Types of multi-level governance». *American political science review* 97.2 (2003): 233–243.

Estado e democracia

Na sua obra mais recente, Francis Fukuyama responde à pergunta que escolhemos para titular este ensaio:

> A questão urgente para os Estados liberais não tem a ver com a dimensão ou o alcance do governo, por que a esquerda e a direita lutam há décadas. A questão é, em vez disso, a qualidade do governo. Não há como contornar a necessidade de capacidade do Estado, isto é, um governo que tem recursos humanos e materiais suficientes para prestar os serviços necessários à sua população. Um Estado moderno tem de ser impessoal, o que significa que procura relacionar-se com os cidadãos de forma igual e uniforme, e não com base em laços pessoais, políticos ou familiares com políticos que exercem o poder num dado momento. Os Estados modernos têm de lidar com toda uma série de questões políticas complexas, desde a política macroeconómica à saúde, à regulação do espectro eletromagnético e à previsão meteorológica, e precisam de ter acesso a profissionais bem-educados com um forte sentido de interesse público para que façam bem o seu trabalho.[13]

Depreendo que a resposta à minha questão inicial aponta mais para a qualidade da governação do que para a escala do próprio Estado. Contudo, facilmente poderemos voltar a questionar: até que ponto a qualidade da governação não está a ser sacrificada em função do sobredimensionamento do Estado e do alargamento imparável dos «serviços necessários à sua população»? A questão não é irrelevante se pensarmos que, ao longo de quase um século, o Estado social tem vindo a nacionalizar funções, incorporando-as no seu perímetro de ação, que até então eram exercidas de forma descentralizada e com gestão privada. Em vários domínios, da educação à saúde e à segurança social, a maior parte dos Estados dos países mais desenvolvidos age tendencialmente pelo exercício monopolista dessas funções.

Fukuyama retoma depois alguns dos requisitos que já havia enunciado em obras anteriores[14], nomeadamente o que designa por «tripé», sobre

---

[13] Fukuyama, Francis. *Liberalism and its discontents*. Profile Books, 2022: 99–100.

[14] Fukuyama, Francis. *Political Order and Political decay. From the Industrial Revolution to the globalization of democracy*. Londres, Profile Books, 2014: 550.

o qual assenta o sistema político moderno, correspondente aos regimes democráticos liberais, a saber:

- Estado moderno;
- Estado de direito;
- Prestação de contas e responsabilidade, na expressão «accountability» democrática.

A combinação destes três pilares de um regime democrático faz o balanço entre o exercício do poder acumulado pelo Estado e o seu constrangimento pela autonomia e independência face à lei e ao Estado de direito. «Se o tripé se se desequilibra em qualquer outra direção, acaba por cair ou em ditadura ou num governo fraco — ou no extremo, falhado.»

Pela não satisfação equilibrada dos três pilares, o risco aludido na citação acima conduz ao regresso das perversões patrimoniais ou neopatrimoniais, que se expressam pela apropriação dos recursos públicos para proveito pessoal, familiar, clientelar ou partidário. O problema do neopatrimonialismo está claramente associado ao nepotismo e à corrupção.

Neste contexto, quer o princípio do Estado de direito — não basta governar pela lei! — quer o da *accountability*, expressa pela responsabilidade ética e política, bem como pela transparência e rigor da ação pública, são indispensáveis à autoridade do Estado. Sem o preenchimento desses requisitos, o risco da fragilização ou do autoritarismo é relevante.

São inúmeros os países que, apresentando-se como democráticos, não preenchem aqueles requisitos, e as tendências observadas desde, pelo menos, o início do século XXI contrariam qualquer ilusão de ver o mundo a evoluir para o modelo apresentado por Fukuyama.

O último relatório publicado pela organização Freedom House[15] traça um quadro preocupante sintetizado no título «democracia sob cerco». Se esquecermos algumas apreciações tendenciosas e qualificativos pouco condizentes com uma organização que se pretende apresentar como isenta, não deixa de ser preocupante o quadro descrito e fundamentado que é desenvolvido neste recente relatório:

---

[15] *Freedom in the World 2021*. www.freedomhouse.org.

Embora a liberdade nos países com melhor desempenho do mundo estivesse em recuo há vários anos, em 2020 eram as democracias em dificuldade e os estados autoritários que representavam mais o declínio global. A proporção de países não livres é agora a mais alta dos últimos 15 anos. Em média, os indicadores destes países diminuíram cerca de 15% durante o mesmo período. Ao mesmo tempo, o número de países a nível mundial que ganham uma melhoria líquida de resultados para 2020 foi o mais baixo desde 2005, sugerindo que as perspetivas de uma mudança na tendência global de queda são mais desafiantes do que nunca.

Mais do que uma avaliação das alterações operadas em diferentes países num contexto dominado pela pandemia da covid-19, importa reter as tendências de longo prazo, e delas retira-se uma só conclusão: a democracia liberal está em declínio no mundo e cada vez mais confrontada pelo contexto de crescimento das soluções autoritárias e iliberais.

Esta tendência pode ser interpretada a partir de diferentes perspetivas, que poderemos sintetizar nos seguintes pontos:

- Os regimes democráticos liberais que são indissociáveis do desenvolvimento da modernidade ocidental e do desenvolvimento económico e social de um conjunto assinalável de países não são necessariamente a única solução para a modernização dos *latecomers*, em vias de desenvolvimento, mesmo que o seu potencial económico seja elevado. Em muitos casos, é esse elevado potencial que promove as soluções iliberais pelo acesso preferencial das elites aos bens públicos e aos recursos nacionais. A reemergência das oligarquias, do patrimonialismo sob diferentes versões e a sujeição das instituições democráticas ao controlo e condicionamento do Estado autoritário afastam estes países do modelo de Estado liberal.
- O declínio e perda de autoridade de instituições fundamentais aos regimes democráticos estão associados ao efeito desestruturante da globalização sobre as suas bases económicas e culturais. A crise de 2008–2013 acelerou esse efeito junto de estratos da população que seriam decisivos para a base social desses regimes.
- Mais uma vez, as velhas teorias da modernização, mesmo que reconvertidas à recente ideologia neoliberal, falharam, nomeadamente pelo

papel que continuaram a atribuir ao Estado como substituto das incipientes instituições e da fragilidade e dependência da sociedade civil.

- Há uma manifesta reação das elites nacionais à progressiva desnacionalização do Estado e das suas políticas públicas, quer pelo efeito da transnacionalização quer pela fragmentação que as experiências descentralizadoras, em muitos casos, acabaram por provocar.
- Não obstante as suas características iliberais, muitos países conseguiram atingir níveis elevados de desenvolvimento económico e de bem-estar das populações, que representam referenciais para os que falharam na adoção das estratégias mais liberalizantes.

As tendências descritas contrariam a convicção de que o futuro global acabaria por se converter aos princípios das democracias liberais. Francis Fukuyama foi dos primeiros a anunciar o «fim da história» e a afirmação vitoriosa das democracias liberais perante os modelos rivais e alternativos. Os Estados Unidos e as suas instituições estariam agora em condições de liderar esse processo de difusão e generalização do seu próprio modelo, independentemente dos contextos sociais e culturais, dos costumes, tradições e religiões de cada país. Algumas décadas passadas sobre o auge dessas teses, o mínimo que se poderá afirmar é que as múltiplas experiências recentes não as confirmam e as teses não encontram sustentação científica. Por isso, será razoável pensar que estamos perante uma ideologia construída sobre uma utopia que reflete mais uma ambição do que a interpretação segura e rigorosa dos fenómenos observados.

9

A DERIVA ILIBERAL E O CAPITALISMO DE ESTADO

> Desde o advento do Estado constitucional, e mais ainda desde o advento da democracia, o típico líder político no Ocidente é o «demagogo». As conotações desagradáveis da palavra não nos devem fazer esquecer que foi Péricles, e não Cléon, quem primeiro recebeu esse título. [...]
> Atualmente, a demagogia moderna também emprega a palavra falada, fá-lo em grande medida, se considerarmos os discursos eleitorais que um candidato moderno deve fazer. Mas faz uso ainda mais sustentado da palavra impressa. O escritor político e sobretudo o *jornalista* é hoje o mais importante representante da espécie.
>
> Max Weber, «The Profession and Vocation of Politics». In Lassman, Peter e Speirs, Ronald (edit.). *Political Writings*. Nova Iorque, Cambridge UP, 1994: 331.

Ao longo dos capítulos anteriores, tentámos identificar alguns dos grandes problemas com que se debatem as sociedades atuais. À incerteza estrutural e à dificuldade em lidar com a contingência associam-se processos de mudança social e cultural que levantam problemas para os quais não existem soluções preconcebidas. A insegurança e a quebra da confiança dos cidadãos nas instituições acabam por ser uma consequência lógica, mas há que reconhecer que se refletem de maneira mais preocupante nas instituições políticas.

Os sistemas políticos liberais, e especialmente os europeus, estão minados pela fragmentação das escolhas partidárias, pela afirmação das ideologias de nicho, pela radicalização dos movimentos sociais e pelo extremismo das reações. Os Estados, mais do que um problema de escala, enfrentam uma crise de autoridade pública e uma progressiva disfuncionalização.

Estes são os ingredientes para uma tempestade perfeita, ou seja, uma crise estrutural dos sistemas políticos, especialmente os identificados com o modelo de democracia liberal.

Entretanto, desde, pelo menos, a primeira década do nosso século que um crescente número de países se tem afastado do modelo ocidental, recorrendo a soluções autoritárias ou, no conceito de Fareed Zakaria, a modelos de «democracia iliberal».

Recentemente, foi no coração do mundo ocidental que os primeiros ensaios de democracia iliberal se concretizaram. E se o populismo de Berlusconi foi, de algum modo, contido na Itália, nem por isso as ameaças iliberais e extremistas deixaram de existir naquele país. No Reino Unido, o movimento do Brexit teve o seu sustento em forças políticas e movimentos sociais radicais e nacionalistas. Nos Estados Unidos, um populista e demagogo esteve um mandato na presidência e deixou uma marca antiliberal que tão cedo não irá desaparecer. Em quase todos os países-membros da UE o radicalismo, mais conservador ou mais progressista, tem vindo a ganhar terreno, mas a concretização do acesso ao poder tornou-se evidente nos casos da Hungria e da Polónia.

Há uma deriva iliberal no berço da democracia liberal e da modernidade. Mas essa deriva não pode ser explicada exclusivamente pela crise dos sistemas políticos. Ela é mais consequência dos ingredientes que enunciámos acima, das mudanças profundas que se operaram à escala global e, bem mais importante, do mito ocidental da superioridade e universalidade do modelo de democracia liberal.

Não se pode enaltecer os benefícios da globalização e ignorar os milhões de deserdados do progresso que diariamente «batem à porta» dos países mais desenvolvidos. Não se pode defender a liberdade de circulação e o livre comércio e esquecer os que não conseguiram preservar os seus rendimentos e estatuto social, os que não se adaptaram às novas regras de um mercado sem fronteiras. O que esperavam? Que morressem calados? Que apagassem o medo que lhes embaraça a existência?

Por mais que condene os protecionismos e os nacionalismos, nomeadamente os xenófobos, não desisto de tentar perceber e de explicar de forma racional as causas por que se refugiam nessas soluções.

Os países do Leste Europeu assistem a uma tensão permanente e cada vez mais radicalizada entre os modelos das democracias liberais dos seus parceiros do Ocidente e as soluções iliberais e autoritárias dos seus vizinhos, Russos, Bielorrussos e Turcos. Têm em comum uma longa história de integração em impérios territoriais, uma modernidade construída de cima para baixo em sociedades tradicionalmente campesinas, identidades nacionais forjadas sobre os mitos de origem e pelo ressentimento da dominação exterior. Mais importante do que a dominação soviética que não chegou a meio século é o especial padrão de industrialização e de modernidade tardia e confinada que nos pode esclarecer esta particularidade distintiva em relação aos Estados-nação do Ocidente.

Como se poderão compatibilizar sistemas políticos liberais com sociedades social e culturalmente iliberais?

O modelo de democracia liberal é um produto das sociedades ocidentais que mergulha as suas raízes filosóficas nos contributos de John Locke, Montesquieu e do iluminismo e nos legados constitucionais das Revoluções Americana e Francesa. O princípio republicano da soberania popular, a constitucionalização dos direitos fundamentais do cidadão, o supremo valor da liberdade individual e a ética da responsabilidade cívica são os adquiridos fundamentais desse legado histórico. Mas o que lhe conferiu o carácter inovador — e, de certa forma, revolucionário — foi a sua dimensão universal. Ou seja, o que há de intrinsecamente novo é a afirmação da sua supremacia face a outros sistemas de valores que, mais tarde ou mais cedo, seriam convertidos aos princípios democráticos e liberais.

O desafio iliberal e autoritário explora as fragilidades desses princípios e conceções em contextos sociais e culturais periféricos, enaltecendo a expressão da «vontade» popular e exacerbando a dimensão emocional das suas reações. Adapta-se taticamente ao constitucionalismo, mas sempre vai lembrando que «há outras formas de democracia» além da «democracia burguesa». Elabora novas ou reconstruídas identidades coletivas — uma nação reinventada — como forma de legitimar a limitação da liberdade individual. Dramatiza a ameaça dos imigrantes e refugiados como forma de preservar uma identidade étnica e religiosa face à «amálgama» cosmopolita. Condena o desvio moral, raramente assumindo que eles próprios são desviantes.

O sucesso ou insucesso dos modelos de organização política depende do bem-estar, confiança e das oportunidades que proporcionam aos cidadãos. Se as instituições não promovem essa confiança e frustram as expectativas de mobilidade social, a democracia liberal tem os dias contados. Se a democracia liberal não for capaz de se reformar, perde a sua autoridade moral perante os modelos iliberais e autoritários.

Iliberal: como se define?

O termo está longe de poder configurar um conceito rigoroso e preciso, nem que seja pela sua natureza, ao poder abarcar todos os regimes não liberais. Porém, desde as primeiras formulações que o termo se aplica a regimes políticos que, adotando algumas das características das democracias liberais, não preenchem os requisitos do que se convencionou classificar como tal.

Fareed Zakaria publicou em 1997 a sua obra de referência, *The rise of illiberal democracy*, promovendo uma categoria até então pouco usual na literatura académica.[1] Entretanto, a tendência que pretendia caracterizar é ineludível, facto que as décadas seguintes viriam a confirmar com a multiplicação de casos um pouco por todo o mundo. A erosão dos pilares fundamentais dos regimes democráticos constitucionais, o recurso, cada vez mais frequente, a soluções autoritárias, a limitação dos direitos civis dos cidadãos

---

[1] Dois anos antes, foi publicada uma outra obra que utilizava o mesmo termo: Bell, Daniel A. *et al. Towards illiberal democracy in Pacific Asia*. Palgrave Macmillan UK, 1995. Um pouco mais antiga é a obra de Fritz Stern, *The Failure of Illiberalism: Essays on the Political Culture of Modern Germany*. Nova Iorque, Alfred A. Knopf, 1972. Seis anos mais tarde, James J. Sheehan publicou *German Liberalism in the Nineteeth Century* (Chicago UP, 1978) e titulou a sua introdução «Liberalism in an Illiberal Society». Se Zakaria foi o principal divulgador do conceito, os pioneiros são um pouco mais antigos, com especial destaque para a obra de Stern.

e a intromissão do poder político, especialmente o executivo, no funcionamento das instituições supostamente autónomas e independentes são, entre muitos outros, sinais desse desvirtuamento das instituições políticas próprias dos regimes democráticos e liberais.

A característica mais marcante, contudo, não é a dos regimes identificados formalmente como não democráticos, nomeadamente através do seu enquadramento constitucional, mas antes a das suas práticas políticas que contrariam o espírito e os valores democráticos, que não necessariamente o seu enquadramento legal.

Gábor Scheiring dá especial relevo precisamente às práticas políticas iliberais, mesmo que formalmente legais:

> [...] considero o iliberalismo como uma divergência deste tipo ideal de prática política. O iliberalismo é um conjunto de práticas políticas contemporâneas de governação e relações sociais na economia e na cultura, que representam uma divergência entre as normas e práticas da governação pluralista, constitucional e liberal-democrática e conduzem a diferentes graus de mudança de regime para regimes híbridos ou abertamente autoritários. O iliberalismo pode ter diferentes pontos de chegada e velocidades. Formas mais fracas de iliberalismo não alcançam uma mudança substancial de regime, mas alteram as instituições fundamentais e as relações socioeconómicas que apontam nesse sentido.[2]

A questão que pode ser formulada prende-se com esse «tipo ideal de prática política». O que o distingue das práticas políticas antidemocráticas e iliberais? Tal como Scheiring, recorremos ao contributo do já clássico trabalho de Robert Dahl[3], que define os regimes democrático constitucionais como sociedades poliárquicas por serem multipolares e pluralistas, ou seja, revelam um elevado grau de descentralização do poder e dos recursos para instituições independentes e competitivas que se escrutinam mutuamente e que garantem, através do quadro constitucional, a vontade das

---

[2] Scheiring, Gábor. «The Social Requisites of Illiberalism». In Sajó, András, Uitz, Renáta, e Holmes, Stephen. *Routledge Handbook of Illiberalism*. Nova Iorque, 2022: 600.

[3] Dahl, Robert A. *Polyarchy: Participation and Opposition*. New Haven, Yale University Press, 1971.

maiorias e a proteção dos direitos fundamentais das minorias e do Estado de direito.[4]

Robert Dahl dá especial atenção aos direitos fundamentais e ao papel das instituições que garantem os tradicionais *checks and balances*, nomeadamente:

- Liberdade de expressão e associação;
- Direito a eleger e ser eleito em eleições livres e justas;
- Liberdade de acesso a apoios por parte de candidatos e organizações políticas, bem como à participação nos processos eleitorais;
- Liberdade de informação;
- Instituições independentes para que as políticas governamentais reflitam a vontade das maiorias expressas em eleições e noutras manifestações de preferência.

Cada uma destas categorias identificadoras dos regimes democráticos e liberais são postas à prova pelas práticas políticas que tendem a desvirtuar os princípios ou a real eficácia do papel das instituições. As organizações e os grupos que contestam esses princípios não reivindicam necessariamente a eliminação das condições necessárias à sua existência, pois elas representam a oportunidade de terem uma voz que os afirmem perante a sociedade.

A liberdade de expressão e associação contém as maiores ameaças à sua garantia. Este aparente paradoxo é por demais evidente quando somos confrontados com o discurso populista. A liberdade de informação é, em si mesma, um terreno fértil para a ampliação das expressões mais extremistas. As eleições livres e justas não estão a salvo da manipulação da opinião pública e mesmo do condicionamento dos processos eleitorais. A liberdade de acesso aos apoios, nomeadamente financeiros, aos candidatos pode eliminar a desejável igualdade por recurso a fontes mais ou menos poderosas que esperam um retorno desse «investimento». A independência das instituições não elimina os efeitos disfuncionais do corporativismo de quem as regula. A representação política não elimina a participação de quem, mesmo respeitando o jogo democrático, pretende desvirtuá-lo e pervertê-lo em benefício de alternativas não democráticas.

---

[4] Scheiring: 599–600.

É neste sentido que a distinção entre o tipo ideal e a prática política contém uma enorme margem de risco de desvio favorável a vias iliberais. Um desses riscos é o da perpetuação no poder pelas vias autoritárias e populistas, no quadro de uma democracia formalmente liberal, mas potenciando as vantagens do incumbente em detrimento da alternância. Um outro, talvez o mais inquietante, é o da legitimação popular e eleitoral das soluções iliberais.

Sociedades iliberais?

A maior parte dos estudos sobre os iliberalismos centra-se na ação do Estado, nas forças políticas e nos movimentos sociais, ora privilegiando os aspectos formais-legais ora dissecando as narrativas políticas e as ideologias. A questão que importa colocar confronta-nos com os sistemas sociais e as culturas dominantes numa sociedade: até que ponto sociedades e culturas específicas tendem a recorrer e a legitimar regimes iliberais? Ou, por outras palavras e de forma mais sintética: o iliberalismo não radica na própria sociedade?

Numa obra que publiquei em 2017[5], chamei para o subtítulo uma ideia que confrontava, no caso do Portugal da segunda metade do século XIX, o regime liberal que sustentou as políticas do fontismo com uma sociedade cujas características dominantes eram de natureza iliberal. Esta aparente inadequação era sustentada pelo indiferentismo e pelo predomínio das práticas clientelares numa população maioritariamente analfabeta, rural, devotamente católica e, ainda mais importante, esmagadoramente pobre.

O problema que se poderá colocar em termos genéricos é o da sustentabilidade de um regime liberal face a uma sociedade que nos seus traços gerais não o é. Este problema foi inicialmente formulado a propósito do caso alemão e avançado por Ralf Dahrendorf[6], mas foi Fritz Stern quem o desenvolveu[7], explicitando de forma inovadora o conceito

---

5 *Fontismo: Liberalismo numa Sociedade Iliberal.* Lisboa, D. Quixote, 2017.

6 *Society and Democracy in Germany.* Nova Iorque, Doubleday & CO., 1967.

7 Sheehan...

de iliberalismo, entendido «como um Estado de espírito que não faz concessões a uma democracia que pode minar a autoridade, o prestígio ou o estatuto das elites alemãs. O iliberalismo é um estilo cultural que encarna a obediência, a adulação inquieta da autoridade, e uma fé no valor supremo do Estado-nação.»[8]

Stern dá especial importância aos contextos culturais, mas destaca também o legado bismarckiano de uma liderança carismática sempre associada ao processo de unificação e da afirmação do nacionalismo alemão. James J. Sheehan aprofunda essa perspetiva na sua obra sobre o liberalismo alemão no século XIX, ao conferir ao «nacionalismo cultural» e ao «patriotismo tradicional» um papel relevante na deriva nazi do século XX. A liderança de Bismarck era avessa aos debates parlamentares e às lógicas partidárias, era autoritária e fortemente marcada pelo militarismo prussiano, promotora do Estado burocrático e da «revolução vinda de cima». As elites políticas, ao longo da segunda metade do século XIX, estiveram sempre confrontadas com o dilema entre o reforço do nacionalismo para garantir a coesão interna e a generalização das ideias e instituições liberais como forma de assegurar o progresso à imagem dos regimes liberais atlânticos.

Max Weber, nos seus escritos políticos, mostrava-se ambivalente em relação à figura de Bismarck. Por um lado, reconhecia o estadista e o criador da nação alemã — «Bismarck continua a ser um gigante em estatura» —, mas o seu «legado político» era bem mais limitado:

> Ele deixou para trás uma nação *sem qualquer tipo de educação política*, muito abaixo do nível que já tinha atingido vinte anos antes. E acima de tudo uma nação *inteiramente sem qualquer vontade política*, habituada a assumir que um grande estadista à frente da nação cuidaria dos assuntos políticos para eles. Além disso, como resultado do seu uso indevido do sentimento monárquico como cobertura para os seus próprios interesses de poder na luta entre os partidos políticos, deixou para trás uma nação habituada a *submeter-se passiva* e fatalmente ao que foi decidido em seu nome, sob o rótulo de «governo monárquico», sem criticar as qualificações políticas daqueles que preencheram a cadeira deixada vazia

[8] *Idem*: xi–xliv.

por Bismarck e que tomaram as rédeas do governo com uma espantosa falta de autodúvida. Foi nesta área que os danos mais graves foram, de longe, causados. *Em nenhum sentido* o grande estadista deixou para trás uma tradição política. Ele não recrutava, nem sequer podia tolerar, homens com uma particular independência de espírito, para não falar de homens de carácter.[9]

Max Weber expressava, ao longo dos seus escritos, que a luta pela sobrevivência nacional era o principal desafio que se colocava à sociedade alemã. Daí que o nacionalismo se tenha generalizado, não tanto como ideologia ou programa de ação, mas mais como «mito e expressão simbólica de profundos anseios coletivos, ansiedades e descontentamentos», bem como no propósito de uma «comunidade nacional» também ela mítica. «O apelo do nacionalismo proporcionou a mais importante e poderosa ligação entre os valores estabelecidos e o sucesso do nazismo.»[10] A derrota militar na I Guerra Mundial apenas acentuou a humilhação, o ressentimento e a exacerbação desses valores.

Se considerarmos o acumulado das práticas políticas e a sua consolidação em termos de sistemas de valores e de cultura política, perceberemos que os fundamentos sociais do iliberalismo não são exclusivos do Estado, antes impregnam até aos mais insondáveis sentimentos coletivos uma cultura favorável às soluções não democráticas e iliberais.

O caso alemão foi igualmente analisado por Barrington Moore[11] numa perspetiva diferente, mas teoricamente estimulante. Recorrendo à análise da sociologia histórica comparada, Moore identifica três vias para a modernização. Uma seguida pela Grã-Bretanha, pelos Estados Unidos e pela França que consubstanciam a via do desenvolvimento do capitalismo e da democracia liberal pelo que designa por revoluções burguesas. A segunda foi seguida pela Alemanha e pelo Japão, concretizando a ideia de um capitalismo sem revolução, mas recorrendo aos regimes autoritários que salvaguardam os interesses dos proprietários rurais e dos industriais. Esta via culminaria em

---

[9] *Political Writings*. 144–145.

[10] Sheehan: conclusão.

[11] *Social Origins of Dictatorship and Democracy. Lord and Peasant in the Making of the Modern World.* Londres, Allen Lane, 1967.

regimes fascistas, mais tarde convertidos à democracia liberal. A terceira via foi seguida pela Rússia e pela China, a partir de revoluções camponesas, que, afastando do poder os grandes proprietários, conduziriam às ditaduras comunistas que viriam a desencadear os processos de industrialização.

Moore não imaginaria em 1966 o que aconteceria aos regimes comunistas europeus e asiáticos. Porém, importa reter o relevo dado às diferentes formas de organização social como suportes para as diferentes vias de desenvolvimento dos sistemas políticos. Esta forma particular de abordar as origens sociais dos diferentes regimes políticos coloca-nos perante a mais recente tendência registada em países da Europa Ocidental, onde regimes autoritários, como os casos da Hungria e da Polónia, justificam o receio de um «retrocesso democrático» no coração da União Europeia e das democracias ocidentais.

A queda do Muro de Berlim e o fim do império soviético abriram uma nova vaga de democratização no Leste Europeu que muitos pensaram representar o triunfo decisivo do modelo democrático constitucional liberal. Porém, não foi necessário pouco mais de uma década para que as tensões autoritárias emergissem, ainda que ideologicamente mais próximas das ideologias de extrema-direita do que as que legitimaram os regimes comunistas.

Os casos da Rússia, da Polónia, da Hungria e mesmo o da Chéquia são exemplares desse retrocesso democrático. O que há de comum entre eles?

Em primeiro lugar, quase meio século de domínio soviético. Não seria expectável que um regime comunista promovesse o desenvolvimento de instituições e de uma cultura democráticas, características de sociedades abertas, descentralizadas, protetoras da liberdade individual e do Estado de direito. Como é que em pouco mais de dez anos poderiam conseguir tudo isso?

A convicção da superioridade dos valores e das instituições liberais que o Ocidente promoveu fê-los entender que a sua adoção por parte dos povos seria «natural» e inquestionável. Não o foi, porque outros valores bem mais enraizados se sobrepuseram.

Em segundo lugar, o nacionalismo económico e cultural. Há uma coincidência entre o desmoronar do império soviético, a democratização dos países do leste e a globalização. Para quem vivera meio século em sociedades dominadas pela autarcia, a globalização foi muito mais uma ameaça do que uma oportunidade. A opção entre o Estado-nação e a integração económica, quer na União Europeia quer nas redes do comércio global, foi um dilema que os diferentes países do Leste resolveram de forma distinta. Mas a solução mais frequente foi a da nacionalização dos sectores estratégicos e o controlo estatal da economia. Quando entre as elites polacas se fala de «repolonização», a expressão diz tudo sobre o regresso ao controlo apertado da economia e dos recursos.

Esse controlo processou-se através de duas formas complementares: a da nacionalização de empresas e sectores estratégicos e a da satisfação de uma elite de oligarcas da confiança do poder instalado. Como seria expectável, essa articulação trazia as sementes da corrupção, da promiscuidade opaca entre público e privado.

De alguma forma, a esse nacionalismo económico corresponde um nacionalismo cultural alimentado pela memória das dominações imperiais (russos, austro-húngaros, turcos-otomanos, episodicamente alemães e depois soviéticos). À exceção da Rússia, todos os outros países do Leste Europeu estão marcados pela ocupação por estados estranhos às suas sociedades, através de dominações imperiais, e na sua memória coletiva os episódios mais traumáticos continuam a alimentar o espectro da ameaça externa.

O caso da Turquia de Erdogan merece uma abordagem especial das suas particularidades. Uma história imperial de cinco séculos sobre a qual se erigiu, no período entre as duas guerras mundiais, o Estado-nação que viria a ser a base da modernização da sociedade turca e sobre a qual se desenvolveu uma cultura política identificada pelo kemalismo. Nessa cultura política destacam-se os princípios do republicanismo constitucional, o secularismo que afasta o Estado laico de qualquer identificação religiosa, o nacionalismo e o papel do Estado como impulsionador da modernização.

A Turquia representava, aos olhos do Ocidente, a grande oportunidade de desenvolver um referencial de modernização numa sociedade islâmica, a primeira fora da modernidade ocidental cristã, que pudesse servir de exemplo para os restantes países que integravam a civilização islâmica.

Não obstante o quadro constitucional de base republicana e democrática, nunca a Turquia conseguiu libertar-se da tradição de uma democracia tutelada pelo autoritarismo.[12] Erdogan beneficia dessa tradição e tem vindo a impor um modelo autoritário que se traduz na repressão dos dissidentes, no condicionamento dos processos eleitorais — em grande parte por ação da rede clientelar do Justice and Development Party (AKP), partido no poder —, no condicionamento da liberdade de expressão e reunião, no controlo dos *media*, na limitação da ação das forças de oposição, entre tantas outras práticas que prefiguram um claro desvio para o iliberalismo.

Porém, o traço mais marcante dessas práticas políticas expressa-se na dimensão ideológica, ao conjugar a tradição nacionalista com os valores do islamismo. Poderemos falar de um nacionalismo islâmico que perverte a tradição laica e secular que Kemal Ataturk imprimiu à sociedade turca. O regresso da religião enquanto dimensão agregadora da ação política apenas deu os primeiros passos, mas a tentação de hegemonia — considerem-se as intervenções na Síria, Líbia e Arménia — e a ambição de uma maior influência no mundo árabe pronunciam um reforço dessa dimensão.

O nacionalismo de base étnica e religiosa teve, nas últimas décadas, as primeiras manifestações na Índia, «a maior democracia constitucional do mundo», que dá sinais de algum retrocesso naqueles que têm sido os pilares do regime democrático constitucional, especialmente o respeito e proteção de minorias étnicas e religiosas. O atual primeiro-ministro, Narendra Modi, e o principal partido, Bharatiya Janata Party (BJP), têm lançado algumas medidas polémicas, quer no que diz respeito aos temas das minorias étnicas, especialmente os muçulmanos que são uma enorme minoria na Índia, quer também em relação às minorias sexuais, especialmente os homossexuais. Na política económica, depois de uma fase de grande entusiasmo com a globalização e a privatização de alguns serviços públicos, torna-se cada vez mais evidente o recurso progressivo ao protecionismo seletivo e a uma maior intervenção do Estado na economia. Porém, ideologicamente, o que se identifica é a recuperação do «nacionalismo hindu», que serve de base ideológica ao BJP e à ação governamental.

---

[12] Yenigun, Halil. «Turkey as a Model of Muslim Authoritarianism?» In *Routledge Handbook of Illiberalism*, oraganizado por András Sajó, Renáta Uitz, e Stephen Holmes. Nova Iorque, Routledge, 2022: 840–857.

Quando na literatura académica se refere o «retrocesso democrático» (*democratic backsliding*), esse movimento é identificável maioritariamente com a ação de governos e partidos conservadores, como se o risco de iliberalismo apenas se circunscrevesse a esse quadrante político. O problema está em que são mais os preconceitos em relação ao iliberalismo conservador do que em relação ao iliberalismo progressista; este, geralmente, está mais dominado por soluções totalitárias que pouco respeitam a liberdade individual, os processos eleitorais democráticos, o pluralismo e o Estado de direito, e nem por isso merece uma atenção especial.

O segundo problema decorre do que temos vindo a expressar sobre o carácter universal dos valores e princípios da democracia liberal, independentemente das estruturas sociais, dos sistemas de valores e das culturas — senão mesmo das civilizações — onde são experimentados. Ou seja, o iliberalismo não decorre apenas das práticas políticas adotadas pelos Estados, pelos governos ou pelos partidos dominantes, que são também a expressão de sociedades e culturas que nas suas características e na sua história são manifestamente iliberais. Os nacionalismos e as crenças religiosas unem-se facilmente para conferir o suporte ideológico e a força agregadora aos regimes políticos, em que o populismo mediático age como catalisador das frustrações coletivas.

O terceiro problema centra-se na conotação do iliberalismo com o próprio desenvolvimento do capitalismo e como ele se compatibiliza com diferentes formas de organização social e política, como ele se desenvolve em culturas e civilizações que não a ocidental, demonstrando uma inegável capacidade de se adaptar e de se transfigurar em contextos tão diferentes.

A via do capitalismo autoritário

É conhecida a história do desenvolvimento do capitalismo no Ocidente e da sua associação com o processo de construção do Estado moderno e, mais tarde, com a implantação dos regimes liberais. É sobre ela que se construiu a visão que liga as economias de mercado aos princípios do Estado de direito, saídos das revoluções liberais e democráticas da época contemporânea. Foi dessa visão que se construiu na cultura ocidental o sonho de generalizar esse modelo de sociedade a todos os cantos do mundo, evidenciando a supremacia e universalidade dos seus valores constituintes da ideia de modernidade.

Esse adquirido esconde, entretanto, alguns mal-entendidos sobre a relação da economia com os sistemas políticos.

O historiador Fernand Braudel foi claro ao alertar para a distinção entre economia de mercado e capitalismo. O «capitalismo é, cada vez mais, um superlativo» que atua acima do mercado e da concorrência.[13] Se é certo que será difícil imaginar a existência de capitalismo sem mercado, será mais fácil admitir o mercado sem capitalismo, ou, se quiserem, sem capitalistas. É aqui que entra o Estado e o conceito de *capitalismo de Estado*. O que define o capitalismo não é o mercado, mas a capacidade de o condicionar e aproveitar das suas oportunidades para ganhar escala e acumular, bem acima do mercado, e sempre em estreita comunhão com o Estado. Se o mercado é intrinsecamente economia, o capitalismo define-se pela economia e pelo poder.

O segundo equívoco é o da associação do desenvolvimento do capitalismo aos regimes liberais e democráticos. Este modelo, sendo originalmente de tradição europeia, conseguiu vingar noutras geografias, da Oceânia ao Extremo Oriente, com especial destaque para os casos do Japão e da Coreia do Sul. Mas o seu sucesso ficou muito aquém da ambicionada universalização. O capitalismo liberal nos países em vias de desenvolvimento contabilizou mais insucessos que sucessos.

Voltando à história contemporânea, importa lembrar que encontramos a primeira experiência de *capitalismo de Estado* na Rússia soviética. A ideia já estaria presente nos debates promovidos pelo Partido Social Democrata alemão, ainda antes da I Guerra Mundial, mas foi Lenine, no rescaldo da vitória na guerra civil, que a recuperou e concretizou como via para uma «nova política económica», conciliando a libertação das forças do mercado com a socialização e estatização dos sectores estratégicos da economia.[14] Foi esta opção que permitiu a recuperação económica de um país que havia ficado

---

[13] *Civilisation matérielle, Économie et Capitalisme, XVe–XVIIIe siècle. Le temps du monde.* Paris, Armand Colin, 1979: 545.

[14] Bettelheim, Charles. *Class struggles in the U.S.S.R. The first period, 1917–1923.* Nova Iorque, Monthly Review Press, 1976: 464–475.

abalado pela guerra. A morte de Lenine e a ascensão de Estaline encerraram a experiência, remetendo-a para o baú da História, mas ficou o fundamental: a estatização da economia.

Entretanto, nos países ocidentais, o capitalismo autoritário emergia da grande recessão (1929–1933) com uma força redobrada através do acesso ao poder dos movimentos da extrema-direita. Se a guerra os derrotou, reforçou igualmente o papel que o Estado viria a assumir: um novo modelo de Estado social em que este assume o controlo e propriedade de alguns sectores estratégicos da economia, nomeadamente infraestruturas e empresas monopolistas, especialmente em sectores de bens não transacionáveis.

O Estado mínimo do legado liberal clássico foi igualmente remetido para um passado obsoleto, mas deu-se uma nova vida às democracias liberais, agora mais confrontadas com o totalitarismo soviético e o que representava de ameaça estratégica para o Ocidente. Em menos de meio século, assistimos ao movimento inverso: colapso dos regimes soviéticos e retorno ao liberalismo clássico, agora identificado com o liberalismo económico de base tecnocrática, que alguns designam de neoliberalismo.

A derrocada do império soviético é simultânea com o acelerar do processo de globalização e o triunfo do liberalismo económico. Durante pouco mais de dez anos assistimos a uma retoma do crescimento económico, de liberalização do comércio mundial e da desregulação das forças do mercado. A «American World Order» parecia consolidar-se e revelar um dinamismo há muito não observado.

Três acontecimentos quebraram esse dinamismo: o 11 de Setembro e as retaliações que se lhe seguiram, a crise financeira de 2008, seguida da recessão que em alguns casos se prolongou até 2013, e, por último, a recente pandemia da covid-19, que antecipou e aumentou o risco de uma nova recessão à escala global. O impacto destes três acontecimentos na economia mundial e nas democracias liberais foi profundo e abalou as suas estruturas.

Por contraste, o modelo de capitalismo autoritário ganhou novos protagonistas e tem revelado um incontestável sucesso económico em países como Singapura e China, através da recuperação do modelo de capitalismo de Estado, a que poderemos juntar a Rússia e alguns países do Leste Europeu. Tratando-se de experiências com características diferentes, têm em comum o papel intervencionista e de regulação coerciva da economia por parte do Estado, a rejeição do pluralismo partidário, a repressão da dissidência e a limitação da liberdade de expressão e de informação.

Como sintetizava muito bem uma edição do *The Economist* (21 de janeiro de 2012), a «mão invisível» está a perder terreno para a «mão visível». O capitalismo liberal cede perante o capitalismo autoritário.

O problema que se poderá colocar é o de saber se estamos perante alternâncias entre modelos concorrentes ou perante tendências divergentes. Se olharmos para a História do século XX, poderíamos inclinar-nos para a primeira hipótese. Mas se olharmos para os últimos 20 anos, então teremos de reconhecer que a balança pende mais para as soluções autoritárias.

Esta é a principal ameaça para as democracias liberais, e se considerarmos as tensões populistas e extremistas que as estão a minar por dentro, receio que os tempos vindouros não serão os mais esperançosos. A forma como a covid-19 e a atual guerra na Ucrânia estão a empurrar para a recessão economias como as europeias, a norte-americana e a japonesa, ou a manifesta incapacidade que os respetivos Estados estão a revelar perante a onda de desemprego e de conflitos sociais, constituem um elevado risco de bloqueio institucional.

Tal como defendemos nos primeiros artigos desta série, a incerteza, o medo, a insegurança e a crise económica e social são um terreno fértil para as vias autoritárias, para o fechamento nacionalista e para o populismo. Se os defensores da democracia liberal não se entendem sobre o caminho a seguir e as reformas urgentes a adotar, então não se surpreendam com o avolumar futuro dos extremismos.

O modelo económico que pode sustentar esse retrocesso já está identificado: um *capitalismo autoritário* que pode variar entre a estatização e o controlo indireto dos sectores económicos com maior valor estratégico; assim, estamos perante um novo *capitalismo de Estado*, ou um *capitalismo oligárquico*, em que economia e poder se combinam no seio de uma elite empresarial restrita.

10
OUTRAS MODERNIDADES

A noção de múltiplas modernidades vai contra a visão de muitas das teorias clássicas da sociologia e, sobretudo, das teorias da modernização e da convergência das sociedades tradicionais que foram muito influentes após a Segunda Guerra Mundial. Estas opiniões pressupunham que o programa cultural da modernidade tal como se desenvolveu na Europa moderna e as constelações institucionais básicas associadas acabariam por prevalecer em todas as sociedades modernizadoras e modernas. O conceito de múltiplas modernidades vai também contra duas teses recentes muito influentes sobre o mundo contemporâneo, a do «fim da história» tal como foi promulgada por F. Fukuyama e a do «choque de civilizações» como promulgada por S. P. Huntington.

Eisenstadt, Shmuel N. «Some Observations on Multiple Modernities». *Reflections on Multiple Modernities*. Brill, 2002: 27.

O *Financial Times* publicou há três anos (26 de março de 2019) um artigo cujo título era, por si só, estimulante: «O século asiático está prestes a começar». Um gráfico muito simples representava a repartição do PIB mundial entre o conjunto de países que a UNCTAD agrega na categoria Ásia e o Resto do Mundo: em 2020, o primeiro grupo ultrapassaria o segundo.

A expressão *século asiático* mais não era do que a analogia com o *século americano*: aquele estava a emergir, este a decair. Além da escala — nos cinco países com maior PIB, há três asiáticos, China, Índia e Japão, e dois ocidentais, EUA e Alemanha —, o que este artigo revela é o incrível dinamismo de algumas economias asiáticas, casos da Indonésia, Filipinas, Bangladesh, Vietname ou Myanmar (Birmânia), cujas taxas de crescimento ao longo das últimas duas décadas são das mais elevadas.

Há uma outra geografia que se evidencia além do critério dos continentes: o Complexo do Pacífico, que integra, além do Extremo Oriente, a Austrália, a Nova Zelândia e a costa oeste dos Estados Unidos e do Canadá. Esta é a zona do globo que revela o maior dinamismo económico e cuja centralidade, mais tarde ou mais cedo, se vai afirmar. A grande dúvida continua a ser a Índia: integrar-se-á num Complexo do Indo-Pacífico? Conseguirá libertar-se do bloqueio da sua particular forma de estratificação social? É inegável o seu poder económico, o seu elevado potencial de desenvolvimento, mas as profundas desigualdades que marcam o seu sistema social poderão bloquear os múltiplos focos de modernização.

A recente divulgação da Indo-Pacific Strategy of the United States[1] reconhece a profunda mudança que se operou a nível global durante as últimas décadas, reconfigurando o posicionamento americano, tradicionalmente atlântico, para a Ásia. É lá que se jogarão os maiores desafios, é lá que residem as maiores oportunidades de desenvolvimento, mas é de lá que emergem as maiores ameaças.

Na linha de Braudel, estes complexos geográficos que designou por economias-mundo sucedem-se na sua hegemonia, do Mediterrâneo (centrado em Veneza e mais tarde em Génova) para o Mar do Norte (Antuérpia, Amesterdão), do Atlântico (Londres, Nova Iorque) para o Pacífico. Esta é a rota histórica da hegemonia do capitalismo mundial.

Se a tese tem algum fundamento — e eu entendo que tem! —, é uma nova era que se está a abrir diante dos nossos olhos.

Porém, é conveniente analisar os dados mais recentes sobre o contributo das economias emergentes, especialmente a Índia e a China, na muito longa duração para percebermos que o seu peso na economia mundial ainda está longe dos níveis atingidos em 1820. Ou seja, a grande divergência daqueles

[1] https://www.whitehouse.gov/wp-content/uploads/2022/02/U.S.-Indo-Pacific-Strategy.pdf.

dois países face ao Ocidente observa-se no século XIX, período que terá assistido à periferização daquelas duas economias.

As economias do Indo-Pacífico representariam mais de 50% do PIB Mundial nos séculos XVII e XVIII e a recuperação observada no último meio século ainda está longe de atingir aqueles níveis. Não deixa de ser assinalável o facto de os países asiáticos, particularmente a Índia e a China, terem sido os principais beneficiários da globalização. Se o potencial de desenvolvimento do Indo-Pacífico é enorme, as nuvens negras que se identificam sobre o futuro da globalização não deixam de colocar a dúvida sobre se as tendências das últimas três décadas se manterão ou se irão abrandar.

Quadro 3: Contributo para o PIB mundial

Valores em percentagem do total

	1600	1700	1820	1913	1950	1973	2003	2020
Europa Ocidental	19,8	21,9	23	33	26,2	25,6	19,2	14,0
Estados Unidos	0,2	0,1	1,8	18,9	27,3	22,1	20,6	15,8
Japão	2,9	4,1	3	2,6	3	7,8	6,6	4,1
China	29	22,3	32,9	8,8	4,6	4,6	15,1	18,3
Índia	22,4	24,4	16	7,5	4,2	3,1	5,5	6,8
Mundo	100	100	100	100	100	100	100	100

Fontes: Maddison, Angus. *Contours of the World Economy, 1-2030 AD. Essays in Macro-Economic History*. Oxford UP, 2007: 381. Para 2020, The World Bank Data (GDP, PPP preços constantes de 2017, $ internacionais).

Esta nova reconfiguração da geografia económica mundial encerra ainda características que a distinguem das suas precedentes. O Ocidente consolidou, desde o século XVIII, a sua hegemonia global com o capitalismo industrial e um programa identificado pela matriz cultural da modernidade. Liberdade, racionalismo, disciplina social e progresso sintetizavam os princípios fundamentais desse programa que sustentou os regimes políticos liberais e democratas, o modelo de Estado-nação e uma nova constelação de instituições sociais. Mas o traço mais marcante estava na sua universalidade, ou seja, na convicção de que essa modernidade, sendo uma construção do Ocidente, era um desígnio para a Humanidade. Todos os povos, mais tarde ou mais cedo, adotariam esses princípios.

Ora, a emergência da nova centralidade asiática contraria alguns dos princípios e os padrões de difusão da modernidade ocidental. No último meio século, os processos de modernização seguiram programas culturais diferenciados e dissociaram o desenvolvimento do capitalismo da modernidade Ocidental: além de seguirem vias diferentes para a modernidade, configuram outras modernidades. Estamos perante um caso evidente de *modernidades múltiplas*, tal como as definiu S. N. Eisenstadt (*Multiple Modernities*, edição portuguesa de 2007).

A modernidade ocidental construiu-se sobre as bases culturais do cristianismo, as modernidades asiáticas sobre uma diversidade assinalável de religiões, do budismo ao taoísmo, do islão ao hinduísmo e até vastas zonas de predominância católica. A primeira ficou indissociável do que Max Weber definia como «ética protestante», nas segundas, não obstante o predomínio da ética confucionista na China, Coreia e Japão, inscrevem-se em sistemas de valores e em quadros éticos mais diferenciados.

Se olharmos para os regimes políticos, perceberemos que essa diversidade tende a consolidar-se. Democracias liberais (Japão, Coreia do Sul, Austrália, Nova Zelândia...) convivem de perto com regimes autoritários (China, Vietname, Singapura...) ou democracias iliberais (Índia, Indonésia, Malásia...).

O quadro que o Complexo do Indo-Pacífico nos apresenta é de uma incontestável diferenciação das vias de modernização e de estruturação de diferentes modernidades. Este pluralismo estrutural encerra tanto de conflito potencial quanto de cooperação hegemonizada pelos mais poderosos, especialmente por parte da China e, eventualmente, da Índia.

Regressemos à Europa. O que constituiu a sua vantagem competitiva em relação às restantes geografias — um sistema de Estados, o modelo de Estado-nação, uma modernidade generalizada e sistemas políticos assentes nos valores da democracia, da liberdade e do Estado de direito — revela-se agora uma das suas maiores fragilidades.

Uma quádrupla ameaça abre as portas a uma crise institucional muito grave na União Europeia: em primeiro lugar, o Brexit, mesmo com um acordo que não garante o seu integral cumprimento, foi um revés para a unidade e o potencial europeu; em segundo lugar, as divisões recorrentes que surgem a cada novo problema, quer seja financeiro quer seja de ordem mais estratégica; em terceiro lugar, uma crise sanitária que pôs a descoberto as fragilidades dos sistemas políticos e da sua capacidade de resposta para lidar com fenómenos contingentes, especialmente um manifesto *deficit* de disciplina social e de solidariedade; em quarto e último lugar, as já evidentes divisões quanto à resposta a dar à invasão russa da Ucrânia, quer nas questões de segurança quer no problema dos recursos energéticos quer mesmo na candidatura daquele país do Leste à UE.

Se a este quadro associarmos uma inegável depreciação da governabilidade e das instituições democráticas nos países da União, adivinha-se mais uma tempestade com enormes feridas abertas ao futuro incerto da Europa, mas também em vastas zonas do globo. Durante três décadas, um considerável número de países em vias de desenvolvimento beneficiou da eliminação de barreiras comerciais e de alguma prosperidade, ainda que desigualmente distribuída. Agora que a globalização desacelerou o ritmo, as primeiras manifestações de protecionismo e autarcia começam a emergir e o espectro da guerra voltou a marcar a visão dos próximos anos.

Este quadro leva-nos a pensar que estamos perante múltiplas modernidades conflituantes, nomeadamente entre modernidades consolidadas e, até ao presente, hegemónicas e modernidades emergentes, por vezes adversariais e desafiantes, em que novos conceitos de Estado, diferentes formas de capitalismo e diferentes regimes políticos podem abrir novos caminhos para o desenvolvimento da Humanidade. Tentaremos abordar as que se apresentam com maior potencial para tentarmos perceber quão diferentes elas são e o que há de comum entre elas.

A Índia: do império mogol à República

A tradição imperial da Índia remonta à constituição do império mogol em 1526 e finda formalmente em 1857, com o esmagamento da Revolta dos Sipais. Um império construído a partir do Norte, uma dinastia muçulmana que imprimiu uma influência cultural maioritariamente persa e um espaço comum marcado pela diversidade étnica e religiosa, entre uma maioria de hindus e autênticos enclaves religiosos de muçulmanos, budistas e sikhs, especialmente no Noroeste e no Nordeste. Mais de três séculos de um regime imperial atenuou a conflitualidade entre os sultanatos medievais, promoveu a centralização burocrática e beneficiou da prosperidade económica que a expansão comercial europeia no Índico incentivou. No início do século XVII, o peso económico da Índia representava um quarto do produto mundial.

A presença europeia, iniciada pelos portugueses desde o início do século XVI, foi materializada através da criação das companhias comerciais que, ao longo dos séculos seguintes, reforçam o seu poder, com especial destaque para a Companhia Britânica das Índias Orientais, que viria a ser o verdadeiro pilar do colonialismo inglês na Índia. A partir de sucessivas concessões territoriais, esta companhia viria a consubstanciar uma particular forma de administração colonial: exploração económica sustentada num poderio militar superior ao do próprio exército britânico. Por outro lado, conferiu à administração colonial características empresariais — contabilidade pública, estatísticas, cartografia, extração de rendimentos, etc. — que irão repercutir-se como focos de modernidade.[2]

Só a partir de 1858 a Coroa britânica assume o poder colonial na Índia, mas as bases da administração colonial foram lançadas pela Companhia. Não chegou a durar um século o domínio colonial formal dos britânicos. Em 1947, a Índia torna-se independente e dá origem à desagregação da unidade colonial, fortemente marcada pelas diferenças religiosas e étnicas: a maioria muçulmana no Noroeste dá origem ao Paquistão (o Afeganistão já se autonomizara da administração britânica em 1926), que também integra a parte oriental de Bengala (que viria a tornar-se independente em 1971). Esta desagregação dá origem a um dos maiores movimentos de refugiados, predominantemente hindus, muçulmanos e sikhs, e reforça as tensões entre as comunidades religiosas.

É neste contexto que se generaliza e aprofunda o nacionalismo hindu. Não é um fenómeno novo, mas em pleno século XXI identifica-se um

---

[2] Kaviraj, Sudipta. «Modernity and politics in India». *Daedalus. Multiple modernities.* Volume 129, n.º 1, Cambridge USA, 2000: 143–144.

ressurgimento que acentua as diferenças entre hindus (uma esmagadora maioria de cerca de 80% da população) e muçulmanos (uma imensa minoria de 14%, correspondente a 172 milhões de habitantes). Este nacionalismo de base religiosa contraria o tradicional secularismo e o princípio constitucional da liberdade religiosa que tiveram em Ghandi, Nehru e o Partido do Congresso os principais inspiradores.

Face ao modelo ocidental de modernidade, o princípio da secularização é um dos seus pilares mais importantes. Esta reversão observada nas últimas décadas afasta a Índia desse modelo. Porém, é necessário olhar para o papel da religião como suporte das identidades sociais. Enquanto no Ocidente o secularismo se desenvolveu a par da centralidade no indivíduo, no caso da Índia é a própria religião hindu que sustenta as identidades grupais e o próprio sistema de castas.

O problema centra-se agora no desafio da modernização económica e social face à identidade cultural tradicional. Uma identidade nacional com base na dimensão étnica e religiosa é sempre, aos olhos das velhas teorias da modernização, um obstáculo ao desenvolvimento da modernidade. Porém, importa avaliar como estes desvios ao modelo ocidental potenciam outros caminhos da modernização, configurando uma modernidade alternativa. Para todos os efeitos, a Índia continua a ser a maior democracia no mundo, apresenta indicadores económicos e sociais cuja trajetória aponta para um assinalável progresso e um enorme potencial de desenvolvimento, fortes classes médias e elevado dinamismo urbano, uma elite esclarecida e instituições científicas das mais avançadas.

Ainda que partindo de um nível muito baixo, nos últimos 20 anos aumentou a esperança de vida à nascença em quase 12 anos, duplicou a média de anos de escolarização e mais do que triplicou o seu rendimento *per capita*.[3] No outro lado da moeda, mantêm-se as profundas desigualdades de rendimento, género e étnicas, a limitação dos direitos civis para as minorias, especialmente muçulmanas, e o potencial de ameaça do nacionalismo religioso.

---

[3] *Human Development Report 2020*. Disponível em: https://hdr.undp.org.

China: a tradição imperial milenar

Identificam-se alguns traços comuns com o caso indiano, ainda que se enquadrem em quadros civilizacionais muito distintos: uma tradição imperial milenar, uma constante pressão demográfica sobre os recursos, especialmente a terra, uma identidade construída sobre uma cultura tradicional, um grupo étnico maioritário que representa 92% da população chinesa, uma economia que na fase pré-industrial chegou a representar quase um terço do produto mundial a que se sucede uma decadência que se acentuou no século XIX e primeira metade do século XX.

Por outro lado, existem traços marcantes que o distinguem da experiência indiana. Em primeiro lugar, a tradição insurrecional do campesinato chinês que atravessa toda a sua história imperial e que está na base da revolução que abriu portas ao regime comunista. Se considerarmos a tese de Barrington Moore[4] de que os regimes comunistas que vingaram tiveram origem em revoluções camponesas que foram bem-sucedidas — Rússia e China —, estamos perante dois caminhos diferentes: a China seguiu a via comunista, a Índia trilhou o caminho da democracia. Esta distinção não será alheia ao domínio colonial europeu no segundo e ao insucesso das várias tentativas de dominação exterior no caso da China. A dimensão e resistência do império chinês parecem ter dissuadido qualquer pretensão a uma dominação colonial por parte dos europeus que se limitavam a beneficiar de concessões comerciais. Diga-se, entretanto, que as sucessivas dinastias chinesas nunca revelaram qualquer pretensão de colonizar os vizinhos.

O segundo traço distintivo prende-se com a religião. O Estado Chinês é um Estado laico e em alguns aspectos antirreligioso, especialmente face às minorias religiosas associadas a regiões com identidade étnica, como é o caso das regiões autónomas do Tibete, de predomínio budista, e de Xinjiang, de maioria uigure professos do islão. Estas duas regiões têm sido objeto de medidas de controlo e repressão por parte das autoridades chinesas, em grande parte graças ao receio de movimentos secessionistas.

---

[4] *Social Origins of Dictatorship and Democracy. Lord and Peasant in the Making of the Modern World.* Londres, Allen Lane, 1967.

As outras religiões com expressão demográfica são o taoísmo e as chamadas «religiões populares». O pluralismo religioso é tolerado, ainda que sujeito a forte controlo.

O confucionismo tem um outro estatuto. Não é propriamente uma religião, mas antes uma filosofia social enraizada na cultura chinesa e, de certa forma, base identitária e reguladora das normas e condutas sociais e políticas. Foi durante a dinastia Han (206 a.C.–220 d.C.) que o confucionismo se generalizou e acabou por se associar ao grupo étnico maioritário do mesmo nome que é geralmente identificado com o «povo chinês».

Entre as teses académicas sobre a modernização da China destacam-se as que tendem a valorizar o confucionismo enquanto sistema de valores potenciador da coesão social e do desenvolvimento. Alguns sugerem mesmo que a via autoritária para a modernidade na China é suportada pelo sistema cultural confucionista. Não creio que seja pertinente a tese. Outros países culturalmente influenciados pelos princípios confucionistas seguiram a via democrática (Coreia do Sul e Taiwan, por exemplo) sem que tal constitua um obstáculo.

A via autoritária chinesa pode radicar na tradição imperial e no papel que o Estado desempenhou ao garantir a autonomia e integridade territorial através da burocracia e do centralismo, bem como da padronização cultural associada ao confucionismo. Por outro lado, o capitalismo de Estado e o «Estado de direito socialista» conferem-lhe a autoridade e o reconhecimento do sucesso económico registado nas últimas décadas.

Uma cultura predominante, uma etnia maioritária (Han, representando 92% da população) e uma singularidade histórica de autonomia e integridade territorial poderiam ser a combinatória ideal para o desenvolvimento de um nacionalismo promovido pelo Estado, capaz de conferir coesão à diversidade proporcionada por tão vasto território. Porém, não se identificam facilmente e de forma extensiva as características que foram identificadas para tipificar os vários nacionalismos, especialmente os europeus.

O tema tem sido refletido em torno da ideia de uma transição de uma identidade suportada pela cultura e pela ancestralidade da civilização chinesas para um eventual nacionalismo promovido pelo Estado e pela afirmação da superioridade étnica do grupo maioritário. Jonathan Unger sintetiza o contexto onde esse nacionalismo pode ou não afirmar-se e as características peculiares que pode assumir:

> [O nacionalismo chinês] compreende uma intercostura de apelos políticos patrióticos inculcados pelo Estado, identificação étnica Han e orgulho culturalista; uma confusão de aspirações à grandeza nacional, a par das crescentes afirmações subnacionais de identidade regional; otimismo de mente aberta e ressentimento contra o estrangeiro. Enquanto a economia continuar a sair-se bem, enquanto o futuro parecer brilhante para a China na economia mundial, a abertura pode muito bem prevalecer, com sentimentos perversamente nacionalistas emocionalmente satisfatórios no entretenimento popular, mas silenciados no apelo da vida real.[5]

Até neste particular aspecto a China não segue os manuais consagrados. Não o fez em relação ao modelo soviético de socialismo, não o fez em relação aos modelos de democracia liberal do Ocidente, não o faz ao concretizar as linhas programáticas de um «socialismo de características chinesas para uma nova era» que traduz a estratégia desenvolvida por Xi Jinping. É um regime orientado para o desenvolvimento, mas sem democracia e de limitados direitos humanos, em que a autoridade se sobrepõe à liberdade, os deveres aos direitos, a comunidade ao indivíduo e o mérito ao protagonismo individual.

É certo, como defende Jonathan Unger, que este nacionalismo *soft* se prolongará até que o contexto mundial da globalização se altere. Se os próximos desenvolvimentos geopolíticos se traduzirem num maior fechamento ao comércio internacional e à multiplicação dos inúmeros focos de nacionalismo já existentes, o risco de contágio da estratégia das autoridades chinesas é enorme. Por outro lado, há que imaginar em que condições esse nacionalismo poderá conduzir as autoridades chinesas a concretizar uma velha pretensão de recuperar a soberania sobre Taiwan. Desde os primeiros anos do regime que essa pretensão está presente na política chinesa, mas tudo dependerá do contexto internacional.

---

[5] Jonathan Unger (org.). «Introduction». *Chinese Nationalism*. Nova Iorque, Routledge, 2015: xvii.

É reconhecido que a China terá sido um dos grandes beneficiários da globalização. Tudo dependerá se essa alavanca do crescimento económico chinês consegue manter a sua força ou se, pelo contrário, o seu enfraquecimento conduzirá a um regresso a um crescimento económico moderado. Se tal acontecer, os vários nacionalismos e o recurso às práticas protecionistas poderão suportar o recurso a um nacionalismo mais agressivo.

Há, entretanto, um balanço que pode ser feito:

> A ascensão da China demonstrou que os países não precisam de se democratizar para crescer e que um certo grau de abertura é compatível com a propriedade do Estado. A integração do poder estatal e do capitalismo é uma trajetória provável para os outros regimes leninistas, mesmo que cada um tenha o seu próprio contexto distinto.[6]

A via do capitalismo de Estado e o sucesso chinês continuam, assim, a constituir um referencial para um conjunto de países cujos regimes ou são ditaduras ou democracias autoritárias. O complexo do Indo-Pacífico vai continuar a ser um cadinho onde se fundem civilizações, culturas, religiões e estruturas sociais que tendem a gerar vias distintas para a modernidade. O Ocidente ou percebe as razões deste pluralismo e aprende a lidar com ele ou arrisca-se a desempenhar o papel de fidalgo falido e incompreendido.

O atual conflito na Ucrânia representa um revés nas estratégias de desenvolvimento destes dois colossos. O seu crescimento económico muito deve à globalização, pelo que as tendências já identificadas de fechamento e autarcia no Ocidente contrariam essa necessidade de acumulação de capital, tecnologias e conhecimento.

A Nova Rota da Seda, enquanto referencial estratégico para o desenvolvimento da China, está agora perante o risco de uma mutilação relevante. Caso assistamos ao regresso das «cortinas de ferro», especialmente na relação Este-Oeste, o fundamental desse desígnio estratégico fica limitado e todo o investimento já realizado dificilmente produzirá o retorno esperado.

---

[6] Ginsburg, Tom. «Asia's Illiberal Governments». *Routledge Handbook of Illiberalism* (2021): 719–720.

O cenário que vai ganhando contornos mais precisos é o da periferização da Federação Russa em relação às economias do Indo-Pacífico, especialmente a China, como alternativa da perda dos mercados do Ocidente. Enquanto exportador de produtos energéticos e matérias-primas, dificilmente poderá desempenhar o papel de potência liderante da Eurásia. Chineses e Indianos conhecem a fragilidade tecnológica russa e não perderão a oportunidade de a rentabilizar em seu proveito.

SEGUNDA PARTE

PORTUGAL CONFINADO

1
DUALISMOS MÚLTIPLOS E MODERNIDADE CONFINADA

Portugal... breve país e uma vasta charneca.

Alexandre Herculano. «A Emigração». *Opúsculos IV*. Lisboa, Antiga Casa Bertrand — José Bastos e C.ª, 1908: 258.

O termo «problemas da sociedade portuguesa» transformou-se, há muito tempo, numa expressão pública de incomodidade reflexiva perante a adversidade, as limitações ou as frustrações coletivas que ressaltam ora da consciência do atraso económico ora dos bloqueios e ruturas da organização social ora da lentidão dos processos de modernização ora da ineficiência ou superficialidade das dinâmicas culturais. No discurso político, a abordagem dos problemas é orientada para a ação sob a forma de apelo para a conceção e implementação de «reformas estruturais», cuja viabilidade exige o compromisso das principais forças partidárias e dos inúmeros parceiros sociais. Mais do que a expressão de uma inquietude racionalizada, o termo torna-se recorrente no discurso comum da resignação disfarçada ou da obsessão pessimista e decadentista dos «males» do país.

Como devem compreender, não é nenhuma destas a perspetiva que pretendemos privilegiar na abordagem da sociedade portuguesa contemporânea. Quando falamos de problemas, falamos de construções cientificamente orientadas, entendidas como «pontos de partida» na reflexão em torno de aspectos centrais dos processos de formação e desenvolvimento sociedade contemporânea.

Como forma de centrar essa reflexão, é igualmente comum o recurso a abordagens sectoriais, necessariamente parcelares, mas indesejavelmente desarticuladas: os problemas da economia, do território, da organização social, da pobreza ou das desigualdades sociais raramente são abordados de uma forma integrada. Essa limitação não a desejaria reproduzir na sequência mais ou menos arrumada dos temas a desenvolver em cada capítulo desta segunda parte dedicada a Portugal.

Neste sentido, impõe-se a busca de um sentido, de uma linha orientadora que agregue a diversidade de contributos teóricos e de focagens problematizantes sobre a sociedade portuguesa contemporânea, não deixando de privilegiar os oriundos das abordagens sociológicas. É o que nos propomos fazer nesta segunda parte deste conjunto de ensaios.

Centraremos esse exercício em quatro grandes perspetivas da evolução da sociedade portuguesa contemporânea: a do *dualismo*, a da *dependência periférica*, a do *atraso económico* e uma última, que designamos por *modernidade confinada*.

Portugal, sociedade dual

Adérito Sedas Nunes, num artigo, de 1964, publicado nos primeiros números da revista *Análise Social*[1], propunha uma visão de Portugal como uma «sociedade dualista em evolução». Recorrendo ao modelo que sociólogos e economistas vinham a identificar nos países em vias de desenvolvimento, centrava na coexistência «ao redor de áreas ou núcleos modernizados» de «muito largas manchas de vida económica e social tradicional»[2] como um dos traços marcantes dos problemas da sociedade portuguesa. Porém, o seu contributo pretendia ir mais além do que o modelo estrito de dualismo económico:

---

1 «Portugal, sociedade dualista em evolução», vol. II, n.º 7–8, 1964: 407–462.

2 *Idem*: 407.

> O nítido dualismo económico (agricultura estagnante, indústria em expansão), que assim avulta, imediatamente *sugere* um dualismo mais radical, de ordem sociológica, que é aquele que propriamente nos interessa abordar. Porque o crescimento da indústria pode, na verdade, ser interpretado como expressão resultante do *movimento para o progresso* de um dado sector da *sociedade portuguesa*, e a estagnação da agricultura pode ser encarada como indicador de *bloqueamento no atraso* de um outro sector dessa mesma sociedade.[3]

Para Sedas Nunes, o dualismo económico não poderia ser entendido como mero diferencial de crescimentos sectoriais, daí a «sugestão de *um dualismo sociológico*, subjacente e subactuante ao dualismo económico mencionado»[4]. O ponto de que parte terá sido o da «coexistência, no Continente Português, de dois tipos de sociedade: uma sociedade moderna, cujas mais vultosas implantações se confinam em espaços geograficamente restritos, e uma sociedade tradicional, estendida por todo o território e rodeando as grandes concentrações ou núcleos menores da primeira».[5] Não se tratava apenas, de acordo com o autor, de duas economias a duas velocidades, mas de dois tipos de sociedade espacialmente distintos.

Por outro lado, a abordagem sociológica fazia ressaltar o diferencial das dinâmicas de cada um dos sectores da sociedade portuguesa, sustentado um no «movimento para o progresso» de carácter «moderno», o outro no «bloqueamento no atraso» de carácter «tradicional». Sustentando esse diferencial, Sedas Nunes identifica «a persistência e dominância, na maior parte do território e da população, de um estilo de vida económica recebido do passado e carecente da capacidade de absorver e difundir eficazmente o progresso».[6] A esse «estilo de vida» estão associados a ruralidade, a escassez de rendimentos, o baixo nível cultural e educacional e a dificuldade de acesso aos novos bens culturais e à influência exterior. Porém, o que nos parece ser relevante na análise de Adérito Sedas Nunes (ASN) é a interação entre a «sociedade moderna» e a «sociedade tradicional» e entre as dinâmicas

---

[3] *Idem*: 409.

[4] *Idem*.

[5] *Idem*: 420.

[6] *Idem*: 412.

diferenciais de cada uma: «uma sociedade em processo de modernização cumulativa», a primeira, uma sociedade socialmente «bloqueada» e incapaz de estancar a crescente hemorragia dos seus recursos humanos, a segunda.

As teses do dualismo radicam nas teorias da modernização que tendem a distinguir entre os sectores modernos e progressivos da economia e da sociedade e os sectores ou regiões tradicionais e em estagnação, assentes em estruturas geralmente identificadas como pré-capitalistas. Os seus pilares assentam nos princípios de que as mudanças económicas, sociais e culturais tendem a convergir para padrões relativamente coerentes e suscetíveis de serem previstos, bem como a projetar um conjunto de processos de características comuns como a industrialização, a urbanização, a educação de massas, a especialização ocupacional, a burocratização e o desenvolvimento das comunicações.[7]

Porém, divergindo parcialmente das teorias do dualismo, Sedas Nunes coloca o dualismo da sociedade portuguesa entre a modernização progressiva, mas circunscrita, e os sectores tradicionais não só estagnados, mas também bloqueados, ou seja, dificilmente impregnáveis e mobilizáveis pelos valores e processos de mudança modernizadores. É esse enquistamento social que retira às regiões mais atrasadas a possibilidade de se modernizarem, ao mesmo tempo que são esvaziadas do seu potencial humano e de mudança social.

> No contexto dual da sociedade portuguesa, o que, há pouco ainda, era estagnação e bloqueamento tende a tornar-se regressão e degenerescência; e também poderá vir a ser refreado o que por ora é movimento para o progresso. O êxodo — que de rural se faz nacional — é sintoma e prenúncio de situações que podem vir a assumir, para toda a comunidade, aspectos muito difíceis.[8]

A ideia de uma *sociedade dualista em evolução* que titula o artigo projeta-se, assim, na ideia de encruzilhada entre a afirmação das tendências modernizadoras no conjunto da sociedade ou no refrear desse movimento por incapacidade de superar os fatores de bloqueio social inerentes aos sectores tradicionais.

---

[7] Inglehart, Ronald. *Modernization and Postmodernization: cultural, economic and political change in 43 societies.* Nova Jérsia, Princeton UP, 1997: 7–8.

[8] Adérito Sedas Nunes, artigo citado: 462.

Poucos anos mais tarde, Vitorino Magalhães Godinho publicava no *Diário de Lisboa* alguns dos artigos que viriam posteriormente a integrar a sua obra *Estrutura da Antiga Sociedade Portuguesa*, com duas edições substancialmente distintas não só pelo conteúdo, mas também pelo contexto político em que são lançadas.[9]

A tese de Godinho relança a ideia da sociedade dualista portuguesa para uma perspetiva mais alargada: o que Sedas Nunes identificava no período após a II Guerra Mundial Magalhães Godinho situava como expressão perene da sociedade tradicional:

> Num mundo em acelerada mudança, a que imprimem o ritmo as civilizações altamente industrializadas, quando não já terciárias, mantêm-se vastas zonas de subdesenvolvimento e persistem, noutras, estruturas de Antigo Regime, aquelas que não chegaram a ser plenamente modeladas pela Revolução Industrial.
>
> [...]
>
> Estes factores [contra os quais esbarram as transformações da modernidade] remontam, no caso da Península Ibérica, geralmente, a séculos recuados, e a chave dos problemas em que nos debatemos parece estar nessa economia e sociedade agrícola e mercantilizada, nobiliárquico-eclesiástica e de abortada burguesia mas poderosa oligarquia que os descobrimentos geraram e no auto-bloqueio do desenvolvimento que dessa expansão veio a decorrer.[10]

É na sociedade saída da expansão que Vitorino Magalhães Godinho (VMG) identifica a origem dos bloqueios ao desenvolvimento, mas é no século XIX que centra o que designa de três impossibilidades que engendram o bloqueio:

1. A industrialização falhada

«Sucessivas travagens bloquearam os sucessivos arranques, mesmo se nunca se voltou ao ponto de partida; e a economia industrial permaneceu limitada e sem força dinamizadora em relação ao todo da economia.» Como mecanismos

[9] A primeira edição data de julho de 1971 e a segunda, correta e ampliada, de outubro de 1975. Lisboa, Editora Arcádia.

[10] *Estrutura da Antiga Sociedade Portuguesa*, 2.ª edição, Lisboa, Ed. Arcádia, 1975: 13–14.

desse bloqueio, «a lentidão das transformações agrárias e das inovações agrícolas», «as persistências estruturais subjacentes a essas modificações operadas no nível jurídico», a «euforia da prosperidade mercantil» que as relações com o Brasil alimentaram e, por último, «o contexto internacional da economia portuguesa», em que a dominância britânica dificultou «o arranque firme e contínuo dos países subordinados ou pelo menos com economias tradicionais» como era Portugal.[11]

2. A irrealizada sociedade burguesa

«Dir-se-ia que as inovações empresariais e os investimentos capitalistas não repercutem senão fraquìssimamente nos sectores tradicionais de actividades, ficam como que isolados, enquistados numa economia que não conseguem (ou não buscam) modificar.»

«Conhecemos hoje bem, nas economias e sociedades que não se industrializaram, o dualismo em compartimentos quase estanques do arcaizante e do novo, sem que este reestruture aquele porque tanta vez ao serviço de interesses nada interessados numa autêntica reestruturação. É que tal dualidade está relacionada com a situação de economias dominantes e economias subordinadas, ficando o sector inovador no seio das últimas apoiado (quando não dependente) do sector expansionista das primeiras.»

«Sucedendo, pois, à ordem clerical-nobiliárquica, instaura-se a da oligarquia fundiária de mãos dadas com a também nova oligarquia bancária.»

«E frente a uma burguesia limitada — reinado do barão e do bacharel —, um fraquíssimo operariado fabril, um campesinato dependente e que vegeta — uma turbamulta mais do que um povo. Porque a ausência de povo é a outra face da ausência de uma autêntica burguesia.»[12]

3. Uma cultura sem eficácia social

«A burguesia quisera formar o povo para se afirmar a si própria, mas ficara esmagada entre a oligarquia e a plebe.»

---

11 *Idem*: 141–147.

12 *Idem*: 149–154.

> [...]
>
> «Esses esforços [desenvolvidos pelo regime republicano] no sentido de forjar um povo definido pela cidadania e pela promoção cultural foram brutalmente cortados e a obra realizada — capela imperfeita, pelos obstáculos suscitados pela Grande Guerra e pelas reacções ditatoriais-monárquicas — foi sistematicamente demolida. 1926 e sobretudo 1928 — advento de Salazar — foi o atabafar, pela estrutura tradicional, dessa tentativa da burguesia para fazer entrar Portugal na modernidade.»
>
> «A sociedade portuguesa permanecia muito mais oligárquica do que burguesa, isto é, com classes médias insuficientemente numerosas e pouco fortes, logo, marginalizadas politicamente (e por isso largamente antifascistas).»[13]

O carácter ensaístico do trabalho de VMG nem por isso contradizia — pelo contrário, alargava — a interpretação de ASN, conferindo-lhe a perspetiva da História e da longa duração, o enquadramento ibérico dos problemas identificados e a sistematização dos fatores que permitem esclarecer as causas do invocado bloqueio social. Entretanto, os referenciais continuam a ser o da sociedade dualista e o da interação entre os sectores mais dinâmicos, modernizadores e de carácter capitalista, com a ordem tradicional, largamente maioritária, ruralista e oligárquica, estagnada e bloqueadora do desenvolvimento global da sociedade.

Uma diferença não menosprezável: a importância dada aos fatores externos como condicionantes da particular configuração da sociedade portuguesa. A preocupação está ausente no texto de ASN, presumo que por opção metodológica. Em VMG mais de uma vez se invocam os mecanismos de dominação (recorre e identifica a perspetiva e o conceito proposto por François Perroux) externa no condicionamento, mas não determinação, da evolução e estruturação interna.

Convergentes no recurso aos contributos do *dualismo estrutural*, Sedas Nunes e Magalhães Godinho marcaram os primeiros passos da investigação sociológica em Portugal e deixaram pistas e caminho aberto para as gerações mais novas poderem desbravar. Consideramo-nos beneficiários desse legado e tentámos, na medida do possível, partir do quadro problemático esboçado

---

[13] *Idem*: 161, 177 e 186.

para tentar compreender a lógica de estruturação do espaço económico nacional, focando a análise desse processo no período compreendido entre as Invasões Francesas e o deflagrar da I Guerra Mundial.

O estudo *A Formação do Espaço Económico Nacional, Portugal 1810–1913*[14] partiu das hipóteses lançadas por aqueles dois autores, mas beneficiou da publicação, em 1979, da monumental obra de Fernand Braudel, *Civilisation matérielle, Économie et Capitalisme, XV.ᵉ–XVIII.ᵉ siècle*[15], especialmente o terceiro volume, em que o historiador sistematiza o conceito e modelo de economia-mundo e ensaia de forma muito bem-sucedida a sua aplicabilidade a diferentes escalas espaciais (nacional, regional). Lembre-se que, por essa altura, se discutia já o desafio teórico de I. Wallerstein[16] e a forma como aproveitou o modelo de Braudel e relançou o contributo teórico de Edward Shils em torno das relações centro-periferia.[17]

Nesta perspetiva, as conclusões a que pudemos chegar contrariavam a mera oposição moderna/tradicional, dinamismo/estagnação, em que assentava o contributo do dualismo estrutural: capitalismo, mercado e não mercado coexistiam e interagiam em sistemas diferenciados e com dinâmicas próprias que pulverizavam o dualismo económico sectorial (indústria/agricultura), bem como o dualismo sociológico das ordens antagónicas numa perspetiva de tempos e espaços sociais múltiplos, na esteira de Braudel, mas também de Max Weber.

Por outro lado, Portugal estava marcado por um outro dualismo:

> A economia portuguesa, na perspectiva regional, irá continuar a mostrar-se debilmente integrada, em que as relações de complementaridade e interdependência se mostram relativamente ténues, de forma mais saliente quando consideramos a dualidade norte-sul ou a dos seus pólos dominantes, Porto-Lisboa. Este baixo nível de integração é igualmente observável se considerarmos as relações

---

[14] Lisboa, Vega, dois volumes publicados em 1988 e 1989.

[15] Paris, Lib. Armand Colin, três tomos, 1979.

[16] *The Modern world-system. Capitalist agriculture and the origins of european world-economy in the sixteenth century*. Nova Iorque, Academic Press, 1976; *The Capitalist world-economy*. Cambridge Mss e Paris, Cambridge UP & Éditions de la MSH, 1979.

[17] *Center and periphery: essays in Macrosociology*. Chicago, Chicago UP, 1975.

Litoral-Interior ou, numa perspectiva mais adequada, centro-periferia. Porém, a que se nos revela como dualidade decisiva do processo de formação do espaço económico nacional, durante o século XIX, é a primeira e não a segunda.[18]

Alguns anos mais tarde, Fernando Medeiros[19] retoma as teorias do dualismo estrutural e o que designa por paradigma territorialista de inspiração weberiana, para abordar a «expressão histórica do fenómeno da multiespacialidade da sociedade portuguesa» e, em especial, as dinâmicas do «dualismo industrial português», com especial focagem nos processos que convergiram sobre o período pós-revolucionário do 25 de Abril de 1974:

> Na perspectiva sociológica adoptada aqui, as comutações bruscas de regimes sócio-económicos operadas por reconfigurações sócio-geográficas da sociedade podem ser vistas como uma manifestação do persistente polimorfismo dos processos de estruturação social nos países de espaços múltiplos.
>
> [...] Se nos reportarmos às condições gerais da economia industrial portuguesa por meados dos anos 70, aquando do desencadeamento desse processo, depara-se-nos uma situação onde coexistem duas regiões industriais distintas e, em larga medida, desconexadas entre elas.
>
> [...] Daí que nestas sociedades [de espaços múltiplos] a dicotomia tradição *versus* modernidade seja raramente operatória para a análise dos processos de interacção social. Em vez de uma oposição, é um misto das duas que prevalece sempre à escala da sociedade global, o que faz com que possamos avançar a noção de *tradicionalidade compósita* para caracterizar o universo simbólico que subjaz ao regime de comunicação social que caracteriza esse tipo de sociedades.
>
> [...] a génese da actual descoincidência de evoluções das duas principais regiões industriais do país, aspecto do dualismo mole que cinde o país em duas realidades distintas, a do Norte e a do Sul.[20]

---

[18] *Op. cit.*, vol. II: 262.

[19] «A teoria do dualismo revisitada nos países de industrialização sem modernização». *Análise Social*, vol. XXIX (125–126), 1994: 93. A par deste estudo, considere-se a importante reflexão de António Teixeira Fernandes, «Espaço Social e suas representações». *Sociologia*, 1.ª série, vol. 2, 1992: 61–99.

[20] Artigo citado: 101, 102 e 104.

A convergência dos resultados com os que identificámos para o século XIX não poderia ser mais evidente, mas desta convergência só se poderá concluir que a aludida «descoincidência» não se circunscrevia ao sector industrial, nem a sua génese se limitava à «industrialização tardia», nem as tensões sociais projetadas sobre o Eixo Norte-Sul constituíam qualquer novidade para quem conhecesse um pouco do que se passou no século XIX.

Duas convergências adicionais: o privilegiar da perspetiva territorialista como forma de se percecionar o *espaço social*, tal como Pierre Bourdieu o havia definido[21]; a secundarização dos fatores externos na determinação das configurações espaciais, económicas e sociais de ordem estrutural.

Portugal, economia dependente, sociedade semiperiférica

Ora, é sobre este último ponto decisivo que se vai desenvolver uma visão alternativa dos problemas da sociedade portuguesa: autores como Miriam Halpern Pereira e Manuel Villaverde Cabral, recorrendo às teorias da dependência e do subdesenvolvimento e aos contributos da teoria marxista, dão os primeiros passos na formulação de um modelo da sociedade portuguesa característico dos países subdesenvolvidos de capitalismo dependente.

Quer na sua tese de terceiro ciclo quer num importante artigo publicado no ano seguinte[22], Miriam Halpern Pereira (MHP) formula o problema de

---

21 «Inicialmente, a sociologia apresenta-se como uma topologia social. Podemos assim representar o mundo social sob a forma de um espaço (multidimensional) construído com base em princípios de diferenciação ou de distribuição constituídos pelo conjunto de propriedades que atuam no universo social considerado, isto é, capaz de conferir ao seu detentor força e poder neste universo. Os agentes e os grupos de agentes são assim definidos pelas suas posições relativas nesse espaço.» Pierre Bourdieu — Espace social et genèse des «classes», Actes de la Recherche en Sciences Sociales, 52/53, 1984: 453–97.

22 *Livre-câmbio e Desenvolvimento Económico: Portugal na Segunda Metade do Século XIX*, Lisboa, Editora Cosmos, 1971; «Assimetrias de crescimento e dependência externa» escrito em Paris em 1971 e publicado em primeira edição na revista *Seara Nova*, 1974. Utilizamos a versão integrada na obra *Diversidade e Assimetrias: Portugal nos Séculos XIX e XX*, Lisboa ICS, 2001.

partida em torno da assincronia de desenvolvimento dos sectores agrícola e industrial e a limitada capacidade de estimulação de um sector sobre outro, conduzindo não só a um modesto crescimento sectorial de cada um deles, mas a um retardar do desenvolvimento global do país. De certa forma, MHP recupera, no fundamental, as teses de Oliveira Martins enunciadas no seu *Portugal Contemporâneo*, ao situar no período «regenerador» a afirmação da formação social capitalista periférica sintetizada na ideia «uma granja e um banco» e no modelo livre-cambista de abertura ao exterior, em especial à economia inglesa.

Sem contrariar o princípio do dualismo, remete, entretanto, para fatores externos as principais razões da situação de desenvolvimento que caracterizaria a história de Portugal no último século e meio.

> Desigualdade social, dependência externa, exploração colonial e aparelho político antidemocrático constituem fenómenos que se encadeiam no processo de subdesenvolvimento de Portugal.[23]

Ao contrário de Sedas Nunes e Magalhães Godinho, que centraram os fatores de atraso ou de bloqueio em características endógenas à sociedade portuguesa, MHP coloca o problema da dependência externa como a principal condicionante do desenvolvimento económico nacional.

Halpern Pereira reforçava, para a segunda metade do século XIX, o que Sandro Sideri havia identificado para os dois séculos de relações comerciais luso-britânicas, desde Methuen: *Trade and Power — Informal Colonialism in Anglo-Portuguese Relations*[24], publicado em 1970 e já fortemente influenciado pela nova teoria económica do comércio internacional inspirada por Hans Singer e a perspetiva histórica proposta por Charles Kindleberger.

Miriam Halpern Pereira, além de recuperar as teses críticas de Oliveira Martins e do movimento pró-republicano de finais do século XIX, aproxima-se mais das teorias marxistas da dependência e do subdesenvolvimento de Paul Baran e de Maurice Dobb do que da formulação estruturalista pioneira

---

[23] *Diversidade*: 137.

[24] Rotterdam University Press, 1970. Tradução portuguesa das Edições Cosmos, 1978.

de Raul Prebisch e dos primeiros trabalhos do Grupo do CEPAL (Comissão Económica Para a América Latina das Nações Unidas)[25].

Não muito longe desta matriz, Manuel Villaverde Cabral analisa o processo de «desenvolvimento do capitalismo em Portugal no século XIX», o «alto grau de decomposição da sociedade tradicional» por finais de oitocentos e «situa Portugal claramente na primeira periferia do mundo capitalista». Parece-me ser evidente que o traço periférico desse capitalismo não decorria necessariamente da dimensão geográfica, mas antes da tipificação da sociedade portuguesa no conjunto das sociedades dependentes de carácter intermédio, caracterização em grande parte inspirada pelo modelo de inspiração cepalista de Celso Furtado na sua Teoria do Desenvolvimento Económico:

> Portugal participa, de forma subordinada, no mesmo reajustamento conjuntural por que então passa o sistema imperialista mundial, dá o mesmo «salto em frente», qualitativamente falando, mas, por outro lado, dado o atraso acumulado em termos de desenvolvimento das forças produtivas, cada novo reajustamento, cada novo «salto» do sistema, alarga o fosso que já separava Portugal dos países dianteiros.[26]

A preocupação de situar Portugal no sistema mundial como requisito para a compreensão do modelo particular de desenvolvimento económico é comum a uma nova geração de sociólogos que, inspirados no trabalho

---

[25] Lains, Pedro. «História e Crítica da Tese da Dependência», in José Vicente Serrão, Magda de Avelar Pinheiro e Maria de Fátima Sá e Melo Ferreira (org.), *Desenvolvimento Económico e Mudança Social. Portugal nos* Últimos Dois Séculos, Livro de Homenagem a Miriam Halpern Pereira, Lisboa, ICS, 2009: 37–48.

[26] Cabral, Manuel Villaverde. *O Desenvolvimento do Capitalismo em Portugal no Século XIX*, Porto, A Regra do Jogo, 1976: 45–46, 333 e 342. Dois importantes artigos precederam esta obra, ambos publicados na revista *Análise Social*, «Desenvolvimento económico e progresso tecnológico. Pesquisa bibliográfica para servir à sociologia histórica do desenvolvimento» (AS, Vol. XI (4.º), 1975 (n.º 44): 538–575) e «Desenvolvimento e dependência. Nova pesquisa bibliográfica para servir à sociologia histórica do desenvolvimento», *Análise Social*, Vol. XII (2.º), 1976 (n.º 46): 371–399.

de Immanuel Wallerstein[27] e na investigação dirigida por este no Fernand Braudel Center, tentam caracterizar o carácter semiperiférico da economia e sociedade portuguesas. É o caso das abordagens pioneiras de Boaventura de Sousa Santos e Carlos Fortuna[28].

No artigo publicado em 1985, Boaventura de Sousa Santos identifica o modelo interpretativo da sociedade portuguesa quando centra na «descoincidência entre o nível de desenvolvimento da produção capitalista e o nível de desenvolvimento da reprodução social» o traço característico da formação social portuguesa que decorre da posição «semiperiférica no contexto europeu», idêntica à de países como a Espanha, a Grécia ou a Irlanda[29].

Esta categorização da sociedade portuguesa de *semiperiferia europeia* no conjunto do sistema mundo não condiciona, segundo o autor, a especificidade do processo histórico português, especialmente o papel desempenhado pelo pequeno campesinato, a dimensão da economia subterrânea e o efeito decorrente do peso das transferências monetárias dos emigrantes,

---

27 *The Modern World System*, Nova Iorque, Academic Press, 1974; *The Capitalist World-Economy*, Cambridge-Paris, CUP- Ed. MSH, 1979. Ainda que o referencial teórico invocado por I. Wallerstein seja o de E. Shils, nomeadamente na adequação do conceito de sistema social ao sistema mundo e das noções de centro e periferia na diferenciação dos diferentes componentes desse sistema social, deveremos lembrar que o quadro analítico das relações centro-periferia é igualmente tributário dos contributos teóricos da economia e sociologia do desenvolvimento dos anos 50 e 60, especialmente de autores como Raul Prebisch e os economistas do grupo CEPAL, Arthur Lewis e Robert Averitt, estes dois últimos conhecidos pela conceptualização dos modelos das economias e sociedades dualistas. (Cf. Joseph Love. «The Latin American Contribution to Center-Periphery Perspectives: History and Prospect», Working Papers in Technology Governance and Economic Dynamics n.º 10, janeiro de 2007; Randy Hodson e Robert L. Kaufman. «Economic Dualism: a Critical Review», *American Sociological Review*, vol. 47, n.º 6, 1982: 727–739; Gustav Ranis. «Arthur Lewis' Contribution to Development Thinking and Policy», *The Manchester School*, Vol. 72, n.º 6 December, 2004: 712–723.)

28 Santos, Boaventura de Sousa. «Estado e sociedade na semiperiferia do sistema mundial: o caso português», in *Análise Social*, Lisboa, vol. XXI (87–89), 1985: 869–901; Fortuna, Carlos. «Desenvolvimento e Sociologia Histórica: Acerca da Teoria do Sistema Mundial Capitalista e da Semiperiferia», in *Sociologia, Problemas e Práticas*, Lisboa, n.º 3, novembro, 1987: 163–195.

29 «Estado e sociedade...»: 872.

que sustentam a tese da descoincidência entre o nível de desenvolvimento da produção capitalista e o nível de desenvolvimento da reprodução social.

A explicitação do modelo teórico das sociedades semiperiféricas e a sua adequação à sociedade portuguesa ganham contornos mais precisos com o trabalho de Carlos Fortuna. Focando as alterações decorrentes da Revolução de Abril de 1974, especialmente a descolonização e a estruturação do Estado democrático de carácter providencial, Carlos Fortuna problematiza a inserção da estrutura produtiva portuguesa no contexto da nova ordem transnacional e o papel coercivo do Estado na regulação dessa dupla articulação (interna e externa)[30].

Modernidade confinada e dualismos múltiplos na formação da sociedade portuguesa contemporânea

Nos dois grandes tipos de abordagem que tentámos identificar não encontrámos razões suficientes para as considerar contrárias e exclusivas. Se é certo que Sedas Nunes e Magalhães Godinho deram especial destaque aos fatores internos inscritos numa sociedade estruturalmente segmentada de carácter dualista, nem por isso rejeitaram a particular forma de inserção da economia e da sociedade portuguesas no contexto internacional. Essa preocupação é mais notória em VMG, quando propõe o recurso à noção de complexo histórico-geográfico para a compreensão das diferentes configurações sociais historicamente identificadas.

O mesmo poderemos concluir dos autores que acentuaram as diferentes formas como Portugal se inseriu nas diversas configurações da divisão internacional do trabalho e na complexa malha de relações de dependência que a partir daí se estruturaram. Em nenhum caso foram rejeitados os dualismos que essa inserção sustentava.

O problema que se deverá colocar é o de se identificar as relações existentes entre a inserção internacional e a estruturação interna da economia e sociedade portuguesas. Enquanto os primeiros tendem a privilegiar os fatores de bloqueio decorrentes dos dualismos internos como condicionantes

30 «Desenvolvimento e sociologia histórica...»: 182–187.

do potencial e forma de inserção nos sistemas externos, os segundos tendem a considerá-los condicionantes e orientadores da sua estruturação interna.

Esta divergência na focagem dos fatores estruturantes da sociedade portuguesa contemporânea é ainda reforçada pelas críticas de que as teses da dependência têm vindo a ser alvo. No caso do século XIX, uma nova geração de historiadores económicos tem posto em causa alguns dos argumentos das teses dependentistas. Entre outros, merecem destaque os trabalhos de Jaime Reis e Pedro Lains[31], os quais têm demonstrado que Portugal, longe de se afirmar como economia aberta ao exterior, manteve, desde 1837, um sistema tarifário altamente protecionista e um nível de abertura ao exterior relativamente débil.

Durante o século XX, só o período pós-II Guerra Mundial assistiu a uma efetiva e sustentada quebra nas barreiras alfandegárias, associada a um crescimento assinalável do comércio externo no conjunto do produto nacional[32].

Nesta perspetiva, poderemos facilmente concluir que, não obstante a autarcia dominante até à II Guerra Mundial ter dado lugar a uma abertura sustentada nas décadas seguintes, nem por isso o carácter dualista da economia e da sociedade deixou de constituir marca profunda e persistente.

No sentido inverso, o carácter dualista da economia e da sociedade, tal como foi identificado e demonstrado por Sedas Nunes, pode não assentar sempre na mesma combinatória de características. A oposição entre sectores mais avançados e mais atrasados, mais modernos e mais tradicionais, mais dinâmicos e mais resistentes à mudança não se coloca da mesma forma e com a mesma intensidade na diversidade dos tempos sociais históricos.

A economia e a sociedade portuguesas são tão dualistas durante o processo de modernização iniciado na segunda metade do século XIX quanto

---

[31] Entre os vários trabalhos destes autores, merecem especial destaque Jaime Reis, *O Atraso Económico Português em Perspectiva Histórica: estudos sobre a Economia Portuguesa na Segunda Metade do Século XIX, 1850–1930*. Lisboa, INCM, 1993; e Pedro Lains, *Os progressos do Atraso. Uma Nova História Económica de Portugal, 1842–1992*. Lisboa, ICS, 2003.

[32] Neves, João Luís César das. *The Portuguese Economy: a Picture in Figures*, Lisboa, Universidade Católica Portuguesa, 1994. Ver ainda Maria Eugénia Mata e Joseph Love, «A reversal in the historical role of tariffs in economic growth? The cases of Brazil and Portugal», in *Estudos Económicos*, vol. 38 n.º 3, São Paulo, July/Sept. 2008 e David Corkill, *The Development of the Portuguese Economy. A case of Europeanization*, Londres, Routledge, 1999.

o serão nos anos 50 e 60 do século xx, quando foram objeto de análise de Sedas Nunes, ou mesmo quanto serão na atualidade.

António Barreto, numa síntese esclarecedora, definia os velhos e os novos dualismos:

> Mantêm-se fortes desigualdades sociais na repartição do rendimento. Os dualismos da sociedade portuguesa, de que falava Adérito Sedas Nunes há trinta anos, são hoje diferentes. Há três ou quatro décadas, esses dualismos, além de traduzirem as diferenças sociais e de classes, tinham forte expressão territorial. Duas sociedades coexistiam no mesmo território nacional, mas viviam em espaços diferentes. A curta distância geográfica que as separava era, social e culturalmente enorme. O panorama actual é bem diferente.
>
> [...]
>
> Os dualismos são hoje mais marcadamente sociais e económicos e menos nitidamente espaciais.[33]

Não é para mim tão evidente o fenómeno da desterritorialização dos dualismos, mas o que me parece relevante no texto de António Barreto é a perceção clara de que estamos perante dualismos diferentes.

Por outro lado, coexistem outros dualismos na sociedade portuguesa além daquele que opõe sectores dinâmicos e modernizados a sectores atávicos e tradicionais. Consideramos três desses dualismos de importância relevante:

1. Aquele que distingue os sectores de dimensão oligárquica tipicamente capitalistas da produção, do comércio e do sector financeiro, relativamente aos sectores puramente mercantis que tendem a identificar o dualismo Sul/Norte. Este dualismo que identificámos na formação do espaço económico nacional ao longo do século xix mantém, no fundamental, as suas características básicas, tendo-se acentuado a partir da década de 60, especialmente a partir da adesão de Portugal à EFTA (European Free Trade Association, ou Associação Europeia de Comércio Livre), em que assume uma vocação exportadora

[33] *A Situação Social em Portugal, 1960–1995*, Lisboa, ICS, 3.ª edição de abril de 1997: 57–58.

assente na indústria ligeira (têxtil, vestuário, calçado, eletrónica, etc.), no investimento estrangeiro e na abundância de mão-de-obra de baixa qualificação e baixa remuneração salarial. Quando na crise de 1973–1975 o modelo industrial centrado em Lisboa entra em crise e é, na sua quase totalidade, objeto de nacionalização, mais se acentuou este dualismo que perdura até aos nossos dias.

2. Um segundo dualismo inscreve-se na lógica das relações centro-periferia e opõe a elite oligárquica e por vezes modernizadora ao país paroquializado e pouco sensível aos impulsos «progressistas» com que amiúde o tentam seduzir. É uma clara oposição mitigada na longa duração entre um centro que domina o Estado e as principais formas de regulação social e uma vasta periferia pouco sensível aos desafios modernizadores, pulverizada numa miríade de identidades e comunidades locais dificilmente mobilizáveis para os desafios do «progresso» e da «modernidade», que ora emergem pela expressão de resistência ora mergulham na aparente e silenciosa passividade da sua vida coletiva.[34]
3. O terceiro inscreve-se privilegiadamente na ordem social e nem sempre se projeta territorialmente, como sugere António Barreto: o da estruturalidade das marcantes desigualdades sociais. Atualmente, Portugal continua a ser, no contexto europeu, um dos países com maior desigualdade de distribuição do rendimento, e agravou essa desigual distribuição durante as duas últimas décadas[35]. Se considerarmos que a investigação económica tem demonstrado que a desigualdade de distribuição de rendimento é mais reduzida do que a desigualdade de distribuição dos ativos, quer dos patrimoniais tangíveis[36] quer dos intangíveis (caso do capital humano),

---

[34] Veja-se a propósito os trabalhos de Manuel Carlos Silva. «Camponeses nortenhos: "conservadorismo" ou estratégias de sobrevivência, mobilidade e resistência?». *Análise Social*, vol. XXIII (97), 1987 — 3.º: 407–445, e *Resistir e Adaptar-se. Constrangimentos e Estratégias Camponesas no Noroeste de Portugal*. Porto, Edições Afrontamento, 1998.

[35] OECD. *Growing Unequal? Income Distribution and Poverty in OECD Countries*, Paris, 2008.

[36] Coimbra, Carlos. *Surveys on household wealth: what can we learn on the asymetric distribution of assets and liabilities across households*, CEIES — Eurostat, 34th Seminar, September 2007.

poderemos então ter uma ideia das bases materiais das atuais desigualdades sociais.

Neste contexto, terá mais sentido falarmos de *dualismos múltiplos* em que os eixos de segmentação raramente coincidem, combinando-se de forma diferenciada em função de contextos de integração na economia internacional e de quadros políticos com maior ou menor capacidade de regulação dos conflitos ou das «descoincidências» que as diferentes partes assumem. Preferimos a noção de dualismos múltiplos ao conceito vago e inoperante de «heterogeneidade» proposto por José Reis[37], que não faz mais do que reconhecer a coexistência de formas diversificadas de organização social e de acumulação.

A segunda ideia, decorrente da anterior, visa os processos de modernização — que não «a» modernidade[38] — e a forma como tendem a projetar recorrentemente a ideia de *modernidades confinadas*, identificadas com os valores sociais, as instituições e os grupos sociais que poderíamos identificar como centrais e dominantes, face à dificuldade em impregnar, difundir e mobilizar os sectores periféricos.

Fernando Luís Machado e António Firmino da Costa, reportando-se aos 30 anos compreendidos entre 1960 e 1990, falam-nos de «processos de uma modernidade inacabada» e reconhecem que:

> [...] a face da estrutura social portuguesa é um cruzamento singular de traços. Enquanto alguns a identificam claramente com o padrão dos países europeus de modernidade avançada, outros marcam, de forma ainda vincada, a distância a esse padrão.

---

[37] «Portugal: a heterogeneidade de uma economia semiperiférica», in Boaventura de Sousa Santos (org.), *Portugal: um Retrato Singular*, Porto, Edições Afrontamento, 1993: 133–161.

[38] Adotamos decididamente as propostas, entre outros, de Eisenstadt e Peter Wagner que introduzem a perspetiva de múltiplas modernidades ou de modernidades sucessivas, ou seja, modernidades que assumem formas diferenciadas quer no espaço quer no tempo. Eisenstadt, S. N. *Múltiplas Modernidades. Ensaios.* Lisboa, Livros Horizonte, 2007; Peter Wagner, *Sociology of Modernity. Liberty and Discipline.* Londres–Nova Iorque, Routledge, 1994; «Modernity: One or Many?» in Judith R. Blau (org.), *The Blackwell Companion to Sociology*, Oxford, Blackwell Publishers, 2001: 30–42.

> [...] essas marcas de modernidade coexistem com outras que, pelo contrário, se pode dizer resultarem, no renovado sentido do conceito, de importantes défices de modernização.[39]

Não sei se existirão modernidades «acabadas» que permitam, por comparação, considerar outras inacabadas, mas a ideia de uma modernidade que não atinge o seu pleno desenvolvimento e implantação há muito que é formulada em associação com o carácter semiperiférico da sociedade portuguesa e do conceito de «desenvolvimento intermédio».

José Madureira Pinto fala-nos de *unachieved modernity* — reportando-se, muito possivelmente, ao artigo de Fernando Luís Machado e António Firmino da Costa — para sintetizar os traços fundamentais do desenvolvimento da economia e da sociedade portuguesas:

> A sociedade portuguesa foi marcada por intensas mudanças nas últimas quatro décadas. Foram, entre outros: a democratização de um sistema político dominado durante quase meio século por práticas autoritárias, censura e policiamento político; independência e descolonização de territórios alargados em África; uma profunda transformação do sistema económico (declínio abrupto da economia camponesa e do espaço rural, nacionalização de parte da terra e dos grupos económicos mais importantes seguida de vários programas de privatização, integração plena na comunidade económica europeia, aprofundamento das tendências de desenvolvimento regional desigual...); uma intensa feminização do mercado de trabalho; mudança brusca dos padrões demográficos (diminuição acentuada das taxas de natalidade e fecundidade e da dimensão familiar, desinstitucionalização das relações familiares, duplo envelhecimento e intenso declínio demográfico de algumas regiões, metamorfose dos padrões emigração//imigração); uma intensificação da urbanização bipolarizada do território; uma melhoria, embora ainda mitigada, dos padrões educacionais das gerações mais jovens; uma reestruturação do perfil social de classe (redução do peso das classes camponesa e trabalhadora, proporção crescente das classes dominantes e das

[39] «Processos de uma modernidade inacabada. Mudanças estruturais e mobilidade social», in José Manuel Leite Viegas e António Firmino da Costa, *Portugal, que modernidade*, Oeiras, Celta, 1998: 17.

novas classes médias); convergência para padrões de valores «modernos» (pluralismo ideológico, individualismo, relativa dissidência dos canais institucionalizados de participação política).

De facto, todas estas mudanças coexistiram na formação social portuguesa com a manutenção de traços antigos (embora por vezes metamorfoseados) como a forte presença da economia informal e das redes informais de recrutamento, grandes desigualdades de riqueza, a resistência ao investimento escolar por parte dos muitas famílias, a presença efetiva dos princípios mais conservadores da Igreja Católica no quotidiano da população rural, a propensão a compensar as fragilidades económicas através da emigração, o recurso às solidariedades familiares como alternativa ao apoio do Estado-Providência, e muitos outros. Compreensivelmente, essa convivência coloca questões muito difíceis no plano do conhecimento.

De qualquer forma, tendo em vista os resultados robustos da teorização global da formação social portuguesa como uma sociedade «semiperiférica», uma sociedade de «modernidade não alcançada» ou uma sociedade de «desenvolvimento intermediário».[40]

Reconheçamos que todos os processos de modernização são inacabados, mas, no caso português, o traço mais saliente é o da coexistência de dinâmicas sociais e culturais referenciadas a diferentes e sucessivos impulsos modernizadores que só parcialmente conseguem impregnar a estrutura social, confinando-se em autênticos enclaves de modernidade com manifesta dificuldade de «contaminação» e reprodução.

Ora, a perceção destes processos só poderá conseguir-se na perspetiva da sociologia histórica comparada, focalizando as abordagens na longa duração e nas dinâmicas sociais diferenciadas que as sucessivas configurações culturais e políticas acabaram por sustentar. Umas sob forte influência externa, outras de predominância endógena, quantas vezes, de carácter atávico, em que a autarcia e uma invocada tradição tendem a bloquear e a confinar os esforços modernizadores. Um dualismo tensional que ora se evidencia sob a forma de

---

[40] Pinto, José Madureira. «A note on the evolution, the specificity and the social relevance of Portuguese sociology», edição *online* da Associação Portuguesa de Sociologia. Disponível em: http://www.aps.pt/cms/imagens/ficheiros/FCH4a1188bad9527.pdf.

conflito ora se mitiga perante convergências efémeras e insustentáveis. Não existe nenhum determinismo territorial, mas raramente essas tensões escapam à sua projeção mais ou menos nítida sobre o espaço nacional.

Nesta perspetiva, a tónica que desejaríamos colocar seria muito mais nas relações centro-periferia a nível interno — assentando no quadro teórico proposto por Shils[41] — do que nos processos «inacabados» ou «não alcançados» de estruturação da «modernidade». Daí que o referencial problemático a partir do qual desejamos orientar os próximos capítulos possa ser sintetizado na hipótese de *múltiplos dualismos* que sustentam e esclarecem essa *modernidade confinada*.

[41] Shils, Edward. *Center and periphery: essays in Macrosociology*. Chicago, Chicago UP, 1975. Edição portuguesa, *Centro e Periferia*. Lisboa, Difel, 1992.

2
O DEFINHAR DEMOGRÁFICO

Emigram-se uns para as Europas
e voltam como se eram só mais ricos.
Outros se ficam envergando as opas
de lágrimas de gozo e sarapicos.

Nas serras nuas, nos baldios campos,
nas artes e mesteres que se esvaziam,
resta um relento de lampeiros campos
espanejando as caudas com que se ataviam.

Que Portugal se espera em Portugal?
Que gente ainda há-de erguer-se desta gente?
Pagam-se impérios com o bem e o mal
— mas com que há-de pagar-se quem se agacha e mente?

Jorge de Sena. Excerto de «L'été au Portugal». *Exorcismos*. Lisboa, Moraes Editores, Círculo de Poesia, 1972.

O apuramento preliminar dos Censos 2021 registou uma quebra de 2% da população residente em relação ao recenseamento anterior. Em dez anos, a população portuguesa perdeu 217 mil efetivos. Uma visão otimista diria que, atendendo à conjuntura vivida, essa quebra não será tão grave e que é recuperável. Uma abordagem realista dirá que essa redução já era antecipada e que se insere numa tendência difícil de reverter.

Pela segunda vez em mais de dois séculos, assistimos à redução dos efetivos demográficos. Além da registada no presente, só na década de 60 se tinha verificado idêntica quebra. Então, a Guerra Colonial e a emigração para a Europa justificaram a diminuição de 226 mil residentes entre os recenseamentos de 1960 e 1970. Desses, 145 mil eram do sexo masculino e 81 mil do feminino. Desta vez, os 217 mil a menos repartem-se por 125 mil do sexo masculino e 92 mil do feminino. À primeira vista, as duas quebras não são muito diferentes, quer nos montantes quer na sua repartição por sexo. As grandes diferenças estão nos contextos em que os dois fenómenos se enquadram.

Sondemos a longa duração para identificarmos as tendências mais pronunciadas e os cenários que se apresentam para as próximas décadas. O gráfico abaixo representa os apuramentos conhecidos da população portuguesa desde o século XVI até 2021.

Gráfico 7: População residente em Portugal

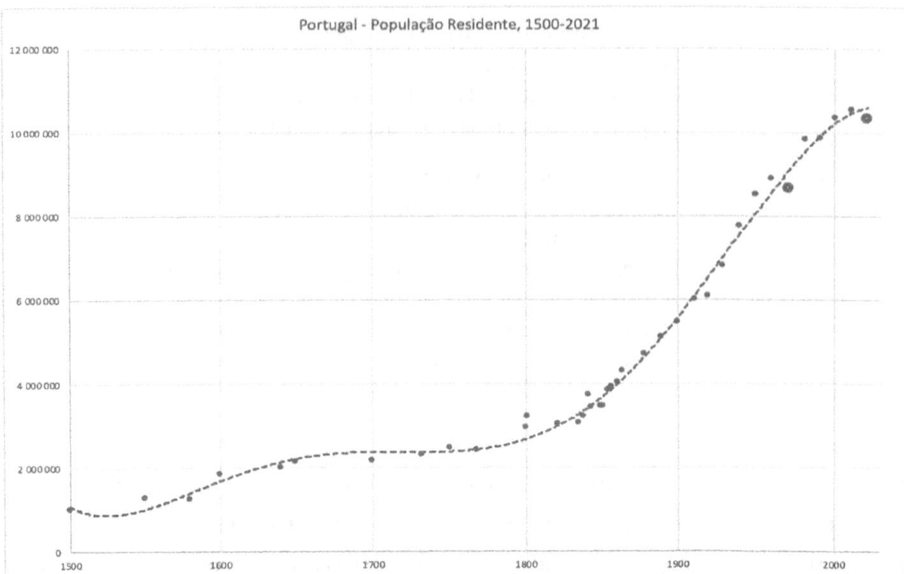

Os apuramentos registados são de qualidade muito diferenciada. O primeiro recenseamento moderno data de 1864 e os anteriores a esta data pecam por alguma falta de rigor, não sendo, entretanto, negligenciáveis se os tomarmos como ordens de grandeza e não como valores rigorosos.[1]

Dois marcos cronológicos a merecerem destaque: o primeiro permite situar o crescimento demográfico moderno nunca antes do segundo terço do século XIX; o segundo sugere que a segunda década do século XXI pode representar o fim desse crescimento demográfico. No primeiro, Portugal triplicou os ativos demográficos em pouco mais de 150 anos. No segundo, abre para cenários de quebra sustentada da população.

Na comparação com a evolução demográfica europeia e mundial, deveremos relativizar o crescimento durante esse século e meio. Comparando com a Europa Ocidental, Portugal apenas apresentou taxas de crescimento superiores no período entre as duas guerras mundiais e nos 30 anos posteriores a 1973. Desde 1820 que o crescimento populacional é, por regra, inferior ao conjunto dos países da Europa Ocidental. Se compararmos com a evolução mundial, essa diferença é ainda mais pronunciada.[2]

A explicação para os dois períodos em que Portugal conseguiu crescer mais está na quebra da emigração e no segundo período no papel desempenhado pela imigração.

O Instituto Nacional de Estatística (INE) elabora regularmente as projeções da população residente. A última atualização é de 31 de março de 2020 e as perspetivas apresentam-se relativamente sombrias. No quadro seguinte apresentamos os valores das projeções para 2050 e 2080, registando apenas os valores do cenário central.

---

[1] Rodrigues, Teresa. «A população portuguesa. Das longas permanências à conquista da modernidade». *População e Sociedade*. Porto, CEPESE, vol. 18, 2010: 21–41. Palma, Nuno, e Jaime Reis. «From convergence to divergence: Portuguese economic growth, 1527–1850». *The Journal of Economic History* 79.2 (2019): 477–506. Considerámos numa única série os valores avançados por estes autores e ajustámos uma função polinomial de grau 5 às observações para construir a linha de tendência, com R^2=0,9943.

[2] Maddison, *op. cit.*: 71.

Quadro 4: Projeções da população residente em Portugal e repartição por Nomenclatura das Unidades Territoriais para Fins Estatísticos (NUTS)

	Portugal	Norte	Centro	AM Lisboa	Alentejo	Algarve	RA Açores	RA MAdeira
2020	10 330 240	3 577 042	2 204 511	2 902 442	704 146	445 031	242 532	254 536
%	100	35	21	28	7	4	2	2
2050	9 647 698	3 104 455	1 913 563	3 069 604	615 181	495 887	225 515	223 493
%	100	32	20	32	6	5	2	2
2080	8 216 015	2 255 131	1 515 938	3 096 272	495 189	519 766	170 969	162 750
%	100	27	18	38	6	5	2	2

Fonte: INE.

Como se pode verificar, Portugal perderá cerca de 700 mil habitantes até 2050 e 2,1 milhões até 2080. As consequências sobre a economia e as instituições serão relevantes, pelo que se justifica uma análise mais detalhada, mais à frente neste capítulo. Entretanto, poderemos reter, desde já, o impacto que esta evolução terá nas diferentes regiões. As únicas que aumentam a sua população são a Área Metropolitana de Lisboa e o Algarve. Todas as restantes perdem população em termos absolutos, mas perdem também em relação ao total do país. A região que se apresenta mais lesada é o Norte do país, que, nos próximos 60 anos, poderá perder cerca de 1,3 milhões de habitantes, passando de uma proporção de 35% do total para 27%. O Centro perderá cerca de 700 mil residentes, o Alentejo 200 mil, a Madeira 90 mil e os Açores 50 mil.

A macrocefalia metropolitana de Lisboa

A perda de peso demográfico das regiões do interior do continente e mais recentemente da Região Norte não é um problema das últimas décadas, antes uma tendência que se expressa na longa duração e, para sermos mais rigorosos, desde o século XIX.

Basta fazer um pequeno exercício confrontando as dualidades Norte-Sul e Litoral-Interior. Para o efeito, recorremos à divisão tradicional em distritos e agregámos os valores da população residente em quatro unidades regionais: o Norte Litoral (NL, que junta os distritos de Viana do Castelo, Braga, Porto, Aveiro e Coimbra), o Norte Interior (NI, Vila Real, Bragança, Viseu, Guarda e Castelo Branco), o Sul Litoral (SL, Leiria, Lisboa, Santarém, Setúbal e Faro) e o Sul Interior (SI, Portalegre, Évora e Beja). Como reconhecemos, muitos distritos integram concelhos do Litoral e do Interior, bem como a separação entre Norte e o Sul não coincide rigorosamente com as divisões geográficas propostas entre outros por Orlando Ribeiro. A nossa preocupação é meramente analítica e sujeita à compatibilidade da informação censitária que nos permite ir o mais atrás possível na comparação.[3]

Gráfico 8: População residente no continente

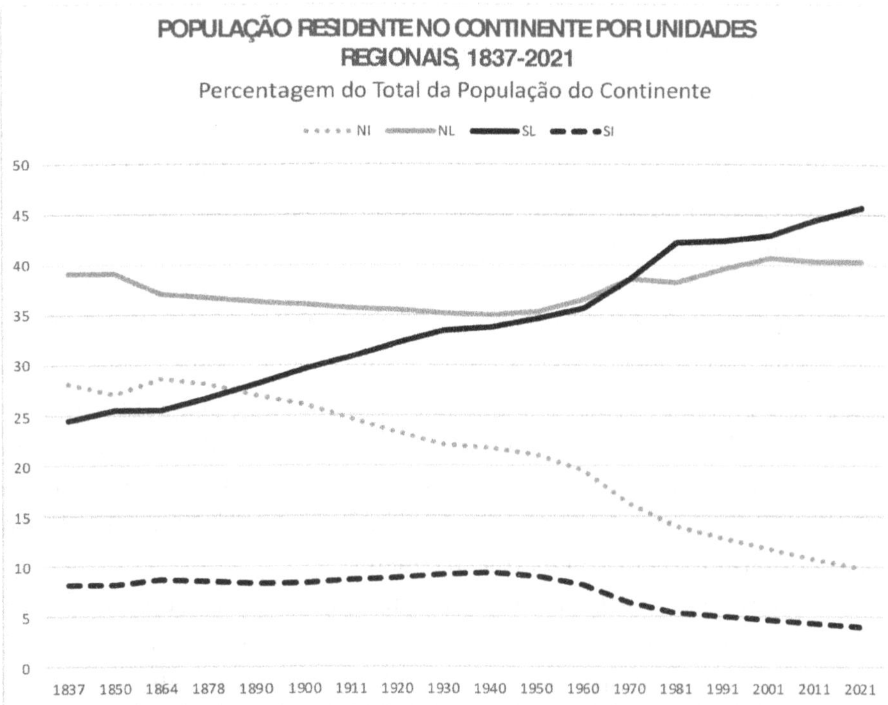

---

[3] *Fontes:* Justino, David. *A Formação do Espaço Económico Nacional. Portugal 1810–1913*. Lisboa, Veja, 1988–1989: Anexo estatístico. INE, Recenseamentos da População, de 1864 a 2021.

No início do primeiro terço do século XIX, o Norte Litoral era a região mais populosa do país, representando quase 40%. A menos populosa, o Alentejo, correspondente ao que designámos por Sul Interior, nunca chegou a representar mais de 10% da população do continente. Mas o que é mais impressionante é a evolução ao longo dos 184 anos que separam o primeiro do último registo.

O Litoral, que, em 1837, representava 64%, representa agora 86%. As regiões do Interior, que representavam 36% em 1837, representam agora 14%. O Norte, que representava 67,2%, passou para 50,3%, ou seja, de dois terços reduziu-se a metade. Norte e Sul estão agora equilibrados.

Esta alteração da repartição populacional no território deve-se, na maior parte, ao crescimento do Sul Litoral, especialmente a Área Metropolitana de Lisboa e mais recentemente o Algarve. O crescimento foi ininterrupto, passando de 25% para 46% do total da população residente no continente. Ao presente, é o conjunto mais populoso do país.

O Norte Interior viu o seu peso reduzido a um terço. O Alentejo a metade. Mas enquanto aquele denuncia a sua tendência desde o último terço do século XIX, o Alentejo parece ter resistido até um pouco mais tarde, acentuando o seu declínio a partir da década de 50 do século XX.

Em comparação com os dois séculos anteriores, regista-se uma alteração significativa. A Lisboa da época áurea do império atlântico estava entre as cinco maiores cidades europeias. Em 1700 e 1750, seria a quinta cidade, logo depois de Londres, Paris, Nápoles e Amesterdão. Porém, no final do século XVIII, desceria para 9.º lugar, continuando a perder posições ao longo do século XIX (13.º em 1850, 31.º em 1913).[4] O sinal de inversão terá sido dado pelo terramoto de 1755, mas a situação económica da segunda metade do século XVIII e a progressiva perda do comércio com o Brasil jamais permitiram recuperar a posição cimeira.

Mais a norte, a cidade do Porto cresce de forma sustentada desde a segunda metade do século XVIII. No início do século XIX, o Porto registava cerca de 43 mil habitantes e no primeiro censo moderno, em 1864, subia para cerca de 80 mil. O crescimento da economia a norte do Mondego verificava-se na

---

[4] Bairoch, Paul. «Une nouvelle distribution des populations: villes et campagnes». Bardet, J. et Dupâquier, J. *Histoire des Populations de L'Europe*. Paris, Fayard, 1998: 211 e 227.

agricultura, na indústria e no comércio externo. Por meados de oitocentos, o valor das exportações chega a ultrapassar o da capital. Foi com base nestes indicadores que avançámos há 35 anos com a tese da bicefalia urbana. Porto e Lisboa polarizavam o Norte e o Sul de Portugal.[5]

Essa bipolarização, ainda que expressa de diferentes formas ao longo do século XX, vai ser superada pelo crescimento demográfico e económico de Lisboa e do Sul de Portugal.[6]

Se as projeções do INE estiverem próximas das dinâmicas demográficas futuras, regressaremos à macrocefalia, já não da cidade de Lisboa, mas da sua área metropolitana. As assimetrias regionais tornar-se-ão mais pronunciadas para atingir níveis nunca observados na história demográfica portuguesa. O retrato desse futuro resume-se em poucas palavras: num terço do país, viverão dois terços da população.

Uma sociedade de filhos únicos

O crescimento populacional tem origem em dois componentes: as relações entre nascimentos e óbitos, que se expressa através do saldo natural, e entre imigrantes e emigrantes, expresso pelo saldo migratório. Assim, compreender e explicar o aumento ou a quebra de uma população passa por analisarmos esses componentes e os fatores que lhes estão associados.

Abordamos em primeiro lugar o também chamado movimento fisiológico. Um facto a assinalar alguns sinais de mudança: depois de um ano de 2008 equilibrado no balanço entre nascimentos e óbitos, a partir de então, os óbitos superaram sempre o número de nados-vivos, atingindo a maior diferença em 2021 (45 mil).

No longo prazo, importa lembrar como se chegou a esta situação. No que respeita ao número de nados-vivos registados em cada ano, a barreira dos 200 mil foi quebrada em 1968, a dos 100 mil em 2009 e a dos 80 mil em 2021.

---

[5] Justino, David. *Formação...* Vol. II: 136–158.

[6] Veja-se a propósito da evolução da rede urbana portuguesa o trabalho de Álvaro Ferreira da Silva. «A evolução da rede urbana portuguesa (1801–1940)». *Análise Social.* Vol. XXXII, 1997: 779–814.

Em 2021, bateu-se o recorde do mais baixo número de nascimentos e do mais elevado número de óbitos. A tendência é notória e sustentada desde a década de 60, e os saldos naturais negativos desde 2010. Não se trata, portanto, de um fenómeno conjuntural que se possa inverter a curto prazo. Teremos a oportunidade de ponderar a especial conjuntura da pandemia da covid-19 para explicar a aceleração destas tendências.

Regressemos à perspetiva da natalidade. O fator decisivo na evolução da natalidade é a fecundidade, entendida como a capacidade de geração de descendentes num determinado período, que se expressa através de dois indicadores demográficos: a *taxa de fecundidade geral*, que relaciona o número de nados-vivos registados num determinado ano por cada mil de mulheres em idade fértil (convencionalmente, dos 15 aos 49 anos de idade); *Índice Sintético de Fecundidade* (ISF), que expressa o número médio de filhos vivos por mulher em idade fértil. Considera-se que a média de 2,1 filhos é o valor médio indispensável a garantir a substituição de gerações, considerando a ausência de migrações.

Na evolução do ISF, a tendência é predominantemente decrescente, pelo menos desde a década de 60 do século XX. Nessa altura, cada mulher em idade fértil tinha, em média, 3,2 filhos. À entrada da década de 80, esse valor já tinha descido para 2,13 (próximo do valor que assegura a substituição de gerações). Em 2001, reduzia-se a 1,45 e em 2021 terá ficado por 1,34.[7]

Nessa tendência, distinguem-se alguns anos de exceção: 1976, pelas expectativas geradas pelo regime democrático; 1999–2000, pela boa conjuntura económica e pelo efeito diferido do pequeno *baby-boom* que se registou após o 25 de Abril; em sentido contrário, pelo período recessivo de 2011–2015, a que se seguiu uma ligeira recuperação. Para todos os efeitos, estes limitados surtos não foram suficientemente relevantes para representarem uma inversão da tendência.

O que explica esta tendência decrescente da fecundidade? Esclareça-se, antes de mais, que não se trata de um fenómeno exclusivo da sociedade portuguesa. No conjunto da União Europeia, ainda que reportando dinâmicas

---

7 PORDATA, https://www.pordata.pt/Portugal/Indicadores+de+fecundidade+Índice+sintético+de+fecundidade+e+taxa+bruta+de+reprodução-416. Consultado em 28 de junho de 2022.

diferenciadas entre os Estados-Membros, a tendência é paralela, mantendo-se a um nível ligeiramente superior.

Lá como cá, os fatores são idênticos. Em primeiro lugar, a maternidade cada vez mais tardia: a idade média da mãe ao nascimento do primeiro filho estava em 1960 pelos 25 anos; manteve esse nível até meados da década de 90, mas a partir de então tem vindo a subir sucessivamente até atingir os 30,9 anos em 2021.[8] Dado o período limitado de fertilidade, a idade cada vez mais avançada reduz a probabilidade de um segundo ou terceiro filho.

Este diferimento da maternidade e paternidade está associado a uma alteração significativa dos padrões sociais, dos valores e das instituições ligadas a este fenómeno. Maior escolarização superior e participação no mercado de trabalho, degradação das oportunidades de emprego, precariedade e salários condignos, desvalorização do casamento, acesso à habitação, etc.

Essas alterações refletem-se no próprio número de filhos. Na economia doméstica atual, um filho não é necessariamente um valor acrescentado, mas antes um custo que é geralmente ponderado em função do rendimento familiar, por isso, é conhecida a disparidade entre o número de filhos desejado (que é igual ou superior a dois filhos) e o concretizado.

Filomena Mendes, no melhor estudo disponível sobre a fecundidade em Portugal, invoca ainda o efeito deste diferimento nos diferentes grupos sociais, destacando o observado entre os grupos mais escolarizados:

> Os rendimentos mais elevados estão habitualmente associados a níveis de empenhamento e de dedicação em tempo nas carreiras profissionais mais elevados, o que por sua vez também se pode tornar incompatível com a constituição de uma família com filhos.[9]

Cada vez mais, a maioria dos portugueses toma a decisão final de ter um só filho, o que equivale a dizer que caminhamos para *uma sociedade de filhos*

---

[8] PORDATA, https://www.pordata.pt/Portugal/Idade+média+da+mãe+ao+nascimento+-do+primeiro+filho-805. Consultado em 28 de junho de 2022.

[9] *Determinantes da Fecundidade em Portugal*. Lisboa, FFMS, 2016: 292.

únicos. A comparação com os países da União Europeia coloca Portugal em posição cimeira na proporção do primeiro filho (54%).[10]

A margem para intervenção das políticas públicas é limitada e complexa. Limitada porque pressupõe capacidade de intervenção precoce e sustentada a médio e longo prazo. Complexa porque exige uma combinatória de medidas que, de forma articulada, permita produzir os efeitos esperados, especialmente no que respeita à contenção da tendência e eventual redução do adiamento da maternidade, bem como a de incentivar o segundo filho. Como é evidente, a complexidade das causas obriga à complexidade das ações. Domínios como as políticas de infância, de habitação, emprego e fiscais terão necessariamente de ser envolvidos.

Mortalidade e envelhecimento

O aumento da mortalidade geral ganhou foro de debate nacional nos últimos anos, especialmente desde que se alastrou a epidemia da covid-19. O problema decorre de, no ano de 2020, não mais de 6% dos óbitos serem atribuídos ao efeito direto da epidemia. No ano seguinte, essa proporção poderá ter aumentado, uma vez que o pico da chamada terceira vaga — sem dúvida, a mais mortífera — se registou entre 19 e 27 de janeiro de 2021, com 700 óbitos diários.

Poderemos sempre invocar os efeitos indiretos, nomeadamente da dificuldade de acesso aos cuidados de saúde. Porém, existe um terceiro fator que sustenta o aumento da mortalidade: o envelhecimento da população. Se temos mais idosos, a viverem mais tempo, é natural que tenhamos mais óbitos.

Desde 1990 que a taxa de mortalidade varia em torno dos dez óbitos por mil habitantes. Entretanto, desde 2010, essa tendência tornou-se crescente, passando pelos 11 e em 2020 e 2021 rondando os 12 por mil. Ou seja, outras causas de morte que não as decorrentes do surto epidémico estão na base dessa tendência.

---

[10] *Eurostat — Statistics Explained: Fertility Statistics*. 2022. Disponível em: https://ec.europa.eu/eurostat/statistics-explained/index.php?title=Fertility_statistics#Total_fertility_rate_and_age_of_women_at_birth_of_first_child. Consultado em 29 de junho de 2022.

As doenças do aparelho circulatório e os tumores malignos, juntos, representam mais de 50% das mortes registadas. Se a tendência entre as primeiras tem vindo a diminuir o seu peso desde finais da década de 80, a das segundas é crescente desde, pelo menos, a década de 60. Quer uma causa quer a outra tendem a ter maior incidência entre os mais idosos, fazendo aumentar a taxa de mortalidade.

Ou seja, ainda que a consciência pública tenha sido sobressaltada pela epidemia, o problema tem uma dimensão estrutural bem mais relevante para a compreensão da mortalidade, especialmente o progressivo envelhecimento da população.

Vários índices demográficos expressam este crescente envelhecimento da população. Começamos por referir que a população com 65 e mais anos representa já 23,4% do total da população. Lembre-se, entretanto, que em 1960 essa proporção era de 7,9% e em 1991 de 13,6%.

Por outro lado, os vários indicadores de envelhecimento relacionam sempre a população com 65 e mais anos com outros grupos etários. Assim, na perspetiva da pirâmide etária, o envelhecimento aumenta em termos relativos não só pelo aumento no topo, mas também pela redução da base de população mais jovem. É neste sentido que os demógrafos falam de um *duplo envelhecimento*.

O *índice de envelhecimento* calcula-se pela razão entre a população com 65 ou mais anos de idade e a população com menos de 15 anos. Um valor do índice de 100 estabelece a paridade entre as duas populações, inferior expressa uma maioria de crianças e jovens, e superior uma maioria de idosos. A previsão para 2021 aponta para um valor de 182,7 para cada 100, o valor mais elevado alguma vez registado em Portugal. Até ao início deste século, a maioria era de crianças e jovens, de então para cá, a evolução tem sido de supremacia dos mais idosos.

Há um outro indicador que importa reter: *o índice de longevidade*. Para o ano de 2021, a previsão do INE aponta para um valor ligeiramente abaixo dos 50% (48,8%), o que quer dizer que a população com 75 e mais anos equipara já a população com idades entre os 65 e os 74 anos.

O principal fator que determina este aumento da população idosa é o considerável aumento da *esperança de vida à nascença*. Desde 1960, a população portuguesa acrescentou cerca de 17 anos à idade média até à qual é provável viver, situando-se em 2020 em 80,7 anos, mantendo-se a diferença de cerca de seis anos adicionais a favor das mulheres em relação aos homens. São múltiplas as razões que sustentam este aumento desde as alterações dos estilos de vida, nomeadamente alimentação, até ao acesso a cuidados de saúde e ao sistema de pensões.

A principal consequência decorre do impacto do envelhecimento na economia. Em primeiro lugar, no sistema de previdência e proteção social: como assegurar o financiamento de um número crescente de indivíduos beneficiários das pensões, se as contribuições não acompanharem esse aumento? A sustentabilidade da segurança social não dependerá tanto da proporção de pessoas idosas no total da população, mas mais da evolução da população ativa que assegura as contribuições. Ora, o cenário que se coloca à nossa frente constrói-se sobre uma dupla tendência: aumento do número de beneficiários e redução do número de contribuintes.

A escassez de ativos

A evolução da população ativa em Portugal e a sua repartição por sectores de atividade tem no trabalho de Ana Bela Nunes[11] a primeira abordagem de longa duração, baseada nos recenseamentos gerais da população, que nos permite elaborar um primeiro esboço histórico. Até à década de 50 do século xx, pelo menos metade da população ativa está afeta ao sector primário. Secundário e terciário repartem de forma equitativa a outra metade. É a partir de meados do século que se observam as grandes transformações associadas ao que se pode designar por moderno crescimento económico: redução significativa da população ativa no sector primário, crescimento sustentado da população empregada nos sectores secundário e terciário. Estas alterações refletem-se ainda no crescimento da população urbana, especialmente

[11] *População Activa e Actividade Económica em Portugal dos Finais do Século XIX à Actualidade. Uma Contribuição para o Estudo do Moderno Crescimento Económico Português.* Dissertação apresentada no Instituto Superior de Economia da Universidade Técnica de Lisboa em junho de 1989 para a obtenção do grau de doutor em Economia (policopiado).

no desenvolvimento das duas áreas metropolitanas de Lisboa e Porto, do emprego na indústria e serviços e, em sentido contrário, no grande fluxo migratório para a Europa.

Chegados à década de 70, os três sectores convergem para uma repartição equitativa: 1/3 da população ativa para cada um. A partir de então, nas duas décadas seguintes, assistimos ao declinar do sector primário (passa de 1/3 em 1970 para 1/10 da população ativa em 1991) e ao aumento acentuado do sector terciário (que em 1991 já representa um pouco mais de metade) e do secundário, que, depois de se aproximar dos 40% em 1981, inverte para uma redução irreversível do seu peso.

O que poderemos retirar desta evolução?

Em primeiro lugar, o sector primário, que se apresentou como dominante até à década de 60 do século XX, decai de forma sustentada até aos nossos dias. Em comparação com as economias mais avançadas, revela-se uma mudança tardia e muito sustentada em dois fenómenos extraeconómicos: o forte fluxo emigratório e a Guerra Colonial. É certo que o crescimento das cidades e dos sectores industriais e dos serviços contribuiu igualmente para essa redução sustentada do sector primário, mas, à semelhança do já verificado no século XIX, o crescimento dos novos sectores não foi suficiente para absorver os excedentes gerados.

Em segundo lugar, o sector secundário, maioritariamente representado pela indústria transformadora, nunca chegou a ser dominante. Precisamente quando consegue igualar a proporção da população ativa do sector primário, é ultrapassado pelo sector dos serviços. Portugal nunca chegou a ter uma economia predominantemente industrial. Passou muito rapidamente de uma sociedade predominantemente rural para uma sociedade terciária.[12] O crescimento industrial observado nas décadas de 50 e 60 foi interrompido pelo primeiro choque petrolífero de 1973, depois pela crise de 1975 e pela nacionalização dos grupos industriais e a seguir pelo segundo choque petrolífero de 1979–1981.

Em terceiro lugar, o crescimento do sector terciário após a década de 70 deve-se, em grande parte, ao crescimento do emprego no Estado e dos

---

[12] António Barreto já tinha destacado esta particularidade do caso português. Barreto, António. «Mudança social em Portugal, 1960–2000». *Portugal Contemporâneo* (2005): 137–162.

sectores do comércio e do turismo. A terciarização da economia portuguesa é o traço mais marcante da evolução da atividade durante o último meio século.[13]

Gráfico 9: População empregada por sector de atividade

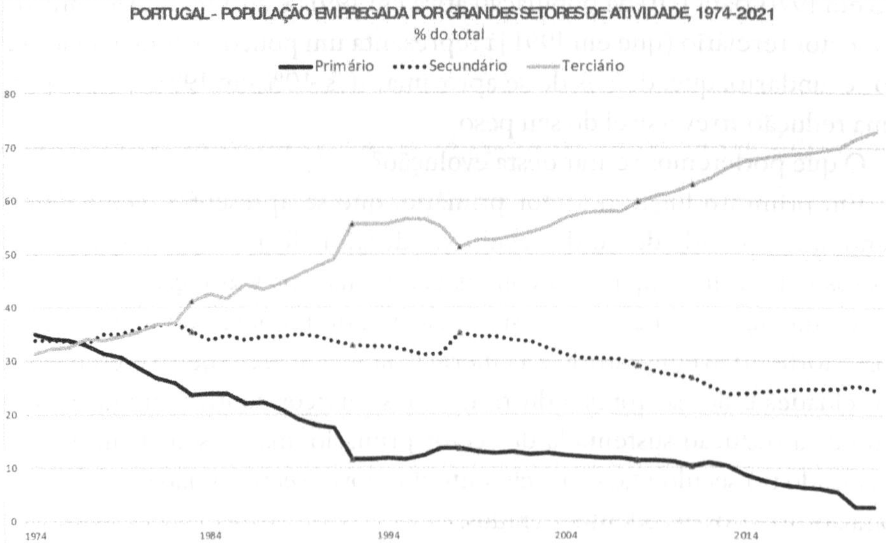

Fonte: INE, Inquérito ao Emprego.

Outra forma de podermos avaliar a distribuição por sectores de atividade é através da repartição do total da população empregada por cada grande sector, como se pode visualizar pelo gráfico. Eis as principais tendências:

- A população empregada na agricultura, que representava por meados da década de 70 cerca de 1/3 do total, ficou reduzida a 3% em 2021. Identificam-se três movimentos, sendo o primeiro até 1992 de quebra

---

[13] Leia-se a este propósito o artigo de Ferrão, João, e Álvaro Domingues. «Portugal: as condições territoriais de um processo de terciarização vulnerável». *Finisterra: Revista Portuguesa de Geografia*, vol. 29, n.º 57, 1994: 5–42 (2012).

acentuada, o segundo de quebra ligeira entre 1993 e 2012 e o terceiro de 2013 a 2021 de quebra acentuada.

- A população empregada no sector secundário tem uma quebra uniforme entre 1982 e 2013, estabilizando de 2014 a 2021 em torno dos 25% do total.
- O sector terciário tem uma evolução tendencialmente crescente de forma acentuada que lhe permitiu passar de 1/3 em meados da década de 70 para 73% em 2021.

A terciarização tem dois correspondentes de evolução inversa. Por um lado, o acentuado declínio do sector primário que aparece reduzido à sua mais ínfima proporção. Por outro, a perda lenta, mas consistente, do sector secundário a que muitos associam o fenómeno da desindustrialização.

Regressemos à população ativa nos tempos mais recentes. O último valor conhecido da população ativa em Portugal, fornecido pelo INE, aponta para 5,2 milhões, repartidos de forma quase equitativa entre homens e mulheres. Em 2007 e 2008, atingira-se um pico dificilmente recuperável de 5,5 milhões de ativos, ou seja, mais 380 mil do que o registo mais recente. Este volume representa aproximadamente 78% da população em idade ativa, a mais elevada taxa alguma vez verificada, em parte graças ao aumento significativo da taxa de atividade feminina. No primeiro trimestre de 2022, a taxa de atividade feminina portuguesa estava entre as mais altas, aproximando-se do padrão dos países do Norte da Europa. Porém, esse desempenho não se deve às mesmas razões observadas para aqueles países.

A elevada participação feminina no mercado de trabalho teve o maior impulso na década de 50 do século XX e consolidou-se na década seguinte, como demonstrou Ana Bela Nunes.[14] O crescimento da indústria, especialmente ligeira e de mão-de-obra intensiva, bem como o papel tradicional da mulher na agricultura (classificadas estatisticamente como «domésticas agrícolas»), associou-se à emigração, maioritariamente masculina na década de 60, e à Guerra Colonial, criando oportunidades de inserção das mulheres

---

[14] Nunes, Ana Bela. «A evolução da estrutura, por sexos, da população activa em Portugal — um indicador do crescimento económico (1890–1981)». *Análise Social* 26.112/113 (1991): 707–722.

no mercado de trabalho num movimento nunca observado na história da economia portuguesa.

No último meio século, o aumento da população ativa feminina teve outras causas, especialmente as oportunidades criadas pela expansão dos serviços públicos, nomeadamente educação e saúde, cuja feminização é um dos traços mais marcantes da mobilidade social ascendente.

Mais recentemente, e face ao abrandamento do crescimento do emprego público, é o sector do turismo que absorve proporções crescentes do emprego e da população ativa.

Uma análise mais detalhada pelas sete regiões de Portugal em 2021 permite ainda identificar onde a atividade feminina mais cresceu: a mais elevada e a que mais aumentou em relação a 2001 é a do Algarve, seguindo-se as Regiões Autónomas da Madeira e dos Açores e, em quarto lugar, o Alentejo.[15] Julgo não ser abusivo associar estes aumentos ao crescimento do sector do turismo.

O problema que importa agora formular centra-se nas perspetivas de crescimento da população ativa para as próximas décadas. As projeções do INE, além de estimarem uma redução significativa da população residente, são bem mais preocupantes no que respeita à população em idade ativa: 6,6 milhões em 2025, 5,2 milhões em 2050 e 4,2 milhões em 2080. Em proporção da população residente, esta representará 63% em 2025, 53% em 2050 e 51% em 2080.[16] Em termos regionais, serão o Norte e o Centro a registar maiores quebras da população em idade ativa, quer em termos absolutos quer em proporção da população residente.

Imigrantes num país de emigrantes

No final do ano de 2021, o ministro dos Negócios Estrangeiros, Augusto Santos Silva, estimava em 6 milhões os portugueses a residir no estrangeiro.[17] A estimativa considerava 2,6 milhões de nascidos em Portugal, 3,3 milhões

[15] PORDATA: População ativa total e por sexo. Disponível em: https://www.pordata.pt/DB/Municipios/Ambiente+de+Consulta/Tabela. Consultado em 9 de julho de 2022.

[16] INE, População residente (Projeções 2018–2080), cenário central.

[17] https://observador.pt/2021/12/23/portugal-tem-sementeira-de-seis-milhoes-no-mundo-que-deve-ir-regando-diz-ministro-dos-negocios-estrangeiros/.

com nacionalidade portuguesa, mas nascidos no estrangeiro. Os números decerto subiriam caso pudéssemos contabilizar o acumulado de gerações.

A emigração portuguesa é tão ancestral quanto a história desse transbordar constante pelo mundo. Vitorino Magalhães Godinho[18] entendia-a na muito longa duração enquanto «constante estrutural» que atravessa ciclos imperiais e se prolonga muito além do seu termo.

A imagem de Portugal como país de emigrantes fazia parte da sua identidade: uma nação que é também definida pela língua e pela cultura da sua diáspora. Apesar de ser uma das nações mais antigas da Europa, durante os últimos dois séculos a única experiência de imigração em Portugal foi proporcionada através das tradicionais chegadas da Galiza[19] e através do retorno e presença dos *brasileiros*.[20] A primeira experiência de imigração em massa em Portugal foi o regresso dos retornados das antigas colónias após o fim do império português e das guerras coloniais em África, bem como o reconhecimento dos novos países independentes entre 1974 e 1975. Em pouco mais de um ano, em 1975, cerca de meio milhão de *retornados* chegaram a Portugal, o equivalente a mais de 5% da população portuguesa.

Na época contemporânea, identificamos três grandes fases na história da emigração portuguesa:

- ***A fase transatlântica.*** A emigração portuguesa durante o século XIX, particularmente após a independência do Brasil (1822), deu continuidade aos processos de colonização da era imperial. A emigração para as antigas colónias aumentou até às vésperas da I Guerra Mundial e continuou — ainda que numa tendência descendente durante o difícil período entre guerras — até depois da II Guerra Mundial. Embora o principal destino fosse o Brasil, outros países da América Latina e do

---

[18] Godinho, V. Magalhães. «L'émigration portugaise, XV–XX siècles, une constante structurale et les réponses aux changements du monde». *Revista de História Económica e Social Lisboa* 1 (1978): 5–32.

[19] Alves, Jorge Fernandes. «Imigração de galegos no Norte de Portugal (1500–1900): Algumas notas». (2014).

[20] Alves, Jorge Fernandes. «O brasileiro oitocentista: representações de um tipo social». In Vieira, Benedicta Maria Duque. *Grupos Sociais e Estratificação Social em Portugal no Século XIX*. Lisboa, CEHCP-ISCTE (2004).

Norte também receberam fluxos significativos de emigrantes portugueses. Este primeiro ciclo da emigração portuguesa envolveu mais de 2 milhões de portugueses das regiões do Norte de Portugal.

- ***A fase europeia.*** O segundo ciclo começou na década iniciada em 1950 e terminou em meados da década de 1980. Os principais destinos foram a França, para onde a maioria dos portugueses emigrou, e, em menor proporção, a Alemanha. Depois de um rápido aumento, os níveis de emigração estabilizaram em 1970 e depois começaram a afastar-se da tendência. Neste período de 30 anos registou-se tanta emigração quanto a verificada na «fase transatlântica», que durou mais de 100 anos. Dois terços destes migrantes dirigiram-se para a Europa.[21]
- ***A fase mista de emigração e imigração.*** O terceiro, e último, ciclo começou em meados dos anos 80 e continua até aos dias de hoje. A característica distintiva deste período é que combina emigração e imigração. Os fluxos de saída, após um ponto baixo ao longo das décadas de 80 e 90, aumentaram a partir de 2001 para atingir um novo pico em 2013. Os fluxos de entrada de imigrantes, após a entrada excecional de repatriados das ex-colónias em 1975 e 1976, crescem a partir de meados da década de 80 e atingem o maior número em 2009. A quebra verificada durante o período de recessão económica volta a ser superada para atingir um novo pico em 2019.[22]

A última fase não deixou de ser predominantemente europeia quanto aos destinos da emigração portuguesa. O que há de novo é o quadro institucional da emigração — primeiro, com a integração na União Europeia e a entrada no espaço de livre circulação, segundo, na natureza dos fluxos, com

---

[21] Maria Ioannis Baganha e Pedro Góis. «Migrações internacionais em Portugal: o que sabemos e para onde vamos», *Revista Crítica de Ciências Sociais*, 52/53 (1999): 232. «As correntes emigratórias portuguesas no século xx e o seu impacto na economia nacional». *Análise Social* 29 n.º 128 (1994): 975.

[22] Góis, Pedro, e José Carlos Marques. «Retrato de um Portugal migrante: a evolução da emigração, da imigração e do seu estudo nos últimos 40 anos», *e-cadernos CES* 29 (2018). Reproduzimos nesta parte alguns excertos atualizados da versão em inglês de Justino, David. *Emigration from Portugal: Old wine in new bottles?*. Migration Policy Institute, Transatlantic Council on Migration, 2014.

a emigração temporária a suplantar a permanente — e o papel dos fluxos de imigrantes provenientes das ex-colónias, dos países do Leste Europeu e do Brasil.

O contributo dos migrantes para o saldo migratório e deste para o movimento da população é o ponto de partida para percebermos as alterações estruturais verificadas, bem como o que poderão representar nas dinâmicas demográficas e sociais futuras.

Gráfico 10: Saldos migratórios do nosso país

Fonte: INE e PORDATA. Saldos populacionais anuais: total, natural e migratório. Consultado em 11 de julho de 2022.

Identificamos no gráfico três fases de saldos migratórios positivos e outros tantos negativos no período que vai de 1960 a 2021.

- Primeiro ciclo de saldo migratório negativo: 1960–1974. Corresponde à grande emigração para a Europa na década de 60 que se prolonga até à queda do regime de Salazar e Caetano. A imigração é residual.
- Segundo ciclo de saldo migratório negativo: 1983–1993. Corresponde à primeira vaga de imigrantes provenientes na sua maioria das antigas

colónias portuguesas, atraídos pela melhoria das condições económicas, mas inferior aos fluxos de saída de uma nova vaga de emigração para a Europa.
- Terceiro ciclo de saldo migratório negativo: 2011–2017. Contenção nos fluxos de imigrantes e acentuado crescimento da emigração em contexto da recessão económica.
- Primeiro ciclo de saldo migratório positivo: 1975–1980. Corresponde à imigração maioritariamente de portugueses após a independência das antigas colónias. A emigração é reduzida perante as expectativas positivas da consolidação do regime democrático e pelas dificuldades sentidas na economia europeia entre dois choques petrolíferos.
- Segundo ciclo de saldo migratório positivo: 1994–2010. Entre o último ano da década de 80 e 2010, a população estrangeira com permanência regular no nosso país passou de cerca de 100 mil para 450 mil, traduzindo a dinâmica dos fluxos imigrantes em contraste com alguma contenção nas saídas. O ciclo termina com a entrada de Portugal na conjuntura recessiva da economia.
- Terceiro ciclo de saldo migratório positivo: 2017–2021. Contenção nos fluxos emigratórios em torno dos 80 mil por ano, e aumento significativo dos imigrantes, ciclo este que é interrompido pela pandemia da covid-19 com suspensão dos fluxos emigratórios e regresso de uma parte dos imigrantes recentes aos seus países de origem.

O que designámos por uma fase mista dos movimentos migratórios alternando períodos de predominância das entradas com outros de saída representa uma alteração estrutural na sociedade portuguesa. Para um país que era predominantemente de emigrantes, passar a ser um país em que os imigrantes constituem uma novidade com os impactos sociais e culturais daí decorrentes representa uma mudança significativa.

Em Portugal, como noutros países, as pessoas migram por um misto de oportunidades de emprego (como se reflete nas taxas de desemprego e nos diferenciais salariais)[23] e fatores individuais como sejam expectativas e disposições

---

[23] Ver European Commission Directorate-General for Employment, Social Affairs and Equal Opportunities (DG Employment), *Employment and Social Developments in Europe 2012*

para emigrar, constrangimentos familiares, laços e redes sociais.[24] Estes fatores são reforçados, no contexto português, por atitudes positivas em relação à mobilidade, à procura de oportunidades no estrangeiro e de experiências de mobilidade individuais, familiares ou em redes de contactos e conhecimentos.

As teorias da migração económica tendem a destacar as oportunidades de emprego refletidas nas taxas de desemprego e nos diferenciais salariais como fatores-chave que influenciam a migração laboral. No entanto, apesar das diferenças salariais mínimas e médias e do crescente fosso entre os países de origem e os principais países de destino, alguns autores reconhecem o papel do que é definido por externalidades como sejam as expectativas e disposições para emigrar, os constrangimentos familiares e os efeitos positivos das redes sociais de emissão e acolhimento.

O caso português confirma as principais teorias económicas, mas o desemprego e os diferenciais salariais são alavancados por representações sociais da mobilidade e expectativas positivas de acesso a oportunidades no estrangeiro. Três indicadores ajudam-nos a compreender esta questão. Primeiro, quando questionada em 2007 sobre o resultado mais positivo da integração europeia, a maioria dos cidadãos portugueses (63%) identificou em primeiro lugar a livre circulação de pessoas, bens e serviços.[25] Alguns anos

(Bruxelas: DG Employment, 2013). Disponível em: http://ec.europa.eu/social/main.jsp?-catId=738&langId=en&pubId=7315. Ver também Bonin, Holger *et al.* «Geographic Mobility in the European Union: Optimizing its Economic and Social Benefits». IZA Research Paper, DG Employment, Bruxelas, 2008. Disponível em: www.iza.org/en/webcontent/publications/reports/report_pdfs/iza_report_19.pdf; Brandolini, Andrea, Rosalia, Alfonso e Torrini, Roberto. *The Distribution of Employees' Labour Earnings in the European Union: Data, Concepts and First Results*. Centre for Household, Income, Labour and Demographic Economics, Working Paper 10/2010. Luxemburgo: Eurostat, 2010. Disponível em: http://epp.eurostat.ec.europa.eu/cache/ITY_OFFPUB/KS-RA-10-025/EN/KS-RA-10-025-EN.PDF.

24 Ver Haas, Hein de. «The internal dynamics of migration processes: a theoretical inquiry». *Journal of Ethnic and Migration Studies* 36, n.º 10 (2010): 1587–1617. Ver ainda Zimmermann, Klaus F. «Labor Mobility and the Integration of European Labor Markets» (IZA Discussion Paper n.º 3999, February 2009). Disponível em: http://ftp.iza.org/dp3999.pdf.

25 European Commission Directorate-General for Communication (DG Communication), *Eurobarómetro 67 Opinião Pública na União Europeia. Portugal — Relatório Nacional* (Bruxelas: DG Communication, 2007). Disponível em: http://ftp.infoeuropa.eurocid.pt/database/000043001-000044000/000043397.pdf.

depois, em 2010, 42% dos inquiridos concordaram com a afirmação de que «as oportunidades de encontrar trabalho são melhores no estrangeiro do que em casa».

Estas atitudes variam de acordo com o grupo social. Os jovens e os mais instruídos têm maior propensão a dizer que a possibilidade de encontrar um emprego no estrangeiro é maior, enquanto as pessoas mais velhas e menos instruídas tendem a ser menos otimistas.[26] Estas atitudes são anteriores à crise da dívida, mas esta alargou os diferenciais de oportunidades, reforçando assim as propensões preexistentes para migrar. Os laços familiares e outros laços sociais com os portugueses residentes no estrangeiro também reduzem o risco de uma experiência infrutífera, enquanto a diáspora portuguesa nos países europeus e tradicionalmente nos de língua portuguesa presta apoio social e propicia o acesso a redes de entreajuda para recém-chegados ou migrantes que regressam.

Portugal no contexto europeu das migrações

Embora cada país tenha uma história singular de migração, os países do Sul da Europa convergem em aspectos fundamentais da sua história migratória: a cronologia e a evolução dos fluxos migratórios, as características demográficas das suas populações, a estrutura dos seus mercados de trabalho e a rapidez com que os migrantes chegaram. O papel dos investigadores sociais e dos responsáveis pelo desenho das políticas é encontrar modelos cujo poder explicativo ultrapasse estas particularidades. De facto, os fenómenos observados em Portugal nos últimos 40 anos revelam semelhanças e coincidências com outros países europeus.

O senso comum raramente consegue ver os movimentos migratórios muito além do curto prazo e os limites estritos das suas fronteiras. É neste contexto que o papel dos investigadores sociais ganha relevo no apoio às políticas públicas que conferem precisão, eficácia e dimensão estratégica.

---

[26] DG Communication, *Special Eurobarometer 337, Report on Geographical and Labour Market Mobility* (Bruxelas, DG Communication, 2010). Disponível em: http://ec.europa.eu/public_opinion/archives/ebs/ebs_337_en.pdf

O quadro institucional da UE potencia e dá maior visibilidade aos movimentos migratórios. No entanto, algumas destas semelhanças já foram identificadas antes da entrada de alguns países-membros, como Portugal, Espanha ou a Grécia.

O já invocado modelo ibérico não passa de um meio-termo entre a particularidade de cada país e um modelo mais consistente do Sul da Europa. Os cientistas sociais tendem a convergir para os atributos distintivos dos países do Sul da Europa (especialmente Itália, Espanha, Grécia e Portugal) no campo específico dos movimentos de imigração.[27] Primeiro, sobre a cronologia e evolução dos fluxos migratórios; em segundo lugar, a semelhança das características demográficas; em terceiro lugar, pelos padrões de integração nos mercados de trabalho; em quarto lugar, por diferenciação na definição das políticas, mas também pela convergência institucional proporcionada pela adesão à União Europeia; e, finalmente, pela rápida inserção nos diferentes mercados de trabalho, não obstante a maior dificuldade em desenvolver processos bem-sucedidos de integração social.

A primeira questão que se pode formular é: em que medida estas variáveis e semelhanças não serão comuns aos movimentos de emigração nesses países? Por outras palavras, o modelo do Sul da Europa não é exclusivo da imigração e não é substancialmente diferente de um suposto modelo de emigração do Sul da Europa.

A segunda questão centra-se na possibilidade de alargar este modelo à periferia europeia onde o Sul da Europa se integra com os países de leste. A questão pode não ser relevante para a primeira década deste século, mas, com o alargamento da União Europeia a 27 países, a instabilidade política nas fronteiras de leste e a crescente importância dos fluxos migratórios, começa a fazer sentido compreender as dinâmicas migratórias na Europa, através de um modelo de centro-periferia baseado nas relações entre as regiões mais desenvolvidas, privadas de mão-de-obra com qualificações médias, e países onde partes significativas da população procuram melhores salários e condições de vida.

A lógica transnacional tende a impor-se quer na dinâmica dos mercados quer na resposta institucional, com maior flexibilidade e precariedade das

---

[27] Peixoto, João *et al.* «Immigrants, markets and policies in Southern Europe». Okòski, Marek, org. *European Immigrations* (2012): 108, 136–138.

relações laborais entre imigrantes e a tensão entre as elevadas expectativas e os limitados progressos nos processos de integração social e na luta contra a discriminação laboral.

Não obstante o peso das variáveis estruturais e a história dos sucessivos ciclos migratórios na Europa, coloca-se a questão de saber em que medida a abordagem histórica fornece uma explicação adequada para as novas condições de circulação e de acesso aos destinos mais procurados. É importante analisar até que ponto a natureza da recente migração laboral na Europa é substancialmente diferente ou do mesmo tipo de movimentos no passado.[28]

O conceito de «migração líquida»[29] pode ser útil para analisar as migrações na Europa nas suas múltiplas dimensões: laboral, transitória, flexível, individualizada e de destinos múltiplos. Se estas hipóteses têm alguma relevância, é aceitável que se possa formular outra: a primeira década deste século, e com particular ênfase na crise de 2008–2014, poderia representar a abertura de um novo ciclo na história da migração europeia e, muito provavelmente, um novo ciclo para a emigração dos países europeus periféricos, que necessariamente incluirá Portugal. Porém, a guerra e o aumento das tensões a leste podem ser um travão a esse novo ciclo.

Apesar da complexidade das causas e contextos das migrações internacionais, a emigração portuguesa continua a respeitar a teoria neoclássica que aponta para uma das principais causas dos fluxos os reduzidos níveis de rendimento, emprego e bem-estar social entre as diferentes regiões e países.[30] Este «sistema de oportunidades» tende a criar expectativas e oferece incentivos para estratégias individuais que visam maximizar o seu rendimento individual ou familiar. Sendo todos iguais, as pessoas tendem a afluir a destinos que representam um menor risco de insucesso, como aqueles em que as redes familiares ou de próximos contribuem para ajudar os recém-chegados a encontrar o seu caminho, facilitar o acesso a oportunidades de

---

[28] Engbersen, Godfried. «Migration transitions in an era of liquid migration. Reflections on Fassmann and Reeger». Okòski, Marek, org. *European Immigrations* (2012): 91–105.

[29] *Idem.*

[30] Castles, Stephen. «International Migration at the Beginning of the Twenty-First Century: Global Trends and Issues». *International Social Science Journal* 52.165 (2000): 272.

emprego e reduzir o risco de exclusão. A causa direta não pode ser apenas na diferença salarial, mas sim nas oportunidades de obter um rendimento mais elevado e mais estável, mesmo que seja necessário trabalhar mais horas.

O desafio demográfico para Portugal

Regressemos ao início deste capítulo. A excecionalidade da quebra registada nos Censos 2021 é a consequência «visível» das tendências observadas desde, pelo menos, o início do século XXI.

O declínio sustentado da fecundidade combinado com o aumento da mortalidade conduz à estruturalidade dos saldos naturais negativos. O desafio que se coloca centra-se em não ser possível, a curto e médio prazo, inverter essa tendência. É possível contê-la caso as condições se alterem de forma significativa: antecipação da idade com que as mães têm o primeiro filho, políticas públicas que incentivem a maternidade, melhores condições de acesso ao mercado de trabalho, estabilidade e subida das remunerações, etc. Mesmo que essas condições se alterassem, os seus efeitos demorariam algum tempo a refletir-se nos nascimentos e na fecundidade.

O aumento da mortalidade é ainda mais difícil de evitar. O envelhecimento da população e o aumento da esperança de vida suportam a tendência suave, mas sustentada, para o aumento da mortalidade, quer em termos absolutos quer relativos.

Na hipótese de se manterem estáveis os fluxos migratórios, a redução da população ativa é inevitável. Mesmo que se verifique um aumento da taxa de atividade entre a população em idade ativa, a médio prazo, caminharemos para uma progressiva escassez de ativos com implicações diretas no emprego e nos regimes contributivos da segurança social.

Restam-nos os fluxos migratórios para atenuar o declínio.

A emigração de portugueses continuará a ser uma realidade. A manter-se o diferencial de salários entre Portugal e os principais países de destino, o quadro institucional de mobilidade no espaço da União Europeia e as redes de recrutamento e acolhimento, os fluxos de saída tenderão a aumentar. Repare-se que a última década foi marcada pelo surto emigratório da recessão económica, mas após esse período e com a economia a crescer até 2019, a média de saídas manteve-se «teimosamente» nos 80 mil por ano. O Brexit, a pandemia e a atual conjuntura de guerra na Ucrânia terão condicionado a retoma dos fluxos, mas os primeiros sinais já são identificáveis: os dados publicados pelo Observatório da Emigração relativos a 2021 e às entradas de portugueses em países europeus apontam para um recrudescimento dos fluxos emigratórios.

A imigração para Portugal registou entre 2016 e 2019 um aumento para o dobro do número de entradas, maioritariamente provenientes do Brasil.[31] Foi um pequeno surto desde logo interrompido em 2020 pela pandemia. É provável que esse fluxo seja retomado. Porém, os fatores que sustentam a emigração de portugueses — baixos salários e precariedade laboral — são os mesmos que condicionam o tipo de imigrantes que escolhem Portugal como destino. Ou seja, baixas qualificações ajustam-se aos sectores onde existem mais oportunidades, casos do turismo, da construção civil, comércio e restauração, mas cujo nível remuneratório e estatuto laboral são dos mais baixos.

De alguma forma, é a imigração que contribui para a reprodução das condições desfavoráveis do mercado de trabalho, mantendo um modelo de desenvolvimento de baixo valor acrescentado, baixos salários e de reduzida produtividade — precisamente o mesmo modelo que impulsiona os fluxos de emigrantes portugueses para o estrangeiro.

Se não se verificar, a médio prazo, uma alteração da estrutura empresarial com alteração profunda do modelo de crescimento económico que permita ganhos de produtividade e aceleração da escala, o «dilema migratório» manter-se-á e, com ele, o definhamento demográfico.

---

[31] Serviço de Estrangeiros e Fronteiras, *Relatório de Imigração, Fronteiras e Asilo 2021*. Disponível em: https://sefstat.sef.pt/Docs/Rifa2021.pdf.

3

CRESCIMENTO ECONÓMICO: ENTRE DIVERGÊNCIA E CONVERGÊNCIA

> Qualquer, ao sopesar a massa enorme de desconcertos e de vícios que formam o tecido do nosso viver d'alguns séculos, sentirá a tentação de inferir que a doença é incurável; que um defeito orgânico, estrutural e íntimo, uma vez ainda infligirá um desmentido a quem pense ou se proponha emendá-lo; e que, portanto, a única solução que a um homem de senso convenha é abandonar Portugal à fatalidade que o arrasta para desconhecidos destinos.
>
> Basílio Teles. *O Problema Agrícola.* Porto, Livraria Chardron, 1899: 53–54.

O excerto de Basílio Teles retrata o discurso resignado e pessimista sobre um país que se corrompeu e que se arrasta sem destino ao sabor das conjunturas. Pretendia ele sinalizar as «impressões pessimistas da minoria ilustrada do país» que, em clara rutura com o regime de monarquia constitucional, se havia dedicado a exercícios de autoflagelação, sem que deles saísse qualquer solução. Republicano e *maçon* desde muito novo, não divergia tanto no diagnóstico quanto na esperança de que um novo regime pudesse acorrer à salvação da pátria.

Por contraste, 50 anos antes, Fontes Pereira de Melo terá sido a personagem que mais contribuiu para a construção de uma narrativa mais otimista em torno do programa de «melhoramentos materiais» que marcou o período de quatro décadas a que correntemente se designa por fontismo.[1]

Entre os dois discursos, o segundo foi claramente hegemónico até finais da década de 60 do século XIX. No primeiro, emergente então e generalizado entre a elite intelectual portuguesa até à implantação da República, a sociedade portuguesa foi retratada ora em tons luminosos e de esperança ora em tons mais cinzentos e sombrios, perspetiva esta que viria a tornar-se prevalecente ao longo do século XX.

No século e meio que decorre desde as primeiras formulações até ao presente, a narrativa pessimista, independentemente da fundamentação das suas teses, produziu um conjunto de ideias expressas através de formulações simplificadas dos problemas que resumiríamos nos seguintes termos: *decadência*, *atraso* e *divergência*. Cada uma destas expressões enquadra-se em conceções teóricas e, em alguns casos, filosóficas, sobre o contexto, o curso e as causas do nosso desenvolvimento económico, que passaremos a analisar de seguida.

A decadência

A ideia de decadência está associada à ideia de declínio, o que pressupõe a passagem de uma posição cimeira para uma outra que fica aquém daquela. Porém, tal como foi desenvolvida no século XIX, pretende expressar algo mais do que o conceito simples de declínio. Expressa a consciência de um estado de perda, e quantas vezes de ressentimento em relação ao passado, ao mesmo tempo que associa a consequência com as causas que pretensamente estarão na sua origem.

Entre as diferentes formulações que foram enunciadas pelas elites culturais no século XIX, aquela que ganhou foros de causa nacional foi a apresentada por Antero de Quental nas célebres Conferências do Casino, que tiveram lugar em Lisboa, entre 22 de março e 26 de junho de 1871.

---

[1] Justino, David. *Fontismo — Liberalismo Numa Sociedade Iliberal.* Lisboa, Publicações D. Quixote, 2016.

Quental liderava um grupo de jovens intelectuais que, de forma ousada, pretendia denunciar o rumo que a sociedade portuguesa estava a tomar, iludida que estava pelos sucessivos governos da Regeneração e pelos ideários do *fontismo*.

A conferência de Antero de Quental, «Causas da Decadência dos Povos Peninsulares nos Últimos Três Séculos»[2], tinha a particularidade de interpretar a evolução histórica de Portugal no contexto ibérico:

> A decadência dos povos da Península nos três últimos séculos é um dos factos mais incontestáveis, mais evidentes da nossa história: pode até dizer-se que essa decadência, seguindo-se quase sem transição a um período de força gloriosa e de rica originalidade, é o único grande facto evidente e incontestável que nessa história aparece aos olhos do historiador filósofo.
>
> [...] Meus Senhores: a Península, durante os séculos XVII, XVIII e XIX, apresenta-nos um quadro de abatimento e insignificância, tanto mais sensível quanto contrasta dolorosamente com a grandeza, a importância e a originalidade do papel que desempenhámos no primeiro período da Renascença, durante toda a Idade Média, e ainda nos últimos séculos da Antiguidade.[3]

A tese de Quental remete para a segunda metade do século XVI a decadência dos povos peninsulares, ou seja, há um percurso partilhado e irreversível desse declínio que se prolonga até ao século XIX. Para trás ficava um passado de esplendor, de «grandeza», «força gloriosa e de rica originalidade», que recua à Idade Média e mesmo à Antiguidade (império romano) para vir a atingir o ponto mais alto na Renascença.

> Deste mundo brilhante, criado pelo génio peninsular na sua livre expansão, passamos quase sem transição para um mundo escuro, inerte, pobre, ininteligente e meio desconhecido.[4]

---

[2] *Prosas*. Lisboa, Ed. Couto Martins, 1926: vol. II, 92–140.

[3] *Idem*: 93 e 95.

[4] *Idem*: 101.

Como marco simbólico da viragem, escolhe a derrota da Invencível Armada (1588), a partir da qual se identificam as consequências:

- A irrelevância no concerto das nações.
- A «atonia» dos povos caídos em passividade e indiferença.
- Uma configuração social dominada pela «aristocracia palaciana, com uma nobreza cortesã» que impede a «elevação natural» da classe média portadora de «um elemento novo, elemento essencialmente moderno».[5]
- A decadência acaba por se estender à «vida económica»: «a produção decresce, a agricultura recua, estagna-se o comércio, deperecem uma por uma as indústrias nacionais; a riqueza, uma riqueza faustosa e estéril, concentra-se em alguns pontos excecionais, enquanto a miséria se alarga pelo resto do país: a população decimada pela guerra, pela emigração, pela miséria, diminui de uma maneira assustadora».
- Os efeitos sobre o desenvolvimento da cultura e da ciência terão sido da mesma monta: «A Europa culta engrandeceu-se, nobilitou-se, subiu sobre tudo pela ciência: foi sobre tudo pela falta de ciência que nós descemos, que nos degradámos, que nos anulámos. A alma moderna morrera dentro em nós completamente.»[6]

Para explicar a decadência de Portugal e Espanha, Antero de Quental invoca três «fenómenos capitais» que afastaram as duas sociedades do caminho seguido na Europa mais desenvolvida. Um de ordem moral, o segundo de ordem política e o último de ordem económica:

- A transformação do catolicismo pelo Concílio de Trento (1545–1563) que deu origem à *Contrarreforma* e que conduziu ao reforço da ortodoxia católica face aos movimentos protestantes emergentes na Europa do Norte.
- O *Absolutismo* que, através da centralização do poder e da coerção, limitou as «liberdades locais», verdadeira força impulsionadora da prosperidade medieval.

---

[5] *Idem*: 103.

[6] *Idem*: 105.

- As «Conquistas longínquas» que desviaram para o império o esforço de organização social e de mobilização de recursos em detrimento do «território nacional».

Os Povos Peninsulares afastavam-se assim das tendências modernas seguidas pelas sociedades mais avançadas da Europa: «liberdade moral», desenvolvida pelos movimentos da Reforma Protestante; «elevação da classe média», como «instrumento de progresso nas sociedades modernas»; a indústria, ao substituir «o trabalho à força e o comércio à guerra de conquista».

À época em que o produz, o discurso de Antero de Quental era inovador e, acima de tudo, explanava uma interpretação coerente e de largo fôlego da história de Portugal. Por um lado, recuperava a visão mítica que o movimento romântico havia difundido sobre a Idade Média e a primeira geração dos navegadores, ainda que recusasse a visão nostálgica de regresso às origens. Por outro, identificava o paralelismo da evolução dos dois países abrindo caminho para as conceções iberistas, mais ou menos federalistas, que fizeram moda entre a intelectualidade crítica do fontismo, no último terço do século XIX.

Mas o que mais impressiona é o impacto que este discurso veio a ter nas interpretações da história de Portugal e no escopro ideológico do republicanismo, muito além da República. Existe um laço muito nítido, mas não necessariamente uniforme e linear, entre as teses da Geração de 70 que se projetam a partir das Conferências do Casino e as sucessivas gerações de republicanos, anteriores e posteriores à República. É esse laço que está presente em Oliveira Martins, em António Sérgio e, em parte, em Vitorino Magalhães Godinho, ainda que este rejeite a tese da decadência.[7] Independentemente da sua fundamentação e verosimilhança, a conferência de Antero de Quental é estruturante do pensamento sobre Portugal na sua história.

O atraso

Talvez a primeira formulação da ideia de atraso tenha sido formulada por Karl Marx quando, no prefácio à primeira edição de *O Capital*, escreve: «O país mais desenvolvido industrialmente só mostra, aos menos desenvolvidos,

---

[7] Cf. a perspetiva de Magalhães Godinho no primeiro capítulo desta segunda parte.

a imagem do seu próprio futuro.»[8] Marx sustenta a tese a partir das leis e tendências inerentes ao modo de produção capitalista. Ou seja, a lógica do desenvolvimento capitalista leva à reprodução das suas condições, independentemente de viver num estádio mais ou menos avançado desse processo. É neste sentido que Marx entende a comparação entre o desenvolvimento da Inglaterra, mais avançado, com o dos países europeus continentais, particularmente a Alemanha, mais atrasado.

Em 1952, Alexander Gerschenkron, um historiador da economia de origem ucraniana (Odessa) que se afirmou nos Estados Unidos, retoma a ideia de Marx para a refutar parcialmente, enunciando uma das suas teses mais conhecidas: existe uma vantagem entre os países atrasados em relação ao mais avançado que os diferencia no processo de desenvolvimento. Essas diferenças revelam-se não só no ritmo de crescimento, mas também nas estruturas produtivas, organizacionais e institucionais. Em comparação com o caso inglês, Gerschenkron invoca os casos alemão e russo, em que a banca, no primeiro, e o Estado, no segundo, tiveram um papel decisivo no processo de alavancagem da indústria e do crescimento económico. É neste sentido que o historiador economista identifica a «virtude do atraso» a partir do processo de aprendizagem e adaptação da experiência do país pioneiro, contrariando o efeito mimético e determinista sugerido por Marx.

Em 1959, W. W. Rostow publicou na *Economic History Review*[9] o artigo que precedeu a sua obra de referência, *The Stages of Economic Growth: A Non-Communist Manifesto*.[10] Recorrendo à noção de fase, Rostow estabelece cinco etapas por que todos os países passam no processo de desenvolvimento: a sociedade tradicional, as pré-condições para o arranque (*take-off*), o arranque, o impulso para a maturidade e a era do consumo massificado. Expressando uma conceção estruturalista que, em parte, se afasta de Greschenkron, o modelo revela o seu determinismo e a conceção linear do desenvolvimento que lhe está associada. A única margem de diferenciação entre economias mais *avançadas* ou mais *atrasadas* estaria na duração de cada fase, que poderia variar de país para país.

---

[8] Marx, Karl. *Capital*. Volume 1. Londres, Penguin Books, 1976: 91.

[9] «The Stages of Economic Growth». Second Series, Vol. XII, n.º 1: 1–16.

[10] Cambridge, UP, 1960.

Ao subtitular a sua obra como um «manifesto não-comunista», Rostow aproximava-se mais do pensamento de Marx do que se poderia imaginar, não obstante a preocupação de Rostow em marcar as diferenças, especialmente no papel dos indivíduos e da «motivação humana».[11] Ao mecanicismo linear do desenvolvimento Rostow acrescenta uma visão histórica limitada às experiências de desenvolvimento do Ocidente, o que o associa às teorias da modernização dominantes nas décadas de 50 e 60 que tivemos oportunidade de abordar na primeira parte desta publicação.

Não deixa de ser interessante o facto de como ideias próximas destas conceções liberais foram adaptadas pelo pensamento marxista para explicar a contradição entre as previsões de Marx quanto ao facto de a primeira revolução socialista se ter verificado num país «atrasado» e periférico (a Rússia de 1917), e não num país mais «avançado», como seria o caso da Inglaterra. Jon Elster, um filósofo marxista americano, recupera as noções de «atraso» e as «fases de desenvolvimento» para explicar a aparente contradição:

> Direi que um país está atrasado em relação a outro, e no que diz respeito a uma determinada sequência de fases, se num dado momento se encontrar numa fase mais precoce do que noutro país. E usarei «avançado» como o antónimo do «atrasado».
>
> Quando as forças produtivas foram desenvolvidas de tal forma que o comunismo pode ser plausivelmente superior para o seu desenvolvimento futuro, já não se pode contar com a alienação, a pobreza ou crises para gerar revolução. A noção de atraso entra numa possível refutação deste contra-argumento: a revolução pode ocorrer nos países atrasados, precisamente porque estão atrasados e, portanto, sofrem mais com as vicissitudes do capitalismo, e depois espalham-se para os países avançados em que um regime comunista viável poderia ser criado.[12]

As duas perspetivas, ainda que teoricamente opostas, apresentam elementos comuns. O primeiro revela-se na preocupação implícita de construir uma teoria geral, suscetível de ser aplicada à análise de qualquer sociedade

---

[11] *Art. Cit.*: 14.

[12] «Historical materialism and economic backwardness». Ball, Terence e Farr, James. *After Marx*. Cambridge UP, 1984: 39 e 56–57.

humana. O segundo, no determinismo sequencial e etapista das «fases de desenvolvimento». O terceiro, na visão teleológica que orienta o processo de desenvolvimento para um fim último, a sociedade em equilíbrio e harmonia que se autoestimula «naturalmente» para o «consumo de massas». Particularmente esta última perspetiva encerra a visão utópica. Em qualquer dos três elementos comuns, o «homem» é reduzido na sua ação a uma mera peça de uma mais complexa engrenagem manipulada transcendentalmente por alguma entidade desconhecida, mesmo que sustida nos pilares da ciência e do conhecimento.

É contra estas visões determinísticas e utópicas que se insurge Reinhard Bendix, na esteira do pensamento de Max Weber:

> Quero devolver aos homens do passado a imprevisibilidade do futuro e a dignidade de agir perante a incerteza. Ao olhar para trás, nós, observadores, tendemos a privar o passado do futuro que lhe pertence porque o nosso conhecimento de acontecimentos subsequentes nos engana.[13]

A ilusão criada pela utopia leva a que a distinção entre países avançados e atrasados seja construída sobre uma evolução previamente construída e teoricamente fundamentada:

> O evolucionismo parece mais adequado para lidar intelectualmente com o contraste gritante entre as nações industrializadas do mundo e todos os outros países que os eufemismos designam em desenvolvimento ou menos desenvolvidos, a fim de não chamá-los de destituídos e atrasados. É mais confortável reconhecer o contraste entre nações ricas e pobres, se se pode presumir que estas últimas estão, de facto, a caminho de um crescimento económico autossustentado. E este resultado parece garantido se se assumir que, mais cedo ou mais tarde, todas as sociedades passam por fases de desenvolvimento semelhantes.[14]

---

[13] *Force, Fate and Freedom. On Historical Sociology*. Berkeley e Los Angeles, University of California Press, 1984: 48.

[14] *Idem*: 5.

A crítica de Bendix tem um alvo que ganhou notoriedade na década de 70: por entre uma produção académica abundante, as organizações internacionais, com destaque para a Organização das Nações Unidas (ONU), instituíram uma categorização dos países em função do seu nível de desenvolvimento, partindo de um conjunto de indicadores económicos e sociais. Essas categorias ultrapassavam o incómodo de separar países entre «atrasados» e «avançados» para os dividirem em *desenvolvidos, em vias de desenvolvimento* e *subdesenvolvidos.*

Esta polémica despertou a resposta de um dos mais destacados economistas e teóricos do desenvolvimento, Gunnar Myrdal, que em 1974 publica um artigo de síntese dos seus contributos teóricos desenvolvidos nas duas décadas anteriores, «What is development?»[15], no quadro das teorias do desenvolvimento e da modernização.

> Por *desenvolvimento* refiro-me *ao movimento ascendente de todo o sistema social,* e creio que esta é a única definição logicamente sustentável. Este sistema social encerra, além dos chamados fatores económicos, todos os fatores não económicos, incluindo todo o tipo de consumos por vários grupos de pessoas; consumo fornecido coletivamente; instalações e níveis educativos e sanitários; a distribuição do poder na sociedade; e, de um modo mais geral, de estratificação económica, social e política; em termos gerais, instituições e atitudes — às quais devemos acrescentar, como um conjunto exógeno de fatores induzidos, medidas políticas aplicadas a fim de alterar um ou vários destes fatores endógenos.
>
> Este sistema social pode permanecer estagnado, ou pode mover-se para cima ou para baixo.

Myrdal introduz uma perspetiva holística dos processos de desenvolvimento a que prefere designar de «institucional» e que suporta o «modelo de causalidade circular» que se traduz no princípio de que um processo de mudança de uma condicionante conduz a uma mudança idêntica e na mesma direção de outras condicionantes, o que resulta numa cadeia de «efeitos cumulativos» da causalidade circular.[16]

---

[15] Myrdal, Gunnar. «What is development?». *Journal of Economic Issues* 8.4 (1974): 729–736.

[16] *Idem*: 730.

A Teoria de Myrdal foi exposta em três contributos seminais publicados entre 1956 e 1957: *Development and Undervelopment: a Note on the Mechanism of National and International Inequality*; *An International Economy: Problems and Prospects*; e *Economic Theory and Underdevelopment.*[17] A posição de Myrdal é profundamente crítica da teoria económica tradicional, ao não conseguir explicar o fosso crescente entre países pobres (subdesenvolvidos) e países ricos (desenvolvidos). Segundo ele, o princípio do equilíbrio estático e da liberdade de comércio subjacente a essas teorias, bem como a desvalorização de fatores não económicos, conduziria ao «fatalismo social» nos países subdesenvolvidos e à própria reprodução da pobreza, senão mesmo agravamento.

A diversidade de perspetivas em relação à teorização do desenvolvimento e do atraso teve em Portugal os seus intérpretes, que, desde muito cedo, situaram a experiência histórica portuguesa nas problemáticas mais alargadas do atraso e do subdesenvolvimento.

A primeira referência incontornável foi legada por Adérito Sedas Nunes ainda na década de 60. Num artigo publicado num dos primeiros números de *Análise Social*, «A Perspetiva Socio-cultural do Desenvolvimento Económico»[18], avança com uma visão integrada do desenvolvimento:

> O desenvolvimento económico é o resultado do esforço que cada sociedade faz para se desenvolver. A natureza e a intensidade desse esforço dependem, porém, das condições de estrutura, de cultura e de organização da sociedade. Uma «estratégia socio-cultural de desenvolvimento» pode, pois, ser definida, a partir da análise dessas condições.

Para Sedas Nunes, o desenvolvimento seria sempre o resultado de um «esforço coletivo» que conduziria a um «movimento induzido de reconversão social e cultural». Sem o expressar, adota os contributos de Myrdal, especialmente o próprio conceito de «causalidade circular»

---

[17] Myrdal, Gunnar. *Development and underdevelopment: A note on the mechanism of national and international economic inequality*. National Bank of Egypt, 1956. *Economic Theory and Underdevelopment*. Londres, Geralcl Duckworth & Co., 1957.

[18] *Análise Social*. Lisboa, Vol. I, n.º 3, de julho de 1963: 375–401.

e a perspetiva holística do desenvolvimento.[19] O exemplo a que recorre é o caso inglês para explicar como diferentes condicionantes, próprias da sociedade britânica, contribuíram para o seu desenvolvimento pioneiro. Ou seja, Sedas Nunes pretende destacar as «particularidades» de cada país, nomeadamente as diferentes combinatórias de condicionantes, quer no momento do *take-off* quer na sustentabilidade do crescimento económico.

A partir de alguns postulados básicos, Sedas Nunes enumera depois os dez «obstáculos socio-culturais» ao desenvolvimento:

1. Uma sociedade rural estruturada numa «repartição demasiado assimétrica da propriedade rústica»;
2. Baixo nível de «instrução» e «rigidez cultural» da maioria do campesinato;
3. Estratificação social marcada por fortes desigualdades de distribuição dos rendimentos;
4. Escassez de líderes industriais;
5. Persistência da «mentalidade económica» pré-industrial;
6. Reduzidas qualificações técnicas;
7. Imobilismo, instabilidade ou impotência relativa na direção política do Estado;
8. Inadequação da administração pública às «exigências de um desenvolvimento acelerado»;
9. Incapacidade de organização e mobilização social dos diferentes grupos sociais para o «esforço comum de desenvolvimento»;
10. Resistência de ideologias e doutrinas dominantes às exigências do desenvolvimento económico.

Estes dez obstáculos têm subjacente um retrato da sociedade portuguesa para a qual Sedas Nunes propõe uma «estratégia socio-cultural do desenvolvimento» que integra um conjunto de reformas sectoriais que prefiguram um autêntico programa de governo.

---

[19] *Idem*: 376.

Em 1978, Miriam Halpern Pereira publica um artigo[20] em que contraria as teses tradicionais da «decadência» e introduz a problemática do subdesenvolvimento português, numa perspetiva teórica diferente da formulada por Sedas Nunes, sintetizada na tese:

> O «desenvolvimento desigual», enquanto consequência de uma forte subordinação do crescimento económico de diferentes zonas do mundo aos interesses de um poderoso centro económico, é um fenómeno recente, data da segunda metade do século XIX e relaciona-se com as condições históricas em que se efetuou a Revolução Industrial.[21]

Além de contrariar as teses da decadência desde o século XVII, refuta ainda o argumento que outros historiadores e economistas tornavam extensíveis ao século XVIII:

> Na realidade, nem o ouro, nem os tratados de comércio com a Inglaterra afetaram as atividades agrícolas e industriais de forma tão exclusivamente negativa como poderia sugerir uma leitura dos ensaístas dos séculos XVII e XVIII.[22]

Ainda que reconheça que os tratados comerciais de 1654 e 1703 não constituíram um fator de bloqueio ao crescimento económico, Halpern Pereira defende que definiram «o início duma primeira fase da integração de Portugal e do seu império no espaço económico britânico, numa situação de dependência». Uma suposta segunda fase de um prolongado processo de crescente dependência terá sido iniciada com a Guerra Peninsular, o tratado de 1810 que permite aos ingleses o acesso aos portos do Brasil e a resolução de 1814 que estabeleceu direitos de importação ainda mais reduzidos do que os estabelecidos pelo Tratado de Methuen.

Só na segunda metade do século XIX essa dependência se consolidou a partir da adoção das políticas livre-cambistas do período Regenerador.

---

20 «"Decadência" ou subdesenvolvimento: uma reinterpretação das suas origens no caso português». *Análise Social* (1978): 7–20.

21 *Idem*: 8.

22 *Idem*: 10.

Em síntese, Miriam Halpern Pereira identifica o «atraso económico português» não como consequência da «decadência» que se seguiu ao período de glória da expansão marítima portuguesa e à União Dinástica com Espanha, mas antes como resultado da dependência externa face à potência económica liderante à época, ou seja, a Inglaterra.

Em 1979, Jaime Reis publica a versão em texto do que foi a sua lição de síntese apresentada para efeitos de provas de agregação. O título não poderia ser mais sugestivo: «O atraso económico português em perspectiva histórica (1860–1913)».[23]

O economista e historiador, sem rejeitar contributos anteriores, centra-se sobre a segunda metade do século XIX para defender que, não obstante um crescimento económico aceitável, Portugal afastou-se dos países, colocando-se entre economias que não conseguiram acompanhar o ritmo de crescimento dos países europeus mais desenvolvidos. Jaime Reis propunha-se analisar a evolução da economia portuguesa não numa perspetiva isolada, mas, em alternativa, «aplicar um método rigoroso e realisticamente comparativo».[24]

Rebate a tese da dependência externa com base no grau de abertura ao exterior da economia portuguesa, que, demonstradamente, era um dos mais reduzidos em comparação com os parceiros europeus, em parte graças a uma elevada proteção alfandegária. Em segundo lugar, Jaime Reis simula o impacto de uma industrialização mais vigorosa e conclui que o seu contributo não acrescentaria mais de 2% ao PIB na passagem do século XIX para o seguinte. Em terceiro lugar, recorre à hipótese de uma especialização no sector primário, «de longe o mais promissor», mas que, como demonstrou, se debatia com a sua falta de competitividade nos mercados mais atraentes.

A conclusão a que chega é que se «em 1900, Portugal estava afundado no atraso económico, dificilmente a situação poderia ter sido outra».[25] A tese destruía, assim, as várias interpretações do atraso, todas elas sugerindo que outros resultados se obteriam se as políticas e os modelos de desenvolvimento tivessem sido outros. O problema colocado conduzia necessariamente

---

[23] *Análise Social*. N.º 80, 1984: 7–28.

[24] *Idem*: 8.

[25] *Idem*: 25.

à dotação de recursos e ao desconhecimento de qual era o produto potencial do país, quer se tratasse de recursos naturais quer de recursos humanos, ambos de limitada expressão e adequação aos novos tempos do moderno crescimento económico.

Na esteira de Reis, Pedro Lains deu continuidade à investigação sobre as causas do atraso económico. Desde 1986, Pedro Lains publicou uma vasta obra, produto da sua diversificada investigação, abordando sector por sector o comportamento da economia portuguesa nos séculos XIX e XX. A problemática que serviu de base a todos esses estudos centrou-se no atraso económico e nos contributos sectoriais que explicam esse atraso. Começou pela análise de longa duração do comércio externo, passando à agricultura e à indústria, para, na melhor tradição da análise comparativa, enquadrar o caso português nos padrões de crescimento económico europeu, com especial atenção para os países da periferia europeia.

A síntese mais interessante da problematização do atraso, quer para o caso português quer na perspetiva mais alargada da periferia europeia, escreveu-a Pedro Lains no livro de homenagem a Alan S. Milward[26], em que elenca as múltiplas condicionantes e oportunidades que durante os séculos XIX e XX essas economias enfrentaram, com múltiplas e diferentes configurações, obtendo diferentes efeitos em função do contexto e da conjuntura em que operaram. O que se retira da abordagem é que, não havendo uma teoria geral do desenvolvimento económico em que se possa incluir os diferentes casos de pioneirismo e de sucesso, da mesma forma, parece não existir uma teoria do atraso que possa ajudar a solucionar o vasto e complexo *puzzle* dos padrões de desenvolvimento económico. Não existe para a Europa e mais dificilmente existirá para outras regiões do globo, que seguiram caminhos diferentes, a partir de contextos diferentes e em períodos diferentes da História contemporânea. Ficamos sempre com a sensação de que faltam peças ao *puzzle* ou que, definitivamente, ele não é suscetível de ser reconstruído.

Não deixa de ser relevante e simultaneamente frustrante a conclusão formulada por Lains. Se há um «fardo» do atraso extremo que bloqueia os

[26] Lains, Pedro. «The Burden of Backwardness: The Limits to Economic Growth in the European Periphery, 1830–1930: Pedro Lains». Guirao e Ramirez (Orgs.). *Alan S. Milward and a Century of European Change*. Londres, Routledge, 2012: 246–264.

potenciais impulsionadores do *take-off* e do crescimento sustentado, torna-se difícil fugir ao que Bendix designava por «falácia do determinismo retrospetivo», que se identifica nas conclusões do seu estudo:

> As razões pelas quais as zonas atrasadas não importaram os desenvolvimentos institucionais favoráveis são semelhantes às razões pelas quais não importaram tecnologia avançada, nomeadamente, que as suas configurações internas simplesmente não estavam adequadas para tais desenvolvimentos. Não foi, portanto, porque as pessoas na periferia eram menos engenhosas ou menos empreendedoras, mas simplesmente porque o ambiente era demasiado retrógrado e as condições para novas formas de fazer as coisas eram demasiado adversas.
>
> Durante a segunda metade do século XIX, as condições internas na periferia mudaram, e o cenário institucional e infraestrutural foi lentamente implementado na periferia, embora a um ritmo que não permitia a recuperação. Na sequência desses desenvolvimentos positivos, paradoxalmente ou não, num período de regimes autoritários autárcicos, as novas condições foram fixadas pela primeira vez desde que a industrialização começou um século antes, e finalmente a recuperação verificou-se. É importante compreender o momento de tais desenvolvimentos. As coisas poderiam ter sido diferentes a todos os níveis, mas olhando atentamente para os constrangimentos impostos pelo atraso extremo, temos de concluir que não poderiam ter sido muito diferentes.[27]

Eventualmente, nem se trata de uma falácia, mas antes do vício de algum estruturalismo que é subjacente às abordagens da muito longa duração, na mesma medida em que, durante muito tempo, se valorizou o acontecimento e os grandes feitos da História de cada país como marcos decisivos da sua evolução. Pedro Lains lembrava, e bem, que a rede de caminho-de-ferro poderá não ter tido efeito imediato na economia portuguesa do século XIX, mas foi uma infraestrutura importante quando, já no século XX, a economia entrou em fase de crescimento mais acentuado. O quadro institucional foi sendo lapidado ao longo de quase um século, mas os seus efeitos positivos não foram imediatos. Uma elite industrial não se afirma numa só geração. A escolarização da população não se consegue aumentar numa única geração e, no caso português, a

---

[27] *Idem*: 238–239.

obrigatoriedade da escolaridade primária só atingiu uma taxa de cobertura de 100% quase 140 anos após ter sido decretada. O tempo e a oportunidade são condicionantes que nem sempre são atendíveis nos modelos econométricos porque são correntemente formulados em condições estáticas e geralmente em sistemas fechados de variáveis, pretensamente em equilíbrio, admitindo que todas elas mantêm o poder de determinação ao longo de contextos históricos de muito longa duração, o que não é verificável.

Entre divergência e convergência

Um dos mais importantes legados de Simon Kuznets, além dos seus contributos teóricos, foi a prática de construção de séries longas das principais variáveis macroeconómicas que sustentassem uma investigação empírica, sistemática e comparável. Esse esforço dava seguimento a pesquisas anteriores que conduziram à construção de séries de preços, variáveis demográficas e económicas, desde, pelo menos, o século XIX.

Esse legado de Kuznets teve seguimento, especialmente entre os historiadores da economia, mas com especial destaque para os trabalhos de Paul Bairoch, primeiro, e Angus Maddison, que coligiu séries de muito longa duração dos principais indicadores de crescimento económico.

Entre nós, datam da década de 80 as primeiras publicações dessas séries longas relativas a Portugal. Os contributos de Nuno Valério, Eugénia Mata, David Justino, Jaime Reis, Ana Bela Nunes, Pedro Lains, José Silva Lopes e Abel Mateus, entre outros, tinham um objetivo central: estimar valores para a evolução de longo prazo da produção nacional. As primeiras tentativas foram claramente inspiradas nos trabalhos de Paul Bairoch, que havia conferido uma nova escala ao trabalho desenvolvido por Simon Kuznets. Porém, essas tentativas pioneiras não iam além dos séculos XIX e XX.

Mais recentemente, a investigação das séries longas ganhou um novo fôlego a partir do trabalho desenvolvido por Angus Maddison. Logo em 2003, Maddison publica, pelo Centro de Estudos do Desenvolvimento da OCDE, *The World Economy. Historical Statistics*, que passa por ser o primeiro grande repositório de estatísticas históricas construídas ao longo de muitos anos. Em 2007, o mesmo autor publica um conjunto de ensaios sob o título *Contours of the World Economy, 1–2030 AD. Essays in Macro-Economic History.*[28] Três anos mais tarde, precisamente no ano do seu falecimento, um grupo de colegas próximos criou o Maddison Project, que tem vindo a dar continuidade ao seu trabalho de recolha e sistematização das grandes séries históricas, à escala mundial.

Em Portugal, esse esforço foi conduzido por Nuno Palma, Jaime Reis e Leonor Freire Costa e permitiu estender as séries até ao século XVI.[29]

Trata-se de um contributo inestimável que muito ajudará a esclarecer alguns dos problemas que há muito vêm sendo formulados sobre a decadência, o atraso, o subdesenvolvimento ou a divergência que a economia portuguesa possa ter demonstrado face às economias mais desenvolvidas.

Iremos recorrer a essas séries para identificar algumas ideias, interpretações ou comentários críticos que se possam apresentar como pertinentes.

Em primeiro lugar, de que números e de que indicadores e estimativas estamos a falar? O que poderemos retirar dessas séries longas?

Não vale a pena lembrarmos alguns purismos metodológicos sobre a pertinência de usar um indicador macroeconómico, por exemplo, o Produto Nacional ou o Interno Bruto por habitante, para épocas anteriores às estruturas económicas modernas. Com as limitações que são conhecidas, continuamos a pensar que mais vale ter uma estimativa verosímil — tenho o cuidado de não recorrer ao termo «verdadeiro» — a não ter nenhum indicador. Se eles existem, só teremos de avaliar a sua consistência técnica e discutir se ele é compatível com outra informação complementar.

A quantificação é sempre vantajosa em relação às apreciações qualitativas. Braudel tinha o hábito de lembrar que, cito de memória, «os números não resolvem problemas, mas ajudam-nos a não os formular mal». Pelo menos, todos estes contributos têm essa vantagem de não nos deixar encontrar respostas e soluções para problemas mal formulados.

---

28 Oxford University Press, 2007.

29 Costa, Leonor Freire, Nuno Palma, e Jaime Reis. «The great escape? The contribution of the empire to Portugal›s economic growth, 1500–1800». *European Review of Economic History* 19.1 (2015): 1–22. Palma, Nuno, e Jaime Reis. «From convergence to divergence: Portuguese demography and economic growth, 1500–1850». *GGDC Research Memorandum* (2016). Palma, Nuno, e Jaime Reis. «From convergence to divergence: Portuguese economic growth, 1527–1850». *The Journal of Economic History* 79.2 (2019): 477–506.

A grande vantagem destas séries é a de permitirem a comparação com outras regiões e outros países, partindo sempre do pressuposto de que qualquer desajuste ou erro é sistemático e comum às diferentes realidades que pretendem quantificar.

Recorremos ao Maddison Project Database[30] para analisar as séries do PIB por habitante, relativas a Portugal, entre 1530 e 2018. A série representada no Gráfico 11 permite-nos retirar algumas linhas de interpretação da evolução da economia portuguesa:

- De 1530 a 1640, identifica-se uma estabilidade dos valores com variações em torno da média (1340 $). De 1540 a 1575, há uma tendência ascendente para quebrar ainda antes de 1580 e manter-se em níveis um pouco mais baixos até 1636. Ainda que a análise mais fina em torno das datas de viragem tenha de ser feita com algumas reservas, há que reter que a quebra antecede a União Dinástica com Espanha em 1580 e a recuperação antecede o fim do período filipino.
- De 1640 a 1755–1790, a tendência é para o crescimento até às vésperas do terramoto de 1755, mantendo-se os níveis elevados até 1790. O valor de 2000 $ é superado, pela primeira vez, em 1688–89. Nos 20 anos seguintes, há uma retração até 1711 para retomar a tendência dominante nas décadas seguintes. Os valores para este período são claramente indiciadores de prosperidade, muito provavelmente associada aos «ciclos do açúcar e do ouro» brasileiros, o que contraria as teses da «decadência».
- De 1790 a 1880, o indicador sugere o pior período de crescimento económico. As dificuldades sentidas na década de 90 do século XVIII têm continuidade na década seguinte, marcada pelas Invasões Francesas e pelas alterações registadas no comércio com o Brasil. Na passagem do século XVIII para o XIX, Portugal retrocede para valores do PIB *per capita* inferiores a 2000 $ e só voltará a atingi-los um século depois.
- De 1880 a 1920 e ao ano 2000, estamos perante uma fase de crescimento tendencial. Primeiro, de crescimento mais moderado, entre 1880 e 1900, depois, de crescimento mais acelerado entre 1920 e o

[30] Estas séries têm como fontes originais as estimativas elaboradas por Reis e Palma (2019), para o período que vai de 1530 a 1850, e Angus Maddison, para os anos seguintes.

final do século XX. A primeira fase é interrompida pela crise do regime constitucional monárquico, pela implantação da República e pela I Guerra Mundial. É depois de 1920 que Portugal consegue superar os máximos históricos e entrar num período longo de 80 anos de crescimento económico mais acelerado. Mesmo com as dificuldades sentidas na década de 30 e 40, o pós-II Guerra Mundial assiste ao retomar dessa tendência, que, na perspetiva da longa duração, é o período de ouro da economia portuguesa. Porquê «parar» a tendência na passagem para o século XXI? Porque é o ponto de viragem para a desaceleração do crescimento que se mantém até ao presente.

Se os valores estimados constantes da série são verosímeis — até prova em contrário, assim os considero —, então teremos de rever muitas das leituras sobre a história económica de Portugal e só depois encontrar fatores e contextos que possam explicar tal evolução. Esta revisão sugere que as interpretações até aqui defendidas terão de ser sujeitas a uma profunda reflexão não só a tese da «decadência» há muito rejeitada, mas também a do atraso económico, quando centrada sobre a segunda metade do século XIX, ou mesmo a da dependência face à Inglaterra, cujos tratados comerciais não impediram que Portugal atingisse o seu melhor período na primeira metade do século XVIII. Estas duas últimas teses continuam a representar contributos para a reflexão que não devem ser rejeitados, mas, definitivamente, não esclarecem todas as dimensões no nosso tardio e tímido desenvolvimento, especialmente durante o século XIX.

O segundo exercício de análise da evolução do PIB português exige a comparação com outros países europeus. Em primeiro lugar, com Espanha, para avaliar quão paralelos são os trajetos percorridos. A ideia desse paralelismo foi sugerida, pelo menos, desde Antero de Quental. Em segundo lugar, com os países europeus que, ao longo de todo o período considerado, mantiveram uma posição entre os mais prósperos.

Selecionámos os valores do PIB *per capita* do Reino Unido, da França e dos Países Baixos e considerámos o valor médio para cada um dos anos, desde 1530 a 2018. Esse valor médio passa a ser a base (=100) de referência para analisarmos a evolução relativa de Portugal e Espanha. Além de terem sempre integrado o «pelotão da frente», a qualidade das séries garante alguma solidez nas comparações.

Gráfico 11: Estimativas do PIB *per capita* português

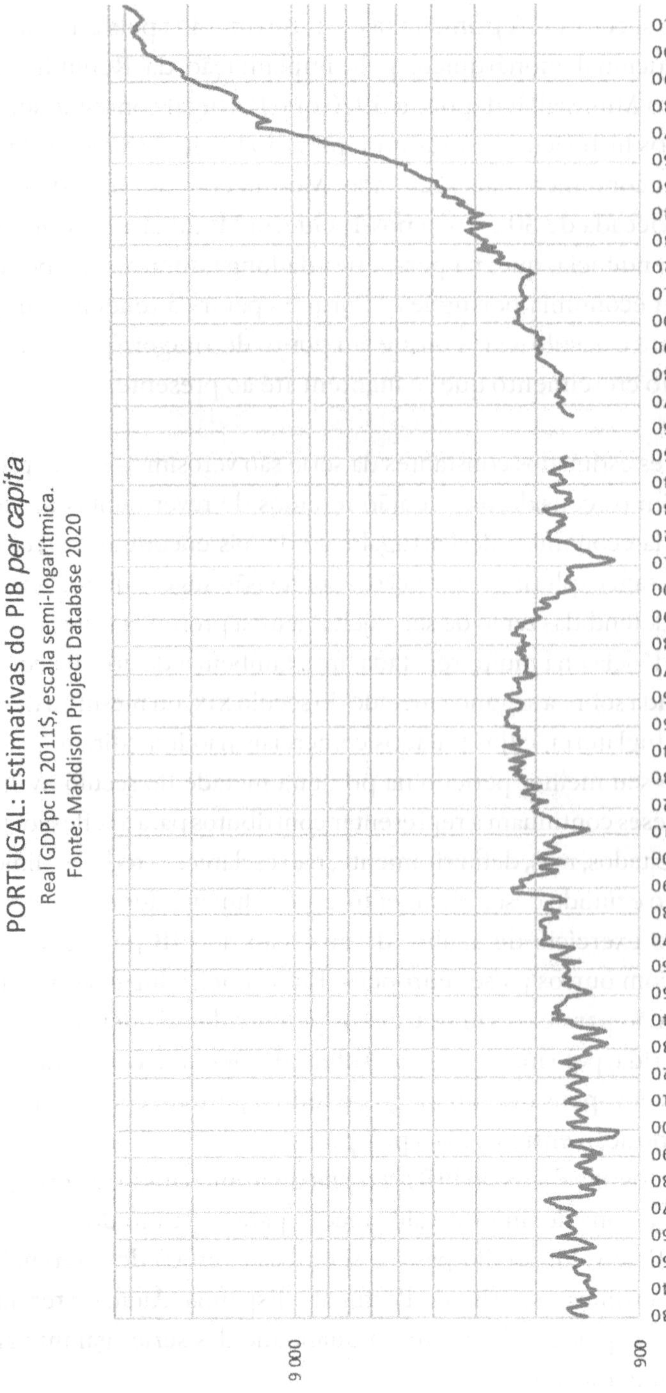

Gráfico 12: Estimativas do PIB *per capita* português e espanhol

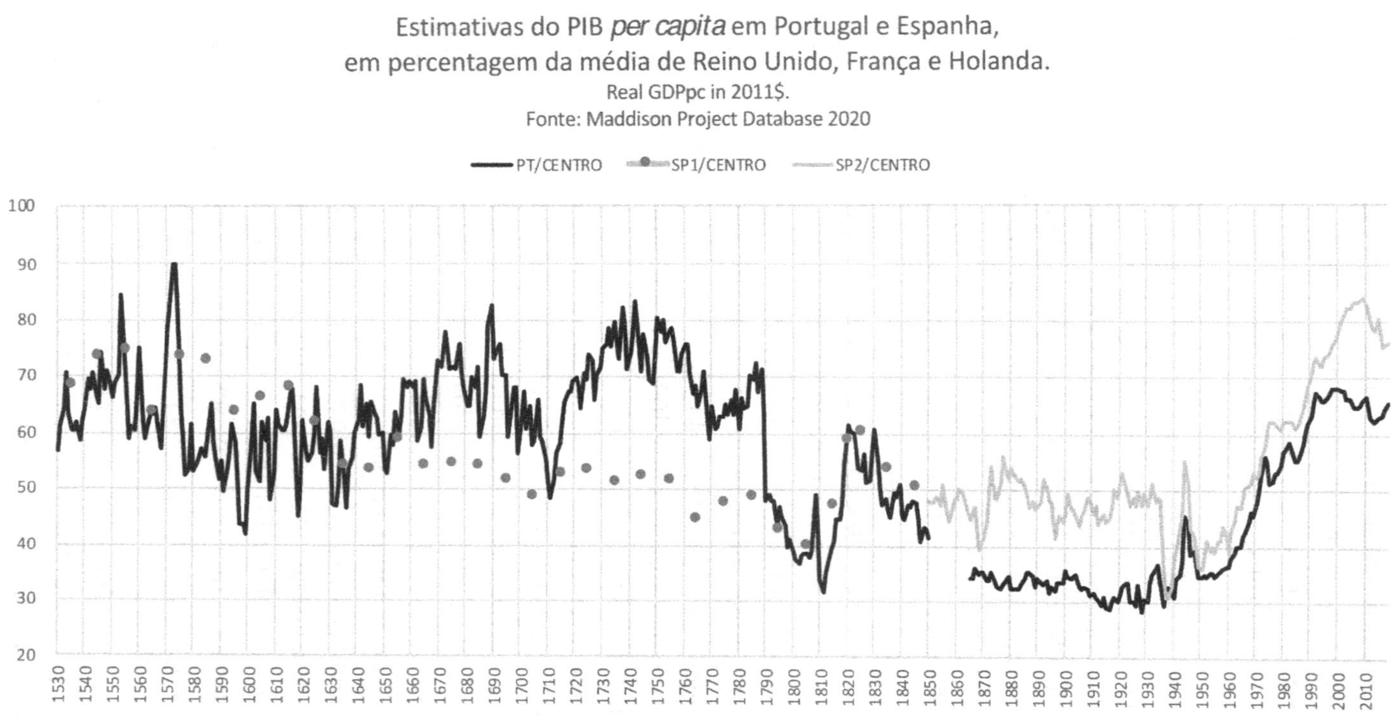

NOTA: Os valores para Espanha até 1850 correspondem a médias decenais. Álvarez-Nogal, C. e L. Prados de la Escosura. «The Rise and Fall of Spain (1270–1850)», *Economic History Review*, 66, 1, 2013: 1–37. Após 1850, são dados anuais. Prados de la Escosura, L. *Spanish Economic Growth, 1850–2015*. Londres, Palgrave Macmillan, 2017.

O que poderemos retirar da comparação de Portugal e Espanha face aos três países do que poderemos designar por «centro económico da Europa»? Sem entrar em grandes detalhes, que deixaremos para melhor oportunidade, poderemos partilhar as seguintes ideias:

- Ao longo de todo o período coberto pelas séries, nunca o nível de riqueza de Portugal ou de Espanha igualou a média da dos três países tomados como referência. Pontualmente, atingimos uma proporção de 80 a 90%, mas só pontualmente. A imagem de prosperidade e de elevada riqueza no século XVI, pelo menos desde 1530, não coincide com a leitura das séries.
- Espanha e Portugal têm trajetos e posicionamentos relativos diferentes. Enquanto Espanha apresenta maior proximidade aos países do centro entre 1550 e 1580, divergindo a partir de então — só volta a convergir na segunda metade do século XX —, Portugal apresenta duas fases de convergência: 1640–1690 e 1720–1760. A proximidade ao centro nunca foi tão reduzida, situando-se entre 70 e 80%.
- O resultado mais notório desta análise é o facto de Portugal se afastar do trajeto da Espanha, entre 1640 e 1790. Nunca a diferença relativa dos dois países foi tão acentuada.
- A grande divergência em relação aos níveis de produto dos países do centro expressa-se a partir de 1790, ainda que os sinais de declínio sejam percetíveis na passagem da década de 50 para a seguinte. Portugal afasta-se rapidamente dos países mais prósperos e aproxima-se do nível espanhol, evoluindo, a partir de então e até meados do século XIX, de forma similar.
- Na segunda metade do século XIX, Portugal continua a afastar-se, mas Espanha consegue manter uma posição relativa menos desfavorável: entre 1850 e 1940 a Espanha consegue resistir a manter-se perto dos 50% da média do PIB dos países do centro; Portugal continua a perder posições, chegando a uma proporção pouco superior a 30% entre 1910 e 1920.
- Como expressámos atrás, a evolução do PIB *per capita* português recupera a partir de 1920. Portugal cresce mais rapidamente do que os países do centro e inicia uma nova fase longa de convergência, mais

moderada até 1960, mais acentuada a partir de então e até 2000. A Espanha nas duas décadas iniciadas com a Guerra Civil manifesta dificuldades na recuperação, mas a partir de 1960 apresenta uma relação mais favorável e um dinamismo mais acentuado. Trata-se de um processo de convergência comum, feita a ritmos muito próximos, até 1992. Depois deste ano, Portugal cresce, mas denuncia uma divergência moderada, e a Espanha continua a convergir, reduzindo a sua diferença em relação ao centro para os níveis mais próximos, ao longo de todo o período em análise. Depois de 2009, quer Portugal quer a Espanha parecem iniciar uma nova fase de divergência.

A sucessão e a alternância das fases de convergência e divergência com os países mais avançados no desenvolvimento económico são um traço expressivo da leitura que fizemos. Mas esses termos são meramente descritivos, não são explicativos.

Jaime Reis, Nuno Palma e Leonor Costa identificam dois tipos de impulsionadores do crescimento económico nos melhores períodos dos séculos XVII e XVIII. A nível externo, o papel do Império Atlântico, em especial o Brasil, em que a economia do açúcar, da escravatura e do ouro terão dado o mais relevante contributo. A nível interno, o contributo dado pela revolução do milho maíz e o desenvolvimento da produção e comércio do vinho do Douro.[31]

O que poderia justificar o fim deste período de prosperidade? Os autores consideram a década de 50 do século XVIII o ponto de viragem para uma fase de declínio que se prolongará pelo século XIX. Os primeiros sinais são conhecidos. Porém, o que é que mudou para justificar essa inversão da tendência?

- As remessas de ouro do Brasil atingiram os montantes mais elevados nos 15 anos compreendidos entre 1740 e 1754 e, a partir de então, a tendência é para a diminuição progressiva dos fluxos e de forma mais acentuada após 1780.[32] Porém, o *stock* disponível mantém-se elevado até aos primeiros anos da década de 80.

[31] Art. Cit. «The Great Escape?»: 3.

[32] Costa, Leonor Freire, Pedro Lains, e Susana Münch Miranda. *An economic history of Portugal, 1143–2010*. Cambridge University Press, 2016: 204.

- A Guerra dos Sete Anos (1756–1763) alterou a rede de transações intercontinentais e criou as condições para a afirmação da liderança britânica no comércio mundial. Não obstante a melhoria verificada na balança comercial portuguesa durante a administração de Pombal, o saldo continua a ser deficitário até finais do século XVIII.
- A nível interno, o ano de 1755 representa um ponto de viragem não só pelos efeitos do terramoto, mas por uma sucessão de acontecimentos que afetaram a produção agrícola. A passagem para a década de 60 confirma essa viragem identificada no Minho por Aurélio de Oliveira[33], na Beira Alta por João Nunes Oliveira[34], no Alentejo por David Justino e Rui Santos[35], no Algarve por Romero de Magalhães. Entretanto, será necessário confrontar estas quebras na produção com outros sectores que revelam sinais de algum crescimento, nomeadamente a produção vinícola e a criação de gado.
- Não obstante as dificuldades assinaladas, o nível de produto por habitante mantém-se a níveis elevados (acima dos 1800 $) até final de década de 80. Em comparação com o conjunto dos países que utilizámos como referência, a divergência aumenta tendencialmente, mas só depois de 1790 se torna abissal e irrecuperável por mais de um século. Como bem sintetizam Nuno Palma e Davis Kedrosky, Portugal passa de um dos países mais ricos da Europa para, um século depois, se situar entre os mais pobres.[36]

---

[33] Oliveira, Aurélio de. *A Abadia de Tibães 1630/80–1813: Propriedade, Exploração e Produção Agrícolas no Vale do Cávado durante o Antigo Regime.* Dissertação de doutoramento apresentado à Universidade do Porto, 1979. «As crises Agrícolas de Entre Douro e Minho nos Finais do Antigo Regime». *Terceiras Jornadas de Estudo do Norte de Portugal — Aquitânia. Actas.* Porto, UPorto, 1996.

[34] Oliveira, João Nunes de. *A «Beira Alta» de 1700 a 1840: Gentes e Subsistências.* Dissertação de doutoramento apresentada à Universidade de Coimbra, 1998.

[35] Justino, David. «Crises e "decadência" da economia cerealífera alentejana no século XVIII: contribuição para o seu estudo a partir da análise das séries dos preços regionais do trigo e da cevada (1684–1820)». *Revista de História Económica e Social* 7 (1981): 29–80. Santos, Rui. *Sociogénese do latifundismo moderno: Mercados, crises e mudança social na região de Évora, séculos XVII a XIX.* Lisboa, Banco de Portugal, 2003.

[36] Kedrosky, Davis, e Nuno Palma. *The Cross of Gold: Brazilian treasure and the decline of Portugal.* University of Warwick, Centre for Competitive Advantage in the Global Economy (CAGE), WP n.º 574, 2021: 2.

A acentuada e prolongada divergência da economia portuguesa pode ser expressa de forma muito simples: os valores do produto por habitante registados na década de 80 do século XVIII só voltarão a ser atingidos na passagem para o século XX — mais de um século de distanciamento em relação às economias europeias mais prósperas.

Apesar de um crescimento económico razoável entre 1880 e 1900, Portugal só sai deste longo período de divergência após a I Guerra Mundial. Na década de 20, identificamos os primeiros sinais de recuperação e o que consideramos ser uma nova fase longa de convergência vai marcar a evolução da economia portuguesa. Mais moderada de 1920 a 1960, mais acelerada entre 1960 e os anos 90. As leituras políticas desta evolução não podem esquecer que é uma fase que cobriu três regimes: República, Estado Novo e Democracia.

O que sustentou esta nova fase de convergência? No período compreendido entre as duas guerras mundiais, Portugal conseguiu escapar à turbulência económica que assolou os países europeus mais avançados e beneficiou de um crescimento industrial em novos sectores (cimento, adubos, energia).[37] No pós-II Guerra Mundial, o crescimento económico — o mais acelerado e estruturante da era contemporânea, que justifica a qualificação de «época de ouro» da economia portuguesa — foi impulsionado por três contributos decisivos: a Europa, a industrialização e a urbanização.

Desde a década de 50 que a abertura à Europa se processou de forma gradual, quebrando o isolamento e a irrelevância económica a que Portugal se remeteu ao longo do século XIX e da primeira metade do século XX. O aumento do grau de abertura da economia ao exterior constitui um dos fatores decisivos do crescimento económico.[38] Primeiro, a adesão à EFTA e o acesso a novos mercados, a abertura ao capital estrangeiro, a emigração e o contributo das remessas, os primeiros passos no desenvolvimento do sector do turismo. Depois, a integração na Comunidade Económica Europeia (CEE), os fundos estruturais e o novo quadro institucional criado pelo regime democrático, especialmente impulsionado pelo processo de integração comunitária.

---

[37] Lains, Pedro. «O Estado e a industrialização em Portugal, 1945–1990». *Análise Social* (1994): 940–1.

[38] Mateus, Abel. «A Tecnologia». Lains, Pedro e Silva, Álvaro Ferreira da. *História Económica de Portugal 1700–2000. Vol. III — O Século XX*. Lisboa, ICS, 2005: 136–137.

Álvaro Aguiar e Manuel Martins demonstram bem qual foi o papel da indústria nesta fase de crescimento e como o aumento da produtividade acelerou «a partir da década de 50, para depois desacelerar nos anos 1970 e 1980 e voltar a acelerar nos anos 1990».[39] Uma longa fase de crescimento a três tempos: de 1950 a 1973 acelerado, de 1974 a 1984 de retração e de 1985 até ao final de século denotando já sinais ineludíveis de desindustrialização. Os dois choques petrolíferos, a nacionalização dos principais grupos industriais e a retração na procura externa explicam esta década (1974–1984) de desaceleração do crescimento industrial. O peso do Valor Acrescentado Bruto (VAB) do sector secundário no PIB cresce até 1974 (quando atinge 37%) e, partir de então, a tendência é sempre decrescente, baixando da barreira dos 30% em 1989 e da dos 20% a partir de 2010.[40]

O crescimento urbano na segunda metade do século XX é o terceiro motor do crescimento económico, em estreita associação com o desenvolvimento industrial. A bipolarização urbana do território que se desenvolve durante o século XIX[41] é consolidada através do crescimento das cidades de Lisboa e Porto e, a partir da década de 50 do século XX, da sua metropolitanização, ou seja, o transbordo demográfico das duas cidades para as suas periferias, que é categorizado através do recurso às noções de Grande Porto e de Grande Lisboa.

Entre 1950 e 1991, a população residente na Grande Lisboa duplica e a do Grande Porto tem um aumento de 60%. Porém, o movimento estende-se para lá das áreas metropolitanas. O número de localidades com mais de 10 mil habitantes passa de 27 em 1850 para 43 em 1991 e 66 em 2001. As periferias industrializadas atraem mão-de-obra, o crescimento dos serviços sustenta a expansão das classes médias. Em contrapartida, a população ativa na agricultura reduz-se a menos de um terço entre 1950 e 1991.[42]

---

39 «A indústria». *Idem*: 185.

40 INE, Bd Séries Longas da Economia Portuguesa SLEP 2020. Considerámos como sector secundário as indústrias extrativas, transformadoras, energia, água e saneamento e construção.

41 Justino, David. *A Formação do Espaço Económico Nacional, Portugal 1810–1913*. Vol. II.

42 Mata, Eugénia, e Valério, Nuno. *História Económica de Portugal. Uma Perspectiva Global.* Lisboa, Ed. Presença, 1993: 252–253.

Século XXI: uma nova fase de divergência?

Justifica-se um olhar final sobre as décadas mais recentes da nossa história económica, nomeadamente o que se afigura como uma nova fase de divergência que se identifica desde os últimos anos da década de 90.

O tema tem sido tratado a propósito do crescimento modesto registado desde os anos 90 e do «empobrecimento relativo» face a países europeus que competem diretamente com Portugal. As análises feitas ao desempenho da economia portuguesa centram-se na comparação dos níveis de PIB *per capita* entre vários países e com a média europeia. Sobre este tipo de abordagem está tudo dito ou escrito. Entretanto, interessam-me as comparações de Portugal com os grandes agregados regionais, dado que têm revelado alguns padrões e dinâmicas de crescimento que nem sempre são tidos em conta.

O exercício que propomos passa por considerar o espaço europeu em quatro grandes grupos de países e confrontar o desempenho da economia portuguesa em comparação com o desses grupos:

- **Países do Sul da Europa** — é o conjunto de países que Portugal integra, os que revelaram maiores dificuldades em superar a crise financeira de 2008 e a recessão que lhe seguiu. A crise das dívidas soberanas teve uma incidência mais acentuada nesses países, independentemente de terem sido objeto de intervenção e assistência financeira.
- **Países do Leste da Europa** — é o conjunto dos países que, tendo integrado o Bloco Soviético, se integraram mais tarde na União Europeia. Considerados entre os países mais pobres, têm vindo a beneficiar das ajudas comunitárias e a revelar algum dinamismo económico no seu processo de reconversão e integração. Decidimos integrar os três países do Báltico que integraram o Bloco Soviético numa nova categoria que agrega todos os países com fronteiras com aquele mar.
- **Países do Báltico** — agrega os países nórdicos pertencentes à UE unidos pelo acesso ao Mar Báltico e que representam uma nova zona com assinalável dinamismo económico.
- **Países do Centro** — sendo, na sua maioria, geograficamente do centro da Europa, constituem o grupo de países com o mais elevado PIB

per capita, pelo que a designação de «centro» não é meramente geográfica, representando a região mais desenvolvida da Europa.

O Gráfico 13 expressa as diferentes trajetórias destes quatro agregados e de Portugal, desde 1980 até 2022. A base 100 de cada um dos índices está referenciada ao ano de 1995. Eis, sinteticamente, o que se pode extrair da sua leitura:

- Os últimos anos da década de 90 são o ponto de partida para uma divergência manifesta entre os diferentes agregados, e o ano de 2000 representa um ponto de não retorno. A economia portuguesa e a dos Países do Sul diverge das restantes desde a viragem do século, precisamente quando o seu crescimento médio anual passa a ser dos mais baixos.
- Ao longo de todo o período, Portugal converge de forma acentuada entre 1985 e 1992 e moderadamente entre 1993 e 2000. Depois de 2000, a economia portuguesa tem uma trajetória quase paralela à dos Países do Sul.
- A recuperação após a crise financeira identifica-se entre 2014 e 2018, mas o diferencial em relação aos restantes países da Europa aumenta porque a inversão dá-se com algum atraso e a um nível mais baixo. As taxas de crescimento apontam para um ritmo paralelo ao dos Países do Sul e do Centro.
- A comparação com os Países do Leste e do Báltico revela a grande divergência relativamente a Portugal e aos Países do Sul. Especialmente o Leste apresenta trajetórias de crescimento mais acelerado, recuperando mais rapidamente dos níveis muito baixos de que partiram.

Nesta perspetiva, esta nova fase de divergência da economia portuguesa deve ser situada na passagem do século. Não é um fenómeno recente e a sua explicação terá de ser encontrada na pergunta: o que é que falhou nesse contexto histórico tão particular?

Não existem respostas simples, mas diria que o modelo económico que sustentou a convergência, especialmente o que se estruturou a partir da década de 50 do século XX, esgotou a sua capacidade estruturante. Portugal ainda não aproveitou o potencial que representa o mercado único europeu, eventualmente porque perdeu competitividade face a outros concorrentes, especialmente num contexto de globalização. Em segundo lugar, porque a integração na união monetária criou novos desafios para os quais a economia e o sector financeiro não terão encontrado as melhores respostas. A terciarização não deveria conduzir necessariamente à desindustrialização, mas se há sectores da indústria transformadora que souberam responder aos desafios desse novo contexto, outros há que se refugiaram no mercado interno e em bens não transacionáveis. Por último, a dinâmica da urbanização e de crescimento das classes médias perdeu fôlego, cedendo lugar às lógicas especulativas do mercado imobiliário fortemente animado pela procura de ativos subvalorizados por parte de estrangeiros.

Os tempos de incerteza que vivemos não são muito propícios à construção de cenários para os próximos anos. O desafio que se coloca à sociedade portuguesa está em responder à questão: temos condições para voltar a convergir ou continuamos as trajetórias de divergência que se identificam desde os primeiros anos do século XXI?

Os efeitos combinados da pandemia da covid-19 e da invasão da Ucrânia colocaram a Europa perante novos desafios que seriam inimagináveis há dez anos. Os problemas dos recursos energéticos, das alterações climáticas, do aumento da tensão no Leste, da inflação, do reforço do investimento em defesa militar e as ameaças ineludíveis de fragmentação do espaço europeu são, *per se*, desafios para os quais não existem respostas preconcebidas. Imaginemos então os seus efeitos combinados.

O futuro de Portugal não pode ser dissociado desses problemas e desafios, para mais quando vivemos um quadro de dependência muito desfavorável em relação aos nossos parceiros europeus. Ainda não conseguimos criar um novo modelo de crescimento assente numa estratégia de desenvolvimento que seja mobilizadora dos diferentes grupos sociais e dos limitados recursos internos de que dispomos. O Estado e demais atores, grupos e instituições políticas terão o seu papel, mas receio que a sua ineficiência e crescente deslaçamento social não lhes confira qualquer capacidade mínima de mobilização de recursos e de vontades em torno de um propósito comum.

Gráfico 13: Comparação da evolução do PIB *per capita* em Portugal e na UE

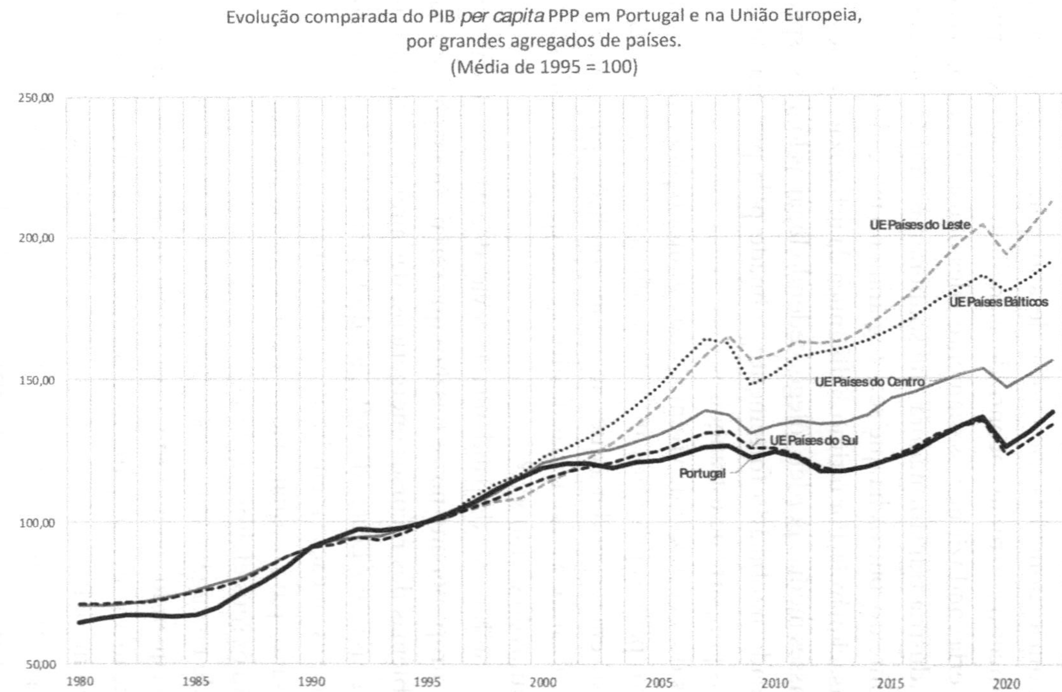

Fonte: IMF World Economic Outlook Database. Ano de 2022, dados previsionais.
Agregados: UE-Países do Sul (Chipre, Grécia, Itália, Malta, Portugal e Espanha); UE-Países do Leste (Bulgária, Croácia, Chéquia, Hungria, Polónia, Roménia, Eslováquia e Eslovénia); Países do Centro (Áustria, Bélgica, França, Alemanha, Irlanda, Luxemburgo, Países Baixos e Reino Unido); UE-Países Bálticos (Dinamarca, Estónia, Finlândia, Letónia, Lituânia e Suécia). Para os agregados UE-Países de Leste e UE-Países Bálticos só considerámos as séries a partir de 1995, data a partir da qual todos os países do agregado apresentam valores comparáveis.

4
A INSUSTENTÁVEL GRANDEZA DO ESTADO

> O Estado foi essencial na construção da nação portuguesa. Precedeu mesmo o surgimento da nação. O Estado central não só gerou e construiu, como desenvolveu e protegeu. Praticamente tudo o que de importante Portugal fez no mundo e na história foi feito sob a orientação e a direção do Estado. Grandes projetos agrícolas, florestas, povoamento, organização religiosa, vias de comunicação, a abertura comercial ao mundo, as «descobertas marítimas», o estabelecimento do comércio globalizado, a colonização, o investimento cultural e científico, o desenvolvimento educativo e a revolução industrial, tudo foi obra e graça do Estado, mesmo se por vezes ajudado por privados e pela Igreja. Nunca o Estado deixou o seu papel de dirigente e protagonista. Nunca os privados foram capazes de agir sozinhos sem o Estado.
>
> António Barreto, *De Portugal para a Europa. Ensaios.* Lisboa, Relógio d'Água, 2017: 29.

A evolução das finanças públicas é um bom retrato e ponto de partida para percebermos os problemas do Estado, do sistema político e da própria sociedade. É esse percurso que tentaremos trilhar neste capítulo.

Retomemos a obra de Anselmo de Andrade para reproduzir uma ideia que continua a ter atualidade:

> É de uma grande monotonia a nossa história financeira. Nas suas linhas gerais cifra-se em gastar mais do que se tem, fazer *deficit* e pagar mais tarde com empréstimos. Tal é o seu lacónico sumário.[1]

Se tomarmos como referência os primórdios do Estado liberal, a despesa pública efetiva decuplicou a sua relação com o produto. De menos de 5% passámos praticamente para 50%.

Quadro 5: Evolução das finanças públicas portuguesas

	Despesa Pública Efetiva / PIB	Dívida Pública Total / PIB	Dívida Pública Externa / PIB
1851	4,4	36,7	19,6
1890	7,4	79,4	43,3
1930	11,0	57,9	32,2
1970	16,6	20,8	5,3
2000	42,7	54,2	26,4
2020	49,3	135,2	87,8

Fonte: César das Neves, João. The Portuguese Economy: a Picture in Figures. Lisboa, Universidade Católica, 1994. Pordata, INE.

O peso da dívida pública no total no PIB quase quadruplicou e, desta, a dívida externa mais do que quadruplicou. Tendencialmente, ao longo do período considerado de 170 anos, a despesa do Estado cresceu a um ritmo sempre superior ao da produção da economia.

A relação entre despesa pública e crescimento económico tem sido explorada em duas perspetivas teóricas: a clássica, enunciada em 1883 por Adolph Wagner, que veio a vulgarizar-se pela chamada Lei de Wagner; e a keynesiana.

Para Wagner, o crescimento económico levaria ao aumento sustentado da despesa pública. Segundo o economista alemão, existiam razões que justificavam o alargamento do campo de intervenção do Estado. Em primeiro lugar, graças à concentração e complexificação das sociedades

[1] Andrade, Anselmo de. *Relatórios e Propostas de Fazenda*. Coimbra, França Amado Ed., 1911: 6.

modernas que exigiriam maior despesa pública na manutenção da ordem e do Estado de direito, bem como na regulação económica e na proteção social. Em segundo lugar, porque considerava que a elasticidade-rendimento da procura de bens públicos, tal como a educação ou a saúde, era superior à unidade. Colocava ainda o problema da necessidade de o Estado chamar a si a responsabilidade de financiar investimentos em larga escala, cujo retorno de longo prazo dificilmente mobilizaria os capitais privados para o concretizarem.

> No geral, o reino das atividades do Estado tornou-se cada vez mais extenso, à medida que o conceito de Estado se desenvolveu, que os povos atingiram níveis cada vez mais elevados de civilização e cultura e mais exigências se dirigiram ao Estado. Isto também levou a um aumento contínuo das receitas exigidas pelo Estado, um aumento que foi, de uma maneira geral, ainda maior em relação ao aumento da dimensão da atividade do Estado. A causa desta diferença relativa reside nos meios utilizados pelo Estado; estes tornaram-se ainda mais complexos, abrangentes e dispendiosos como uma e a mesma necessidade requer uma forma cada vez mais perfeita, mais elevada e refinada de ser satisfeita. Considere, a título de exemplo, o sistema educativo! O fenómeno tem a característica e a importância de uma «lei» na economia política: *as exigências do Estado estão constantemente a aumentar à medida que os povos progridem.*[2]

Ao longo da sua obra, Adolph Wagner formula um futuro em tudo semelhante ao *Estado social* que foi construído na Europa Ocidental após a II Guerra Mundial, especialmente nas políticas redistributivas e na oferta e gestão de bens públicos e semipúblicos. Ele percebeu, desde os anos 80 do século XIX, que o desenvolvimento das democracias parlamentares conduziria necessariamente a uma tendência de alargamento das funções e da presença do Estado na sociedade e na economia.

---

[2] *Apud* Chaloupek, Günther. «Wagner's Law, Money and the Theory of Financial Crisis: Adolph Wagner's Early Viennese Publications». Backhaus, Jürgen, Chaloupek, Günther e Frambach Hans A. (Orgs.). *Gustav von Schmoller and Adolph Wagner. Legacy and Lessons for Civil Society and the State.* Cham (CH), Springer, 2018: 86.

Em alternativa à Lei de Wagner tal como foi formulada, *Sir* John Maynard Keynes entendia que era o Estado a entidade privilegiada para estimular o crescimento económico, especialmente nas fases depressivas do ciclo económico.

A investigação académica sobre a temática da relação entre despesa pública e crescimento económico não é absolutamente conclusiva, repartindo-se entre os que demonstram uma relação causal entre a primeira e a segunda variável (confirmando a teoria keynesiana), os que identificam o efeito da segunda sobre a primeira (Lei de Wagner), os que demonstram o carácter bidirecional e aqueles que rejeitam qualquer relação.[3]

Numa síntese a partir de 126 artigos cobrindo uma grande diversidade de países e períodos sobre esta temática, Paparas e Richter concluem que a maioria desses contributos confirma a Lei de Wagner.[4]

Se considerarmos o triângulo relacional entre Estado, sistema político e crescimento económico, tentaremos sintetizar a evolução registada em Portugal para percebermos as diferentes configurações políticas e a sua relação com a economia.

1820-1850: a difícil construção do Estado liberal

Desde finais de setecentos que a economia portuguesa enfrentava um declínio surpreendente. As guerras com Espanha, o Bloqueio Continental, a transferência da Corte para o Brasil, as Invasões Francesas, os tratados de comércio com Inglaterra e a consequente perda do comércio com aquela região acabaram por conduzir ao esgotamento do Estado e a uma profunda crise estrutural da economia portuguesa.

É neste contexto que se desencadeia a Revolução Liberal de 1820, visando construir um novo quadro político e de recuperação económica. Não obstante a recuperação registada após as invasões, a economia não regressaria tão cedo aos níveis anteriores a 1790.

---

3 Paparas, Dimitrios e Richter, Christian. «A synthesis of empirical research on the validity of Wagner's Law». *International Journal of Business and Globalisation*. 2019.

4 *Idem*.

Em 1822, Portugal ganha uma nova Constituição, mas perde o principal pilar da sua economia com a independência do Brasil. Inicia um longo período de 90 anos enquadrado pelo regime da Monarquia Constitucional, que na sua primeira fase se tornou um campo de batalha política entre absolutistas e liberais, e estes repartidos entre cartistas e setembristas. Foram 30 anos em que se sucederam períodos de autoritarismo repressivo, duas guerras civis e um reformismo legislativo cujos efeitos se mitigaram pelas décadas seguintes, prevalecendo um liberalismo retórico sem eficácia política e social.

O Estado ficara reduzido à sua mais ínfima expressão, sobrevivendo das receitas das alfândegas que o protecionismo pautal alimentava e de algumas concessões que o exíguo mercado interno obrigava ao monopólio. A pobreza generalizada era a melhor forma de proteção da concorrência externa que uma tímida indústria beneficiava.

A legislação reformista de Mouzinho da Silveira era ainda a mais corajosa tentativa de encaminhar Portugal para o concerto das nações europeias, mas o seu impacto na economia ficou muito aquém do que os liberais da época ambicionavam.

A despesa pública terá flutuado entre os 4% e os 6% do PIB, mas à passagem do meado do século XIX ter-se-á ficado pelo seu limiar inferior (4%).[5] Um Estado reduzido ao mínimo, incapaz de produzir qualquer estímulo de crescimento.

1851–1910: ascensão e queda do fontismo

Em maio de 1851, o marechal Saldanha lidera o golpe de estado vitorioso que iniciaria o período de maior estabilidade política da Monarquia Constitucional. Três marcos cronológicos a lembrar: a Revolta da Janeirinha em 1868, a crise financeira de 1891 e a Revolta do 5 de Outubro de 1910, que põe fim ao constitucionalismo monárquico e instaura a República.

---

[5] Além das séries publicadas por João César das Neves, recorro às séries publicadas por Valério, Nuno. «Recent Developments on Portuguese Retrospective National Accounts». Lisboa, GHES, 1998: 23.

Ainda que a interpretação histórica dos três períodos definidos por aqueles marcos recaia sobre a ideia de *Regeneração*, com uma primeira e segunda fase, o terceiro período é geralmente entendido como uma fase de transição em que as políticas se orientam já por referenciais republicanos, mas o regime permanece monárquico. Prefiro recorrer à expressão *fontismo* e definir os três períodos por ascensão, consolidação e queda, porque foi esse o traço fundamental das políticas e da própria organização do Estado e do sistema político.[6]

O que é que o fontismo trouxe de novo em relação ao período anterior? Em síntese:

- Uma nova elite dirigente, em que a nova aristocracia liberal se associa a uma nova geração de políticos de origem burguesa portadores de uma nova cultura política fortemente inspirada na economia política de tradição francesa, no papel dos engenheiros e nas conceções políticas moderadas e reformistas.
- Um programa político orientado para o desenvolvimento económico expresso na ideia de progresso e dos «melhoramentos materiais» enquanto via para fazer sair o país da situação de atraso e decadência em que se arrastava desde finais do século XVIII.
- Convergência e compromisso político em torno de um programa comum concretizado através da alternância partidária que silenciou as rivalidades e conflitos da primeira fase do liberalismo.
- Consolidação de um regime tendencialmente oligárquico de base parlamentar e eleitoral assente no sufrágio censitário que se foi conciliando com o progressivo alargamento da sua base eleitoral. A relação entre eleitores e eleitos era fortemente condicionada pelo papel mediador do cacique local.
- A escassez de capitais levou ao recurso sistemático ao financiamento externo através da dívida pública, indispensável ao programa de construção das infraestruturas.

A reforma do Estado concretizou-se através da autonomização e reforço da administração pública direcionada para a infraestruturação do território,

---

[6] Justino, David. *Fontismo. Liberalismo Numa Sociedade Iliberal.* Lisboa, LeYa, D. Quixote, 2022.

nomeadamente a partir da criação do Ministério das Obras Públicas, Comércio e Indústria, pelo reforço do papel da administração desconcentrada, especialmente dos governos civis enquanto representantes do Estado nos distritos administrativos, e pela reforma legislativa das principais instituições.

Quais os principais resultados da ação do Estado?

- Uma reforma extensiva das instituições através do novo Código Civil (1868) e do Código Penal (1852), que se juntaram ao Código Comercial e ao Código Administrativo aprovados no período anterior. A Lei das Sociedades Anónimas é publicada em 1867, favorecendo os primeiros passos de liberalização do mercado de capitais.
- A adesão ao padrão-ouro em 1854 favoreceu as relações com o principal parceiro comercial (a Inglaterra) e principal fonte de financiamento, o que garantiu a estabilidade monetária e cambial até 1891, quando teve de o abandonar.
- A rede de infraestruturas rodoviárias, ferroviárias e portuárias, que se manterá ao longo do século XX. Chegados a 1910, estavam em exploração 2898 km de linhas férreas, 11 600 km de estradas e mais de 9000 km de linhas de telégrafo. A uniformização do sistema de pesos e medidas pela adoção do sistema métrico decimal facilitou a mobilidade interna e a formação do mercado nacional.
- Lançaram-se as bases do sistema nacional de ensino pela organização da instrução primária e liceal, mas com especial atenção às escolas agrícolas, industriais e comerciais. No ensino superior, quebrou-se o monopólio da Universidade de Coimbra e dotou-se as cidades de Lisboa e Porto das escolas superiores politécnicas e médico-cirúrgicas (reforma iniciada em 1836, mas desenvolvida na segunda metade do século).

O elenco das reformas aprovadas e concretizadas poderia ser multiplicado sem grande esforço adicional para o autor, mas com eventual penalização do leitor. Sessenta anos de governação liberal traduziram-se num considerável e sistemático esforço do Estado para proporcionar à economia e à sociedade portuguesa os meios indispensáveis ao seu desenvolvimento. Só que nem a economia nem a sociedade corresponderam a esse esforço.

Até 1880, o PIB *per capita* não superou os níveis de 1820, e o afastamento em relação aos países europeus mais avançados tornou-se cada vez maior. Só nos 20 anos seguintes se identifica alguma animação económica, sem que a tendência para a divergência tivesse sido contida. Portugal continuava a ser um dos países mais atrasados da Europa.

Entretanto, o esforço de investimento público com vista a dotar o país de uma rede de infraestruturas moderna traduziu-se num aumento considerável da dívida pública: entre 1851 e 1890 a dívida pública total passou de 37% para 80% do PIB e a externa de 20% para 43%. A incapacidade do Estado de gerar mais receita pelo modesto crescimento económico e pelos frágeis equilíbrios políticos conduziu ao colapso em 1891. Crise financeira, inconvertibilidade das notas bancárias, bancarrota e fim do padrão-ouro, que em 1892 se traduziu na suspensão das amortizações aos credores externos e na redução a um terço dos juros devidos.

Os 20 anos que separam a crise de 1891 da instauração da República foram penosos. Há uma ligeira recuperação do produto até à passagem do século, mas nos anos seguintes voltamos a estagnar.

A degradação da situação económica teve um efeito direto sobre os fluxos emigratórios, especialmente com destino ao Brasil, que atingiram o maior volume até à I Guerra Mundial. Entre a década de 50 do século XIX e a implantação da República terão emigrado mais de um milhão de portugueses, quando a população total variou entre os 4 e os 5,5 milhões de habitantes. Nem a economia nem a sociedade portuguesas conseguiram evitar esse êxodo, verdadeira expressão da incapacidade de gerar oportunidades e de fixar os portugueses ao território.

Um segundo indicador do atraso social em que Portugal estava no final deste período dá-nos conta de que, em 1911, apenas 31% da população com pelo menos dez anos estava alfabetizada.

1910-1926: a 1.ª República

Mais um golpe militar — ainda que o apoio popular se tenha revelado em todo o território — derrubou o parlamentarismo oligárquico da Monarquia Constitucional, substituindo-o por um regime republicano instituído pela

Constituição de 1911. O movimento republicano foi a expressão das classes médias urbanas e de alguns sectores populares, especialmente do operariado dos dois grandes centros industriais de Lisboa e do Porto.

O novo regime não chegou a durar 16 anos, mas nem por isso deixou de introduzir alterações relevantes quer na organização do Estado quer no sistema político. A introdução do sufrágio universal masculino, uma maior secularização adversarial da educação face à Igreja Católica e a descentralização com maior autonomia dos municípios foram, entre várias medidas, alguns avanços no funcionamento do sistema político.

Entretanto, o regime republicano, ainda que assente no multipartidarismo, foi sempre liderado, primeiro, pelo Partido Republicano e, após 1912, pelo Partido Democrático, que lhe tomou o legado. O seu líder, Afonso Costa, garantiu cinco vitórias eleitorais, mas nem por isso conseguiu dotar o país da estabilidade que o bipartidarismo monárquico havia conseguido.

Para tal, contribuíram a I Grande Guerra, em que Portugal se envolve a partir de 1916, o processo inflacionário que se lhe seguiu e as sucessivas tentativas de golpe de Estado. Se é certo que a entrada de Portugal nas forças aliadas representava definitivamente a defesa do império colonial português, os custos que dela decorreram e as divisões que provocou entre as forças políticas deixaram marcas que pouco prometiam ao futuro do regime. O ano de 1917, como bem caracteriza José Adelino Maltez, foi de «fome, peste e guerra» e não terminaria sem a Proclamação da Junta Militar do Norte, que abriu o governo à ditadura militar de Sidónio Pais.[7] Mas se o Governo de Sidónio durou pouco mais de um ano, os efeitos da gripe pneumónica deixaram marcas bem mais profundas ao provocar mais de 100 mil óbitos em 1918 e 1919.

Era difícil imaginar um cenário pior do que o registado na primeira década da República. Um país e um Estado altamente endividados, desacreditados por toda a Europa e conduzidos ao maior empobrecimento de que há memória.

Terminada a guerra e superada a pandemia, surgem os primeiros, mas ainda frágeis, sinais de recuperação económica, no início da década de 20.

---

[7] *Tradição e Revolução. Uma biografia do Portugal Político do Século XIX ao XXI.* Lisboa, Tribuna da História, 2004: 230–237.

A Reforma Fiscal de 1922 e a reforma dos direitos aduaneiros do ano seguinte vão ajudar a reduzir os sucessivos saldos negativos das contas públicas. Porém, a inflação persistia. Como bem lembram Eugénia Mata e Nuno Valério, «em 1924, a oferta de moeda era quinze vezes maior do que em 1914 e os preços tinham atingido um nível mais de vinte vezes maior do que em 1914».[8] A despesa pública, que antes da guerra não representava mais de 7% do PIB, duplicou até aos primeiros anos da década de 20.

À adversidade da conjuntura, o sistema político respondia com instabilidade governativa: dos 45 governos da I República, 28 foram empossados entre 1919 e 1926. Mais importantes foram as marcas deixadas pela participação de Portugal na guerra: se as elites políticas republicanas já haviam cavado um fosso com as autoridades religiosas, era agora a vez do afastamento progressivo dos comandos militares. O sidonismo terá sido um derradeiro aviso aos dirigentes republicanos, que não souberam ou não quiseram avaliar esse afastamento.

O ano de 1924 marca o fim da inflação, a recuperação da economia internacional e a redução dos sucessivos *deficits* públicos. Estávamos perante um processo de estabilização económica, ao qual não correspondeu um processo de estabilização política. A República era vítima de si própria e o Estado, fragilizado e extenuado de recursos e orientação, ficava à mercê de uma solução autoritária que o recompusesse.

1926–1974: o Estado Novo

O golpe militar de 28 de maio de 1926, liderado por Gomes da Costa, era, em princípio, mais um entre as mais de quatro dezenas de tentativas que desde 1817 tinham moldado a história política portuguesa. Em Portugal, todas as alterações políticas relevantes desde a tentativa malsucedida de Gomes Freire de Andrade foram desencadeadas pelos militares.

Aparentemente, o golpe de 28 de maio seria mais um, sempre legitimado pela necessidade de repor a lei e a ordem. Ao golpe sucedeu um conjunto de medidas que institucionalizaram uma «ditadura constitucionalizada».

[8] *História Económica de Portugal — Uma Perspetiva Global.* Lisboa, Ed. Presença, 2003: 184.

Desde a criação de um partido único e da proibição de quaisquer outros, uma Constituição assumidamente corporativa, uma Assembleia ocupada quase em exclusivo por deputados da União Nacional, até à criação da polícia política e da organização de forças miliciares, tudo se compôs numa reforma do Estado e do regime republicano para a constituição de um Estado autoritário e repressivo sob a batuta do seu principal autor, António de Oliveira Salazar. Este havia conquistado crédito político com a apresentação do primeiro saldo positivo nas contas públicas no exercício de 1928–29, omitindo todo o esforço de regularização desenvolvido nos últimos anos da República. A ditadura criara o seu ditador.

Num contexto internacional dominado pela Grande Depressão, Portugal conseguia escapar aos seus principais efeitos, não obstante a quebra nas remessas dos emigrantes brasileiros e das exportações de bens. A recuperação económica que se havia registado na década iniciada em 1920 abrandou a partir de 1929 e só volta a crescer a partir de 1942.

Entretanto, as exportações portuguesas, que não representavam mais do que 4 a 5% do PIB ao longo dos anos 30, duplicam o seu peso durante a II Guerra Mundial. As exportações de volfrâmio ajudaram ao apuramento de saldos positivos da balança de pagamentos de 1941 a 1943, algo nunca observado, desde que existem registos oficiais do comércio externo português. A despesa pública estabiliza em torno dos 10% do PIB. A dívida pública total, que rondava os 75% do PIB nos últimos anos do regime republicano, vê reduzido o seu peso para menos de 30% no período do pós-guerra. A dívida externa cai para um nível residual, inferior a 3%. A emigração regista mínimos históricos.

Em menos de 20 anos, Salazar conseguia conter algumas das mais pesadas condicionantes estruturais que se arrastavam desde o século anterior. Ao mesmo tempo, lança a mais profunda reforma do Estado até então concebida e renova a classe dirigente numa aliança tripartida com a Igreja Católica e as Forças Armadas. A nível externo, beneficiou do estatuto de neutralidade face à guerra, num equilíbrio precário entre a simpatia para com as forças do Eixo e o pragmatismo geoestratégico em relação aos Aliados.

O pós-guerra colocou novos desafios. O modesto crescimento da população nos anos 30 e 40 foi suportado pela interrupção dos fluxos emigratórios.

Chegados a meados do século XX, mais de metade da população vivia da agricultura, mas esta continuava bloqueada por uma exploração para subsistência sem que se identificasse nenhuma superação dos mecanismos tradicionais. As produções orientadas para o mercado e para exportação pouco progrediram, e no Sul o esgotamento das campanhas cerealíferas conduziu a um empobrecimento generalizado das populações.

Não havendo grandes alternativas, os excedentes demográficos procuram as grandes cidades, especialmente Lisboa e Porto, e as suas áreas periféricas. O crescimento destas duas cidades transborda para as redondezas, identificando-se na década de 50 os primeiros traços do movimento de metropolitanização, especialmente na Grande Lisboa.

As reservas de capital acumulado antes e durante a guerra procuram agora outros destinos e a indústria passa a exercer o papel de liderança na estrutura económica. Sem ser dominante, torna-se o sector mais dinâmico da economia.

A década de 50 representa, mais uma vez, à semelhança da primeira fase do fontismo, a reorientação do Estado para o progresso económico. Lançam-se os Planos de Fomento enquanto instrumentos orientadores de política económica. Ainda durante a guerra, o Estado português assumia o papel de promotor da eletrificação do país (Lei 2002, de 26 de dezembro de 1944) e, a partir de então, alastra rapidamente a rede elétrica nacional, sob a orientação de Ferreira Dias Jr., que viria a assumir em 1958 a pasta da Economia.

Em 1956, inicia-se o processo para um outro passo decisivo do Estado português: as negociações para a adesão de Portugal à EFTA, tornando-se membro fundador com um estatuto muito favorável em função do manifesto atraso da sua economia. Como resposta à constituição da Comunidade Económica Europeia, um conjunto de países liderados pelo Reino Unido criou uma zona de comércio livre que irá abrir a Portugal novos mercados e, talvez mais importante, o acesso ao investimento direto estrangeiro, que ajudou de forma relevante o crescimento industrial português.

O impacto destas transformações expressou-se no período de ouro da economia portuguesa. O PIB *per capita* cresceu a um ritmo médio de 5% ao ano entre 1950 e 1970. Em comparação com os países mais desenvolvidos do centro europeu[9], aquele valor passou de 35% em 1950 para 52% em 1970 e 56% em 1972, num claro e pronunciado movimento de convergência.

Mas se a economia teve um comportamento surpreendente, nem por isso conseguiu superar alguns fatores de bloqueio e atraso estrutural. A década de 60 foi marcada pela quebra demográfica resultante da vaga emigratória para a Europa, por uma guerra colonial que mobilizou recursos e registou perdas humanas como nunca se vira nos últimos séculos e pela persistência de um regime ditatorial que ultrapassou em vários anos o seu prazo de validade.

O problema não estaria na existência de um regime autoritário e repressivo. Outros países da Europa e do mundo adotaram soluções idênticas. O problema está em explicar porque é que durou tanto tempo. Não fomos os únicos a envolver-se em guerras coloniais contra os movimentos de libertação nacional, mas fomos aqueles que demoraram a entender e prolongaram um conflito que se sabia há muito que estava perdido. O Estado Novo, após a II Guerra Mundial, entrou em registo de negação e isolamento internacional.

O governo português ter-se furtado à participação na II Guerra Mundial poupou-nos ao sacrifício, mas acentuou a nossa irrelevância geoestratégica, apenas aliviada pelo Acordo das Lajes (com os britânicos em 1943 e com os Estados Unidos em 1948), a participação na NATO (1949) e um benefício limitado do Plano Marshall. Estes três acordos foram, de algum modo, suficientes para garantirmos a tolerância dos Estados Unidos para com o regime de Salazar.

Com a substituição em 1968 de Salazar por Marcelo Caetano colocavam-se três problemas centrais ao regime:

- O crescimento económico e o próprio alargamento das funções do Estado para áreas sociais (educação, segurança social, saúde, etc.) alimentaram o desenvolvimento das classes médias urbanas, o acesso às formações superiores e a necessidade dos grandes grupos económicos de uma maior participação no grande mercado europeu.
- Estes novos propósitos colocavam a necessidade de uma maior abertura política e uma resolução rápida da Guerra Colonial. Porém, o fosso

[9] Cf. capítulo anterior dedicado ao crescimento económico.

entre as novas conceções mais liberais e os grupos mais conservadores e autoritários do regime acabaria por minar a Primavera Marcelista.

- Não obstante a situação invejável das finanças públicas (saldos próximos de zero, despesa não superior a 17% do PIB e Dívida Pública perto dos 20%) e das taxas de crescimento económico historicamente elevadas, a Guerra do Yom Kippur e o sequente embargo petrolífero que dá origem ao primeiro choque nos preços do petróleo e ao disparo da inflação acabaram por criar um cenário adverso para o qual o regime não estava preparado.

1974–1985: da Revolução à adesão à CEE

A caminho do primeiro cinquentenário da Revolução dos Cravos, vale a pena sintetizar o que esta representou para o Estado e para a sociedade portuguesa numa perspetiva de longo prazo, sem menosprezo dos factos que lhe sucederam:

- O 25 de Abril de 1974, antes de se transformar em revolução, é o último dos golpes de Estado militares, tentados ou concretizados, que se contam por quase meia centena. Como já destacámos, todas as mudanças políticas relevantes em Portugal foram desencadeadas por militares. Este facto conferia às Forças Armadas em Portugal um estatuto de última reserva política dos sucessivos regimes e um poder real de condicionamento das opções em presença. Porém, é um atestado de incapacidade às elites políticas e aos grupos sociais dominantes. A presença tutelar dos militares até à Revisão Constitucional de 1982 terá sido a transição possível para a consolidação de um regime democrático e para a organização moderna das forças armadas portuguesas. Não obstante as várias tentativas de anular essa opção, o regime consolidou-se a partir de então.
- Representa também o fim dos regimes autoritários no Sul da Europa. A seguir a Portugal, quer a Espanha quer a Grécia trilharam o mesmo caminho. O restabelecimento das liberdades, dos direitos e garantias através da nova Constituição de 1976 foi o passo decisivo que

transformou um golpe militar numa revolução que fez cair o regime, mas que emancipou a sociedade. O Estado tinha de ser, também ele, reformado de acordo com os novos princípios.

- Com o fim da Guerra Colonial, o outro pilar que fez cair o regime do Estado Novo, encerrou-se o longo ciclo dos impérios. Desde o século XV–XVI que Portugal se orientou para a expansão e o domínio colonial. Ao Império do Oriente, sucedeu-se o Império do Atlântico; quando este se desfez com a independência do Brasil e o fim do comércio de escravos, o país foi obrigado a virar-se para o desenvolvimento interno. Foi um interciclo de pouco menos de um século, que vai dar lugar ao derradeiro Império Africano. Com a democratização e a independência das ex-colónias, é o longo ciclo dos impérios que se encerra em definitivo.

Estas três alterações representavam os requisitos mínimos para a concretização de um novo propósito: a adesão à Comunidade Económica Europeia, a maior garantia de consolidação do regime democrático e do desenvolvimento económico e social.

Os dez anos que se seguiram à revolução foram marcados por impactos negativos na estrutura económica:

- Se o primeiro choque petrolífero (1973) enquadrou a mudança do regime, um segundo choque em 1979–80 agravou as dificuldades sentidas por um regime que dava os primeiros passos.
- A principal consequência a nível interno da descolonização expressou-se pela vaga de retornados que em 1975 terá representado cerca de meio milhão de portugueses, maioritariamente provenientes de Angola e Moçambique. O repatriamento, ainda que concentrado naquele ano, prosseguiu nos anos seguintes, em volumes mais reduzidos, mas nem por isso irrelevantes. Este fluxo terá representado cerca de 5% da população residente portuguesa e um aumento substancial da população ativa.[10]

---

[10] Pires, Rui Pena. «O Regresso das Colónias». Bethencourt, Francisco e Chaudhuri, Kirti. *História da Expansão Portuguesa*. Vol. V. Lisboa, Círculo de Leitores, 1999: 182.

- As nacionalizações decretadas em 1975 tiveram por objeto a banca e seguros, os principais grupos industriais, a que se associou, no Sul de Portugal, uma reforma agrária que envolveu as mais importantes explorações agrícolas. Esta alteração representou mais de 25% do PIB e cerca de 20% do emprego, que se transferiram para o perímetro estatal.[11] Como seria expectável, o investimento, quer nacional quer estrangeiro, registou uma retração assinalável.
- A inflação que, tendo dado sinais anteriores, disparou com o primeiro choque petrolífero e depois com a explosão salarial. Efeitos externos e internos mantiveram as tensões inflacionistas em níveis acima dos 20% ao ano[12], que se prolongaram até 1985. A política monetária e cambial foi igualmente um dos contributos para a sustentação das tensões inflacionistas muito além do que foi registado na maior parte dos países europeus.

Estes impactos tiveram uma particular incidência sobre a estrutura do Estado. O aumento dos encargos públicos que eles representaram fez disparar a despesa pública dos 16% do PIB nas vésperas da revolução para 33% em 1985 e a dívida pública de 18% para 60% no mesmo período. A acumulação dos *deficits* e a dificuldade de arrecadar receitas que os suprissem conduziram ao recurso à ajuda externa através dos programas de assistência do Fundo Monetário Internacional a partir de dois resgates: 1977–78 e 1983–85.

Não era uma conjuntura auspiciosa a vivida à data da assinatura, em 1985, do Tratado de Adesão às Comunidades Europeias, que entraria em vigor a partir de 1 de janeiro de 1986. O processo foi iniciado em 28 de março de 1977 com o envio de uma carta de intenção da adesão dirigida pelo governo português ao presidente do Conselho Europeu. A partir de então, seguiram-se oito anos de complexas negociações,

---

[11] Zorrinho, João. *O Processo de Intervenção do FMI em Portugal entre 1975 e 1985*. Dissertação de mestrado em Ciência Política e Relações Internacionais. NOVA FCSH, 2018: 29. Disponível em: https://run.unl.pt/bitstream/10362/59602/1/O%20processo%20de%20intervenção%20do%20FMI%20em%20Portugal%20entre%201975%20e%201985%20-%20Joao%20Zorrinho.pdf.

[12] Lopes, José da Silva. *A Economia Portuguesa desde 1960*. Lisboa, Gradiva, 1996: 188.

que beneficiaram muito do facto de se tratar de uma adesão paralela de Portugal e de Espanha.

A entrada de Portugal representava o fim de quase um século e meio de isolamento económico, político e diplomático e de desenvolvimento periférico. A nível das trocas comerciais, desde 1836 que Portugal integrava o conjunto de países europeus mais protecionistas. Quer a entrada na EFTA quer o Acordo de Comércio Livre de 1972, após a entrada do Reino Unido e da Dinamarca na CEE, não inviabilizaram a continuidade do protecionismo e do recurso sistemático à política de substituição de importações. Para um país pobre, parco de recursos naturais, de limitado e atrofiado mercado interno, o protecionismo estrutural só tem uma explicação: uma convergência entre os interesses do Estado de garantir uma parte importante da receita fiscal e os da elite empresarial que raramente almejaram ir para além das fronteiras. Tal como o mercado interno era de reduzida dimensão e pouco dinâmico, assim se revelava o capitalismo português, sem escala nem propósito. A integração europeia abriu perspetivas de desenvolvimento até então nunca concretizadas, mas colocou desafios de competitividade e concorrência dificilmente imaginados.

A adesão coincidiu também com uma alteração do ciclo político. A instabilidade governativa dos dez anos anteriores deu lugar a dez anos de liderança política de Aníbal Cavaco Silva: primeiro, um governo minoritário, depois, duas maiorias absolutas que conferiram estabilidade e mais uma fase de crescimento económico acelerado, retomando os ritmos do período de ouro dos anos 50 e 60.

Na base desse crescimento encontramos hipotéticos estímulos. O senso comum e a retórica política à esquerda associam o crescimento económico aos fundos estruturais europeus. Seria sinal de cegueira ignorar o papel que esse acréscimo de investimento teve na economia portuguesa. Porém, se analisarmos os montantes transferidos para Portugal ao abrigo dos programas da Política de Coesão Europeia, levantam-se algumas dúvidas sobre esse lugar-comum incontestado.

- A curva do crescimento económico acelera a partir de 1985, antes do afluxo dos fundos europeus. Nos primeiros três anos (1986–1988) da adesão, Portugal beneficiou dos apoios «concedidos a projetos individuais apresentados aos três Fundos Estruturais e à Linha Orçamental Específica do Programa Específico de Desenvolvimento da Indústria Portuguesa — LOE-PEDIP [...], num montante total transferido de cerca de 3580 milhões de euros, a preços de 2014».[13]

- O Primeiro Quadro Comunitário de Apoio só arrancou em 1989, vigorando até 1993, mas representa, face aos seus sucessores, o de menor montante e com um peso mais acentuado das contrapartidas nacionais, públicas e privadas.
- Geralmente, ignora-se o contributo de outros estímulos ao crescimento menos evidentes: estabilização monetária e cambial, redução da inflação, aumento da confiança entre investidores.
- A estratégia de privatizações concretizada a partir de 1989, através da reanimação do mercado de capitais, criou condições para conferir sustentabilidade ao crescimento, representando uma das mais importantes reformas estruturais na economia portuguesa.[14]

Augusto Mateus coordenou um dos mais importantes estudos sobre os efeitos da integração europeia na economia e sociedade portuguesas. No que respeita aos fundos estruturais, o cômputo apresentado é elucidativo:

> Entre 1989 e 2013, o volume total de fundos estruturais e de coesão disponibilizado a Portugal superou os 96 mil milhões de euros, a preços constantes de 2011, considerando o financiamento estrutural previsto nos três Quadros Comunitários de Apoio (1989–2006) e no Quadro de Referência Estratégico Nacional (2007–2013).
>
> Para esta programação inicial de fundos da União Europeia foi estimada uma contrapartida nacional por parte de entidades públicas de cerca de

---

[13] Pires, Luís Madureira. «30 anos de fundos estruturais (1986–2015)». *Relações Internacionais* 53. IPRI, 2017: 53. Disponível em: https://ipri.unl.pt/images/publicacoes/revista_ri/pdf/ri53/RI53_art03_LMP.pdf.

[14] Mata, Maria Eugénia, Costa, José Rodrigues da e Justino, David. *The Lisbon Stock Exchange in The Twentieth Century*, Coimbra, Imprensa da Universidade, 2017: 155–161.

48 mil milhões de euros e de agentes privados da ordem de 34 mil milhões de euros.

Somando o financiamento da União Europeia, a contrapartida pública nacional e a contrapartida privada nacional entre 1989 e 2013, o montante global de investimento programado para Portugal ascende a 178 mil milhões de euros a preços constantes de 2011.[15]

O impacto do QCA1 (Quadro Comunitário de Apoio 1) foi claramente positivo, mas o dos seus sucessores, especialmente os QCA3, QCA4 e o QREN (Quadro de Referência Estratégico Nacional), associados aos maiores montantes transferidos, ficou muito aquém do que seria esperado. Os primeiros dois QCA estão associados a um crescimento económico robusto, os posteriores, a uma manifesta estagnação.

O Estado social

Estes dez anos de transição entre um regime autoritário que se esgotou e a democracia que conseguiu vingar sobre a adversidade económico-financeira e as sucessivas tentativas de desvio e condicionamento revelam a emergência do traço mais marcante e mais duradouro do Estado português dos últimos 40 anos: a sua dimensão social na construção do que é comummente designado por *Estado-Providência*.

Superada que foi a tentação de configurar um Estado sustentado nos sectores estratégicos da economia através de um alargado sector público empresarial e reformadas as Forças Armadas, a mais relevante transformação operada na estrutura do Estado português foi a sua orientação para prover o acesso universal a bens e serviços sociais. Portugal confrontou-se na década de 80 com o relativo atraso no acesso a esses bens. As dificuldades económicas não terão sido estranhas a esse atraso, mas no nosso caso era mais o resultado da ação de contenção desse tipo de despesas desenvolvida nas últimas duas décadas do Estado Novo.

[15] Mateus, Augusto (Coord.). *25 Anos de Portugal Europeu: A economia, a Sociedade e os Fundos Estruturais*. Lisboa, FFMS — AM&A, 2013: 415.

Rui Branco descreve bem a distância que ia da vontade política à realidade económica, na difícil construção do que prefiro designar por *Estado social*:

> No Portugal democrático, o Estado-Providência consolidou-se entre 1976 e o governo de coligação PS/PSD (1983–1985). Particular *mix* de Beveridge e Bismarck, combina um sistema de saúde universal financiado por impostos com um sistema público e universal de segurança social de base ocupacional e uma assistência social de baixa provisão pública direta, mas forte colaboração com a sociedade civil. O volume e a intensidade da despesa social expandiram-se bem para lá da década de 90, apesar das restrições impostas pela recessão na primeira metade da década de 80 e pelo ajustamento orçamental para a entrada no euro...[16]

De certa forma, podemos distinguir entre a criação conceptual e legislativa das bases desse Estado-Providência, que tem lugar com a aprovação da Constituição da República Portuguesa de 1976 e com um conjunto de diplomas que se sucedem nos anos seguintes, e o seu reflexo na despesa pública resultante da infraestrutura de equipamentos, do aumento dos recursos humanos e das diferentes prestações de serviços.

Se tomarmos como indicador a despesa social pública em percentagem do PIB, verificamos que ela estabiliza em torno dos 10% ao longo da década de 80 e só após 1990 cresce a um ritmo mais elevado que o do produto. Na década de 90, a despesa social pública face ao PIB acrescenta mais 10 pontos percentuais e na década seguinte mais 5 pontos percentuais, estabilizando à volta dos 25% do PIB até 2014.

---

16 Branco, Rui. «Entre Bismarck e Beveridge: Sociedade Civil e Estado Providência em Portugal (1960–2011)». *Análise Social*, 224, LII (3.º), 2017: 544.

Gráfico 14: Percentagem do PIB atribuída à despesa social pública

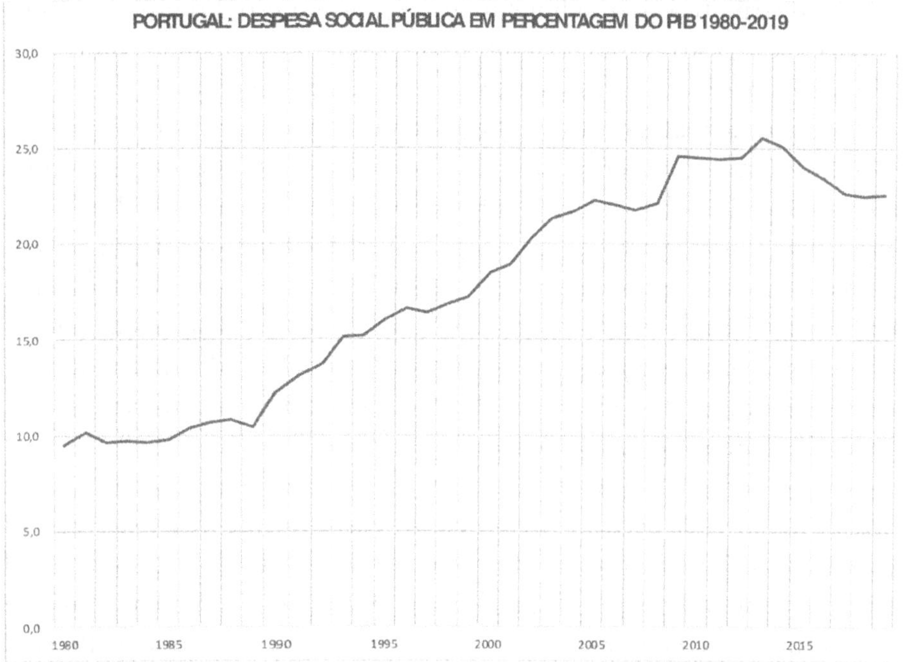

Fonte: OECD Statistics. Social Expenditure, aggregated data. Extraído em 25 de setembro de 2022.[17]

Não obstante o atraso em relação aos parceiros europeus, o Estado português vai convergir de forma pronunciada entre 1990 e 2009. Essa convergência social não foi acompanhada de idêntica convergência económica, especialmente após a entrada no século XXI. O *Estado social* cresceu muito além da capacidade da economia e da sociedade de suportarem o seu custo, e cada vez mais os benefícios sociais usufruídos pelos cidadãos, mais tarde ou mais cedo, ser-lhes-ão cobrados através de impostos. Só que não há

[17] O conceito de despesa social é definido pela OCDE como: «A prestação, por parte de instituições públicas e privadas, de prestações e de contribuições financeiras destinadas a famílias e particulares, a fim de prestar apoio em circunstâncias que afetem negativamente o seu bem-estar, desde que a prestação das prestações e das contribuições financeiras não constitua um pagamento direto para um determinado bem ou serviço, nem um contrato ou transferência individual.»

coincidência entre beneficiários e contribuintes, diferença essa que sustenta a ação redistributiva do rendimento através do Estado. Progressivamente, nem os beneficiários conseguem suprir as suas carências nem os contribuintes conseguem suportar a carga fiscal que lhes é imposta.

Neste ponto, regressamos ao quadro teórico inicial, mais precisamente à Lei de Wagner, para formularmos a questão: se à medida que o produto cresce a despesa do Estado tende a crescer por efeito do aumento da riqueza, haverá algum limite para o crescimento do Estado? Dois sociólogos da Universidade de Washington colocaram o mesmo problema e, através da análise empírica que realizaram, conseguiram concluir que os Estados altamente despesistas se confrontam com a reduzida capacidade de criar e aprovar novos impostos e entrar numa fase de receitas marginais decrescentes, que, a prazo, limitarão o seu crescimento.[18]

No caso português, importa perceber como é que um país em 50 anos passa de um nível de despesa pública efetiva correspondente a 16,6% do PIB para 49,3% (1970–2020) e em 25 anos passa de um nível de despesa social correspondente a 10% do PIB para 25% (1990–2014). A melhor forma de percebermos este crescimento passa por analisar como é que as funções sociais públicas evoluíram, especialmente as mais relevantes: educação, saúde e ação e segurança social.

Na rede pública de educação, o primeiro salto regista-se entre 1974 e 1977: a despesa pública a preços correntes quadruplica e o seu peso no PIB passa de pouco mais de 1% para 3%. A partir de 1977, a tendência é sempre crescente, ou seja, os gastos em educação crescem sempre mais que o produto nacional, até atingirem o máximo em 2002. A partir desta data, a tendência inverte para a baixa até atingir o nível de 3,5% em 2019, apenas interrompida pelo período 2009–2010, em que volta a aproximar-se dos 5%.

A primeira fase é marcada pelo alargamento da rede, pelo aumento da escolaridade obrigatória (para nove anos a partir de 1986), pelo aumento significativo do número de estudantes no sistema de ensino e por um forte investimento na construção de novos estabelecimentos.

---

[18] Karceski, Steven M., e Kiser, Edgar. «Is there a limit to the size of the state? The scope conditions of Wagner's law». *Journal of Institutional Economics*, 2019: 1–16.

Gráfico 15: Percentagem do PIB atribuída às principais funções sociais

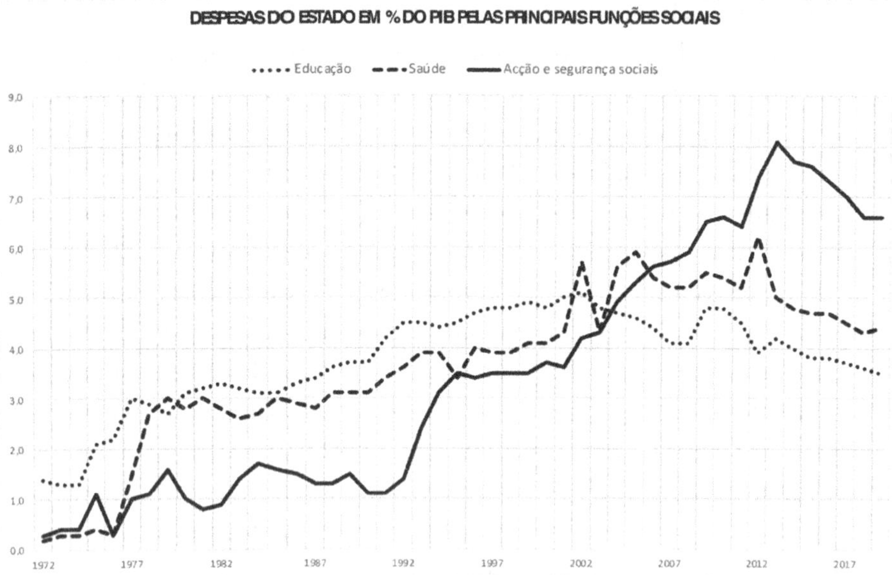

Fonte: PORDATA com base na Conta Geral do Estado. Quebra de série em 1995.

A segunda fase é marcada pela reversão demográfica que se faz sentir a partir de meados da década de 90, mas que só tem reflexos na despesa depois de 2002.

No sector da saúde, o primeiro aumento da despesa faz-se com um atraso de dois anos em comparação com o que aconteceu na educação. Ainda que partindo de um valor mais baixo (inferior a 0,5% do PIB em 1976), atinge os 3% em 1979. A partir desta data, estabiliza em torno dos 3% até 1990. De 1991 até 2005, as despesas em saúde passam dos 3% para 6% do PIB. À semelhança da educação, mas com um atraso de três anos, a tendência inverte para a baixa, atingindo em 2019 o nível dos 4,5%.[19]

Por último, as despesas do Estado com a proteção e segurança social. Rui Branco fala-nos da «herança bismarckiana» deixada pelo Estado Novo, nas vésperas da sua queda, quanto à natureza da segurança e proteção social, e

---

[19] Estes valores respeitam a despesa pública efetiva; se considerarmos os gastos das diferentes administrações públicas e demais organismos, bem como as despesas da Segurança Social em Saúde, aquela percentagem sobe mais 2 pontos percentuais do PIB.

da «herança de atraso», quanto ao acesso e cobertura desta função.[20] À semelhança das funções já analisadas, a «ação e segurança sociais» ganham algum peso nos anos imediatos à revolução, passando de níveis inferiores a 0,5% do PIB para níveis acima de 1%. Porém, mantêm-se até muito tarde, flutuando entre 1 e 2%. Só a partir de 1992 é que a despesa reflete o conjunto de medidas e de reformas que se haviam lançado na década anterior.

Nos 20 anos seguintes, as despesas deste agregado na relação com o PIB passam de pouco mais de 1% para 8%, atingindo o máximo em 2013. A partir de 2005, passa a ser o mais volumoso agregado da despesa, suplantando a educação e a saúde. Aparentemente, também a ação e segurança social invertem a tendência de subida rápida a partir de 2013, mas essa mudança resulta do efeito conjugado das medidas de austeridade lançadas durante o período da recessão, com a recuperação e posterior aceleração do crescimento económico até 2020. A pandemia e, mais recentemente, as perspetivas de recessão irão reforçar o montante deste agregado, o que passa por ser o maior desafio a enfrentar pelos decisores políticos.

Um modelo de Estado insustentável?

A última síntese estatística do emprego público da Direção-Geral da Administração e do Emprego Público relativa ao 2.º trimestre de 2022 dá-nos conta de que o número de postos de trabalho em todas as administrações atingiu o valor 741 698. Trata-se de um novo máximo histórico que expressa uma outra dimensão do peso do Estado na sociedade portuguesa. O nível atingido coloca-nos ainda perante um aparente paradoxo, que é o da taxa de desemprego rondar os 6% na mesma data e ser geralmente reconhecido que alguns sectores da economia se debatem com dificuldades de contratação de mão-de-obra (turismo, construção, economia digital, etc.). Este crescimento do número de funcionários ganha ainda especial relevo quando se sabe que o número de aposentados tem vindo a crescer nos últimos anos. Ou seja, o acréscimo dos recursos humanos em funções nas administrações

---

[20] Branco, Rui. *Proteção Social no Portugal Democrático. Trajetórias de Reforma*. Lisboa, FFMS, 2022: 29.

públicas supera claramente o número dos aposentados (efeito de substituição), como ainda acrescenta aos já existentes.

Importa contextualizar a situação recente com a evolução registada no último meio século.

Quadro 6: Emprego na função pública

EMPREGO NAS ADMINISTRAÇÕES PÚBLICAS
(Unidade: posto de trabalho e % do total)

Anos	Administrações Públicas							Principais serviços da Administração Central em % do total		
	Total		Central		Regional e local		Fundos Segurança Social	Defesa e Segurança*	Educação, Ciência e Tecnologia**	Saúde
1968	196 755	100	155 213	79	41 542	21				
1986	464 321	100	384 448	83	79 873	17				
1996	614 256	100	477 307	78	136 949	22				
2005	731 485	100	566 329	77	165 156	23				
2011	727 701	100	551 373	76	163 585	22	12 743	12,7	32,5	17,5
2015	654 754	100	497 251	76	147 615	23	9 888	13,0	31,2	18,6
2019	690 592	100	520 518	75	159 472	23	10 602	11,6	31,7	19,3
2022	741 698	100	559 958	75	170 644	23	11 096	10,9	31,8	20,6

Quebras de série em 1996 e 2011. Os valores até 2011 referem-se a Dezembro. De 2015 a 2019 referem-se ao mês de Junho de cada ano.
* agregado das áreas governativas da Defesa e Administração Interna
** agregado das áreas governativas da Ciência, Tecnologia e Ensino Superior e Educação
FONTE: PORDATA e DGAEP/MMEAP.

Em comparação com o quantitativo apurado em 1968, o atual número de postos de trabalho em funções públicas foi multiplicado por 3,8. A tendência sempre crescente dos montantes é apenas quebrada pelo período entre 2011 e 2015, em que se regista uma redução de cerca de 70 mil funcionários. Desde 2015, restabeleceu-se a tendência, e o valor correspondente a junho de 2022 supera já o de 2011, que está associado à intervenção da Troika.

Um outro indicador que suporta esta evolução é o do emprego público em relação à população ativa. No início da década de 80, a percentagem rondava os 9%, em 1996, rondava os 13% e, em 2011, subia para os 14,2%. Com as reformas introduzidas após 2011, foi possível reduzir esta relação para 13,1%, mas depois de 2015 é retomada a tendência crescente para regressar aos 14,3% projetados para 2020.[21]

Se a análise temporal aponta para um crescimento tendencial do emprego público, coloca-se o problema da sua comparação com o que se passa noutros

[21] Dados da PORDATA consultados em 28 de setembro de 2022.

países, em especial com os nossos parceiros europeus e com outros países da OCDE para os quais se dispõe de informação comparável.

Neste contexto, a evolução registada em Portugal não é muito diferente do observado nesses países. De uma forma geral, a dimensão dos Estados, quer na perspetiva da despesa quer na do emprego, tem seguido a tendência do seu progressivo avolumar. Ainda assim, quer na despesa quer no emprego, Portugal fica aquém da média dos países da OCDE.

No gráfico seguinte, é possível identificar o nosso posicionamento e extrair algumas características que nos diferenciam.

Gráfico 16: Percentagem do emprego público face ao emprego total

Fonte: OCDE, *Government at a Glance 2021*. OCDE: 101. Gráfico elaborado pelo autor a partir dos dados de base.

Os países com maior proporção de emprego público no total do emprego tendem a identificar-se com o modelo social-democrata dos países nórdicos caracterizados por uma despesa pública superior a 50% do PIB. Um segundo grupo associa a maioria dos países do Leste Europeu com forte tradição de intervenção do Estado na economia e na sociedade. Portugal, estando abaixo da média da OCDE, aproxima-se da dimensão relativa dos países da Europa do Sul e dos modelos de tradição bismarckiana (Alemanha, Países Baixos, entre os mais destacados exemplos).

Pela comparação, diríamos que Portugal não foge do padrão europeu. Porém, uma análise um pouco mais detalhada permite-nos perceber melhor o nosso posicionamento.

- Se os encargos com o emprego público tendem a representar uma proporção acrescida, vale a pena identificar que funções é que são mais prejudicadas. Entre as funções onde figuramos junto dos países que têm menor despesa, está a defesa, os assuntos económicos e a educação. Na segurança pública e na saúde, estamos perto da média, e acima da média na proteção social. Este último posicionamento é, em grande parte, determinado pela posição cimeira dos gastos com idosos.[22]
- Outro efeito do aumento do emprego público é o da redução do investimento. Não é suscetível de apurar uma relação de causalidade, mas torna-se evidente que, ao aumentar o emprego público e a respetiva despesa, face a recursos escassos, teremos de sacrificar outras despesas, nomeadamente de capital. Somos o país da OCDE que apresenta a menor percentagem de investimento no total da despesa pública e com menor proporção do investimento público no PIB, neste último caso, apenas superado pelo México.[23]
- Por último, uma característica que importa destacar: o elevado centralismo quer do emprego e da sua gestão quer da distribuição da despesa pública entre os diferentes níveis de administração. Portugal é o quinto país da OCDE com maior proporção da despesa pública realizada pela administração central (75%). Mais do que Portugal, só a Turquia, a Irlanda, Israel e a Grécia. Os países com maior emprego e despesa públicos em relação ao PIB são também aqueles que a executam de uma forma mais descentralizada, nomeadamente pela administração regional e local.[24]

Uma outra tendência que importa destacar é a da desvalorização das funções de soberania, especialmente Defesa, Segurança Interna e Justiça.

---

[22] OCDE, *Government at a Glance 2021*. OCDE: 87 e 89.

[23] *Idem*: 95.

[24] *Idem*: 103.

O peso destes sectores no total tem vindo a diminuir à medida que as despesas com pessoal e as prestações sociais têm vindo a aumentar, em grande parte pelo peso crescente das funções sociais.

É neste contexto que as tendências observadas convergem para o reforço da dimensão social do Estado, em contraste com a desvalorização das funções tradicionais. Esta tendência tem vindo a ser reforçada nos últimos anos, em que os recursos humanos em funções públicas e a despesa social atingiram níveis máximos na história das finanças públicas portuguesas.

O problema que se deverá colocar, mais uma vez, é o de saber até que níveis e até quando a tendência será sustentável. Com uma das mais elevadas dívidas públicas, cujo serviço tenderá a aumentar face ao previsível aumento das taxas de juro, e um crescimento económico anémico, a resposta àquela questão só pode ser dada através de uma nova: qual a margem de crescimento do poder de extração fiscal?

Ao contrário do que é a visão corrente que tende a olhar para a «carga fiscal» como indicador da maior ou menor capacidade de cobrar impostos e contribuições sociais, penso que é na estrutura distributiva da fiscalidade que reside o principal problema. Este expressa-se pela distribuição assimétrica da cobrança fiscal em função da assimetria da distribuição de rendimentos, nomeadamente:

- No Imposto sobre o Rendimento de Pessoas Coletivas (IRC), 3% das empresas liquidam 70% dos montantes liquidados.
- No Imposto sobre o Rendimento das Pessoas Singulares (IRS), para 45% dos agregados com rendimento bruto declarado, não é apurado qualquer valor para liquidar. Entre os agregados que contribuem, 48% liquidam 11% do imposto e 52% asseguram 89% da cobrança.

A distribuição assimétrica dos impostos sobre o rendimento reflete, de forma mais acentuada, graças ao princípio da progressividade, as assimetrias na distribuição de rendimento. O recurso tradicional à mitigação desta assimetria são os impostos indiretos que recaem sobre o consumo e a despesa. Numa conjuntura inflacionista como a que vivemos no presente, as opções que se colocam aos decisores políticos são tudo menos populares. Por um lado, é natural que as receitas do Estado tendam a aumentar mais do que as despesas, mas é também previsível que os ganhos reais dos cidadãos tendam a diminuir, agravando a perceção da carga fiscal. Por outro lado, tentar reduzir as desigualdades fiscais decorrentes da estrutura de rendimentos poderá ter um custo político insuportável para quem está no governo. A única conjuntura que poderia permitir uma alteração relevante seria a de um forte crescimento económico que permitisse um aumento dos rendimentos dos cidadãos e a mitigação dos efeitos fiscais. Não é isso que se anuncia para os próximos tempos.

5
UM PAÍS DE POBRES E REMEDIADOS

O problema da grande massa da população do País, aviltada na sua ignorância e na sua pobreza, mas valiosa pelas suas qualidades heróicas de trabalho, sacrifício e patriotismo, ninguém supõe que se resolverá num momento, mas ninguém estranha que constitua o problema máximo da restauração nacional. Na execução deste pensamento eis que hoje precisamente nós vamos começar a obra da casa económica, da casa dos mais pobres, casa salubre, independente, ajeitada como um ninho — lar da família operária, lar modesto, recolhido, português.

António de Oliveira Salazar. «Discurso proferido no Palácio da Bolsa do Porto, em 28 de abril de 1934». *Discursos e Notas Políticas, 1928–1966*. Coimbra Editora, 1968: 157.

E os ricos?

É precisamente por eles que pretendemos começar este capítulo. Por regra, começaríamos por abordar as maiorias, a saber, os pobres e os remediados. Porém, existe um traço característico da sociedade portuguesa: existem poucos ricos! Não é algo que distinga Portugal dos outros países que têm níveis de riqueza idênticos ao nosso. Pelo contrário, Portugal está no padrão dos países que, tendo baixos níveis de riqueza individual, têm também um número reduzido de pessoas que se podem considerar ricos.

Estamos a trabalhar, para já, sobre o conceito de riqueza, e só depois abordaremos as questões da distribuição do rendimento e o problema da pobreza.

Elaborámos um pequeno exercício inicial que passa por relacionar a riqueza média por adulto com a percentagem de adultos que têm mais de 1 milhão de dólares americanos em ativos, sejam mobiliários sejam imobiliários. Recorremos aos dados do *Global Wealth Databook*, uma iniciativa do Credit Suisse, que foram elaborados por três investigadores, Anthony Shorrocks, James Davies e Rodrigo Lluberas. A representação gráfica segue abaixo, onde poderemos observar o posicionamento dos países europeus naquela particular relação.

Gráfico 17: Riqueza média por adulto face à percentagem de adultos que têm mais de 1 milhão de dólares americanos

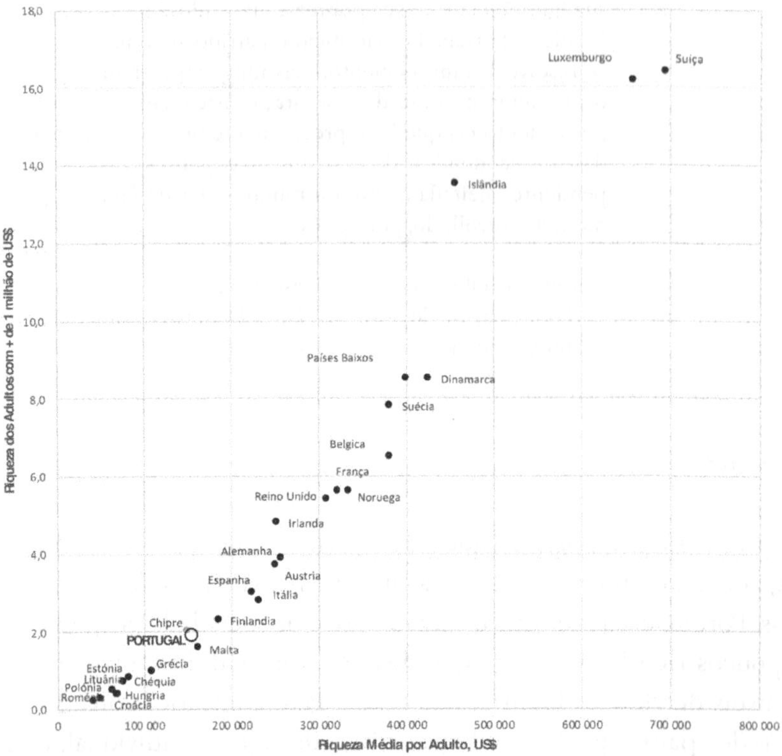

Fonte: James Davies, Rodrigo Lluberas e Anthony Shorrocks. *Credit Suisse Global Wealth Databook 2022*.

Identifica-se uma evidente relação linear entre as duas variáveis: quanto maior é a riqueza média por adulto, maior é a proporção de adultos que detêm pelo menos 1 milhão de US $.

Portugal integra o grupo de países com uma percentagem de milionários adultos inferior a 2%. Nesse grupo, encontramos países como a Grécia e Malta, bem como todos os países do antigo «Bloco de Leste», em que a riqueza média por adulto é das mais baixas e a proporção de «milionários» é igualmente a mais baixa. Portugal fica aquém da vizinha Espanha e da totalidade dos países europeus mais desenvolvidos.

Portugal não é um país de ricos. Não significa que não existam, tão-só que o seu número e proporção em comparação com a maioria dos países da Europa Ocidental são dos mais reduzidos. Este facto é bem revelador do tipo de capitalismo e de desenvolvimento económico seguido nas últimas décadas. Sem uma elite financeira e industrial suficientemente numerosa e com real capacidade de inovação e mobilização do *stock* de capital para o investimento, torna-se difícil sustentar o crescimento económico. A alternativa é o recurso ao capital estrangeiro e ao endividamento público e privado face ao exterior.

Um segundo exercício que apresentamos compara as distribuições dos adultos (%) por níveis de riqueza (US $). Seguindo o escalonamento adotado no *Global Wealth Databook*, definimos o escalão A pelo valor da riqueza superior a 1 milhão de US $, o B dos 100 mil a 1 milhão, o C dos 10 mil aos 100 mil e o D para os que têm menos de 10 mil. Na impossibilidade de comparar um número alargado de países, selecionámos, para comparar com Portugal, a Espanha, a Bélgica e a Irlanda.

A principal evidência distintiva é o facto de Portugal ser, dos quatro países, o que apresenta maior proporção de adultos no escalão C. Os outros três países apresentam o escalão B como o mais representativo. Por outro lado, Portugal detém uma posição intermédia no escalão D, o de menor nível de riqueza, sendo ultrapassado pela Irlanda.

Arriscamos identificar os níveis de riqueza dos escalões B e C com o que poderemos designar por classe média (alta e baixa, se assim o entenderem por simplificação analítica). O que nos distingue dos outros três países é precisamente essa classe média, com preponderância do escalão mais baixo, enquanto neles é o nível mais alto que predomina.

Gráfico 18: Distribuição dos adultos (%) por níveis de riqueza em 2021 (US $)

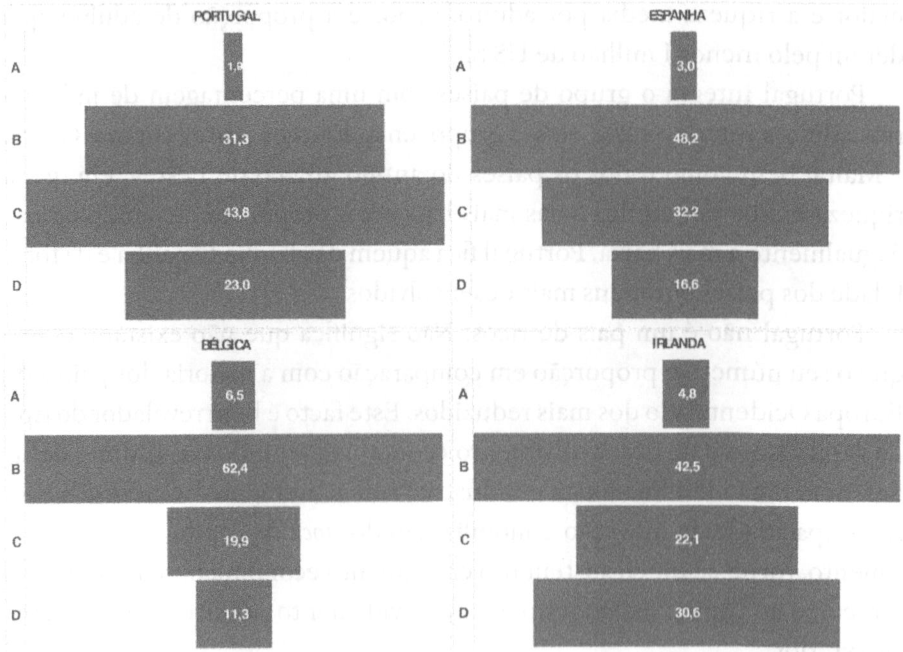

Fonte: James Davies, Rodrigo Lluberas e Anthony Shorrocks. *Credit Suisse Global Wealth Databook 2022*: 119–122.

Um comentário para uma comparação entre a Bélgica e a Irlanda: o primeiro tem um peso reduzido dos dois escalões mais pobres, o segundo apresenta uma elevada representação dos níveis mais pobres.

O terceiro e último exercício incide sobre a desigualdade de distribuição da riqueza. No exercício anterior, retemos o facto de os padrões de distribuição serem diferenciados. A questão que se poderá colocar está em saber se a desigualdade de distribuição de riqueza está ou não relacionada com o seu nível. Para o efeito, relacionamos um indicador de desigualdade da distribuição com a riqueza mediana por adulto, mais uma vez expressa em dólares americanos.

O indicador de desigualdade é o Índice de Gini. Trata-se de um indicador sintético que mede o afastamento da distribuição expressa pela «curva de Lorenz» face a uma distribuição igualitária, ou seja, para qualquer ponto da distribuição, a percentagem dos detentores coincide com a percentagem de riqueza detida. Quando existe coincidência, o Índice de Gini é igual a 0 (zero), quanto maior o afastamento, maior o valor do índice até um máximo de 100.

A segunda variável corresponde ao valor mediano da riqueza de um adulto, ou seja, o valor assumido pelo valor da riqueza a meio da distribuição dos seus detentores. Este é um indicador geralmente utilizado neste tipo de comparações, de preferência em relação à média aritmética.

Os resultados obtidos estão expressos no Gráfico 19, em que cada país europeu está posicionado em função do par Índice de Gini/mediana da riqueza.

Gráfico 19: Desigualdade da distribuição da riqueza

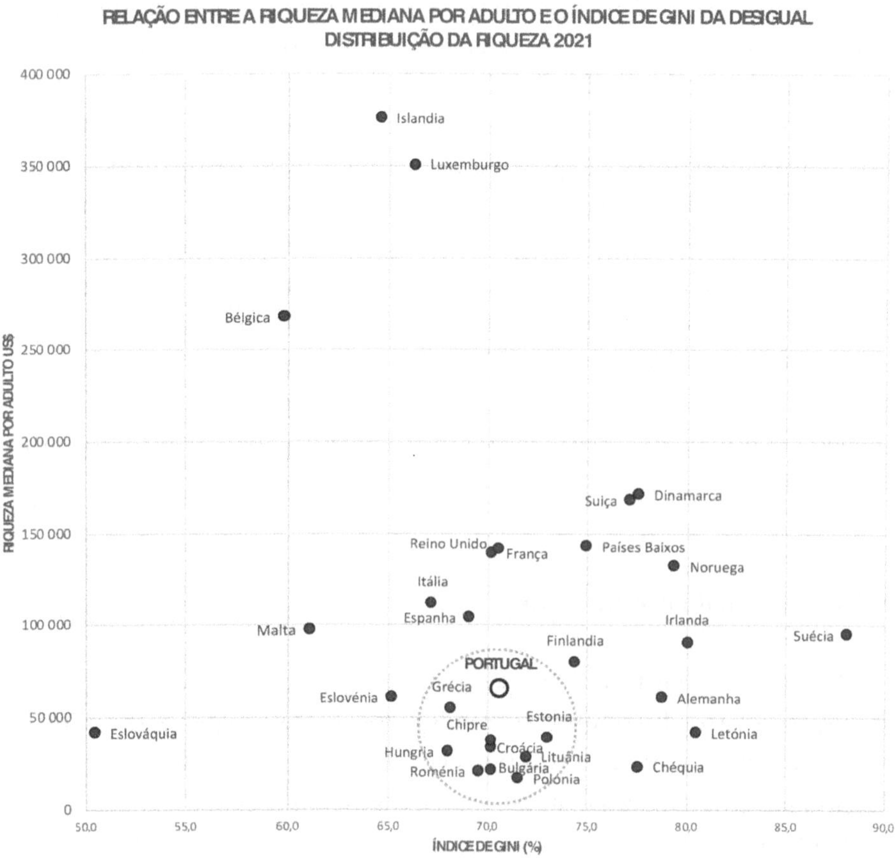

Fonte: James Davies, Rodrigo Lluberas e Anthony Shorrocks. *Credit Suisse Global Wealth Databook 2022*: 119–122.

A primeira conclusão que se poderá extrair da observação direta do gráfico é que não se identifica nenhuma relação linear face à dispersão dos pontos. Ou seja, não tem fundamento relacionar a desigualdade de distribuição de riqueza com o seu nível mediano. Identificamos países com elevada riqueza por adulto e de baixas desigualdades de distribuição (o caso da Bélgica é o mais notório) e países de reduzida riqueza com desigualdades acima da média.

Portugal posiciona-se entre os pequenos países com um desempenho intermédio: acima de países cuja mediana não ultrapassa os 50 mil dólares, mas cujo Índice de Gini varia entre os 65 e os 75%.

Dois reparos aos valores apresentados. No caso da Alemanha, o valor da mediana da riqueza (60 633 US $) é muito inferior ao da média (256 986 US $), o que sugere uma distribuição muito assimétrica, ou mesmo um eventual erro na fonte utilizada. Um segundo caso trata da comparação entre a Chéquia e a Eslováquia, que, para níveis próximos de riqueza, apresentam índices de desigualdade muito diferenciados.

Este último exercício permite reconhecer a diversidade dos padrões de distribuição de riqueza, os quais divergem em função de estruturas sociais muito diferenciadas. O recurso a índices sintéticos de distribuição tende a iludir numa medida muito simples a complexidade das distribuições, mas esconde também o tipo de riqueza, quer se trate de ativos móveis ou imóveis. Uma das tendências observadas nos últimos 20 anos em Portugal foi a valorização relativa dos ativos imobiliários face a outros ativos (ações, participações, obrigações, poupanças, etc.). Noutros países, o acesso a ativos financeiros é mais generalizado, noutros ainda são os ativos imobiliários, nomeadamente habitação ou a propriedade rústica.

A distribuição do rendimento

Mantemos a abordagem que seguimos na distribuição da riqueza, agora tendo por objeto a distribuição do rendimento. Optamos por partir da estrutura de distribuição para depois percebermos melhor a situação de cada um dos grupos, quer seja dos mais pobres ou dos remediados.

A componente do rendimento em que a informação é menos detalhada e escassa é a dos rendimentos do capital. Mesmo assim, dispomos de alguma informação de aproximação à estrutura de distribuição através das estatísticas fiscais, nomeadamente do IRC (Imposto sobre o Rendimento de Pessoas Coletivas), da responsabilidade da Autoridade Tributária e Aduaneira.

Quadro 7: Distribuição dos rendimentos (IRC)

Número de Declarações e IRC Liquidado por Escalões de Volume de Negócios em 2020		
Escalões do Volume de Negócios 1000€	Número de Declarações (% do total)	IRC Liquidado (% do total)
< 500	88,0	14,7
[500 - 2500[	8,9	14,2
[2500 - 25 000[	2,7	22,7
> 25 000	0,3	48,4

Fonte: Autoridade Tributária e Aduaneira. *Dossier Estatístico de IRC 2018–2020.*

O que neste quadro se destaca é o elevado grau de concentração dos chamados grandes contribuintes, que, sendo grandes, não são necessariamente numerosos; 88% das declarações não contribuem com mais de 15% do valor das liquidações. No polo oposto, 48,4% dos valores liquidados são assegurados por 0,3% das declarações. Se definirmos a linha de corte nos 2,5 milhões de euros do volume de negócios, concluímos que 3% das empresas asseguram 71,1% do IRC liquidado.

Para melhor compreensão deste grau de concentração, será conveniente esclarecer que para 60% das declarações o valor liquidado foi igual a zero.[1]

Estes dados confirmam o que já havíamos exposto para a distribuição da riqueza: um número reduzido de empresas concentra um elevado montante de ativos e de rendimentos de capital.

Fizemos o mesmo exercício para a distribuição do IRS (Imposto sobre o Rendimento das Pessoas Singulares)[2], e as assimetrias são ineludíveis.

[1] Autoridade Tributária e Aduaneira. *Dossier Estatístico de IRC 2018–2020.* Notas prévias de 21 de março de 2022.

[2] Autoridade Tributária e Aduaneira. *Dossier Estatístico de IRS 2018–2020.* Notas prévias e quadros estatísticos, de 28 de fevereiro de 2022.

Considerámos os anos de 2018 e 2020 para despistarmos eventuais efeitos da pandemia, sendo que 2018 coincide com um bom ano de crescimento económico. Ainda assim, as diferenças não são relevantes, mas as desigualdades de distribuição do rendimento e do imposto liquidado são consideráveis. Cerca de 70% dos agregados de menor rendimento liquidam apenas 11% do imposto, quando, no polo oposto, 1% dos agregados contribuem com cerca de 22% do imposto.

Se considerarmos a linha de corte nos 50 mil euros de rendimento bruto, 94% dos agregados liquidam 48% do total do imposto arrecadado e um pouco menos de 6% dos agregados contribuem com 52%.

Quadro 8: Distribuição dos rendimentos (IRS)

Escalões do Rendimento Bruto €	2018				2020			
	Número de Agregados por Escalões de Rendimento 2018		Valores Liquidados (Milhões de Euros)		Número de Agregados por Escalões de Rendimento 2018		Valores Liquidados (Milhões de Euros)	
	N Agregados	%	Valores	%	N Agregados	%	Valores	%
[0 a 19.000[	3 745 467	70,63	1 267	10,56	3 791 915	69,20	1 452	11,03
[19.000 a 50.000[	1 267 080	23,89	4 452	37,11	1 365 565	24,92	4 890	37,16
[50.000 A 100.000 [	241 629	4,56	3 579	29,83	269 817	4,92	4 001	30,40
100.000 e mais	48 777	0,92	2 701	22,50	52 120	0,95	2 817	21,41
Total	**5 302 953**	**100,00**	**11 998**	**100,00**	**5 479 417**	**100,00**	**13 160**	**100,00**

Fonte: Autoridade Tributária e Aduaneira. *Dossier Estatístico de IRC 2018–2020.*

Sem nos determos em apreciações de justiça fiscal e social, o que importa retirar desta leitura é a particular estrutura de distribuição do rendimento, a qual corresponde a uma estrutura social em que as desigualdades são muito acentuadas. Quando titulamos este capítulo como «Um país de pobres e remediados», mais pertinente seria enunciá-lo como de muitos pobres, alguns remediados e poucos ricos. Repare-se que um agregado pertencente ao primeiro escalão de rendimento, em que duas pessoas trabalham, corresponde a cerca de um salário mínimo mensal por pessoa. Dito de outra forma, este é um país de rendimentos mínimos.

Esta primeira abordagem é apenas uma primeira aproximação à estrutura de distribuição do rendimento. As fontes fiscais constituem uma lente com alguma distorção das imagens que pretendemos que sejam mais próximas da realidade social que é o objeto principal deste capítulo.

Tal como o adotado para a análise da distribuição da riqueza, iremos recorrer ao Coeficiente de Gini para podermos comparar o caso português com outros países europeus. A avaliação de uma distribuição mais ou menos igualitária é sempre o resultado de um exercício de comparação.

O Coeficiente de Gini reporta-se à distribuição do rendimento disponível equivalente antes de transferências sociais (inclui pensões nas transferências sociais) a partir da base de dados do Eurostat. Considerámos 2012, 2016 e 2020, entre os anos disponíveis para um vasto conjunto de países europeus, sendo a sua ordenação em função dos valores referentes a 2012.

Gráfico 20: Coeficiente de Gini do rendimento disponível equivalente antes de transferências sociais

(PENSÕES INCLUÍDAS NAS TRANSFERÊNCIAS SOCIAIS)

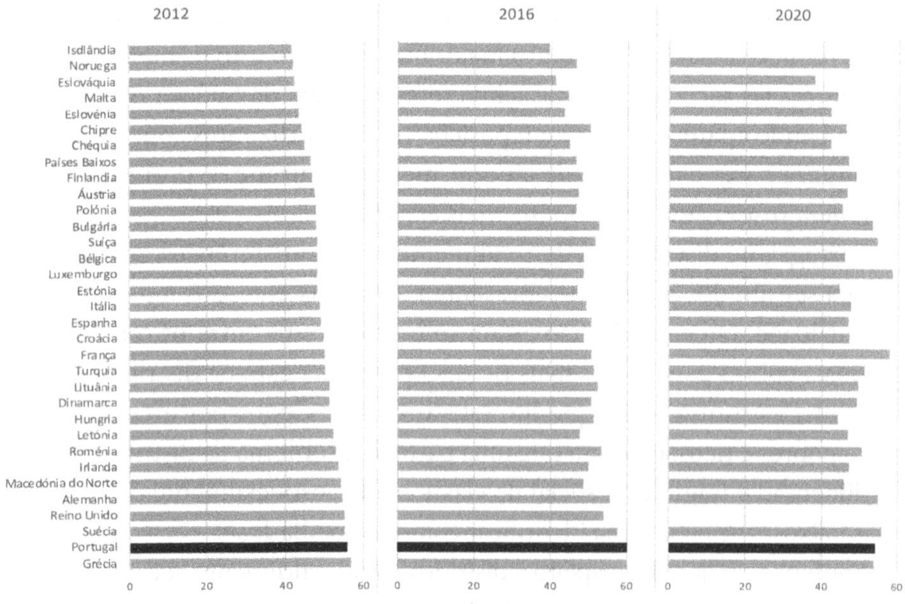

Fonte: Eurostat, dados extraídos em 07 de outubro de 2022 de [ESTAT].

Portugal é o país, com a Grécia, onde o indicador de desigualdade de distribuição de rendimento é maior, especialmente nos anos de 2012 e 2016. Em 2020, nota-se uma ligeira melhoria no posicionamento destes países, ficando abaixo da barreira dos 60%. O período de 2016–2020 foi marcado pelo crescimento do PIB acima da média do decénio e também por políticas mais equilibradas de distribuição do rendimento, o que permitiu uma ligeira redução do valor do indicador registado durante os anos de austeridade.

Repare-se que entre os países com maior desigualdade encontramos três (Suécia, Alemanha e Reino Unido), que, sendo dos mais ricos, nem por isso apresentam melhor desempenho na distribuição do rendimento. Tal como tínhamos observado na distribuição da riqueza, também encontramos países mais pobres e menos desenvolvidos no contexto europeu que apresentam distribuições de rendimento mais equilibradas. Estes factos demonstram que não há uma relação direta entre o nível de riqueza e de desenvolvimento de um país e a estrutura de distribuição do rendimento.

O cenário muda um pouco quando introduzimos as transferências sociais (pensões, subsídios e outras transferências enquadradas pelas diferentes políticas sociais). De uma maneira geral, os coeficientes reduzem o seu valor, redução essa que será tanto maior ou menor quanto os montantes das transferências sociais. Os casos acima referenciados da Suécia, Alemanha e Reino Unido aparecem agora em posições mais condizentes com o seu nível de riqueza porque dispõem de mecanismos de segurança e proteção sociais mais generosos e, eventualmente, mais eficazes.

Portugal, na distribuição de rendimento após transferências sociais, continua a ser um dos países que apresentam dos mais elevados indicadores de desigualdade. O problema não estará só no confronto entre os rendimentos dos mais pobres com os dos mais ricos. O problema está na distribuição e na particular estrutura social que lhe está associada. Cegos por esta dicotomia entre pobres e ricos, ignoram que uma parte do problema da distribuição está na dimensão e fragilidade social da classe média, especialmente dos estratos mais baixos, que eu ousaria identificar como «remediados».

Por fim, e no que diz respeito à distribuição do rendimento, a evidência que mais impressiona é o facto de, em 2020, cinco anos após a política de «devolução dos rendimentos» e de «reversão da austeridade», as desigualdades continuarem a ser o traço mais saliente da sociedade portuguesa, atuando mesmo como um fator de bloqueio ao desenvolvimento. O problema não está em sabermos porque somos tão desiguais, mas porque as desigualdades se reproduzem ao longo de décadas sem que se vislumbre um arremedo de mudança estrutural relevante.

Gráfico 21: Coeficiente de Gini do rendimento disponível equivalente após transferências sociais

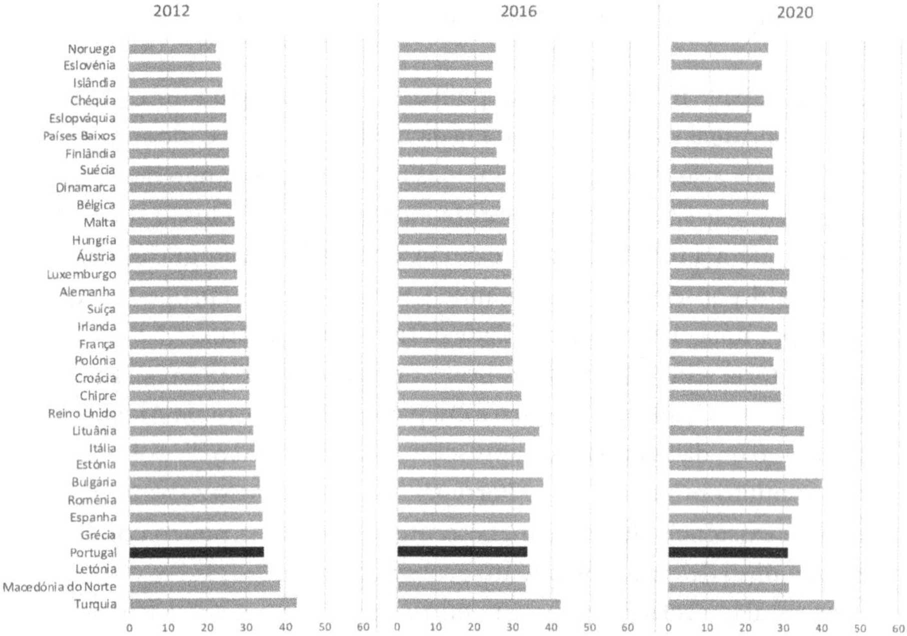

Fonte: Eurostat, EU-SILC Survey. Dados extraídos em 07 de outubro de 2022 de [ESTAT].

Continuo a pensar que a adoção de medidas de política de carácter distributivo só tem efeito em fases de crescimento económico robusto e sustentado. Sem esse crescimento económico, é difícil aplicar medidas de política mais eficazes porque todo o esforço se orienta para as situações de maior vulnerabilidade social.

A pobreza

O estudo da pobreza tem sido um dos objetos mais trabalhados na investigação académica, com destaque para os trabalhos de Carlos Farinha Rodrigues, Fernando Diogo, Nuno Alves e Susana Peralta. Entre as publicações mais recentes, merece referência o trabalho de Susana Peralta, Bruno Carvalho e Mariana Esteves, *Portugal, Balanço Social 2021 — Um retrato do país e de um ano de pandemia.*[3] Esta publicação baseia-se na sistematização de todos os indicadores disponíveis quer no Eurostat quer no INE e numa leitura sintética e comparativa das principais características e tendências verificadas em Portugal.

Os principais indicadores de pobreza apontam para um posicionamento de Portugal ligeiramente acima da média europeia e identificam uma tendência para a sua redução ligeira, mas ineludível, ao longo das duas últimas décadas, nas situações de pobreza extrema e de exclusão social. Quer isto dizer que a situação da pobreza em Portugal, sendo grave, não é tão grave quanto a observada numa grande parte dos países europeus, a qual se expressa por uma enorme disparidade entre os indicadores.

Se é notória a incidência da pobreza em países mais pobres (Bulgária e Roménia, por exemplo), também o é em países ricos (casos da Alemanha, do Luxemburgo ou da Suécia), que apresentam taxas de risco de pobreza superiores ou muito próximas às de Portugal. Para estes países, os indicadores sugerem a existência de bolsas persistentes de pobreza pouco condizentes com o seu nível de desenvolvimento económico.

De assinalar a relação que existe entre a pobreza e o acesso a condições de vida e posições de *status*.

O risco de pobreza é maior entre as pessoas cuja habilitação escolar não vai além do ensino básico: este segmento representa 46% da população total em 2020, mas essa proporção sobe para os 72% entre a população pobre. Se considerarmos os segmentos superiores, 19% da população pobre está habilitada com o ensino secundário ou pós-secundário e 9% com o ensino superior. Níveis superiores de escolarização aumentam a possibilidade de acesso a posições remuneratórias mais elevadas, diminuindo, assim, o risco de pobreza. Porém, não o eliminam.

Outra associação relevante é a da pobreza com situações de privação na saúde. Cerca de metade da população pobre apresenta problemas de doença crónica ou problemas de saúde prolongados e 41% apresentam limitações para o exercício de atividades habituais.

---

[3] https://www.novasbe.unl.pt/Portals/0/Files/Reports/SEI%202021/Relat%F3rio%20Balan%E7o%20Social_Janeiro%202022.pdf.

No domínio da habitação, o problema não se apresenta tão grave. Mas há que destacar que 24% da população pobre vive situações de privação habitacional severa, sendo ainda maior a proporção dos que vivem com encargos habitacionais excessivos (37%).

Uma breve referência ao risco de pobreza em função da composição do agregado familiar. Esse risco é maior entre os agregados familiares com presença de crianças, especialmente quando estamos na presença de «dois adultos com três ou mais crianças» (taxa de risco de pobreza de 40% em 2020) ou de «um adulto com pelo menos uma criança» (25,5%). Estes valores colocam o problema das famílias numerosas em situação de pobreza e o das famílias monoparentais como os grupos mais vulneráveis.

Por último, tentemos identificar qual tem sido a tendência e distribuição do risco de pobreza e exclusão social pelos diferentes grupos etários, recorrendo aos dados mais recentes disponibilizados pelo Eurostat para Portugal.

Gráfico 22: Portugueses em risco de pobreza ou exclusão social

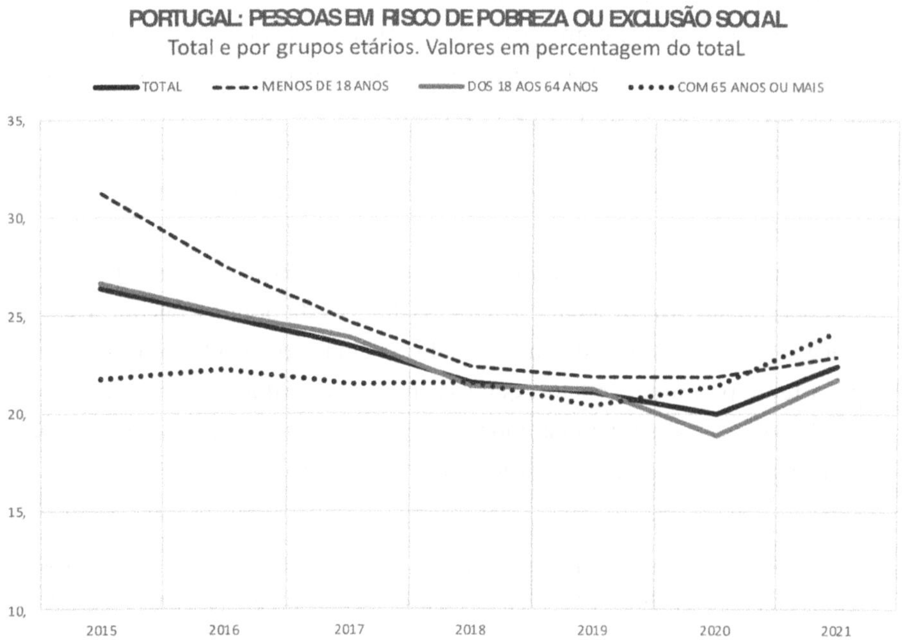

Fonte: Eurostat. Dados extraídos em 14 de outubro de 2022.

Entre 2015 e 2021, identifica-se uma redução expressiva do risco de pobreza e exclusão social entre as crianças e jovens até aos 18 anos. Entre os mais idosos, que apresentavam menores riscos de pobreza, a situação agravou-se após 2019, decerto sustentada pelos efeitos da pandemia. Este grupo, que era o mais favorecido até 2019, tornou-se o de maior risco de pobreza e exclusão social, nos anos seguintes. O agravamento registado em 2021 é sintomático da vulnerabilidade à quebra de rendimentos, ao emprego e à doença. Mas essa vulnerabilidade será bem maior em contextos de inflação, de recessão e de incerteza, tal como aqueles que vivemos no presente.

Esta melhoria do quadro traçado entre 2015 e 2019 vem confirmar a ideia já aqui expressa de que, numa perspetiva de médio prazo, só em fases de crescimento económico robusto é possível reduzir quer a desigualdade de distribuição do rendimento quer a proporção da população em risco de pobreza. Por isso, continuamos a pensar que, sendo razoável a prioridade concedida às políticas sociais distributivas, os seus efeitos serão efémeros se o crescimento económico não sustentar essas políticas. Sem crescimento que crie emprego e sem reformas que transformem a estrutura social, a pobreza e as desigualdades tornam-se «endémicas».

Nuno Alves[4] destaca com particular pertinência o carácter dinâmico da pobreza, bem como os fatores que explicam a entrada, a permanência e a saída de uma situação de pobreza. Da simples e compreensível passagem temporária pela condição de pobreza, à designada pobreza persistente, Nuno Alves chama a atenção para a prevalência desta última:

> Uma característica importante da pobreza em Portugal é a sua elevada persistência no quadro europeu. Esta elevada duração da pobreza encontra-se relacionada com baixas taxas de saída da pobreza em Portugal. Os perfis de pobreza persistente permitem concluir que os grupos mais vulneráveis a esta «armadilha da pobreza» são as famílias monoparentais, as pessoas idosas e os agregados familiares com menor participação no mercado de trabalho.[5]

---

4 «A Dinâmica da Pobreza em Portugal». Diogo, Fernando, Castro, Alexandra, e Perista, Pedro (org.). *Pobreza e Exclusão Social em Portugal. Contextos, Transformações e Estudos.* Edições Húmus, 2015: 65–78.

5 *Idem*: 76.

Como sugere aquele investigador, há uma clara diferença entre políticas «mais vocacionadas para mitigar situações temporárias de insuficiência de rendimento» e as políticas cuja orientação está mais dirigida para o médio e longo prazo visando mecanismos de (re)inserção no mercado de trabalho.

Este é um quadro de caracterização muito sucinto e que esboça a traços muito leves a situação da pobreza em Portugal. Importa que nos detenhamos sobre alguns aspectos sectoriais dessas situações de pobreza.

Trabalhar para ser pobre

Identificámos alguns dos grupos mais vulneráveis, caso dos menos qualificados, das crianças, jovens e idosos e das famílias monoparentais. Porém, é possível identificar uma relação estreita entre o risco de pobreza da população em geral e o risco de pobreza dos que trabalham, ou seja, dos que estão identificados como empregados a desenvolver frequentemente uma atividade laboral.

Neste caso particular, o problema já não se colocará no acesso ao mercado de trabalho, dado que se trata de pessoas com uma atividade e que estão empregadas, mas decerto estará relacionado com o tipo de atividade, relação contratual e o nível de remuneração auferida. Não é o facto de se beneficiar de um emprego que retira estes estratos da população de caírem numa situação de pobreza e exclusão social.

No caso de Portugal, para uma taxa de risco de pobreza total de 22,3%, em 2021, corresponde uma taxa de 13,4% para as pessoas que exercem uma atividade profissional remunerada.

No contexto da União Europeia, Portugal está entre os sete países onde essa proporção é mais elevada, com os países da Europa do Sul (Espanha, Itália e Grécia), a que se juntam o Luxemburgo, a Bulgária e a Roménia. Este facto é concordante com a desigualdade de distribuição dos salários, principalmente pela proporção da população ativa que aufere os salários mais baixos.

Assim, na perspetiva das políticas sociais de combate à pobreza e às desigualdades de distribuição de rendimento, o foco deverá estar mais centrado nos rendimentos e não tanto no acesso ao emprego, especialmente quando se registam em Portugal taxas de desemprego relativamente baixas e mesmo de carência de mão-de-obra em alguns sectores de atividade.

Gráfico 23: Risco de pobreza e exclusão social de pessoas empregadas

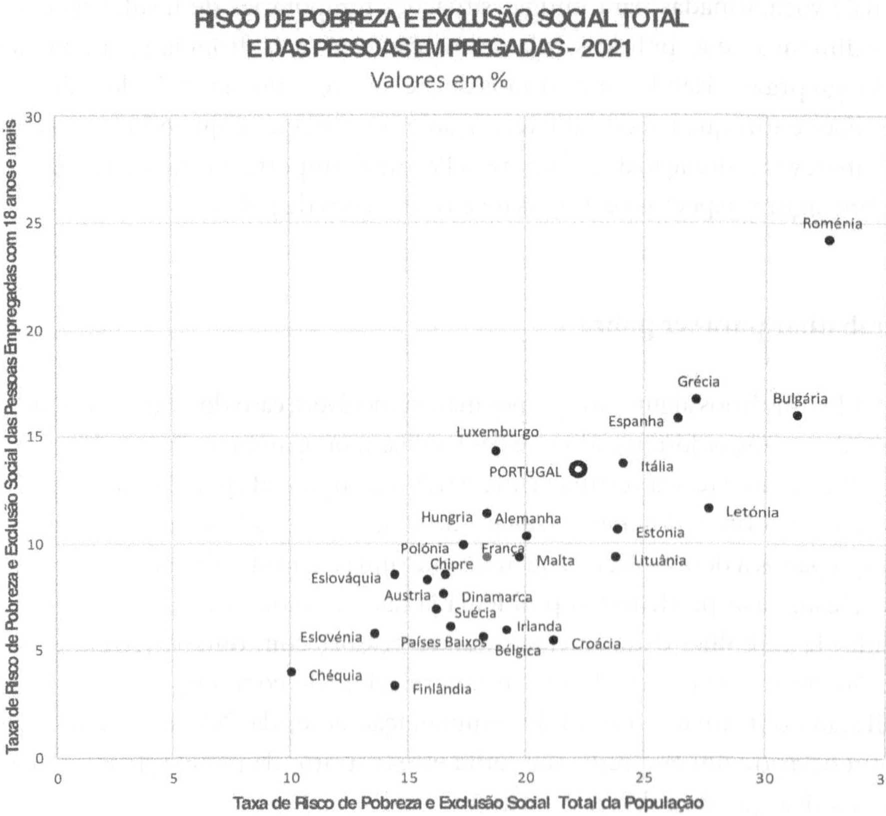

Fonte: Eurostat.

Um dos instrumentos mais reconhecidos como regulador dos salários é a Retribuição Mínima Mensal Garantida (RMMG), mais correntemente designada por «salário mínimo». Em 2018, o número de trabalhadores abrangidos pela RMMG situava-se nos 24%, nível que tem revelado alguma estabilidade desde 2016. Ou seja, perto de um quarto dos trabalhadores por conta de outrem não auferem mais do que o salário mínimo, o que projeta um rendimento anual entre 10 e 15 mil euros, considerando que, em média, a remuneração de base representa 80% do ganho mensal.[6] Porém, há que

6 GEP-MTSSS. *Boletim Estatístico*. Setembro de 2022: 14.

considerar a diferença entre a remuneração mínima e o ganho efetivo anualizado, e, nessa perspetiva, os valores do «salário mínimo» têm convergido para o ganho médio mensal, situando-se em 2022 em 70% do valor mediano e 53% do valor médio.

Considerando que o valor do limiar do risco de pobreza[7] em Portugal, para o ano de 2021, era de 7442 €, equivale a 80% do rendimento anual de um salário mínimo e, por definição, a 60% do rendimento mediano por adulto equivalente.

Uma das críticas que é correntemente formulada aos aumentos do salário mínimo baseia-se no facto de este, na evolução registada nos últimos anos em Portugal, tender a aproximar-se do valor do salário médio. Essa tendência é real, mas também é verdade que não se tem afastado o suficiente do limiar do risco de pobreza. Por outro lado, convém reconhecer que a maior parte dos trabalhadores cuja remuneração de base é equivalente ao salário mínimo tem um ganho médio quase 25% superior ao valor de base. O que tem sido registado é a redução do diferencial entre ganho e remuneração.

Pobreza e família

Um dos segmentos que registou em 2021 um maior agravamento em Portugal foi o das famílias monoparentais, com a proporção das pessoas em risco de pobreza a atingir 38,2%. Entre os diferentes tipos de agregados familiares, este revela-se o mais vulnerável, superando o dos idosos isolados (32,5%) e o dos adultos isolados (29,6%).

O modelo tradicional do Sul da Europa, onde Portugal se integra, confere à família um papel importante na ação dos mecanismos sociais de proteção e entreajuda, quer no que respeita à proteção das crianças quer na dos idosos quer ainda na atenuação dos efeitos de quebra de rendimento familiar. Independentemente da pertinência desse modelo social, o que se me afigura relevante é a tendência para a perda de importância e eficácia desses mecanismos sociais. A sociedade portuguesa assiste há muito ao desenvolvimento

[7] O limiar de risco de pobreza corresponde a 60% do rendimento mediano por adulto equivalente, após transferências sociais.

de novas configurações familiares que se distinguem cada vez mais da família tradicional de base nuclear, com destaque para dois fenómenos que colocam novos problemas e denunciam novas vulnerabilidades sociais. Referimo-nos concretamente ao número de isolados, especialmente entre os idosos, e de agregados familiares com um adulto e uma criança dependente.

No caso particular desta última categoria, correntemente designada por famílias monoparentais, a sua representação tem vindo a aumentar ao longo das últimas décadas: de 3% em 2005, passou para 5,4% em 2021. Entretanto, a tendência é bem maior entre as famílias monoparentais em que o adulto é mulher (16% em 2021).

Além do efeito da limitação do rendimento do agregado familiar, a vulnerabilidade social reflete-se diretamente sobre a criança dependente não só no seu bem-estar, mas também no seu desenvolvimento. Há uma evidente relação direta entre o risco de pobreza infantil e o risco de pobreza dos agregados monoparentais.

O estudo coordenado por Fernando Diogo sobre *A pobreza em Portugal — Trajetos e quotidianos*[8] dá-nos os retratos dos efeitos das conjugalidades interrompidas sobre o aumento da vulnerabilidade social e do risco de pobreza, com especial incidência sobre as crianças.

Este problema faz despertar um outro mais vasto e com consequências mais preocupantes no médio e longo prazo: a condição da infância e a reduzida importância que lhe é atribuída pelas políticas públicas. Manuel Sarmento, Natália Fernandes e Gabriela Trevisan são alguns dos investigadores que têm desenvolvido — também com Fernando Diogo — um meritório esforço de investigação sobre esta problemática. O quadro por eles traçado num recente artigo é ineludível:

> [...] a situação da infância em Portugal pode caraterizar-se nestes números alarmantes: as crianças são, desde 2008, o grupo geracional com maior risco de pobreza; uma em cada quatro crianças vive em privação material e uma em cada dez crianças em situação de privação material severa; o risco de pobreza é mais elevado nas famílias numerosas (41%), nas famílias monoparentais (31%) e nas pessoas desempregadas (38%); as famílias monoparentais com o progenitor

[8] Fundação Francisco Manuel dos Santos, Estudos, 2021.

> desempregado apresentam um risco quase absoluto de pobreza (90%); 30% das crianças perderam o direito ao abono de família em 3 anos (2009 a 2012); as politicas publicas direcionadas às famílias são manifestamente insuficientes, não integradas nem adequadas à gravidade da situação social.[9]

Se a avaliação realizada incide sobre o período de recessão económica e da intervenção das organizações internacionais através do programa de ajuda financeira, nem por isso a situação atual fez esquecer aqueles alertas, não obstante algumas melhorias registadas até 2020. Continua a não existir uma política social para a infância, na diversidade das dimensões que ela encerra, desde a creche à escola, dos abonos à prevenção e a uma efetiva proteção social dos mais vulneráveis.

A atual conjuntura marcada pela inflação, pelo risco de uma nova recessão e pela instabilidade das relações sociais não nos autoriza a alimentar a esperança em melhores dias no combate à pobreza.

[9] *Op. cit. Pobreza e exclusão social...*: 87.

6

DE REGRESSO AO LABIRINTO

Não é Portugal, na estreiteza do seu território europeu, menos difícil de governar do que outras nações de maior quinhão na carta do mundo, sendo deveras complicado o seu organismo nacional. Na sua composição entraram tão variados e opostos elementos, sem nenhum preponderante a dominá-los e a dirigi-los, que logo desde o seu princípio lhe faltaram a coesão e a unidade, que o absolutismo lhe emprestava mas que nunca veio propriamente a adquirir, e portanto o espírito de associação e solidariedade, que são as suas consequências. Da falta destas qualidades, indispensáveis para que uma nação seja um todo bem composto, resultou uma anarquia mansa, que neste meio de impulsivos meridionais se manifesta muitas vezes pela indisciplina em baixo, e pela desunião em cima.

Anselmo de Andrade. *Relatorios e Propostas de Fazenda.* Coimbra, França Amado Editor, 1911: 13–14.

Quem somos? Por onde vamos?

Portugal existe como Estado independente há 880 anos. Desde finais do século XIII que mantemos inalteradas as nossas fronteiras. Uma «pátria» a caminho dos nove séculos de existência, unida pela língua, pela religião e pelo Estado que lhe conferiu a coerência num dado território. Estamos entre os mais antigos estados europeus e, provavelmente, entre as mais antigas nações europeias[1] cuja história e memória, nos seus traços fundamentais, são partilhadas e reconhecidas.

Neste contexto, que pertinência terá a questão «quem somos?»?

Nos últimos dois séculos, a literatura portuguesa, com especial destaque para a poesia e a reflexão filosófica, tem-nos confrontado com porfiados exercícios de «autognose nacional» — na expressão de Maria de Lourdes Belchior a partir da leitura de Eduardo Lourenço —, a começar em Garrett (*Camões*), passando por Junqueiro (*Pátria*) e a *Mensagem* de Pessoa. As obras de Herculano, Oliveira Martins, Anselmo de Andrade e António Sérgio, entre tantos outros, integram a investigação, a reflexão e o ensaio sobre o que fomos e o que somos. A mesma questão está presente nas obras de Vitorino Magalhães Godinho, Eduardo Lourenço e, mais recentemente, António Barreto e Boaventura de Sousa Santos.

Em todos eles identificamos um traço comum: o reconhecimento de que somos menos do que poderíamos ser. Estamos sempre aquém do nosso potencial. Esse fosso entre o que somos e o que pretendemos ser é refletido de forma diferenciada, identificando ora as dimensões idiossincráticas, destacando os nossos defeitos ou incapacidades, ora as dimensões institucionais que bloqueiam o desenvolvimento e se enredam num círculo vicioso de ineficiência social e cultural. O atavismo, o subdesenvolvimento, o atraso e a periferização representam expressões desse fosso entre o que somos e um Portugal imaginado que pensamos possível ser.

O problema, pelo contrário, não estará apenas no que somos, mas também no que algumas elites ilustradas entendem que poderíamos ser. A ideia do que somos remete para características estruturais, como se fossem imutáveis ao longo dos séculos e não se tivessem afeiçoado às mudanças económicas, sociais e culturais do mundo que nos rodeia. A identidade nacional é sempre uma construção social do presente sobre os pilares da existência coletiva do passado e dos contextos culturais que as gerações e as conjunturas sucessivas vão engendrando.

---

1 Seton-Watson, Hugh. *Nations and States. An Inquiry into the Origins of Nations and the Politics of Nationalism*. Westview Press, 1977.

António Barreto coloca bem o problema ao escrever:

> O caso português constitui uma boa ilustração da variedade de sentidos da identidade nacional. Nas últimas décadas, a sociedade portuguesa conheceu mudanças muito significativas. A identidade portuguesa é forte: é generalizada a convicção de que os traços diferenciados são abundantes; está enraizada a ideia de que Portugal tem características muito próprias. Todavia, as mudanças ocorridas fazem com que a identidade não seja, hoje, a mesma do que há trinta ou quarenta anos. Por outro lado, ainda neste período, a população portuguesa adoptou padrões de comportamento há muito existentes em grande número de países europeus: na demografia, na produção económica, no consumo e na política. Noutras palavras: Portugal perdeu identidade e tradições, aproximou-se dos seus vizinhos, mas, não obstante, mantém traços distintos e características próprias que permitem afirmar que existe uma forte identidade.[2]

Um segundo problema resume-se na frase lapidar de Fernando Pessoa: «Senhor, falta cumprir-se Portugal» (*Mensagem*, «O Infante»). Para o poeta, somos um país eternamente por cumprir, como se um destino previamente traçado ficasse sempre por alcançar. Que destino é esse? Quem nos incumbiu de o prosseguir?

O saudosismo místico poderá inspirar o melhor que temos da poesia e do ensaio, mas não nos ajuda a esclarecer e a resolver os problemas que enfrentamos no presente.

Portugal não tem um problema de nacionalidade nem de identidade nem de consciência nacional. Como defendia Vasco Pulido Valente: «Temos uma nacionalidade inabalável!» A tese está bem fundamentada pelos inquéritos realizados no âmbito do *European Social Survey* quando posicionam os Portugueses — com Polacos e Finlandeses — entre os que na União Europeia têm maior orgulho de serem cidadãos do seu país.[3]

Por isso a retórica nacionalista é tão incipiente e tão inconsequente. Os raros assomos de nacionalismo expressam-se mais facilmente pelas

---

[2] *De Portugal para a Europa. Ensaios.* Lisboa, Relógio d'Água Editores, 2017: 35–36.

[3] Loek Halman, Tim Reeskens, Inge Sieben e Marga van Zundert. *Atlas of European Values: Change and Continuity in Turbulent Times.* European Values Series, volume 1, Tilburg, 2022: 16.

reivindicações protecionistas de quem não consegue suportar a abertura ao exterior ou pela ilusão de um torrão pátrio rico em recursos e sempre mal aproveitados. Curiosamente, neste discurso não se distingue a esquerda da direita mais conservadora. Vivem da ilusão de um mercado interno protegido e de uma «produção nacional» capaz de o alimentar.

A segunda pergunta, «por onde vamos?», pressupõe a existência de um destino para o qual é sempre urgente traçar um rumo, desde que nos libertemos dos labirintos e dos bloqueios que nos tolhem a ação concertada. As sociedades e os diferentes grupos sociais podem mobilizar-se por propósitos ou objetivos que considerem alcançáveis, não necessariamente por destinos predefinidos ou predeterminados que só na imaginação mais criativa têm lugar. A ideia de um «destino nacional» é um mito cujas origens remontam a António Vieira (a ideia do Quinto Império) e que a literatura mística recuperou.

Melhor seria que se colocasse a questão: *onde e quando pretendemos chegar?* O que precisamos de mobilizar e porfiar para o conseguir? O que é necessário mudar para que tudo não fique na mesma? Mas esse exercício está afastado dos membros mais proeminentes das elites políticas e intelectuais. Tudo se esgota no efémero, no imediato, no mediatizado, e tudo o que for além disso é tarefa inglória que se pode sujeitar ao ridículo.

Regressámos ao *labirinto* — na expressão avisada de Eduardo Lourenço — sem que consigamos enxergar uma saída, um rumo e um propósito.

Recordo, uma vez mais, Basílio Teles:

> *O que for, soará* — tal é a fórmula corrente em que exprime esta mesma opinião e justifica esta precisa atitude a parte mais sã, senão a mais decidida, da minoria pensante do país.
>
> A própria ciência, indagando com impassível escrúpulo, desde há uns anos que vem construindo hipóteses e esboçando teorias sobre este caso estranho de um povo absorto e parado no meio de um mundo em febris e permanentes mutações.[4]

---

[4] *Op. cit.*: 54.

TERCEIRA PARTE

EDUCAÇÃO SEM UTOPIA

1
EDUCAÇÃO ENQUANTO PROBLEMÁTICA[1]

> Precisamos de vistas largas, de um pensamento que não se feche nem nas fronteiras do imediato, nem na ilusão de um futuro mais-que-perfeito. À maneira de Reinhart Koselleck (1990), interessa-me compreender de que modo o passado está inscrito na nossa experiência actual e de que modo o futuro se insinua já na história presente.
>
> António Nóvoa. «Educação 2021: para uma história do futuro». *Educação, Sociedade & Culturas* 41, 2014: 171–185.

Porque é que a educação ocupa um lugar tão destacado na reflexão, debate e investigação das sociedades modernas? A esta primeira pergunta justifica-se acrescentar uma outra: porque é que alguns dos grandes temas que são objeto da produção de conhecimento sobre educação revelam uma indisfarçável recorrência que se identifica desde os alvores da modernidade?

As respostas a estas duas perguntas não se afiguram de fácil elaboração. Antes de mais, pretendo limitar a compreensão do papel da educação no desenvolvimento da modernidade, pois é esta que consagra e mobiliza o que se veio a designar por «escola de massas».

---

[1] O presente texto é uma revisão atualizada da memória apresentada a concurso para professor catedrático do Departamento de Sociologia da NOVA FCSH.

O processo de massificação do ensino é indissociável da construção da modernidade. Dennis O'Keefe é perentório ao afirmar que «sem educação de massas não poderia haver modernidade».[2] O economista da educação não esclarece a condição necessária, apenas estabelece uma associação sem a justificar: a educação de massas é uma das condições da modernidade. Analisando o caso português, António Candeias coloca como hipótese o facto de a limitada massificação do sistema de ensino — sustida pela visão conservadora e autoritária da primeira fase do Estado Novo — ter bloqueado a transição de uma forma de modernidade liberal restrita, cujos traços eram já evidentes na segunda metade do século XIX e nas primeiras décadas do século XX, para o que designa por modernidade organizada, na conceptualização proposta por Peter Wagner.[3]

O mesmo Peter Wagner[4] formulou as três *problemáticas* presentes nas diferentes «configurações sociais» que a análise da sociologia histórica tem identificado: as questões relacionadas com a vida em comum constituem a *problemática política*; aquelas relacionadas com a satisfação das necessidades dos seus membros, a *problemática económica*; e aquela relativa ao conhecimento válido, a *problemática epistémica*. Ora, a educação e a escola modernas — que não são objeto de análise por aquele sociólogo — revelam-se em cada uma das três problemáticas como instituição privilegiada para assegurar a sua reprodução e sustentabilidade intergeracional. Na problemática política, como instrumento de socialização e de interiorização da disciplina social, necessariamente ancorada sobre a dimensão moral do conceito de cidadania. Na problemática económica, enquanto produtora de qualificações suscetíveis de satisfazer as necessidades de uma divisão social do trabalho, cada vez mais aprofundada. Na problemática epistémica, enquanto transmissora do legado cultural, produtora e difusora de conhecimento válido de base científica e de capacidades humanas indispensáveis para o generalizar a toda a sociedade.

---

2 O'Keeffe, Dennis. «Education and modernity». *Economic Affairs* 23.2 (2003): 34.

3 Candeias, António. «Modernidade, Educação, Criação de Riqueza e Legitimação Política nos Séculos XIX e XX em Portugal». *Análise Social* (2005): 477–498, citando Peter Wagner, *Liberté et Discipline: Les Deux Crises de la Modernité*. Paris, Métaillé, 1996.

4 Wagner, Peter. *Modernity as Experience and Interpretation: A New Sociology of Modernity*. Cambridge, Polity Press, 2008: 4.

Neste contexto, a educação moderna poderá considerar-se uma problemática transversal e simultaneamente instrumental das três problemáticas centrais de Wagner. Mas é a modernidade que confere à educação o papel decisivo que assume na esfera pública. Num movimento inverso ao identificado para a religião, a educação das novas gerações deixou de ser um domínio da esfera privada dos indivíduos e das famílias para se assumir progressivamente como domínio da esfera pública, da sociedade, bem como do Estado.

A difícil relação entre esfera privada e esfera pública expressa-se de forma tensional no caso particular da educação. Face a uma primeira divisão entre *educar* — enquanto responsabilidade das famílias — e *instruir* ou *ensinar* — enquanto dever da sociedade e do Estado para com os indivíduos —, as dinâmicas sociais e culturais tendem a esbater as fronteiras e a aumentar a sua intersecção. Por outro lado, essa tensão tende a aumentar à medida que a escola de massas se concretiza pela apropriação tendencialmente monopolista por parte dos Estados de um instrumento de coerção e controlo indispensável à sua afirmação e legitimação social. No presente, a maioria dos sistemas nacionais de ensino é maioritariamente pública e de administração estatal, em graus mais ou menos elevados de descentralização.

É neste contexto que a educação e a escola de massas constituem um objeto privilegiado de problematização social das sociedades modernas. Em primeiro lugar, como instrumento potencial de mudança social associado à ideia de progresso. Em segundo, como espaço privilegiado de socialização institucionalizada. Em terceiro lugar, como instituição orientada para a reprodução do conhecimento (socialmente) válido, assegurando a ligação, nem sempre linear e frequentemente tensional, entre o legado das culturas e a construção ideológica do futuro. Presente nessas três dimensões, assumindo mesmo uma incontestável centralidade, identificamos o papel do Estado e das políticas públicas que estão associadas à sua ação.

A escola transforma-se, assim, no *espelho idealizado da sociedade* porque nela coexistem o espaço «sacralizado» da existência coletiva e as projeções, anseios e expectativas de uma sociedade futura que se pretende aperfeiçoada através da concretização das ideias, das teorias e das ideologias, quer as entendamos como dominantes ou periféricas.

Como lembra John W. Meyer[5], os sistemas educativos formalizados são, de facto, «teorias da socialização institucionalizada enquanto regras a nível coletivo»; mas, por outro lado:

> Os próprios sistemas educativos são, de certa forma, ideologias. Racionalizam em termos modernos e retiram às explicações sagradas e primordiais a natureza e organização do pessoal e do conhecimento na sociedade moderna. São, presumivelmente, os efeitos da reorganização da sociedade moderna em torno do individualismo secular, que é um tema principal de Marx e Weber.

A educação moderna e a escola de massas configuram-se, assim, como problemática transversal indispensável à compreensão das configurações sociais características da modernidade. A sua interpretação desencadeou durante o século XX, particularmente na segunda metade, o movimento mais prolixo de investigação e construção teórica que lhe conferiu um lugar de relevo no domínio das ciências sociais e humanas. As diversas abordagens têm em comum a reivindicação de um estatuto científico e o recurso a protocolos de investigação mais ou menos legitimados pelas sociedades cujas configurações pretendem analisar, compreender e explicar.

Educação, progresso e igualdade: entre mito e utopia

A associação da educação à ideia de progresso vamos encontrá-la de forma mais ou menos sistematizada e fundamentada em autores muito anteriores ao iluminismo, de Fontenelle ao abade de Saint-Pierre, de Descartes a Locke[6]. O que Rouvillois identifica como as origens do «mito da educação»[7], entendida como «educação moral» indispensável à concretização de uma

---

[5] Meyer, John W. «The effects of education as an institution». *American Journal of Sociology*, 83.1, 1977: 65–66.

[6] Rouvillois, Frédéric. *L'Invention du Progrès. Aux Origines de la Pensée Totalitaire (1680–1730)*. Paris, Kime, 1966.

[7] *Idem*: 293–301.

ideia de progresso que vá para lá do avanço do conhecimento, da ciência e da razão, será consagrado pela filosofia das luzes, mas também pela incorporação política de alguns dos seus princípios por parte dos poderes absolutos. Porém, é do iluminismo e especialmente da obra de Immanuel Kant o legado fundamental que irá influenciar os grandes referenciais dos séculos XIX e seguintes. *Perfectibilidade* e *disciplina* são os conceitos-chave para a compreensão da ideia de progresso, conferindo assim à educação a responsabilidade de garantir a formação das novas gerações de acordo com esses princípios.[8]

A educação, em particular através da escola de massas associada à instrução pública, tende a ser concebida e entendida como instrumento capaz de promover a «marcha da humanidade» (progresso) para sociedades cada vez mais avançadas (civilizadas), concretizando teleologicamente a ideia do *paraíso na Terra*. A representação da escola como espaço privilegiado de construção do cidadão dominou o primeiro século da estruturação dos sistemas nacionais de ensino, especialmente nos países ocidentais, desde o segundo terço do século XIX até à II Guerra Mundial. Na segunda metade do século XX, a escola é reconfigurada nos seus propósitos como instrumento promotor da mobilidade social ascendente, da integração e da coesão social. No século XXI, com o aprofundar da globalização e da competição entre Estados e economias, a educação e o ensino são cada vez mais condicionados pelas conceções neoliberais de formação de capital humano e orientados para o desenvolvimento de competências ditadas, na maior parte dos casos, pelo mercado de trabalho e pela obsessão produtivista.

Qualquer uma destas três configurações da escola e dos sistemas de ensino tem subjacente a ideia de progresso — mais recentemente reformulada através dos conceitos de desenvolvimento e de modernização — e a convicção generalizada de que mais e melhor educação induz maior riqueza e sustentabilidade económica e social. John Meyer reconhece que esta é uma das proposições presentes no pensamento e nas políticas educativas à escala mundial:

---

[8] Justino, David. *Fontismo, liberalismo numa sociedade iliberal*. Lisboa, Publicações D. Quixote — LeYa, 2016. Cf. o capítulo sobre «Progresso moral e instrução pública»: 274–338.

> [...] a ideia de que a alocação educativa cria progresso social está institucionalmente incorporada nas nossas doutrinas de progresso: consiste em modernidade, profissionalização e racionalização.[9]

Esta proposição ganhou especial projeção através das teorias da modernização e do desenvolvimento do capital humano e, desde os anos 50 do século XX, está na base das políticas educativas de organizações transnacionais, sendo a OCDE o exemplo mais destacado. De certa forma, essa proposição resume o que designaremos por primeira dimensão, claramente associada às dinâmicas de escolarização e de desenvolvimento.

A metanálise realizada por Colette Chabbott e Francisco O. Ramirez em torno da relação entre educação e desenvolvimento económico ao nível *macro* coloca mais dúvidas do que certezas na conexão causal entre aqueles dois domínios[10]. Esses autores consideram essa relação «problemática»: a escolarização dos indivíduos tende a elevar as suas remunerações, torna-os politicamente mais ativos e promove atitudes modernas, mas fica por saber e demonstrar se, ao nível coletivo, esses efeitos são um produto da «ocidentalização» das culturas ou um resultado de uma escolarização efetiva. Os efeitos do desenvolvimento económico na educação «não são menos problemáticos», uma vez que a educação de massas se antecipa, na maior parte dos países ocidentais, à sua modernização mais acelerada e que os períodos de maior crescimento económico raramente coincidem com períodos de expansão e qualificação dos sistemas educativos modernos.[11]

Não obstante a ambiguidade de que se reveste esta relação, ela não deixou de presidir aos programas e projetos de desenvolvimento nacionais promovidos pelas organizações transnacionais: «Os projetos são suportados por modelos mundiais amplos e abrangentes de progresso e justiça, em que a educação é valorizada não só como um investimento de capital humano, mas

---

[9] Meyer, «The Effects of Education», 66.

[10] Chabbott, Colette e Ramirez, Francisco. «Development and education». Maureen T. Hallinan, *Handbook of the Sociology of Education*. Nova Iorque, Springer, 2000: 163–187.

[11] Veja-se a este propósito o estudo de Goldin, Claudia D. e Katz, Lawrence F. *The Race Between Education and Technology*. Cambridge Ms., Harvard University Press, 2009.

também como um direito humano inalienável.»[12] São esses mesmos modelos mundiais de desenvolvimento que tendem a induzir as políticas nacionais no domínio dos sistemas educativos, independentemente das características culturais, sociais e económicas desses países.

Sem que a evidência científica possa sustentar esses modelos, as preconceções que lhes estão subjacentes tendem a reproduzir a visão iluminista do progresso e os mitos que lhes estão associados e que Rouvillois sintetiza no «mito da educação», enquanto instrumento de mudança social e de modernização.

A segunda dimensão prende-se com a preconceção de que a escolarização de massas promove a equidade e tendencialmente a redução das desigualdades sociais. Ora, o impacto que o chamado «Relatório Coleman» teve, aquando da sua publicação, em 1966, na sociedade americana e, muito especialmente, na comunidade académica associada à sociologia da educação, representou uma rutura pronunciada nas conceções funcionalistas que atribuíam à educação e à escola o papel de instituição socializadora e integradora por excelência nas sociedades modernas. Ao comprovar que a origem familiar tinha um efeito significativo no desempenho dos alunos e que as escolas pouco mais faziam do que reproduzir as diferenças sociais prévias à escolarização, Coleman iniciou a vaga de fundo dos estudos sobre as condicionantes sociais do desempenho escolar.

O «Relatório Coleman» resultou de uma iniciativa do Congresso norte-americano que pretendia avaliar o *deficit* da igualdade de oportunidades com que se confrontavam as crianças e jovens provenientes de grupos minoritários com identificação étnica, religiosa ou imigrante. A conclusão de Coleman não poderia ser mais desafiante:

> Estas crianças minoritárias têm uma grave deficiência educacional no início da escola, o que obviamente não é resultado da escola; e têm uma deficiência ainda mais grave no final da escola, que é obviamente, em parte, o resultado da escola [segregada].[13]

---

[12] Chabbott, Colette e Ramirez, Francisco. «Development and Education»: 183.

[13] Coleman, James *et al. Equality of Educational Opportunity*. Washington DC, U.S. Department of Health, Education and Welfare, 1966: 22.

O contexto da polémica desencadeada pelo «Relatório» foi marcado pela proliferação de escolas segregadas e pela carga simbólica dos transportes escolares exclusivos para a população negra. Porém, o contributo de Coleman para uma teoria social da escola foi muito além das conclusões apresentadas no «Relatório», abrindo para o desenvolvimento teórico da sociologia da educação e para os efeitos de reprodução social e das desigualdades que a escola, de forma mais ou menos pronunciada, acaba por alimentar.

Paralelamente aos desenvolvimentos da sociologia da educação nos Estados Unidos, pela Europa, a temática da reprodução social através da escola era igualmente objeto de investigação e de desenvolvimento teórico. Em França, aos contributos decisivos de Pierre Bourdieu e Jean Claude Passeron[14] com o grupo de investigadores sediados no Centro de Sociologia Europeia associaram-se as abordagens de Raymond Boudon[15], ainda em França, e de Basil Bernstein[16] e Michael Young[17], no Instituto de Educação de Londres. Estes trabalhos pioneiros reorientaram decisivamente a investigação em educação para as causas e mecanismos sociais das desigualdades, observados quer a partir da escala *micro* da escola quer da escala *macro* dos sistemas e das políticas educativas.

A problemática da igualdade, construída através do prisma da escola e da educação, tornou-se o foco da investigação em educação, especialmente na produção sociológica. Porém, as conceções básicas de igualdade divergem entre os que a entendiam como «mera» *igualdade de oportunidades* e aqueles que, defendendo uma abordagem mais holística, a entendem como *igualdade de condição.*[18] Esta dualidade decorre da ênfase que as diversas abordagens atribuem ao papel da igualdade nas diferentes perspetivas, que

---

14 Bourdieu, Pierre et Passeron, Jean-Claude. *La Reproduction.* Paris, Ed. Minuit, 1970.

15 Boudon, Raymond. *L'Inégalité des Chances, la Mobilité Sociale dans les Sociétés Industrielles.* Paris, A. Colin, 1973.

16 Bernstein, Basil. *Class, Codes and Control,* vol. 1 — *Theoretical Studies Towards a Sociology of Language.* Londres, Routledge, 1971; vol. 2 — *Applied Studies Towards a Sociology of Language.* Londres, Routledge, 1973.

17 Young, Michael. «Knowledge and Control: New Directions for the Sociology of Education». *British Journal of Educational Studies,* 20(2), 1972.

18 Lynch, Kathleen e Baker, John. «Equality in Education: an equality of condition perspective». *Theory and Research in Education.* Sage Pub. n.º 3 (2), (2005): 131–164.

vão da igualdade do acesso à educação até à igualdade dos resultados educativos, passando pela igualdade da participação nos processos de ensino e aprendizagem.

A igualdade de acesso representa a perspetiva mais minimalista que tende a centrar-se no acesso aos diferentes níveis de ensino pelos diferentes grupos sociais, privilegiando a questão do acesso dos mais desfavorecidos. A igualdade de participação foca-se, além do simples acesso, na produção de condições idênticas de participação de todos os grupos sociais nos processos educativos. A igualdade de resultados ou de sucesso educativo, finalmente, é a conceção mais radical, debruçando-se sobre a igualdade de desempenho e de sucesso educacional entre a diversidade dos grupos sociais no contexto da sua escolarização.[19]

De certa forma, os desafios colocados às democracias ocidentais, após a II Guerra Mundial e especialmente no último quartel do século XX, recentraram os objetivos de desenvolvimento dos sistemas nacionais de ensino na problemática da igualdade e, em escalas e tempos diferenciados, mobilizaram as políticas educativas para a superação das desigualdades observadas no campo educacional. Porém, fizeram-no predominantemente numa perspetiva das políticas redistributivas, que, em alguns aspectos, foram entendidas enquanto instrumento de engenharia social.[20]

A relação entre estas duas dimensões da ideia de progresso impregnada nos contextos sociais da escola e dos sistemas educativos tornou-se o palco fundamental da conceção das políticas educativas, quer as adotadas em cada um dos países quer as promovidas por organizações transnacionais visando induzir estratégias de desenvolvimento desses mesmos países. O seu objeto já não seria apenas o da avaliação do contributo da educação para o crescimento e «riqueza das nações», mas também para o da sua sustentabilidade expressa através da redução das desigualdades sociais. Neste contexto, a mera lógica redistributiva, maioritariamente orientada para uma visão quantitativa da educação, foi sucessivamente confrontada com os requisitos «qualitativos» da reforma educacional. Falamos do currículo e das práticas

---

[19] Lynch, Kathleen. «Research and theory on equality and education». Hallinan, in Maureen T., ed. *Handbook of the Sociology of Education*. Springer Science & Business Media, 2006: 91–93.

[20] *Idem*: 92.

pedagógicas. A preocupação com «mais» educação foi gradualmente questionada, sem ser dispensada: além de quantos aprendem e quem aprende, problematiza-se o que se ensina, como se ensina e como se aprende.

Confrontados com sociedades social e culturalmente mais diferenciadas e mais complexas e com economias onde o risco, a incerteza e a revolução tecnológica desafiam o poder e a eficácia social das instituições, os sistemas de ensino e as políticas educativas foram, especialmente durante os últimos 30 anos, obrigados a repensar as suas finalidades, a sua natureza e os seus recursos.

Em qualquer das dimensões que possamos identificar nesta evolução de longo prazo das políticas, dos sistemas educativos e das dinâmicas escolares, não é detetável uma lógica exclusiva de racionalização inerente à condição da modernidade. Os princípios da racionalidade coexistem em permanente tensão com os mitos e as utopias que desde as suas origens iluministas moldaram a escolarização de massas.

O mito do progresso enquanto aperfeiçoamento irreversível da Humanidade e a sua conceção teleológica identificada com níveis cada vez mais avançados de «civilização», capazes de eliminar a privação material e as desigualdades sociais, sempre estiveram presentes nas mais diversas conceções da escola e da educação modernas. Como escrevia Oscar Wilde à entrada do século XX, «O progresso é a realização de Utopias».[21] Mito e utopia engendram-se nessa associação axiomática que permitia fundamentar o sonho humano que desde Thomas More pretendia o regresso ao Paraíso pelo estabelecimento do Céu na Terra.

O segundo mito, bastante associado ao do progresso, definimo-lo como o do «homem novo», muito invocado em processos revolucionários como desígnio central que cumpria à escola a responsabilidade de concretizar através da educação e formação, de acordo com os novos valores e princípios dominantes. De alguma forma, o mito do «homem novo» é uma exacerbação do desígnio fundacional acometido à escola e aos sistemas educativos de formar cidadãos livres e responsáveis. Esse mesmo desígnio tanto está presente nos projetos políticos de «construção da nação» como nos de carácter emancipatório de «fazer a revolução».

---

[21] Wilde, Oscar. *The Soul of Man under Socialism*. Nova Iorque, Max N. Maisel, 1915: 28–29.

Em qualquer dos contextos, a produção científica não foi concordante sobre o real contributo da escola de massas para aqueles desígnios. Não obstante o papel desempenhado pela escola de massas para a consolidação do modelo de Estado-nação no Ocidente, especialmente no período compreendido entre meados do século XIX e o pós-II Guerra Mundial, não se verificou idêntico contributo, a partir daí, no contexto das dinâmicas pós-coloniais.

Há maior concordância sobre os efeitos para o desenvolvimento pessoal dos indivíduos do que para os retornos coletivos adequados a esses desígnios. Um dos exemplos correntemente invocados é o facto de as democracias mais estabilizadas estarem associadas a níveis de escolarização mais elevados, verificando-se o inverso para regimes autoritários. Porém, a relação é idêntica quando analisamos os níveis e a distribuição de rendimento. O problema está em saber se a relação entre educação e democracia é direta ou indireta, ou seja, se as populações mais escolarizadas acedem com maior facilidade a posições de *status* mais bem remuneradas, o que, por sua vez, constitui um fator de estabilidade das democracias.[22] Numa perspetiva não muito diferente, Coleman evidencia a importância do desenvolvimento do capital humano como contributo para o crescimento do capital social, e este, por sua vez, como um suporte decisivo para uma maior participação política dos cidadãos[23].

Para todos os efeitos, a escola de massas que o século XIX consagrou como modelo e «tecnologia» educativa foi confrontada desde a sua origem com visões críticas alternativas, contestando quer a sua missão socializadora quer os modelos organizacionais e pedagógicos que a sustentavam.

Muito antes de Michel Foucault enunciar os princípios do «poder disciplinar» exercido pela escola — segundo ele, de igual natureza ao das prisões ou dos quartéis —, o movimento romântico havia já encabeçado a contestação dessa escola racionalizada, disciplinadora, desprovida de afetos

---

[22] Glaeser, Edward, Giacomo Ponzetto, e Andrei Shleifer. *Why Does Democracy Need Education?*. NBER Working Papers, w12128(2006). Disponível em: https://doi.org/10.3386/w12128.

[23] Coleman, James S. *Foundations of Social Theory* (Cambridge Mss., Harvard University Press, 1990): 300–321.

e insensível à individualidade de cada criança[24]. É a partir desse movimento de contestação que vamos encontrar, logo nos primeiros anos do século xx, as primeiras formulações da «educação nova», da «escola nova» ou mesmo da «escola moderna». Inspirados pelas conceções de J.-J. Rosseau e pelas experiências de Pestalozzi, estes movimentos pedagógicos têm em comum a aprendizagem «ativa» a partir do concreto e da experiência, a desvalorização da perspetiva disciplinadora e punitiva da pedagogia dominante e o centramento do processo de ensino-aprendizagem no aluno. A multiplicação de experiências um pouco por todo o mundo ocidental não lhes conferiu, entretanto, o poder de se assumir como alternativa credível ao modelo da escola de massas. Uma das hipóteses para explicar este confinamento social prende-se com o carácter alternativo e, de certa forma, com a dimensão marcadamente utópica que assumiam. Uma escola à revelia da sociedade que pretendia mudar, transformando-a numa ilha cultural imune aos seus males, uma comunidade transformadora de iguais suscetível de promover uma sociedade sem desigualdades.

Conceber a escola como instrumento de mudança e de transformação social está presente na maioria dos projetos que estruturam a experiência da modernidade, e compreendê-la como instituição passa por explicar o seu papel enquanto produto dessa tensão reflexiva entre mitos e utopias. A particularidade de a sua missão antecipar uma visão do mundo e, acima de tudo, do seu futuro transforma-a nesse *espelho idealizado da sociedade*, destinado a assegurar a continuidade entre as representações do passado comum e as projeções aspiracionais do futuro coletivo.

A educação é correntemente objeto da metáfora da ponte entre o passado e o futuro. Só que o passado é sempre uma construção orientada de quem está na ponte. E o futuro uma visão ideologicamente condicionada, entre expectativas, ambições e projetos. A sustentar essa continuidade há o conhecimento, criado ao longo de séculos, desenvolvido e legado pelas sucessivas gerações e culturas. A forma como esse conhecimento — na diversidade das suas formas — é transmitido, socialmente apropriado e validado acaba por ser uma das problemáticas centrais da educação.

---

[24] Justino, David. *Fontismo...*, «Progresso Moral»: 371-376.

Educação, empiria e teoria

A primeira formulação de uma ciência da educação foi enunciada quando a escola de massas ainda dava os primeiros passos. Foi Marc-Antoine Julien de Paris que, em 1812, primeiro enunciou o princípio e a necessidade de uma «ciência da educação» suscetível de ser mobilizada pela administração do Estado para «formar uma geração de homens novos e para reanimar as virtudes nacionais e glória».[25] Cinco anos mais tarde, em 1817, publicou os seus *Esquisse et Vues Préliminaires d'un Ouvrage sur l'Éducation Comparée*, em que propõe uma abordagem científica das múltiplas experiências nacionais que à época se reproduziam com inaudito entusiasmo um pouco por toda a Europa:

> A educação, como todas as outras ciências e todas as artes, consiste em factos e observações. Por isso, parece necessário formar, para esta ciência, como fizemos para os outros ramos do nosso conhecimento, coleções de factos e observações, dispostas em quadros analíticos, que possibilitem aproximá-los e compará-los, para deles deduzir certos princípios, regras determinadas, para que a educação se torne uma ciência mais ou menos positiva, em vez de ser abandonada às visões estreitas e limitadas, aos caprichos e arbitrariedades dos que a dirigem, e de ser desviada da linha direta que ela deve seguir, quer pelos preconceitos de uma rotina cega quer pelo espírito de sistema e de inovação.[26]

A perspetiva comparada desde logo enunciada seria a base para construir o conhecimento científico indispensável à superação das ações erráticas, dos caprichos de quem decide e aos preconceitos da rotina cega que sustentava a tradição. Invocando os avanços observados na «anatomia comparada», Julien de Paris atribui à educação comparada as bases para o aperfeiçoamento da «ciência da educação». Seria esse aperfeiçoamento que conduziria a políticas que se orientassem por «um mesmo espírito e para o mesmo objetivo»,

---

[25] Julien de Paris, Marc-Antoine. *Esprit de la Méthode d'Éducation de Pestalozzi*. Tome 1. Milan, Imprimerie Royale, 1812: IX, XIII e seguintes.

[26] Julien de Paris, Marc-Antoine. *Esquisse et Vues Préliminaires d'un Ouvrage sur l'Éducation Comparée...* Paris, L. Colas, 1817: 13.

capazes de fazer convergir a «felicidade dos indivíduos e a prosperidade dos Estados».[27]

Ao longo de todo o século XIX, e com especial frequência a partir do segundo terço, multiplicaram-se as missões e as visitas pedagógicas, elaboraram-se e difundiram-se relatórios e rara era a reforma educativa que não procurasse sustentar-se nas experiências nacionais de referência, nomeadamente nos casos da Prússia, mas também de outros Estados alemães, da Holanda ou da Bélgica. A literatura sobre educação expandiu-se: quando em 1897 Will S. Monroe[28] publica um dos primeiros ensaios bibliográficos sobre a educação em obras editadas em língua inglesa, as suas 180 páginas e as cerca de 3200 referências registadas dão um retrato dessa profusão de conhecimento sobre a forma como a educação e a escola de massas se estava a desenvolver. Porém, esses valores tornar-se-iam ínfimos face ao que o autor descreve:

> A literatura da educação é agora reconhecidamente grande e está a crescer diariamente. Na Biblioteca Pedagógica Central de Leipzig [...], existem 66.604 livros e panfletos sobre o tema da educação. O Musée Pédagogique de Paris [...], contém 50.000 livros pedagógicos. As bibliotecas pedagógicas nacionais da Bélgica, Suíça e Rússia contêm, cada uma, mais de 15.000 volumes. No Museu de South Kensington, em Londres, existem 10.500 livros sobre o tema da educação; e a Associação de Professores da Grã-Bretanha e Irlanda tem uma biblioteca pedagógica com mais de 6.000 volumes.
>
> Na América, não menos do que na Europa, tem havido um desenvolvimento acentuado na recolha de livros sobre educação. A biblioteca ligada ao Bureau of Education de Washington tem mais de 50.000 livros e 150.000 panfletos sobre educação e assuntos mais ou menos diretamente associados à educação.[29]

Será difícil identificar quantos destes milhares de volumes corresponderiam a obras elaboradas segundo protocolos de base científica; decerto que não seria a maioria. Uma grande parte dessas obras inspirar-se-ia nos

---

[27] *Idem*: 5–6.

[28] Monroe, Will Seymour. *Bibliography of Education*. Vol. 42. Nova Iorque, D. Appleton and Company, 1997.

[29] *Idem*: xi.

muitos ensaios sobre o que deveria ser a educação ou um bom sistema de ensino sem recurso a qualquer forma de fundamentação científica. Outra grande parte reproduziria as múltiplas polémicas e experiências que, um pouco por todo o lado, se desenvolviam entre a opinião publicada. Outra ainda, a grande diversidade de relatórios descrevendo experiências alheias e o estado de maior prosperidade ou atraso em que se encontrava a educação nos diferentes países.

Sem que possamos identificar uma qualquer obra de referência que marque a investigação sistemática dos diferentes domínios da educação, arriscamos caracterizar esta época como uma fase de produção pré-científica. É a própria obra de Will S. Monroe que sistematiza as diferentes abordagens da problemática educacional. Por exemplo, a maior parte das obras categorizadas em «aspectos sociológicos da educação» reflete o grande debate que desde meados do século XIX se desenvolveu em torno do papel do Estado na educação, bem como do seu poder de estabelecer a escolaridade obrigatória. Outros temas, como os da educação das mulheres, das crianças de cor ou daquelas portadoras de deficiência, eram tratados em capítulos autónomos. O mesmo se passava no domínio da psicologia aplicada à educação ou nos da história e da filosofia da educação. Os diferentes campos disciplinares não estavam suficientemente demarcados para que pudessem ser considerados autónomos, privilegiando problemáticas e metodologias específicas de cada uma dessas ciências sociais.

Só na passagem do século XIX para o século XX se identificam os contributos decisivos para a configuração do campo das teorias da educação. Como retaguarda, há que reconhecer o papel desempenhado pelo que poderemos designar por filosofia da educação, em que autores como Auguste Comte, John Stuart Mill, Herbert Spencer ou mesmo Karl Marx, sem elaborarem teorias da educação, estruturaram os paradigmas e as problemáticas do desenvolvimento teórico da educação que se afirma no século XX.

1. *A perspetiva funcionalista* — desenvolvida por Émile Durkheim, entendia a escolarização e a escola de massas como espaço de construção dos laços sociais indispensáveis ao desenvolvimento da solidariedade social de base orgânica. A progressiva divisão do trabalho que a modernidade consagrava e promovia minava os pilares da identidade

coletiva assente na solidariedade mecânica, inerente à estrutura da sociedade tradicional. A escola surgia, assim, como um instrumento poderoso da coesão social e da consciência coletiva indispensável ao progresso material e social. De certa forma, a escola seria nas sociedades modernas o equivalente da religião na sociedade tradicional e o Estado o seu promotor e regulador[30]. Nos Estados Unidos, foi Talcott Parsons[31] que desenvolveu o legado teórico de Durkheim, sustentando a escola como instituição veiculadora dos valores sociais para as novas gerações e ponte entre a família e a sociedade, aquela responsável pela socialização primária, esta pelo que designava por socialização secundária. Na esteira de Parsons, Kingsley Davis e Wilbert Moore[32] desenvolveram a tese da educação como instituição distribuidora dos papéis e posições sociais.

2. *A perspetiva conflitual e de controlo social* — herdeira do legado teórico de Karl Marx, esta perspetiva centra-se nos mecanismos de controlo, reprodução e poder das classes sociais dominantes sobre as dominadas. Nas abordagens mais ortodoxas, entendem a escola como «aparelho repressivo e ideológico do Estado» (Louis Althusser)[33] ou como instrumento destinado a formar e a transmitir competências à força de trabalho indispensável ao desenvolvimento do capitalismo e a inculcar-lhe os valores da disciplina e da submissão (Samuel Bowles e Herbert Gintis)[34]. Numa abordagem mais heterodoxa, destaque-se o contributo marcante de Pierre Bourdieu e J-C Passeron, que entendem a escola como mecanismo de reprodução do poder e da violência simbólica. A escola e a educação de massas seriam, assim, instrumentos privilegiados

30 Durkheim, Émile. *Éducation et Sociologie.* Paris, Les Presses Universitaires de France, 1968.

31 Veja-se a síntese de Parsons, Talcott. «The School Class as a Social System: Some of its Functions in American Society». *Harvard Educational Review*, 29(4): 297–318.

32 Davis, Kingsley e Moore, Wilbert E. «Some Principles of Stratification». *American Sociological Review*. 10(2), 1945.

33 Althusser, Louis. *Idéologie et appareils idéologiques d'État.* Paris, Presses Universitaires de France, 2011.

34 Bowles, Samuel e Gintis, Herbert. *Schooling in capitalist America.* Vol. 57. Nova Iorque, Basic Books, 1976.

para impor significados e legitimá-los, dissimulando as relações de poder de classe e a sua desigual distribuição, «naturalizadas» sob a igualdade formal de acessos e processos. «Toda a ação pedagógica é objetivamente uma violência simbólica enquanto imposição, por um poder arbitrário, dum arbítrio cultural.»[35] Ainda nesta perspetiva conflitual, importa referenciar os contributos de Basil Bernstein em torno da diferenciação social dos códigos linguísticos e como estes tendem a estruturar espaços de conflito, dominação e controlo: «Os grupos tentam apropriar-se do dispositivo [pedagógico] para impor a sua regra através da construção de determinadas modalidades de códigos. Assim, o dispositivo ou *aparatus* torna-se o foco de desafio, resistência e conflito.»[36]

3. *A perspetiva modernizadora* — os diversos contributos teóricos que associamos a esta perspetiva destacam a importância da educação para os processos de reforma e mudança económica, bem como instrumento de modernização social. A forma como nas sociedades ocidentais a escola alavancou a sociedade industrial e o crescimento económico serviu de base para a sua promoção nos países em vias de desenvolvimento como fator de libertação das massas populares dos constrangimentos culturais da sociedade tradicional.[37] A relação direta e causal entre educação e modernização constituiu, principalmente nos anos 70 do século XX, um dos temas de mais aceso debate académico, sem que, como refiro acima, se pudessem esclarecer devidamente os mecanismos que sustentam essa relação. A investigação desenvolvida permitiu confirmar a forma como a educação alarga perspetivas sociais e culturais, como inculca nos indivíduos valores e crenças favoráveis à modernização, como proporciona

---

[35] Bourdieu, Pierre e Passeron, Jean-Claude. *A reprodução: elementos para uma teoria do sistema de ensino*. Tradução portuguesa de C. Perdigão Gomes da Silva. Lisboa. Vega Ed., 2008: 24.

[36] Bernstein, Basil B. *Pedagogy, symbolic control, and identity: Theory, research, critique*. N.º 4. Lanham, Rowman & Littlefield, 2000: 193.

[37] Boli, John e Ramirez, Francisco. «Compulsory Schooling in the Western Cultural Context». Arnove, Robert, Altbach, Philip e Kelly, Gail. *Emergent Issues in Education. Comparative Perspectives*. Nova Iorque, State University of New York Press, 1992: 26.

oportunidades de mobilidade social ascendente ou como qualifica os profissionais através de maior acesso ao conhecimento e ao desenvolvimento de competências indispensáveis à mudança tecnológica. Porém, esses contributos não foram suficientes para superar as críticas à falta de identificação dos mecanismos que sustentam a relação causal entre educação e modernização.[38]

4. *A perspetiva técnico-funcional e do capital humano* — a designação «técnico-funcional» é a adotada por Randall Collins[39] para caracterizar as teorias sociológicas centradas na relação entre educação e a sociedade moderna, e cujo princípio radica no efeito que o crescimento industrial e o desenvolvimento tecnológico exercem sobre os sistemas de ensino, através da procura crescente de competências cada vez mais complexas, valorizando as qualificações decorrentes de uma maior escolarização. Esta perspetiva acompanha nos seus pressupostos o que na economia se tipificou como as teorias do capital humano e tem profundas raízes no desenvolvimento das ciências sociais nos Estados Unidos, especialmente na obra pioneira de Lester Ward, *Dynamic Sociology* (1883), que defendia que os principais mecanismos do «aperfeiçoamento social» resultavam da agregação dos múltiplos aperfeiçoamentos individuais (valores e conhecimento) proporcionados pela escolarização moderna. A ideia de progresso enquanto aperfeiçoamento individual é, ela própria, um legado do iluminismo, mas enquanto nas correntes europeias a abordagem é privilegiadamente macrossocial, no caso americano, centra-se no indivíduo.[40] Muito próxima dos pressupostos das visões funcionalistas, esta perspetiva acabou por se autonomizar na relação estreita que estabeleceu com os economistas, tendo por base a conceção de que a escolarização confere aos indivíduos a aquisição

---

[38] Fägerlind, Ingemar e Saha, Lawrence J. *Education and National Development: A Comparative Perspective*. Oxford, Pergamon Press, 1983: 93–107.

[39] Collins, Randall. «Functional and conflict theories of educational stratification». *American sociological review*. 36.6, 1971: 1002–1019.

[40] Bidwell, Charles E. e Friedkin, Noah E. «The sociology of education». Smelser, Neil J. *Handbook of sociology*. Beverly Hills, C.A., Sage, 1998: 450–451.

de recursos cognitivos e motivacionais que de outra forma não se encontram disponíveis em mais nenhuma instituição social.[41]

5. *A perspetiva credencialista* — Max Weber nunca deu grande atenção à educação e à escola de massas. As incursões teóricas na relação entre educação e sociedade foram desenvolvidas na sua obra a partir da problemática da estratificação social. É nesse contexto que Weber entende o espaço educacional, especialmente o de nível superior, como campo de competição entre diferentes grupos de *status* por posições socialmente mais reconhecidas e remuneradas. A escolarização não existia só para socializar as crianças e preparar os estudantes para a vida profissional, mas, acima de tudo, para legitimar o acesso às melhores e mais escassas posições de *status* e de poder. A ideia de uma competição institucionalizada, de certa forma, aproxima esta perspetiva das teorias conflituais e de controlo social. Um dos primeiros sociólogos a desenvolver esta abordagem inspirada em Weber foi Pitirim Sorokin, que propõe um modelo interpretativo dos mecanismos de mobilidade social vertical: a estrutura institucional das sociedades regula os mecanismos de mobilidade social vertical, especialmente do processo de formação das suas elites, através de canais que se encarregam da seleção dos indivíduos para a ocupação de posições com maior ou menor poder político ou económico. Uma dessas instituições é a escola e o sistema educativo. Para Sorokin, «a escola é em primeiro lugar uma agência de testes, seleção e distribuição». Ao contrário do que era correntemente aceite, «a escola, mesmo a escola mais democrática, aberta a todos, se cumprir a sua missão corretamente, é um maquinismo de "aristocratização" e estratificação da sociedade, não de "nivelamento" e "democratização"».[42] Foi, entretanto, o trabalho de Randall Collins[43] que melhor concretizou a ideia de Max Weber, ao atribuir à escola o papel de fornecedor de *credenciais* (diplomas) que proporcionam o acesso a posições de *status* e ocupações profissionais

---

[41] *Idem*: 454.

[42] Sorokin, Pitirim A. *Social and Cultural Mobility*. Glencoe, The Free Press, 1927: 189–190.

[43] Collins, Randall. *The Credential Society. An Historical Sociology of Education and Stratification*. Orlando, Academic Press, 1979.

mais valorizadas. Na sua perspetiva, a escolarização legitima e regula a ocupação das diferentes posições de *status*.

6. *A perspetiva neoinstitucionalista* — baseada na tradição institucionalista americana. O «novo institucionalismo» realça a ideia de que mais do que pela dinâmica de racionalização e eficiência na afetação dos recursos, as organizações tendem a orientar os seus processos de mudança interna pela procura de maior reconhecimento externo e legitimidade. Ou seja, adaptam as suas características internas com vista a satisfazer as expectativas dos seus parceiros (acionistas, funcionários, clientes, etc.) e a adequar-se aos ambientes organizacionais externos. As dinâmicas institucionais tendem a ser caracterizadas pelas suas culturas organizacionais, enquanto complexo ajustável de normas, crenças, mitos de racionalidade, valores e conhecimento socialmente legitimado. Recorrendo aos conceitos axiais de *campo organizacional*, de *modelos culturais* e de *isomorfismo*, as teorias neoinstitucionalistas elegeram, desde as suas primeiras investigações[44], as escolas e os sistemas educativos como instituições privilegiadas da sua análise e a tese da convergência das culturas organizacionais como referencial a partir do qual foi possível explicar o desenvolvimento de uma *cultura mundial* de que a escola de massas seria instrumento e consequência. Como elemento que reforçou o carácter distintivo desta perspetiva, destacamos o recurso à investigação empírica, às metodologias quantitativas e da análise comparada e a integração das escalas de análise de nível meso, macro e global.

Estas perspetivas e contributos teóricos ganharam especial relevo e desenvolvimento no âmbito das ciências sociais em geral e da sociologia em particular. Campos disciplinares como a economia, a antropologia ou a ciência política não deixaram de se integrar nestas perspetivas; porém, a investigação em educação constituía um campo mais vasto e mais complexo.

---

[44] O grupo liderado por John Meyer e Brian Rowen na Universidade de Stanford teve especial destaque na produção de uma vasta literatura no domínio da sociologia da educação onde despontaram investigadores como Francisco Ramirez, John Boli, Aaron Benavot, Yasemin Soysal, entre outros. A obra de referência mais recente é de Georg Krücken e Gili S. Drori, *World Society: The Writings of John W. Meyer*. Oxford, University Press, 2009.

O caso da psicologia é sintomático na relação que estabeleceu com a investigação em educação na diversidade dos seus domínios, mas com particular expressão nas teorias da aprendizagem. Os dois grandes marcos epistemológicos foram a psicologia genética cognitiva de Jean Piaget e o construtivismo social de Lev Vigotsky, que representaram ruturas decisivas face ao behaviorismo clássico e que influenciaram e influenciam a investigação e as práticas educacionais desde meados do século xx. Mesmo assim, não se esgotou a prolixidade teórica e epistemológica que as ciências da educação revelaram desde então.

Thomas Popkewitz identificou três grandes tradições intelectuais — ou «paradigmas» — no estudo da escolarização: a empírico-analítica, a investigação simbólica ou linguística e a ciência crítica.[45] Mais de três décadas após aquele ensaio, as mudanças operadas à escala global e nos sistemas nacionais de ensino exerceram uma indisfarçável influência sobre a investigação em educação. A «proliferação de paradigmas» alternativos tornou-se uma realidade que para alguns representa uma vantagem e um desafio, para outros, um problema de difícil resolução face ao enquistamento tendencial que revelam[46]. A busca de um «paradigm talk» ou da «complementaridade paradigmática»[47] tornou-se mais intensa — ainda que sem grandes resultados — face à consistência e dinâmica do que passaram a designar por «paradigma positivista», cada vez mais sustentado na difusão da «evidence based approach» ou «scientifically based research» como forma de conhecimento científico mobilizável para sustentar a decisão política e a prática educacional.[48]

---

[45] Popkewitz, Thomas S. «Paradigms in Educational Science: Different Meanings and Purpose to Theory». *Journal of Education* 162.1, 1980: 28–46.

[46] Lather, Patti. «Paradigm Proliferation as a Good Thing to Think With: Teaching Research in Education as a Wild Profusion». *International journal of qualitative studies in education* 19.1, 2006: 35–57; Donmoyer, Robert. «Take My Paradigm... Please! The Legacy of Kuhn's Construct in Educational Research». *International Journal of Qualitative Studies in Education* 19.1, 2006: 11–34.

[47] Boavida, João e Amado, João. *Ciências da Educação: epistemologia, identidade e perspectivas.* Coimbra, Imprensa da Universidade, 2008: 225–229.

[48] Slavin, Robert E. «Evidence-Based Education Policies: Transforming Educational Practice and Research». *Educational researcher*, 31.7, 2002: 15–21; Howe, Kenneth R. «A Critique of Experimentalism». *Qualitative Inquiry* 10.1, 2004: 42–61.

Não creio que este estigma «positivista» lançado sobre as abordagens que privilegiam a evidência científica possa ser justo. O problema que se coloca é o facto de muitos trabalhos desenvolvidos no domínio das «ciências da educação» terem caído na retórica descritiva e monográfica, não respeitando as regras elementares da metodologia das ciências sociais. Nessa perspetiva, o «evidence based approach» é muito mais consistente do muito que se investiga na área da educação.

Entretanto, essa perspetiva nem por isso deixa de merecer alguns reparos. A base de qualquer trabalho científico são os problemas de partida, não são os dados. Isto é tanto mais pertinente quando um dos identificadores da chamada «grounded theory» é a pretensão de partir dos dados para a teoria. Barney Glaser e Anselm Strauss sugerem que a «grounded theory é a geração sistemática de uma teoria a partir de dados».[49] Ora, os dados são «construídos» a partir dos problemas e das problemáticas suportadas em teoria. A recolha, sistematização e processamento dos dados não são ações neutras. Têm uma finalidade, explícita ou implícita, que orienta e condiciona a observação.

Um segundo reparo tem que ver com a desvalorização das abordagens mais analíticas. Estas poderão sintetizar-se nos seguintes objetivos:

- Há que superar as perspetivas mais interpretativas e compreensíveis através do recurso à *explicação dos mecanismos sociais e generativos*, recorrendo, sempre que possível, *à inferência causal*.
- Reconsiderar o papel da teoria da ação social a partir da explicação baseada na identificação dos *mecanismos sociais*.
- Recuperar a proposta de Robert Merton de desenvolvimento das *teorias de médio alcance* como escala privilegiada de análise na *relação micro--macro*, em detrimento da busca de leis gerais e universais.
- Privilegiar o individualismo metodológico e a construção de «agent-based models».[50]

---

[49] Glaser, Barney G. e Strauss, Anselm L. *The discovery of grounded theory: Strategies for qualitative research*. Transaction publishers, 2009: 5.

[50] Barbera, Filippo. «A Star is Born? The Authors, Principles and Objectives of Analytical Sociology». *Papers: Revista de Sociologia*, 80, 2006: 31–50. Ver também Hedström, Peter e Bearman, Peter. *The Oxford Handbook of Analytical Sociology*. Oxford University Press, 2009.

- No especial domínio dos estudos de educação, considerar o princípio de que *os mesmos mecanismos observados em contextos sociais e culturais diferentes tendem a produzir efeitos diferentes.*

Estes princípios, no fundamental, tendem a aproximar-se da *sociologia analítica* e estão presentes num grau, mais ou menos aprofundado, nos trabalhos de Robert Merton, James Coleman, Raymond Boudon, Charles Tilly e Jon Elster, e mais recentemente nos sociólogos Peter Hedström, Richard Swedberg, John H. Goldthorpe[51], entre muitos outros.

[51] Merton, Robert K. «Three fragments from a sociologist's notebooks: Establishing the phenomenon, specified ignorance, and strategic research materials». *Annual review of sociology* 13.1, 1987: 1–29; Coleman, James. *Foundations of Social Theory;* Boudon, Raymond. *La place du désordre: critique des théories du changement social.* Paris, Presses universitaires de France, 1984; Tilly, Charles. *Explaining social processes.* Routledge, 2015; Tilly, Charles. «Social boundary mechanisms». *Philosophy of the social sciences* 34.2, 2004: 211–236. Elster, Jon. *Nuts and bolts for the social sciences.* Cambridge Mss. Cambridge University Press, 1989; Hedström, Peter e Swedberg, Richard. *Social mechanisms: An analytical approach to social theory.* Cambridge Mss. Cambridge University Press, 1998. John H. Goldthorpe. *On sociology: Numbers, narratives, and the integration of research and theory.* Oxford: University Press, 2000; Hedstrom, Peter. *Dissecting the social: On the principles of analytical sociology.* Cambridge Mss. Cambridge University Press, 2005.

2

EDUCAR, PARA QUÊ?

> A educação é a ação exercida pelas gerações adultas sobre aquelas que ainda não estão maduras para a vida social. O seu objetivo é suscitar e desenvolver na criança um certo número de estados físicos, intelectuais e morais que lhe exigem a sociedade política como um todo e o contexto especial para o qual está particularmente destinada.
>
> Émile Durkheim. *Éducation et sociologie*. Edição eletrónica da edição de 1922: 9.
> Disponível em: http://classiques.uqac.ca/classiques/Durkheim_emile/education_socio/education_socio.pdf.

O título deste capítulo não pretende questionar a utilidade e importância da educação, antes o seu propósito ou finalidade. A dupla leitura sugerida não é inocente, uma vez que a utilidade não pode ser dissociada da finalidade. Qualquer definição da educação pressupõe essa dupla leitura, e se a escolha recaiu para epígrafe deste capítulo, na definição proposta por Durkheim, é pela convicção de que constitui uma boa base para o desenvolvimento da reflexão que proponho.

A partir de definição de Durkheim, é possível entender a educação como a ação orientada para a preparação da criança para a vida adulta, sendo essa ação desenvolvida pelas gerações adultas em relação às novas gerações. Esse processo assenta no adestramento de um conjunto de capacidades consideradas necessárias, quer sejam de ordem física quer de ordem intelectual ou moral.

Todas as sociedades, das mais primitivas às mais «civilizadas», tendem a institucionalizar a educação como um dos pressupostos da sua continuidade, sustentabilidade e coesão. Neste contexto, a educação é algo de socialmente instituído e valorizado porque estabelece a ligação entre o adquirido e o projetado, entre o legado e os desafios e problemas que antecipam o futuro. Neste sentido, a educação centra-se na transmissão desse legado. Porém, Durkheim vai mais longe ao afetar à «sociedade política como um todo» a responsabilidade de definir quais as capacidades (físicas, intelectuais e morais) exigíveis às novas gerações de forma a adequá-las ao «contexto especial» a que a criança «está particularmente destinada». Ou seja, para Durkheim, a educação pressupõe finalidade e intencionalidade em função do contexto. A combinatória de capacidades pode variar em função do tipo de sociedade e de atividade a que se dedica. Educar uma criança numa tribo de pastores não deveria ser igual a fazê-lo numa tribo de agricultores ou numa comunidade de pescadores.

O mesmo se poderá dizer quando nessa sociedade existe uma diferença de género nos papéis sociais desempenhados por homens e mulheres ou numa sociedade que optou pela distinção entre agricultores e um corpo especial de guerreiros.

A comparação entre as sociedades atuais e as sociedades primitivas é um bom exercício para verificar até que ponto a definição tem utilidade.

Margaret Mead[1], uma das mais marcantes antropólogas americanas, refletiu sobre as diferenças e as similitudes dos processos educativos ao comparar o que era o processo educativo na sociedade americana da década de 40 do século XX e idêntico processo entre os povos da Papua-Nova Guiné que estudara. Entre diferenças e similitudes, o que se destacava era o que Mead designava por *descontinuidade* geracional.

Numa sociedade primitiva, o processo de transmissão de conhecimento e o desenvolvimento de competências específicas estava a cargo

---

[1] Mead, Margaret. «Our educational emphases in primitive perspective». *American Journal of Sociology* 48.6, 1943: 633–639.

de um adulto, maioritariamente familiar da criança, e da aprendizagem na própria comunidade. Aprendia-se e ensinava-se o *stock* de capacidades indispensáveis à conversão de uma criança num adulto integrado naquela sociedade. O principal objetivo desse processo era o de garantir a *continuidade* entre gerações de forma a reproduzir as condições preexistentes da vida em comum.

Nas sociedades modernas, a *continuidade* é substituída pela *descontinuidade*, isto é, a ênfase do processo educativo está centrada no desenvolvimento de capacidades que permitam ao futuro adulto ir além da geração anterior: «[...] transformar o filho do camponês em escriturário, do agricultor em advogado, do imigrante italiano num americano, do analfabeto em alfabetizado».[2]

Esta transformação é uma mudança orientada que pressupõe a conversão dos seus hábitos, ideias, linguagem, crenças, emoções. No seu conjunto, trata-se da formação da pessoa, da sua personalidade.

O princípio da descontinuidade nas sociedades modernas transformou-se numa crença de que a educação poderia operar mudanças profundas não só nos indivíduos, mas, acima de tudo, no progresso das sociedades através da criação de um novo ser humano, cada vez mais perfeito.

Regressamos a Immanuel Kant quando defende que «o homem só se pode tornar homem pela educação. Ele é apenas o que a educação faz dele. É percetível que o homem só é educado pelo homem, isto é, por homens que foram educados.»[3] Entretanto, além de definir a educação como um processo de transmissão, Kant considera, na sua definição, que o objetivo da educação é o de «desenvolver em cada indivíduo toda a perfeição de que ele é capaz». Kant é explícito ao entender a educação como o principal instrumento para concretizar a ideia da perfectibilidade humana e a do progresso das sociedades. Esta é a base ideológica do princípio da *descontinuidade* que orienta a ação educativa nas sociedades modernas.

Neste contexto, as finalidades da educação numa sociedade moderna são claramente distintas das concebidas e praticadas nas sociedades tradicionais, ainda que entre elas possam subsistir semelhanças, traços comuns

---

[2] *Idem*: 637.

[3] Kant, Immanuel. *On Education (Ueber Pädagogik)*. Londres, Keegan Paul, 1899.

nos processos e propósitos. Quando Durkheim tipifica a ação educativa no desenvolvimento dos «estados físicos, intelectuais e morais», não estabelece nada de novo em relação ao praticado até então e tem implícitos conceitos que na atualidade continuam a ser utilizados: habilidades, competências, conhecimentos, valores, atitudes, regras de conduta, etc. Por isso, o exercício que cumpre realizar é o de sistematizar todas essas capacidades no contexto das sociedades atuais, enunciando capacidades perdidas e capacidades emergentes que a evolução das sociedades vai transformando em «necessidades» ou «imperativos» sociais.

Pessoas, cidadãos e profissionais

Nem todas as sociedades convergem nas mesmas finalidades da educação. Por razões culturais ou, mais frequentemente, por razões políticas, os poderes públicos tendem a traduzir o que pretendem da educação das gerações vindouras através do enunciado de um conjunto de valores, princípios e conceções que pretendem orientar a ação pública educativa na prossecução dos seus objetivos.

Existem três dimensões na formação dos indivíduos: o desenvolvimento pessoal, a cidadania e o desenvolvimento profissional. Estas dimensões estão presentes na maior parte das reflexões sobre os propósitos da educação, de Locke a Condorcet, de Mill a Dewey ou a Foucault, entre tantos outros. A diferença está sempre nas ponderações que atribuem a cada uma dessas dimensões e na maneira como as contextualizam em função da conjuntura, das dinâmicas sociais, das culturas, das preocupações políticas e sempre em função dos referenciais doutrinários que as guiam.

No desenvolvimento da modernidade ocidental — é neste contexto que pretendo enunciar os valores axiais da educação —, identifica-se uma tensão reflexiva entre *liberdade* e *disciplina* que não poderia deixar de se projetar sobre o debate em torno das finalidades da educação, especialmente a educação formal, da escola de massas, do *curriculum* pretensamente universal e da pedagogia moderna.

O princípio primário da *liberdade* pressupõe a *autonomia* e o *livre-arbítrio*. Educar para a liberdade é, antes de mais, desenvolver no indivíduo a capacidade de fazer escolhas em função da sua maneira de as pensar e avaliar, da sua vontade e dos seus objetivos. Porém, essa liberdade nunca é absoluta quando a vida em sociedade a condiciona e circunscreve aos limites da liberdade do outro, aos padrões de conduta socialmente instituídos, aos valores morais que as ordenam, entre aceites e rejeitados, às normas que a vida coletiva exige. Não se trata apenas de um enunciado de liberdades, direitos e garantias, mas de uma dimensão moral da educação que exige *disciplina* e *autoconformação*.

A relação entre liberdade e disciplina é sempre tensional, mas de complementaridade incontornável. Uma pressupõe a outra, uma não existe sem a outra. Uma privilegia a capacidade emancipatória que afirma a autonomia. A outra, as regras de conduta, os hábitos de trabalho e de organização do tempo e do espaço, a civilidade exigida pela interação social e pela vida em comum, que garantem o próprio benefício da liberdade.

Uma educação para a liberdade que ignore a disciplina pode ter uma dimensão libertária, mas não confere uma capacidade libertadora. Uma educação que privilegie a disciplina sem valorizar a liberdade, facilmente resvala para a submissão, para a dependência, para a conformidade pela sujeição resultante da ação coerciva, para o autoritarismo.

Estes são os pilares fundamentais da formação do indivíduo que permitem edificar a *pessoa*. Mas há que educá-lo em sociedade e para a sociedade, por isso, a natureza da sociedade exige esse afeiçoar da personalidade a um conjunto de princípios e orientações que são intrinsecamente morais e que decorrem de determinadas formas de organização social.

A difusão da escola de massas está associada, desde a sua origem e em especial no continente europeu, ao aparecimento e desenvolvimento dos nacionalismos. A convicção que se generalizou de que a escola poderia ser um instrumento de homogeneização cultural e de fidelização a um ideário nacional conduziu a considerar a educação como um processo de doutrinação e de vinculação. Porém, esta não era a única via adotada.

Identificam-se três paradigmas da história da educação europeia[4] que correspondem a outras tantas conceções das finalidades da educação.

---

[4] Sobre esta temática, apresentámos uma a bordagem mais desenvolvida em Justino, David, *Fontismo...* Capítulo 5: «Progresso Moral e Instrução Pública»: 282–304.

- *Paradigma republicano* — na tradição iluminista da segunda metade do século XVIII, este paradigma teve o maior contributo na obra de Condorcet, *Cinq Mémoires sur l'Instruction Publique*[5], publicada originalmente em 1791 e que serviu de inspiração à legislação, visando o lançamento de uma nova instrução pública saída da Revolução Francesa. Neste paradigma, esboça-se a primeira tentativa de equilibrar os direitos do indivíduo e da sua liberdade com a responsabilidade da sociedade de garantir a formação de cidadãos. Ao Estado competiria garantir a igualdade de acesso de todos os indivíduos a esse novo bem público, mas Condorcet era muito cauteloso em relação à tentação de um qualquer Estado, em representação da Nação, de retirar às famílias a liberdade e o poder de educar os seus filhos da forma que entendessem como mais apropriada.
- *Paradigma nacionalista* — nasce e desenvolve-se numa conjuntura de ressentimento: a derrota do exército prussiano perante a invasão napoleónica. É nesse contexto que Johann Gottlieb Fichte elabora os seus 14 *Discursos à Nação Alemã*[6], em que exorta à unidade da «pátria alemã» através da educação. Fortemente influenciado pelo romantismo literário e pelo autoritarismo prussiano, Fichte entendia que essa era a única via que poderia conduzir à unificação dos povos e dos estados alemães. Por isso, colocava a *pátria* e a *nação* acima dos interesses individuais e da liberdade de cada um, atribuindo ao Estado a responsabilidade de promover uma educação para todos, orientada pelos valores e a cultura histórica alemãs. Algumas destas ideias serviram de inspiração ao nazismo e a muitos dos movimentos nacionalistas europeus que viam a educação e a escola como veículo privilegiado de doutrinação.
- *Paradigma liberal* — talvez seja, entre os três paradigmas, o que nasceu e se desenvolveu com maior expressão no mundo anglo-saxónico, diferenciando-se durante largas décadas das alternativas da Europa continental. A tónica é dada à «educação para a liberdade» por oposição à tendência continental de configurar a escola e os sistemas

---

[5] Paris, Flammarion, 1994.

[6] Edição portuguesa. Lisboa, Círculo de Leitores e Temas e Debates, 2008.

educativos numa «educação para a igualdade». Ao contrário do paradigma republicano, a preocupação central está em formar «homens e mulheres livres e autónomos», não prioritariamente «cidadãos» «amantes da pátria e fiéis à Nação». Ao contrário, também, do paradigma nacionalista, os liberais querem formar pessoas para sociedades abertas, democráticas e pluralistas, e não tanto para sociedades culturalmente homogéneas e tendencialmente autoritárias. O problema central é correntemente colocado nas relações e responsabilidades entre a família, a sociedade e o Estado.

É na intersecção destes três paradigmas que poderemos contextualizar o conceito de *cidadania*: o que é que faz de uma pessoa um cidadão? Nas suas primeiras formulações, o conceito de cidadania tende a confundir-se com o de civilidade, mas a sua generalização está diretamente relacionada com a ideia de nação, enquanto conjunto de cidadãos que partilham o mesmo espaço de vivência coletiva, as mesmas instituições e os mesmos direitos e deveres para com a sociedade. De certa forma, a ideia de cidadania desenvolve-se em torno de uma ética da responsabilidade social e política em torno do *bem comum*. Nesta perspetiva, o próprio conceito de bem comum tende a transformar-se ao ritmo e medida das mudanças sociais e dos desafios que cada sociedade vai enfrentando. O conceito de cidadania nas sociedades modernas, muito centrado no problema da participação cívica e ação políticas, tende progressivamente a mobilizar a responsabilidade individual para problemas como a discriminação, a violência, a criminalidade, a conflitualidade, a solidariedade social e, mais recentemente, para as questões ambientais e climáticas.

Ou seja, desde as primeiras formulações, o conceito evoluiu ao longo dos últimos dois séculos e meio para uma ética da responsabilidade cada vez mais alargada.

Por último, a terceira dimensão da formação dos indivíduos: a *profissionalidade*.

Enquanto processo de preparação para a vida adulta, a educação engloba o propósito de transmitir conhecimento e desenvolver habilidades que promovam o encaminhamento para o exercício de uma profissão. Tradicionalmente, esta função era exercida pela família e por associações profissionais (as guildas e corporações medievais) que formavam e certificavam os futuros artesãos e oficiais. Com a sua extinção na Europa desde o final do século XVIII e com a procura de profissionais especializados na sequência da revolução industrial, a necessidade de uma formação profissional especializada conduziu os Estados a promoverem ou a instituírem sob a sua iniciativa o ensino técnico e profissional.

Condorcet[7] previa nas suas memórias a instituição desse tipo de ensino. No entanto, fazia distinguir o ensino das «profissões mecânicas» e das «artes liberais» como via especializada em relação ao que pretendia que fosse a formação elementar do cidadão ou a instrução da elite política e administrativa. O princípio da diferenciação dos percursos educativos era assim transposto para os sistemas de ensino de massas, potenciado que era pela procura decorrente do desenvolvimento económico.

É na dimensão da profissionalidade que as finalidades da educação tendem a valorizar os conhecimentos, as competências e as habilidades indispensáveis a uma boa integração no mercado de trabalho. Além de formar pessoas e cidadãos, a escola e os sistemas de ensino mobilizam-se para satisfazer as necessidades de formação de mão-de-obra especializada para o mercado de trabalho. Este condiciona e configura as vias de especialização e os perfis de formação necessários a uma boa integração profissional, através da identificação dos conhecimentos e das competências indispensáveis ao reconhecimento das capacidades de cada aluno.

Estas três dimensões têm de ser entendidas como um todo, porque a formação dos indivíduos pretende-se sempre integral: a pessoa, o cidadão e o profissional vivem num só indivíduo. Se uma dessas dimensões é desvalorizada ou sobrevalorizada, o equilíbrio dinâmico entre essas valências tende a revelar a limitação da sua formação.

O desafio que colocam a valorização do «capital humano» e a recente orientação dos sistemas de ensino para a formação para o mercado de trabalho conduz à desvalorização das restantes dimensões. Ao presente, estamos perante uma indisfarçável tendência para a «vocacionalização» dos sistemas educativos, ou seja, o acentuar da dimensão da profissionalidade em relação ao desenvolvimento pessoal e à formação do cidadão.

---

[7] *Cinq Mémoires*... Quarta Memória, «sobre a instrução relativa às profissões»: 225–252.

Na base, o conhecimento

Nas suas diferentes origens, natureza e formas, o conhecimento é sempre o fundamental do legado que uma geração transmite à sua sequente. Esse conhecimento tanto pode ser experiencial (tácito) ou explícito, performativo ou epistemológico, transmitido ou construído a partir da observação própria ou apropriado por aprendizagem, mimetismo ou adaptação.

É através do processo educativo, formal ou informal, que se assegura a transmissão do conhecimento que garante e estrutura as culturas, individuais e coletivas. É essa transmissão cultural que melhor define a principal finalidade da educação.

O conhecimento não é uma competência ou habilidade. Estas desenvolvem-se a partir da capacidade de mobilizar esse conhecimento para a resposta a uma questão, a resolução de um problema ou o desenvolvimento de uma atividade. Nesta perspetiva, o conhecimento resulta da acumulação das experiências sensoriais e do desenvolvimento cognitivo que elas proporcionam.

A mera acumulação de conhecimento não confere utilidade nem valor social a quem o detém, caso não tenha a capacidade de o mobilizar para a prossecução de um objetivo social, seja em proveito próprio seja para benefício coletivo.

Hoje, as novas tecnologias colocam um problema de acesso à informação e ao conhecimento. A ilusão do acesso universal a fontes de conhecimento disponíveis à escala global cria o cenário de uma desvalorização dos mediadores que facilitam esse acesso, quer sejam professores, formadores, pais, ou qualquer outro agente portador de um conhecimento desejado ou necessário. O problema é real, mas à massificação do acesso corresponde uma não menor massificação dos *stocks* de informação e conhecimento codificado.

Quando falamos da ilusão do acesso, referimo-nos à expectativa de obtermos todas as respostas ao pedido de informação que solicitamos. Só que o excesso de informação exige um outro tipo de conhecimento: saber questionar, saber formular os problemas de que resultam essas questões e utilizar os códigos (sob a forma de palavras-chave combinadas através de operadores lógicos) adequados para obtermos a informação que pretendemos.

Daqui resulta o facto de que o acesso ao conhecimento pressupõe conhecimento prévio, domínio dos instrumentos de pesquisa, *capacidade de questionamento*, resumindo: *saber pensar*. Saber questionar é o requisito básico do saber pensar, e ambos assentam em formas particulares de conhecimento.

Hoje, o senso comum apropriou-se de uma ideia supostamente inovadora: o *pensamento crítico*. Como se ensina, aprende e desenvolve esse pensamento crítico? Antes de mais, tratando-se de uma maneira de pensar, pratica-se e treina-se a partir da socialização e do domínio de um conjunto de regras básicas inerentes à busca de uma lógica e de um sentido, passando pela argumentação coerente e racional. Mas, à partida, identifica-se uma atitude perante o objeto do conhecimento: a inquietude perante o adquirido, a ousadia de questionar o que até ao momento não é questionável porque é conhecimento dado como consolidado ou que já se incorporou no senso comum sem que alguém tivesse a impertinência de perguntar «porquê?».

É a partir dessa insatisfação perante o adquirido que nos habituamos a fazer perguntas, a enunciar problemas, a formular hipóteses e a encontrar respostas válidas. A capacidade de questionamento é o poder de interpelar o objeto, quer se trate de um trecho literário, uma peça musical, uma obra de arte ou um fenómeno social. Porém, tão importante quanto perguntar é saber fazê-lo da melhor maneira: um problema mal formulado dificilmente permite encontrar uma boa solução. Para todos os efeitos, continuamos no domínio do conhecimento, uma vez que a maneira como pensamos é indissociável do conhecimento que temos do objeto que pretendemos analisar, compreender e explicar.

Curriculum: o que se deve ensinar e o que é suposto aprender

Uma das inovações mais decisivas da escola de massas e dos sistemas nacionais de ensino foi a progressiva centralização do poder de definir e prescrever o que se deve ensinar e o que se deve aprender nas escolas. Do enunciado simplificado de matérias e saberes passou-se a uma maior complexificação e detalhe dos conteúdos a lecionar, configurando o que é corrente designar por organização e planeamento curricular.

Esse poder centralizado de selecionar o que se deve ensinar e aprender — o que, por exclusão, define o que não se deve — passou de forma progressiva da responsabilidade do professor e da escola para a do Estado e dos serviços especializados, sujeito ao argumento da uniformidade, ao início das escolas sob tutela pública, mais tarde a todas as escolas independentemente da sua natureza jurídica. Este processo desenvolveu-se em paralelo com a extensão da ação coerciva do Estado, desde a adoção da escolaridade obrigatória à construção de uma rede de escolas públicas, da funcionalização dos professores à criação de uma burocracia especializada que regula o funcionamento do sistema de ensino.

Este processo de complexificação progressiva do *curriculum* prescrito traduziu-se numa redução do poder do professor e das escolas em selecionar os conteúdos, organizá-los e planeá-los, em função dos alunos e dos contextos locais ou regionais em que se inserem. Esta é a origem do que se convencionou designar por «*curriculum* nacional», o mais importante instrumento de homogeneização cultural que a escola de massas e os sistemas nacionais de ensino desenvolveram, mas simultaneamente o mais poderoso veículo de transmissão das conceções ideológicas dominantes.

Neste contexto, não existe neutralidade curricular porque através dos conteúdos prescritos se veiculam e promovem valores, conceções, visões do mundo, mas também projeções do que se pretende que seja o perfil do aluno a educar.

À escola e ao professor compete a gestão e o desenvolvimento curricular em função dos contextos em que lecionam. É uma margem mais reduzida, mas nem por isso menos relevante. Há sempre uma diferença entre o espírito e a forma do que é prescrito e a particular maneira como é apropriado pelas escolas, pelos professores e pelos alunos.

O *curriculum* é, assim, a expressão organizada do conjunto de conhecimentos que se pretendem transmitir, em função das finalidades educativas que se projetam concretizar.

Entretanto, há uma questão prévia que remete para a natureza mais profunda da escola moderna: que tipo de conhecimento deve o ensino privilegiar para que a escola represente um valor acrescentado e específico em relação ao que pode ser transmitido pela socialização familiar e comunitária? Ou seja, o que é que se aprende na escola que dificilmente se poderá aprender fora dela? A resposta a esta questão pressupõe a existência de um *conhecimento escolar* distinto do que se designa por senso comum. Se a escola se limitasse a reproduzir o senso comum, não teria suficiente razão para existir. Neste sentido, o *curriculum* tende a constituir-se como o conjunto organizado de conhecimento especializado ao qual está associada uma particular maneira de o ensinar e de o fazer aprender, ou seja, a *pedagogia*.

Esta distinção entre senso comum e conhecimento especializado constitui, assim, a diferença decisiva que sustenta a existência da escola e a necessidade de um currículo como expressão de uma conceção racional do processo educativo.

A conceção do *curriculum* pressupõe um conjunto de princípios que terão de ser observados:

- É *limitado, organizado* e *adaptativo* em função da capacidade de aprendizagem, o que pressupõe sempre uma seleção do tipo de conhecimento considerado relevante para as finalidades que se propõe concretizar. Por outro lado, terá de ser ordenado em função do tipo de conhecimento que se pretende lecionar, da sua sequencialidade e da capacidade cognitiva dos alunos. As opções curriculares representam sempre uma escolha entre diferentes tipos de representação do mundo e da sociedade e, como tal, exigem ação adaptativa de forma a refletir novos contributos do conhecimento e novas expectativas sobre a utilidade desse conhecimento para um futuro antecipado.
- É *diferenciado* porque tende a refletir o princípio da diferenciação do conhecimento por via das categorias, domínios, conteúdos e disciplinas socialmente construídos para a sua produção e transmissão.
- É *integrador* das diferentes formas de conhecimento e da sua estrutura a partir das múltiplas relações que estabelece ao longo do processo educativo. Das formas mais elementares de carácter proposicional às mais complexas e abstratas de carácter teórico, do experiencial ao performativo e epistemológico. Contudo, essa integração não é equitativa porque nem todas as formas de conhecimento possuem o mesmo poder formativo nem preenchem os requisitos distintivos do conhecimento escolar.

A observação e ponderação destes princípios é um dos pressupostos da qualidade do *curriculum* escolar expressos na *coerência* e na *eficácia* da sua aplicação e desenvolvimento.

Por último, uma questão que continua presente nas opções de política curricular: o *curriculum* restringe-se ao conhecimento, nas suas diferentes formas? Não necessariamente. Especialmente entre as finalidades de desenvolvimento pessoal e de construção da cidadania, além do conhecimento, a educação reflete, cada vez mais, a preocupação de modelar comportamentos, valores, atitudes, mesmo personalidades. Por isso, a pressão para a integração destes modelos sociais nos planos curriculares tornou-se cada vez maior.

A escola e a educação tornaram-se um recurso sempre disponível para resolver os problemas da sociedade. Se há problemas de incivilidade no espaço público, cedo recai na escola a responsabilidade de os prevenir e atenuar. Se existem comportamentos de risco, quer através de consumos aditivos ou de práticas pouco saudáveis, à escola exige-se a sua correção. Se a família enfrenta problemas de carência ou de distúrbios funcionais, pede-se à escola que compense os *deficits* que deles resultam. Com tudo isto, a escola tende a desviar-se da centralidade da sua função. Dispersa-se, perde o sentido da sua missão e a identidade da sua existência, resvalando para uma conceção de uma *escola correcional* dos males da sociedade em detrimento da sua finalidade formativa e de transmissão e valorização do legado cultural e do conhecimento.

Conhecimento, competências e qualificações

Desde os finais da década de 90 do século XX que a OCDE tem vindo a patrocinar e a desenvolver um projeto para a identificação das «competências base» ou «competências-chave» indispensáveis ao que designam por uma educação de qualidade. Titulado por *Definition and Selection of Competencies: Theoretical and Conceptual Foundations* (DeSeCo), tinha como propósito «fornecer orientações para o futuro trabalho de desenvolvimento para a avaliação de amplas competências humanas num contexto internacional».[8]

[8] https://www.oecd.org/education/skills-beyond-school/41529556.pdf.

Esse processo de definição e de seleção pretendia construir um referencial à escala global que permitisse para cada país avaliar o seu *stock* de capital humano em função de «um conjunto de competências de primordial importância para uma vida bem-sucedida e participação efetiva em diferentes áreas da vida — incluindo os domínios económicos, políticos, sociais e familiares, relações interpessoais públicas e privadas, desenvolvimento pessoal».

Na prática, o que os peritos envolvidos neste processo pretendiam era construir um quadro de referência internacional que, de forma pragmática, pudesse identificar um campo comum entre a multiplicidade de propósitos de cada país, independentemente da sua identidade cultural e civilizacional, da sua história e das diferentes vontades, expressas pelas respetivas políticas nacionais.

A tarefa não terá sido nem simples nem fácil, nomeadamente quando em causa está a definição de um quadro conceptual associado a uma fundamentação teórica que sustentasse a proposta das competências-chave. Por isso, entre a muita literatura produzida e as multiplicações de fóruns para o debate dos documentos de trabalho, a OCDE acabou por adotar um referencial proposto pelos peritos que consagra o conceito alargado de «competência» que se torna axial para a definição dos novos *curricula* e dos respetivos modelos de avaliação que os diferentes países viessem a adotar. Neste sentido, generalizou-se a terminologia anglo-saxónica (não muito diferente da utilizada pela Alemanha) de considerar a distinção entre *competências cognitivas, funcionais e sociais.* Na prática, o conhecimento era subsumido no conceito de «competências cognitivas», conferindo-lhe o estatuto de uma competência específica.

Subjacente a este projeto existe, entretanto, um objetivo fundamental: avaliar os resultados da aprendizagem e construir uma bateria de indicadores que permita avaliar e comparar o nível de desempenho dos alunos de cada país de forma a permitir medir o valor do seu *stock* de capital humano. O próprio conceito de capital humano é claramente definido pela OCDE como «os conhecimentos, habilidades, competências e outros atributos incorporados nos indivíduos que sejam relevantes para a atividade económica»[9], entendido este conjunto de atributos como um ativo intangível suscetível de

[9] OECD. *Human Capital Investment: An International Comparison.* 1998: 9.

constituir a «capacidade de aumentar ou apoiar a produtividade, a inovação e a empregabilidade».

Deteta-se a clara preocupação de orientar o processo educativo para os resultados, traduzindo-se estes não só em conhecimento, mas num conjunto de características individuais que vão da capacidade de resolver problemas à comunicação, do trabalho em equipa ao conhecimento dos sistemas democráticos e económicos.[10] Porém, associada a esta preocupação está nitidamente identificada a orientação de uma educação para a formação de mão-de-obra para o mercado de trabalho.

Esta orientação já estava presente no chamado Processo de Bolonha, que estabeleceu uma base comum aos estabelecimentos de ensino europeus de forma a promover a mobilidade e o reconhecimento das qualificações. Porém, os construtores desse espaço europeu de educação superior foram muito além da mobilidade e do sistema de créditos. Através da declaração conjunta dos ministros da educação, abria-se, a nível nacional, um processo de reforma das instituições e do ensino que incidia também sobre os princípios de desenvolvimento curricular.

Em Portugal, essa reforma foi lançada em 2006 através do Decreto 74/2006, de 24 de março. No preâmbulo do diploma, a intenção torna-se clara:

> Questão central no Processo de Bolonha é o da mudança do paradigma de ensino de um modelo passivo, baseado na aquisição de conhecimentos, para um modelo baseado no desenvolvimento de competências, onde se incluem quer as de natureza genérica — instrumentais, interpessoais e sistémicas — quer as de natureza específica associadas à área de formação, e onde a componente experimental e de projecto desempenham um papel importante.[11]

A focalização da «questão central» na «transição de um sistema de ensino baseado na ideia de transmissão de conhecimentos para um sistema baseado no desenvolvimento de competências»[12] assume, nas palavras do legislador, como que um imperativo de tal forma incontornável que exige

---

[10] *Idem*: 83.

[11] DR I Série — A, n.º 60 de 24 de março de 2006: 2243.

[12] *Idem*: 2242.

que o processo de adequação das formações antigas se deve traduzir «numa apropriada reorganização das formações superiores tendo em vista a concretização dos objetivos do Processo de Bolonha, não podendo, de modo algum, ser encarada como uma mera alteração formal»[13].

Um pouco mais à frente, a expressão do desafio científico e pedagógico que se coloca às instituições de ensino superior é bem sintetizada no excerto: «Identificar as competências, desenvolver as metodologias adequadas à sua concretização, colocar o novo modelo de ensino em prática, são os desafios com que se confrontam as instituições de ensino superior»[14].

O problema que este imperativo levanta é, antes de mais, de ordem formal. Não obstante a afirmação reiterada destes princípios ao longo do texto preambular, eles não se refletem no articulado da lei. Mesmo invocando a inscrição destes princípios na revista *Lei de Bases do Sistema Educativo*, qualquer leitura atenta e rigorosa deste diploma permite concluir que tal não se verifica.

Mas voltemos ao diploma regulamentador do Processo de Bolonha entre nós.

Em primeiro lugar, o termo «competência» não consta na lista de conceitos explicitada no artigo 3.º.

Em segundo lugar, ao definir os requisitos para se conferir o grau de licenciado, o legislador coloca em primeiro lugar «possuir conhecimentos e capacidade de compreensão numa área de formação» resultantes do desenvolvimento e aprofundamento dos «conhecimentos de nível secundário», para, logo de seguida, exigir «saber aplicar os conhecimentos e a capacidade de compreensão adquiridos», visando a criação de «uma abordagem profissional». Só nas alíneas seguintes se identificam as «capacidades» e, por último, as «competências»[15].

Custa-me admitir não se tratar de uma deficiente explicitação do espírito do legislador e mais ainda quando se concebe o ensino universitário como um mero desenvolvimento e aprofundamento dos conhecimentos adquiridos nos cursos de nível secundário. Se não é o caso, coloca-se-me, como professor e como cientista, um grave problema ético no cumprimento de tais orientações.

---

[13] *Idem*: 2243.

[14] *Idem*: 2244.

[15] *Idem*: 2245.

Prefiro pensar na primeira hipótese e considerar a confusão conceptual em torno do que são conhecimentos, capacidades e competências como resultado de uma adesão irrefletida e acrítica às modas de algumas teorias educativas.

É em torno desta questão que o problema deixa de se circunscrever à sua dimensão formal para se inscrever nas questões substantivas que deveriam direcionar as novas orientações para o processo de ensino e aprendizagem de nível superior.

Em primeiro lugar, a universidade, qualquer universidade que se preze, é, antes de mais, uma instituição que tem como finalidade a investigação científica, a produção e difusão do conhecimento e a criação e difusão cultural.

Em segundo lugar, a universidade é também um espaço de formação em que também se proporciona a aquisição e desenvolvimento de competências. Só que o processo de aquisição e desenvolvimento de competências é indissociável do processo de produção, transmissão e aquisição de conhecimentos.

Na perspetiva da confusão terminológica, o primeiro esforço deverá orientar-se para uma precisão de cada um dos conceitos.

São os próprios autores do relatório de 2000[16] que reconhecem que «na ciência social não há uso unitário do conceito de competência, nenhuma definição amplamente aceite ou teoria unificadora. De facto, o significado de tais termos varia em grande parte em função da perspetiva científica e dos pontos de vista ideológicos envolvidos e dos objetivos subjacentes associados à sua utilização, tanto a nível científico como político.»

A confusão tornou-se ainda maior quando se introduziu a diferenciação entre *competence* e *competencies*. A diferença definida a partir deste último conceito:

> [...] coloca exigências complexas enfrentando indivíduos na vanguarda do conceito de competência. De acordo com este ponto de vista, as competências são estruturadas em torno de exigências e tarefas. O cumprimento de exigências e

[16] Rychen, Dominique, e Salganik, Laura, *Definition and Selection of Key Competencies*, 2000: 8; Salganik, Laura, Rychen, Dominique, Moser, Urs, e Konstant, John. *Projects on Competencies in OECD Context. Analysis of Theoretical and Conceptual Foundations*, Swiss Federal Statistical Office, Neuchâtel, 1999.

tarefas complexas requer não só conhecimento e competências, mas também estratégias e rotinas necessárias para aplicar os conhecimentos e competências, bem como emoções e atitudes adequadas, e uma gestão eficaz destas componentes. Assim, a noção de competências engloba componentes cognitivos, mas também motivacionais, éticos, sociais e comportamentais. Combina traços estáveis, resultados de aprendizagem (por exemplo, conhecimento e competências), sistemas de valores e crenças, hábitos e outras características psicológicas.[17]

Perante as dificuldades identificadas, o esforço de síntese das autoras centrou-se na visão funcional e pragmática que o projeto DeSeCo veio a adotar em detrimento das abordagens mais cognitivistas:

> Embora o conceito de *competência* se refira à capacidade de atender às exigências de um elevado grau de complexidade, e implica sistemas de ação complexos, o termo *conhecimento* aplica-se a factos ou ideias adquiridos por estudo, investigação, observação ou experiência e refere-se a um conjunto de informações que são entendidas. O termo *habilidade* é usado para designar a capacidade de usar o conhecimento com relativa facilidade para executar tarefas relativamente simples. Reconhecemos que a linha entre competência e habilidade é um pouco desfocada, mas a diferença conceptual entre estes termos é real.[18]

Com este enquadramento conceptual, o termo *competencies* inscreve-se numa abordagem mais holística e remete para uma diversidade de instituições sociais a responsabilidade da sua aquisição e desenvolvimento. Ou seja, o adquirido dos processos de interação social não se confina à escola envolvendo famílias, amigos e vizinhos, companheiros de trabalho ou parceiros da vida política, cultural ou religiosa. Neste sentido, centrar na escola a responsabilidade destas competências é diluir a sua função central e esvaziar a sua verdadeira responsabilidade, independentemente de estarmos a falar de ensino básico, secundário ou superior.

Perante o exposto, convirá relembrar a questão de partida: perante a orientação estratégica para o ensino superior português de transitar de um

---

[17] *Idem*: 8.

[18] *O Ditto*.

«modelo passivo, baseado na aquisição de conhecimentos, para um modelo baseado no desenvolvimento de competências», o que é que esta mudança representa? Que mudanças se exigem nos diferentes níveis do subsistema de ensino superior, a começar na conceção dos programas e das metodologias de ensino, passando pelas práticas pedagógicas, bem como pelos requisitos necessários para a sua bem-sucedida aplicação?

Por cada disciplina é necessário traçar os seus objetivos, e dentro destes identificar o nível de conhecimentos requeridos e o nível de conhecimentos pretendidos. Este diferencial representa uma das componentes do valor acrescentado da frequência bem-sucedida da disciplina. É este valor acrescentado que representa o fundamental do processo de avaliação. Mesmo contrariando o espírito do diploma que temos vindo a analisar, o papel do docente e do aluno terá de continuar a centrar-se nas aprendizagens — dentro e fora da sala de aula — e não só na transmissão/receção/reprodução de conhecimentos.

A segunda componente do valor acrescentado de uma disciplina ou de um curso resulta da promoção de competências específicas, traduzidas mais como perícias ou proficiências e na realidade mais próximas das *skills* do que das *competencies*. Revelam-se através da forma como os alunos conseguem pensar os problemas que lhes são colocados, a forma como comunicam os resultados dos seus trabalhos ou a maneira como contribuem para a valorização do trabalho coletivo, por exemplo.

Também esta segunda componente não poderá ser dissociada da primeira: como avaliar um bom comunicador que só diz disparates? Como avaliar um aluno esforçado que não sabe formular um problema?

Por último, na terceira componente, o valor acrescentado resultante do contributo que a frequência bem-sucedida de uma disciplina ou de um curso poderá prestar ao processo de capacitação de um indivíduo ou de um grupo de indivíduos para a sua vida profissional, cívica, cultural e social. Estamos a falar de capacidades (estas, sim, mais próximas das *competencies*) resultantes dos processos de aprendizagem e da interiorização de novos valores, atitudes e condutas. Essas dificilmente poderão ser sistematizadas e avaliadas de forma objetiva e quantificada, especialmente ao longo ou no fim do percurso académico. Serão o mercado de trabalho, as organizações e a sociedade que terão de o fazer sobre os trajetos sociais que o indivíduo for capaz de construir.

Uma proposta alternativa

É aceitável que uma organização concebida para promover o desenvolvimento económico entre os países-membros privilegie os instrumentos de cooperação que podem potenciar esse desenvolvimento. Já não é tão aceitável que esses países, ao adotar estas orientações, convertam os seus sistemas educativos em sistemas de formação profissional, mais ou menos disfarçados. É esta conversão implícita que designamos por *vocacionalização dos sistemas de ensino*, o que se traduz na desvalorização das restantes dimensões do processo educativo: formar pessoas e formar cidadãos.

O problema centra-se, em grande parte, no próprio conceito de desenvolvimento e no contributo que a educação poderá dar. Se por desenvolvimento adotamos a definição restrita de crescimento económico, então a finalidade da educação poderá ajustar-se à necessidade de aumentar o *stock* de capital humano, focando-se nas competências e nas qualificações. Se entendermos o desenvolvimento como um meio para atingir níveis mais avançados de bem-estar e satisfação entre a população de um determinado país, então a educação terá de se orientar e adaptar a outras finalidades.

Desde a década de 80 que dois economistas asiáticos trabalharam numa conceção alternativa de desenvolvimento: Amartya Sen e Mahbub ul Haq. O primeiro, de origem indiana, é professor de economia e filosofia em Harvard. O segundo, de origem paquistanesa, foi o principal responsável pela construção de um índice e pelos relatórios de desenvolvimento humano patrocinados pela ONU e integrados no UNDP — United Nations Development Program. As suas obras de referência que encerram os princípios fundamentais desse novo paradigma do desenvolvimento são: *Commodities and Capabilities* (1987) e *Development as Freedom* (1999), de Sen, e *Reflections on Human Development* (1995), de Ul Haq.

Logo no prefácio da primeira obra, Sen sintetiza a sua abordagem na frase: «Eu argumento a favor da focagem na capacidade de funcionar, ou seja, o que uma pessoa pode fazer ou pode ser»[19] para aumentar ou garantir o seu bem-estar. Vai mais além da mera focagem na produção e na produtividade, para avançar com os conceitos de *capacidades*, *funcionamentos* e *potencialidade*

---

[19] *Commodities and Capabilities*. Oxford University Press, 1999.

(ou potencial). As capacidades (*capabilities*) são atributos pessoais associados a funcionamentos (*functionings*) cujas diferentes combinatórias identificam o seu potencial, enquanto expressão da *liberdade de escolha* entre diferentes opções e oportunidades.[20]

É o próprio Sen que esclarece a distinção entre a abordagem das teorias do capital humano e a sua proposta de «desenvolvimento como liberdade» que, na prática, confronta os conceitos de capital humano e de potencialidade humana e o de competências com o de capacidades:

> Correndo o risco de alguma simplificação em excesso, podemos dizer que a bibliografia sobre o capital humano tende a concentrar-se na atuação dos seres humanos para aumentar as capacidades de produção. A perspetiva da potencialidade humana, por seu turno, centra-se na capacidade — na liberdade concreta — de as pessoas terem a vida que com razão valorizam e aumentarem as escolhas reais de que dispõem. As duas perspetivas não podem deixar de estar relacionadas, pois ambas se ocupam do papel dos seres humanos e, em especial, com as capacidades reais que realizam e adquirem. Mas os parâmetros de avaliação dizem respeito a realizações de natureza diferente.[21]

De então ao presente, as divergências entre as duas conceções não foram plenamente superadas, não obstante alguns esforços de conciliação conceptual e utilitária, nomeadamente na perspetiva da avaliação e quantificação dos *stocks* de capital humano (competências) e das potencialidades (capacidades e funcionamentos). Uma dessas tentativas de conciliação foi publicada em 2016 por James J. Heckman e Chase O. Corbin, «Capabilities and Skills»[22], dois economistas da Universidade de Chicago, o primeiro, tal como Amartya Sen, laureado com o Prémio Nobel da Economia. Desenvolvendo uma análise comparada e sistemática dos dois conceitos e da sua fundamentação,

---

[20] No desenvolvimento da proposta de Sen em torno das capacidades, Martha Nussbaun, uma filósofa americana, publicou uma outra obra de referência: *Creating Capabilities. The Human Development Approach*. Cambridge Mss. Harvard University Press, 2011.

[21] Tradução portuguesa de Joaquim Coelho Rosa. *O Desenvolvimento como Liberdade*. Lisboa, Gradiva, 2003: 299.

[22] *Journal of Human Development and Capabilities*. Vol. 17, N.º 3, 2016: 342–359.

Heckman e Corbin ensaiam a identificação de pontos comuns e de diferenças, limitações e coerência de cada uma das perspetivas, mas nem por isso conseguem chegar a uma base comum suficientemente sólida e operacionalizável de forma a permitir uma avaliação desse capital.

Há duas ou três ideias que convém reter. Em primeiro lugar, a importância atribuída à educação enquanto fator de desenvolvimento é comum às duas perspetivas. Cada vez mais, os cientistas sociais atribuem um carácter decisivo ao tipo de educação e à sua qualidade para a promoção do crescimento económico e do bem-estar. Em segundo lugar, o facto de uma clarificação dos propósitos ser indispensável para a definição dos recursos e dos processos educativos deveria permitir, numa abordagem pragmática, conciliar os diferentes conceitos que se confrontam.

Reconhecemos que o conceito de *capacidades*, tal como foi formulado por Amartya Sen, revela uma perspetiva mais alargada e, de certa forma, uma visão mais humanista do que o conceito de competência. Se o associarmos às ideias de liberdade, de autonomia, de cidadania, convergindo no propósito de assegurar o bem-estar físico, intelectual e ambiental das pessoas, através da escolha das oportunidades disponíveis, então o conceito de capacidade tem maior amplitude que o de competência.

Podemos definir genericamente «competência» como a capacidade de mobilizar o conhecimento para o desenvolvimento de uma determinada ação, livremente assumida, dado um determinado contexto. Se aceitarmos esta definição, ela pressupõe a distinção sobre o que entendemos por conhecimento. Tal como se escreve que o conhecimento não é uma competência, a adoção de certos valores, a interiorização de certas regras de conduta ou o respeito por conceções morais, sustentadas ou não, numa filiação religiosa, também não são competências, mas antes capacidades de ordem moral que orientam as próprias escolhas e a liberdade de as concretizar.

Um esquema gráfico é sempre uma abordagem redutora e simplificada das ideias e conceções que tive oportunidade de analisar. Mesmo assim, ouso avançar com uma proposta de reflexão sobre a forma como se podem combinar as três dimensões do processo educativo.

Figura 1: Combinação das dimensões do processo educativo

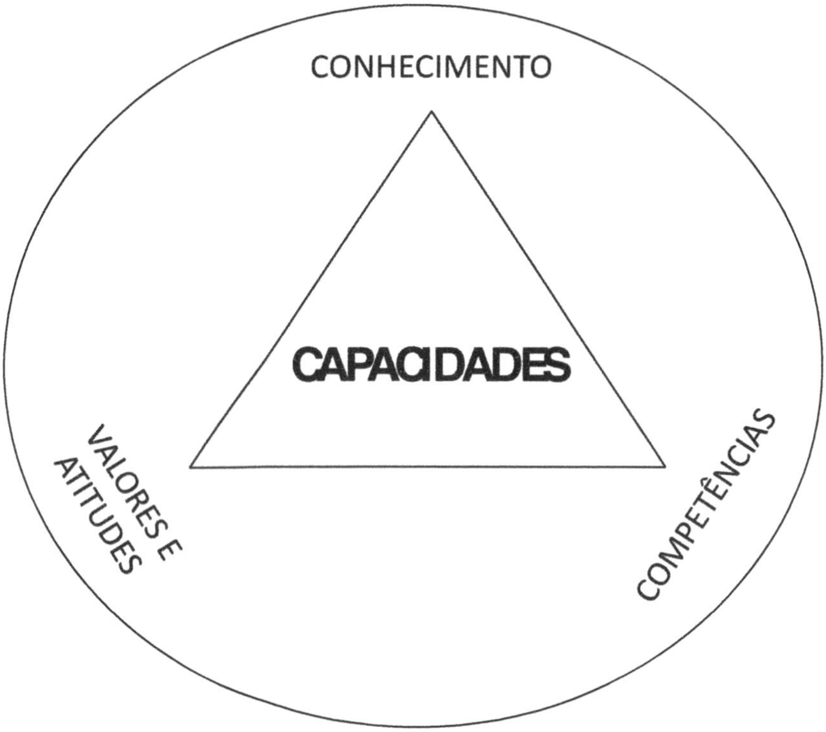

3
O ESTADO E A LIBERDADE DE ESCOLHA

> A escola não deve doutrinar, nem ensinar nenhuma matéria relativa à vida privada dos cidadãos, às suas escolhas pessoais, às suas preferências religiosas, à expressão dos seus sentimentos, à sua sexualidade ou ao desenvolvimento afectivo da sua personalidade. Os sentimentos não fazem parte da cidadania, não constituem capítulos dos direitos, deveres e garantias dos cidadãos, não fazem parte do elenco de dispositivos constitucionais.
>
> António Barreto. «Escola, cidadania e democracia». Jornal *Público* de 13 de agosto de 2022.

Segundo o estudo PISA 2018, *Programme for International Student Assessment*, promovido pela OCDE, a maioria dos estudantes com 15 anos que realizaram os testes frequentava escolas públicas. Em média, no conjunto dos países ou regiões aderentes ao estudo (75):

- 81,5% dos estudantes frequentavam uma escola pública;
- 11,3% frequentavam uma escola privada dependente em pelo menos 50% do financiamento público;

- 7,2% frequentavam escolas privadas independentes do Estado ou financiadas em menos de 50% dos custos totais.[1]

Os dados da UNESCO[2] relativos ao mesmo ano (2018) permitem-nos alargar quer o número de países à escala mundial para os quais se dispõe de informação estatística quer o número de estudantes, permitindo detalhar para os três principais níveis de ensino a *percentagem de estudantes que frequentam estabelecimentos privados*[3]:

- Pré-primário: 36%;
- Primário: 19%;
- Secundário: 27%.

Ainda que respeitando a universos diferentes, os valores esclarecem o enorme peso dos estudantes que frequentam escolas públicas. Há pouco mais de 20 anos, esses valores seriam ainda mais elevados (perto dos 90% no ensino primário — primeiros seis anos de escolaridade — e 80% no ensino secundário).[4]

Os diferentes pesos relativos por nível de ensino revelam que a oferta pública está mais presente nos anos de formação básica das crianças e menos na pré-escolarização e na escolarização complementar. Esta oferta desigual relaciona-se com a diferente adoção da escolaridade obrigatória e com o princípio de que compete ao Estado determinar o que entende como imperativo social da educação que todas as crianças e jovens terão de respeitar.

No gráfico seguinte, estão representadas as frequências do número de anos de escolaridade obrigatória determinada por lei, entre 231 países em que a informação está disponível.

---

1 https://www.oecd-ilibrary.org/sites/14bbef20-en/index.html?itemId=/content/component/14bbef20-en#sect-76. Consultado em 20 de agosto de 2022.

2 http://data.uis.unesco.org/#. Consultado em 20 de agosto de 2022.

3 De acordo com o critério explicitado pela organização, trata-se do número de estudantes matriculados em instituições que não são controladas ou geridas por uma autoridade pública, com ou sem fins lucrativos.

4 https://data.worldbank.org/indicator/SE.SEC.PRIV.ZS. Consultado em 20 de agosto de 2022.

Gráfico 24: Escolaridade obrigatória

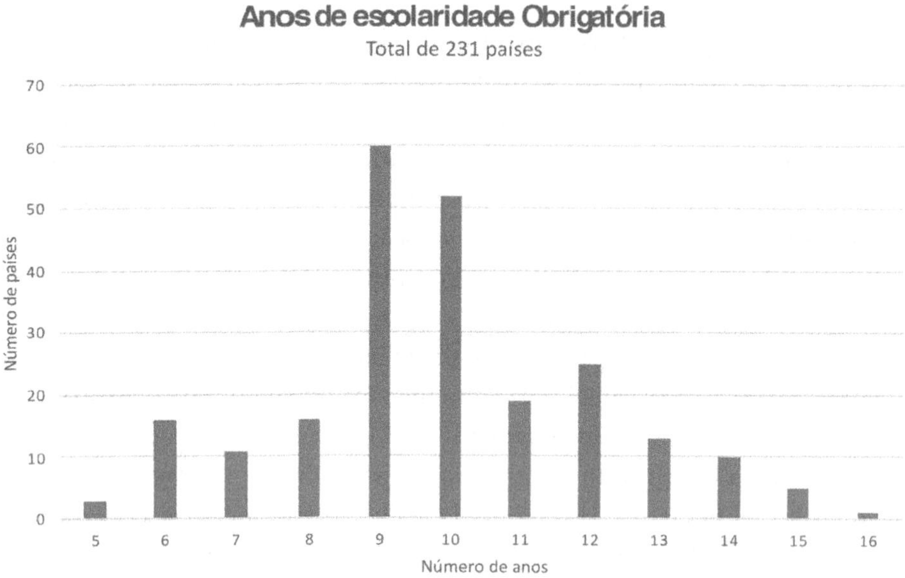

Fonte: https://data.worldbank.org/indicator/SE.COM.DURS.

Perto de metade dos países constantes na amostra adotam nove ou dez anos de escolaridade obrigatória, que corresponde em Portugal à escolaridade básica. O facto de se determinar legalmente um número de anos de escolaridade obrigatória não obriga necessariamente o Estado a garantir o acesso a essa escolaridade. Porém, na maior parte dos casos na história dos sistemas educativos, essa determinação foi seguida pela instituição de escolas públicas financiadas e geridas, direta ou indiretamente, pelas administrações públicas, no sentido de garantir o efetivo acesso e universalização da instrução elementar.

Origem e desenvolvimento dos sistemas nacionais de ensino

A Prússia foi o país pioneiro na adoção da escolaridade obrigatória em 1763. Os restantes países europeus só a determinaram, na sua maioria, ao longo do século XIX, e uns poucos até à I Guerra Mundial. Neste processo de difusão da escolaridade obrigatória, o ponto de partida era, contudo, muito desigual.

Enquanto os países do Norte da Europa de tradição protestante adotaram essa obrigatoriedade quando já dispunham de um nível elevado de escolarização, países houve, especialmente do Sul da Europa, que foram pioneiros na adoção, mas partindo de taxas de escolarização muito baixas em comparação com os primeiros. Os países europeus mais avançados na industrialização foram relativamente tardios nessa adoção.

Estas três situações configuram diferentes padrões de desenvolvimento dos sistemas nacionais de ensino.

O primeiro grupo de países (Prússia, Dinamarca, Suécia e Noruega, que determinaram a escolaridade antes de meados do século XIX) construiu os seus sistemas de ensino relativamente cedo, criando uma rede de escolas que tenderia a cobrir todo o território, ou integrando escolas já existentes resultantes da iniciativa das comunidades locais e associadas às paróquias. Este é o modelo da *construção estatista* dos sistemas de ensino.

O segundo grupo de países (os do Sul da Europa — Grécia, Itália, Portugal e Espanha) aprovou medidas legislativas de forma precoce (antes de meados do século XIX, à exceção da Itália, que só o fez em 1877, após a unificação), partindo de níveis de escolarização muito baixos, tendo sido relativamente lento a concretizar essa vontade. Resultante de uma ação marcadamente voluntarista, este modelo coincide com o que Yasemim Soysal e David Strang[5] designam por *construção retórica* dos sistemas nacionais de ensino.

Por último, o terceiro grupo de países (França, Holanda, Suíça, Bélgica e Reino Unido), embora tardio na aprovação legal da escolaridade obrigatória, foi onde a escolarização se expandiu de forma acentuada, antes do envolvimento do Estado na educação. Este grupo configura o modelo da *construção societal* dos sistemas nacionais de ensino.

O caso português é emblemático da precocidade da adoção da escolaridade obrigatória e do pronunciado atraso da escolarização. O decreto que institui a obrigatoriedade da frequência do ensino primário (quatro anos) data de 1844. Porém, a universalização para este nível de ensino só se atingiu

---

[5] Soysal, Yasemin Nuhoglu, e David Strang. «Construction of the first mass education systems in nineteenth-century Europe». *Sociology of education* (1989): 277–288.

em 1981. O quadro seguinte expressa como foi o lento caminho percorrido, para cada um dos sucessivos aumentos legais do número de anos face à evolução real da escolarização.

Quadro 9: Aumento da escolaridade obrigatória e Taxas Reais de Escolarização (TRE)

	Data	N.º Anos	80% TRE	N.º Anos	90% TRE	N.º Anos	100% TRE
4 anos	**1844**	117	1961	133	1977	138	1981
6 anos	**1964**	29	1993	44	2008		(90,2%)
9 anos	**1986**	14	2000	25	2011		(90,8%)
12 anos	**2009**	11	2019				(82,9%)

Fonte: PORDATA, DGEEC e INE. Taxa real de escolarização: percentagem de alunos matriculados num determinado ciclo de ensino, em idade normal de frequência desse ciclo, face à população dos mesmos níveis etários.
Entre parêntesis os valores de TRE em 2020.

Em destaque no quadro o facto de a escolaridade obrigatória de quatro anos, tendo sido decretada em 1844, apenas ter sido concretizada em 1981. Demorou 117 anos a atingir os 80% de TRE e 138 anos para chegar aos 100%. Estes valores revelam bem como a educação primária em Portugal teve uma generalização tão tardia e tão lenta. O *deficit* de qualificações que esta realidade provocou ainda hoje se faz sentir, especialmente entre a população mais idosa. É um facto que Portugal recuperou bastante nos últimos 30 a 40 anos, mas, mesmo assim, os sucessivos aumentos que se verificaram em 1964, 1986 e 2009 ainda não permitiram atingir a universalização. Refira-se que, no cálculo desta taxa de escolarização, não são contabilizados os alunos que frequentam os diferentes ciclos com uma idade superior à idade normal, o que faz baixar e retardar a progressão da taxa real.

Embora através de modelos e ritmos de escolarização diferentes, todos os países europeus convergiram na prática de consagrar a intervenção do Estado nos sistemas nacionais de ensino, ora sustentando o seu crescimento ora integrando as redes já existentes ora organizando os processos de ensino e aprendizagem ora determinando o que teria de ser ensinado e o que deveria ser aprendido, desenvolvendo, para o efeito, instrumentos de monitorização, financiamento e regulação coerciva das redes e das ofertas escolares.

É um longo processo este da progressiva intervenção do Estado na educação e formação das novas gerações. Este é o modelo resultante da convergência das políticas e da sua difusão à escala global. A escola de massas, enquanto criação da modernidade ocidental, cedo se transformou numa instituição que é exportada, mimetizada e desenvolvida como se fosse o pilar decisivo do avançado modelo de desenvolvimento dos países ocidentais. O que se torna notável é o facto de ter vingado um pouco por todo o mundo, independentemente das culturas e das civilizações, mas em forte associação com o modelo de Estado-nação que o mundo ocidental também difundiu. Os dois processos são inseparáveis.

O problema que importa formular agora é o de saber quais as razões que levaram o Estado moderno a transbordar das tradicionais funções de soberania para um domínio da vida social que fazia parte da esfera privada dos indivíduos.

Do monopólio legítimo da força física ao quase monopólio da ação coerciva

A construção do Estado moderno foi um processo lento e tumultuoso que se desenvolveu na Europa desde o século XV e que se traduziu num processo de acumulação e monopolização do que Max Weber designava de «força física». Foi este processo que levou a que, chegados aos finais do século XVIII, os Estados fossem definidos na sua estrutura pelas cinco funções de soberania tradicionais (segurança externa, interna, representação externa, justiça e poder de exação fiscal, institucionalizado na administração financeira).

O século XIX assiste ao alargamento dessas funções para os domínios da economia, especialmente a criação de infraestruturas indispensáveis à circulação das mercadorias e, quase em simultâneo, no domínio da então chamada *educação popular*. A ideia de uma educação ao alcance de todos e tutelada pelo Estado foi formulada de forma sistemática desde meados do século XVIII. Desde Turgot, Chalotais e Condorcet, entre os franceses, Fichte e Hegel, entre os alemães, Bentham e T. H. Green, entre os britânicos, todos eles reconheciam a importância de uma *educação nacional* que só o Estado estaria em condições de proporcionar.

Além da fundamentação de filósofos, economistas ou políticos, a prática e a lógica de estruturação do Estado-nação assentaram num conjunto não muito alargado de fundamentos:

- Um *novo contrato social* entre o Estado e os cidadãos que exigiria destes a «ilustração» e os «bons costumes» assentes na liberdade, autonomia e responsabilidade que só uma moral cívica poderia assegurar.
- Uma nova sociabilidade orientada para a *ideia de nação*, alargando os laços sociais do limitado espaço da comunidade a uma dimensão à escala nacional coincidente com a construção de uma pátria comum num território unificado, sujeito a um mesmo poder centralizado.
- A ideia de que, além do retorno individual, a educação representava um retorno social, tornando-se, assim, um *bem semipúblico* que não poderia ficar limitado à *esfera privada* dos indivíduos, tornando-se cada vez mais algo que se inscreve na *esfera pública* das sociedades.
- O imperativo de subtrair à religião e às igrejas o poder da *formação moral dos indivíduos*, restringindo o peso da religião na esfera pública e remetendo-a para a esfera privada dos indivíduos. Na prática, tal como Durkheim preconizava, promovia-se uma separação clara entre moral religiosa e moral cívica, e institucionalmente, entre a igreja e a escola.

Cedo estes fundamentos foram objeto de polémica e luta política entre as conceções mais liberais e as mais estatistas, mas, no balanço de mais de um século, as conceções estatistas acabaram por vingar.

Alguns liberais moderados, como é o caso de John Stuart Mill, admitiam o direito do Estado de estabelecer uma escolaridade obrigatória que conduzisse à universalização da instrução elementar. Mill defendia que o Estado tinha esse direito de estabelecer uma escolarização mínima, mas deveria «poupar-se ao problema de fornecer uma». Ou seja, o problema não estava em o Estado garantir condições de acesso a uma boa educação, mas antes na tentação de se assumir como prestador desse serviço. O receio de um controlo ideológico e moral da educação por parte do Estado era a principal razão para os liberais resistirem às sucessivas propostas de formação de um sistema nacional de ensino, maioritariamente público.

No entanto, Mill reconhecia um problema na universalização do ensino elementar: sem uma oferta pública, como poderiam as crianças provenientes das famílias mais pobres suportar o financiamento da sua educação. Neste contexto, o economista liberal inglês propunha o recurso ao financiamento às famílias de forma a eliminar os custos incomportáveis para quem destinava o seu parco rendimento para as necessidades mais básicas e indispensáveis, pouco ou nada sobrando para investir em educação.[6]

É natural que, para os liberais ingleses, o desígnio nacional não beneficiasse de especial atenção. Afinal, constituíam uma das mais antigas e prósperas nações sem que se questionassem os fundamentos da sua identidade nacional. No continente europeu, em plena era das nações, o poder de controlar as massas «desavindas» e potencialmente «tumultuosas» era uma vantagem de que os Estados nacionais não quiseram prescindir. Mas, mais importante, a conflitualidade potencial entre os vários Estados — bem expressa na história europeia que transformou este continente na região do mundo com maior frequência e mortalidade de conflitos armados — exigia capacidade de mobilização e fidelização das populações em torno do Estado.

O outro fundamento, muito invocado para a afirmação das conceções mais estatistas, prende-se com a natureza do bem instrução. Desde muito cedo se percebeu que uma população mais instruída permitia não só o retorno individual do investimento, mas também as externalidades positivas em benefício do coletivo. Sociedades mais desenvolvidas exigiam populações mais instruídas. No entender das elites políticas, o investimento público permitia um retorno social expresso através das qualificações que tanto contribuía para o crescimento económico quanto para uma maior coesão social e redução da conflitualidade interna.

A natureza semipública da educação ganhou expressão a partir da adoção do princípio da universalidade da oferta e do reconhecimento que uma parte significativa da população não tinha o rendimento necessário para pagar uma propina a uma escola privada. Tal como Stuart Mill defendia, a pobreza era pouco compatível com a educação não só pelo nível de rendimento dos mais pobres, mas também porque os pais destas crianças não seriam os melhores juízes para avaliar

---

6 Veja-se sobre o papel do Estado na educação entre os pensadores clássicos a síntese que publicámos em *Fontismo...*: 282–304.

os benefícios futuros da educação dos seus filhos: «Os não cultos não podem ser juízes competentes de cultura. Aqueles que mais precisam de ser mais sábios e melhores, normalmente desejam-no menos, e se o desejarem, seriam incapazes de encontrar o caminho pelas suas próprias luzes.»[7] De certa forma, sendo a educação um dos instrumentos mais eficazes no combate à pobreza como forma de romper com o seu círculo vicioso, só ao Estado seria possível, através do seu poder coercivo, utilizá-la em benefício da sociedade.

Por estas razões, torna-se compreensível porque é que os diferentes Estados reservaram para si o poder coercivo da escolaridade obrigatória. Porém, foram muito além desse restrito poder. Tornaram-se não só criadores, mas também administradores dos sistemas de ensino, chamando a si o poder escassamente repartido de organizar os recursos e as condições indispensáveis à consagração da escola de massas.

Entre público e privado, a limitada liberdade de escolha

O caso português não deixa de merecer uma atenção especial, quer por apresentar taxas de escolarização das mais baixas a nível europeu quer ainda graças à precocidade da determinação de tornar obrigatória a escolarização primária, sem que tal tenha tido um efeito pronunciado sobre a cobertura. Para explicar o atraso, poderíamos admitir que o Estado não terá sido mobilizador da procura ou que não garantiu a oferta suficiente para a satisfazer. Neste caso, o ensino particular poderia ter constituído uma alternativa. Só que não foi isso que aconteceu. O problema estaria mais na reduzida procura do que na insuficiência da oferta, não obstante a limitação de professores e, em alguns casos, de instalações.

Em Portugal, chegados a meio do século XX, quase metade (48%) da população entre os 7 e os 54 anos era analfabeta, quando a maioria dos países europeus já tinha reduzido aquele indicador para menos de 20%.[8]

---

[7] Mill, John Stuart. *Principles of Political Economy and Chapters on Socialism.* Oxford University Press, 1994: 338.

[8] Candeias, António e Simões, Eduarda. «Alfabetização e escola em Portugal no Século XX: Censos Nacionais e estudos de caso». *Análise Psicológica* 17.1 (1999): 163–194.

A consciência do atraso despertou a necessidade de uma ação massificada por parte do Estado que se traduziu em duas iniciativas emblemáticas: o Plano dos Centenários (1940) e o Plano de Educação Popular (1952). É precisamente na passagem do meio do século XX que se densifica a rede pública de ensino, com impacto direto no crescimento da população escolar. No ensino primário, o número de alunos matriculados duplica entre 1940 e 1960; no ensino liceal e no ensino técnico, mais do que triplica.

Quadro 10: Alunos matriculados nos diferentes níveis de ensino e distribuição pelo ensino público e privado

	Ensino primário			Ensino liceal			Ensino técnico-profissional		
	Total	Oficial (%)	Particular (%)	Total	Oficial (%)	Particular (%)	Total	Oficial (%)	Particular (%)
1940	606 698	91,5	8,5	32 322	49,1	50,9	37 748	94,5	5,5
1960	975 625	93,3	6,7	111 821	41,2	58,8	105 153	93,4	6,6
1980	917 925	93,0	7,0	777 078	91,9	8,1	48 400	87,3	12,7

Fonte: INE *Estatísticas da Educação*. Continente e ilhas. Mantivemos a nomenclatura estatística correspondente aos diferentes níveis de ensino anteriores a 1967, bem como a distinção entre «oficial» (público) e «particular» (privado ou associativo). Para 1980, os alunos do 2.º ciclo foram agregados ao ensino secundário (liceal). Também para 1980, a repartição percentual do ensino liceal, entre público e privado, respeita o critério anterior, não tendo considerado os alunos a frequentar o 12.º ano, por falta de dados, ainda que o valor total considere estes alunos.

Chegados a 1940, a repartição entre público e privado já está estabilizada no ensino primário: mais de 90% dos alunos matriculados frequentam as escolas públicas.

No caso do ensino liceal (correspondente aos atuais 2.º e 3.º ciclos e secundário regular), a repartição é mais igualitária. O ensino privado, em 1940, representa metade dos alunos e só em 1980 é que a oferta pública supera os 90%. Este facto revela bem que foram os estabelecimentos privados do ensino liceal que mais sofreram com o aumento da oferta de ensino público.

No caso do ensino técnico-profissional, sempre foi maioritariamente público, apenas quebrando abaixo dos 90% em 1980.

Esta distribuição revela bem a prioridade concedida aos ensinos primário e técnico-profissional por parte do Estado. O ensino liceal, até à década de 60, era de acesso restrito e claramente elitizado, funcionando o ensino particular como alternativa ao público. Os exames de acesso ao liceu funcionavam como uma peneira seletiva dos melhores alunos, reenviando os excluídos para as vias orientadas para o mercado de trabalho.

Esta situação mudou drasticamente com o regime democrático, mas o crescimento excecional do extinto ensino liceal resultou, em grande parte, da quebra acentuada dos alunos do ensino técnico-profissional público. A introdução do ensino unificado e a supressão dos mecanismos de seleção no acesso conduziram à redução para menos de metade dos alunos matriculados nas antigas escolas técnicas, acabando estas por se «licealizar», poucas conservando a cultura escolar que as distinguia.

Em 2020, o ensino privado representa cerca de 20% dos alunos matriculados em todos os níveis de ensino, do pré-escolar ao ensino superior. No ensino pré-escolar ainda representam cerca de 46% do total e no superior 18%. Nos níveis básico (12,5%) e secundário (21,5%) o peso é mais reduzido, em linha com a tendência atrás identificada.

A década de 80 foi um período marcado pela enorme pressão da procura, especialmente dos níveis do 3.º ciclo e do secundário. A expansão da rede escolar não acompanhou essa pressão, facto que levou os governos da altura a recorrer a uma forma de financiamento do ensino privado: os contratos de associação, estabelecidos em função do número de turmas a financiar e onde a oferta pública ou era inexistente ou, na maior parte dos casos, escassa face à procura. Os problemas surgem, após a década de 90, quando essa pressão alivia e a competição entre oferta privada e pública começa a desfavorecer algumas escolas públicas que se veem a braços com instalações e docentes para um número menor de alunos.

O aumento da oferta privada verificada nos últimos 20 anos foi acompanhado pelo confronto de posições entre os defensores da «escola pública» e os da «liberdade de escolha». Além da dimensão ideológica que está sempre associada ao confronto dos diferentes argumentos, entendo que o problema central está no financiamento público do ensino privado. Em vários países, nomeadamente europeus, recorre-se a um modelo de financiamento ao aluno de forma a poder aceder ao ensino privado, o que configura um financiamento da procura, aumentando a liberdade de escolha da escola que se pretende frequentar. Noutros casos, à semelhança dos contratos de associação, financia-se a oferta de forma a responder a alguns segmentos da procura.

Em qualquer dos casos, a liberdade de escolha é sempre limitada, seja pelo diferencial dos custos — a escola pública gratuita leva enorme vantagem — seja pela desigual oferta. As escolas privadas tendem a concentrar-se onde a procura e o poder de compra é maior. Em zonas menos povoadas e com população escolar reduzida — como é o caso do interior do país —, não há escala suficiente para justificar o investimento numa escola privada. Porém, os cidadãos dessas regiões pagam os seus impostos da mesma forma que os das zonas urbanas, não podendo beneficiar em igualdade de circunstâncias do financiamento público. Na prática, o que teríamos numa situação destas seria a população de todo o país a contribuir para a gratuitidade da frequência das escolas privadas, onde existissem e apenas para os que tivessem o privilégio de aceder a elas.

Independentemente da natureza jurídica das instituições de ensino e do capital cultural e familiar de quem as frequenta, a liberdade de escolha deveria afirmar-se na escolha dos projetos educativos e da qualidade dos recursos que estão ao dispor de cada escola. Nesta situação, as escolas privadas têm sempre vantagem, especialmente pela natureza da sua gestão, que não é condicionada pelas regras burocráticas da administração pública. Desde a seleção e contratualização de professores e outros funcionários, à gestão dos processos curriculares e pedagógicos, as escolas privadas dispõem de uma margem muito mais alargada que se pode traduzir em melhores resultados dos alunos.

A liberdade de escolha pressupõe igualdade de acesso aos mesmos recursos. Ora, este princípio dificilmente poderá ser verificado no contexto do sistema de ensino português.

O poder curricular e a sua desnacionalização

O PISA, patrocinado pela OCDE, mede a capacidade dos alunos de 15 anos de mobilizarem os conhecimentos e competências em leitura, matemática e ciências, para a resolução de problemas e situações idênticos aos da vida real. Desde a primeira edição realizada no ano 2000 que os serviços da OCDE com as autoridades nacionais de cerca de 83 países e regiões autónomas, espalhadas por todo o mundo, realizam a avaliação sistemática do desempenho dos alunos. No conjunto das amostras são envolvidos cerca de 3 milhões de estudantes, todos com 15 anos, independentemente do nível de ensino que frequentem.

O mais impressionante deste estudo que se realiza de três em três anos é o facto de os alunos, com a mesma idade, serem confrontados com os mesmos testes, variando apenas na língua em que são escritos e num ou outro pormenor de adaptação ou a pedido das autoridades nacionais. A viabilidade e adequação de um teste desta natureza, em três domínios tão importantes, pressupõe que um aluno aos 15 anos adquiriu um conjunto vasto e idêntico de conhecimentos e competências, suscetíveis de serem avaliados uniformemente.

Daqui se deduz que, em contextos sociais e culturais muito diferentes e em sistemas educativos com diferentes níveis de organização e de recursos, os alunos acabam por aprender o mesmo, quer frequentem uma escola na China, na Nova Zelândia, na Turquia, no Brasil, no Qatar ou em Portugal. Poderemos sempre admitir que aprendem de forma diferente, ou seja, que os contextos culturais e sociais exijam pedagogias diferenciadas, ou que um determinado conteúdo possa ser lecionado mais cedo ou mais tarde, mas o *curriculum*, nomeadamente nestes três domínios, é muito similar. Só assim se pode admitir a fiabilidade e aceitação destes testes internacionais.

Desde as primeiras experiências da moderna escola de massas que se identifica um processo de convergência à escala global dos conteúdos curriculares. Trata-se do que se designa de isomorfismo curricular e do modelo de escola que acabou por se difundir um pouco por todo o mundo.

Todo o *curriculum* tem uma componente de conhecimento universal — a matemática, as ciências, por exemplo — e outra de conhecimento contextualizado, ou seja, centrado na especificidade de um determinado país ou região — a história, a geografia ou a literatura desse país, entre outros. Daí que a tarefa de elaborar um teste internacional se torne mais fácil para o primeiro tipo de conhecimentos do que para o segundo.

O isomorfismo curricular é um produto de um longo processo de trocas de informação, do inevitável mimetismo das inovações que revelam algum sucesso e da prática de circulação dos modelos curriculares, de país para país, sempre em busca das melhores soluções. A publicitação dos resultados do desempenho através da elaboração de *rankings*, ordenando os países em função da avaliação dos seus alunos, acaba por ser um estimulador da competitividade, levando a que o exemplo dos melhores possa ser seguido por outros. Não creio que daí venha mal ao mundo. O que me parece problemático é que o carácter «nacional» da conceção dos *curricula* tende a perder relevância, ainda que essa perda possa ser compensada pela contextualização pedagógica.

É neste sentido que coloco o problema da *desnacionalização* progressiva dos *curricula*. O que se observa é a tendência para que as políticas nacionais se orientem por diretivas transnacionais, especialmente as propostas e recomendadas pelas organizações internacionais, como é o caso da OCDE, do Banco Mundial ou da UNESCO. A sua ação, ao contrário das autoridades nacionais, não tem poder coercivo para impor uma determinada conceção curricular, mas detém o *poder de indução* para condicionar e orientar as políticas nacionais.

A recente tendência para a valorização das competências, para a uniformização curricular, a orientação para os resultados sem atender a recursos e processos que estão na sua base, não é uma opção ideologicamente neutra, sendo sempre legitimada pela invocação da evidência internacional, bem como pela autoridade e suposta isenção daquelas organizações.

Por alguma razão, a divulgação dos resultados é sempre amplamente aproveitada pelos *media* como forma de influenciar a opinião pública e, assim, os próprios decisores políticos. Tivemos oportunidade de analisar os mecanismos subjacentes num artigo[9] publicado sobre esta problemática. Sem pretender enunciar qualquer juízo de valor sobre essa nova realidade que influencia os sistemas nacionais de ensino, não deixo de salientar que este processo de desenvolvimento está em marcha e não é de ignorar que se possa estender a outros domínios das políticas educativas, transformando os ministérios da educação em meras agências das organizações internacionais e das elites burocráticas que nelas fazem valer as suas conceções.

---

[9] Almeida, Sílvia, e Justino, David. «International assessment, curriculum policy induction and school learning time management». *3rd European Conference on Curriculum Studies*, n.º 3, 2017.

4
EDUCAÇÃO E DESENVOLVIMENTO

Ando a repetir — vai para uma vintena de anos! — que os planos de fomento para pouco servem quando não acompanhados de planos de fomento cultural — única forma de, com tempo, preparar as pessoas capazes de assegurar, em diferentes níveis, a marcha das obras novas.

Leite Pinto, Francisco de Paula. «O papel da Universidade na formação dos dirigentes». *Análise Social* (1968): 620.

Francisco Leite Pinto foi ministro da Educação Nacional entre 1955 e 1961. Professor do Instituto Superior Técnico, é o primeiro de uma sucessão de ministros da Educação provenientes das áreas da ciência e da engenharia[1], quando até então dominavam os provenientes das humanidades e do direito. A sua permanência naquele ministério representava uma inovação contextualizada pela nova orientação dada pelos Planos de Fomento e pelas políticas de desenvolvimento industrial que desde a década de 40 ganhavam expressão pela ação de Ferreira Dias Jr.

---

[1] Foram 18 os ministros da educação em Portugal a provir da engenharia e da ciência, maioritariamente formados no Instituto Superior Técnico.

A tese de Leite Pinto enquadrava-se de forma pioneira na emergência das novas teorias da modernização e no relevo dado à educação enquanto potenciadora do desenvolvimento industrial.

Sem utilizar o termo, Leite Pinto colocava em relevo o papel do capital humano nesse processo de desenvolvimento, recorrendo ao termo *fomento cultural* por analogia com o *fomento económico*.

Como tive oportunidade de salientar nos capítulos anteriores, a relação entre educação e desenvolvimento há muito que está identificada e integra as mais importantes aquisições da cultura moderna ocidental. Porém, entre a numerosa e relevante produção académica, quer de base teórica quer empírica, os resultados obtidos não permitem chegar a uma conclusão suficientemente sólida que nos permita identificar uma relação estável e universal entre aquelas duas variáveis.

Capital humano

A produção académica mais abundante tem origem entre os economistas, que, de forma generalizada, têm recorrido a sofisticados modelos econométricos com base em variáveis de aproximação. Eventualmente, o problema não residirá nos modelos, mas antes nas variáveis utilizadas e nas leituras que se fazem dos resultados.

São vários os detalhes que poderão confirmar ou infirmar um bom ajustamento das variáveis ao modelo, a começar pela hermenêutica dos dados estatísticos. O que relacionamos, níveis ou variações? O melhor exemplo encontra-se no relacionamento entre as taxas de escolarização média de uma população e o produto *per capita* num dado país. Neste caso, estamos a comparar níveis e não variações. Um determinado país centrado sobre a extração de uma matéria-prima valiosa pode manter um baixo nível de escolarização. Um aumento da escolarização num determinado período só terá efeitos, se os tiver, passados cinco ou dez anos, quando essas pessoas mais escolarizadas entrarem no mercado de trabalho.

O segundo tipo de problema prende-se com o próprio conceito de *capital humano*, ou seja, o que é que se pretende medir e relacionar. Também neste domínio não tem sido fácil acertar e consensualizar uma definição.

Sem pretendermos desenvolver a multiplicidade de definições que têm sido avançadas e utilizadas[2], optamos por nos afastar da definição clássica e distinguir o conceito de força de trabalho, entendido tradicionalmente como fator de produção, do de qualidade do trabalho, ou seja, o conjunto de atributos intangíveis incorporados nos seres humanos, identificados através das suas capacidades e potencial.

Ao contrário da perspetiva clássica, interessa-nos distinguir esse *stock* de capacidades da conceção física da força de trabalho. Para muitos, economistas principalmente, esse *stock* não é uma forma de capital. Porém, tal como outras formas de capital, esta conceção preenche quatro requisitos fundamentais: é um investimento que tem um custo, correspondente a criar, educar e desenvolver um futuro adulto; o resultado desse investimento traduz-se em trabalho, produção de riqueza e produtividade; esse resultado contribui para a riqueza nacional; esse *stock* de capital é acumulável através da experiência e da formação ao longo da vida.

A distinção entre os dois conceitos não é nova. Jeremy Bentham, por finais do século XVIII, já havia enunciado a diferença no seu «Manual de Economia Política»:

> Sob a denominação geral de trabalho, considerado como empregue no aumento da riqueza sob qualquer forma, duas particularidades podem ser distinguidas: 1. a mera energia corporal empregada na produção do efeito em questão: 2. a habilidade ou poder mental exibido no exercício do ato corporal, na escolha das operações corporais realizadas nessa visão e no modo de realizá-las.[3]

Considerando o capital humano *stock* de capacidades incorporadas nos indivíduos — conhecimento, competências, habilidades, valores e atitudes —,

---

[2] Dois artigos clássicos que continuam a ser referências: Schultz, Theodore W. «Investment in human capital». *The American economic review* 51.1 (1961): 1–17; Kiker, Billy F. «The historical roots of the concept of human capital». *Journal of political economy* 74.5 (1966): 481–499; para uma revisão sintética da literatura mais recente, Kwon, Dae-Bong. «Human capital and its measurement». *The 3rd OECD world forum on «statistics, knowledge and policy» charting progress, building visions, improving life*, 2009.

[3] «Manual of Political Economy. 1793–1795». Stark, Werner, org. *Jeremy Bentham's economic writings*. Routledge, 2004: 260.

o papel da educação torna-se decisivo na sua formação e desenvolvimento. Precisamos o termo educação, que vai muito além do ensino formal inicial. O desafio que este conceito coloca centra-se na sua mensurabilidade e na comparabilidade, dificuldade que, à semelhança do que já se observa, pode ser superada pelo recurso a variáveis de aproximação.

Um dos contributos decisivos para esta nova abordagem do problema foi dado por Eric Hanushek e Ludger Woessmann.[4] Numa sequência de artigos científicos publicados desde o início deste século, Hanushek trabalhou com o que designava por *competências cognitivas*, a partir dos dados dos testes internacionais, o que permitia relacionar as tendências e variações observadas no longo prazo entre os resultados obtidos pelos alunos de cada país com os níveis e o crescimento do PIB *per capita*. As conclusões a que chegou permitiram desvalorizar os níveis médios ou o tempo de escolarização médio de cada país, dado que forneciam «uma imagem muito enganosa de como as competências entram no desenvolvimento». O mesmo já não acontecia com os dados do desempenho escolar dos alunos medido pelos testes internacionais. As elevadas correlações entre os indicadores de desenvolvimento e as competências cognitivas sustentaram a tese enunciada no livro da relevância do *capital de conhecimento* para o crescimento económico a longo prazo. Os resultados obtidos na aplicação de novos modelos econométricos revelaram-se «notavelmente robustos» e aplicáveis quer a países desenvolvidos quer em vias de desenvolvimento, quer se situassem na Europa, na América Latina ou na Ásia.

Ficava, entretanto, por esclarecer que outros tipos de capacidades poderiam ser relevantes. Mesmo as competências cognitivas não estão diferenciadas em função da sua origem e da sua forma, nomeadamente entre conhecimento codificado e conhecimento experienciado. Por outro lado, é o próprio Hanushek que reconhece a dificuldade de identificar as relações causais entre as diferentes variáveis, nomeadamente pela consideração dos mecanismos sociais que estão subjacentes a essas relações.

O avanço registado pode sintetizar-se numa frase simples: mais do que a quantidade de capital humano, é relevante a qualidade do conhecimento

[4] Hanushek, Eric A. e Ludger Woessmann. *The knowledge capital of nations: Education and the economics of growth*. MIT Press, 2015.

e a sua adequabilidade ao tipo de crescimento económico registado. Várias décadas de produção científica sobre esta temática permitem ainda consensualizar as principais conclusões:

- Os indivíduos lucram com o investimento na educação através de salários mais elevados. Não menos importante: a menor probabilidade de desemprego e uma maior participação na força de trabalho para os indivíduos mais educados.
- As empresas colhem benefícios da educação através da maior produtividade dos seus colaboradores. Os trabalhadores mais educados não só são mais produtivos, como aumentam a produtividade dos colegas menos instruídos.
- As sociedades beneficiam da educação através do efeito direto de uma maior produtividade no crescimento. Foram também encontrados alguns benefícios adicionais, incluindo uma melhor saúde pública e uma maior coesão social.[5]

Capital social

Existem diferentes limitações neste tipo de abordagens. Consideramos, de forma sintética, três dessas limitações. Uma delas tem que ver com o facto de se partir de variáveis de desempenho individual à escala *micro* para extrapolações à escala *macro*. A segunda limitação decorre das relações entre resultados, ignorando processos e recursos disponíveis para os produzir. A terceira, talvez a mais decisiva, é a de ignorar as chamadas variáveis de contexto social e cultural.

A primeira das limitações detetáveis em várias pesquisas expressa-se por considerar que uma relação observável entre o desempenho dos indivíduos e o seu estatuto socioeconómico é generalizável para escalas mais alargadas da região ou do país. Entendo que os mesmos mecanismos sociais, expressos

---

[5] *London Economics*. «The returns to various types of investment in education and training. European Commission Projects in Economics of Education. Retrieved March 15, 2011», 2005: vii.

ou não por relações estatísticas, podem produzir resultados diferentes em função dos contextos em que são observados.

A segunda das limitações prende-se com o foco nos resultados. Ainda que eles sejam incontornáveis neste tipo de análises, importa confrontá-los com os recursos e os processos disponíveis que os geraram. Dois estudantes com o mesmo perfil socioeconómico podem obter desempenhos diferentes em função da escola que frequentam e do tipo de ensino de que beneficiam.

A terceira limitação resulta da consideração de outras variáveis, como sejam o género, a etnia, a religião professada, os valores interiorizados, as expectativas criadas ou as oportunidades proporcionadas. Este tipo de variáveis poderá não constituir um *fator determinante* dos resultados e da sua relação com o desenvolvimento e a riqueza de um país, mas não deixa de ser relevante para a compreensão das diferenças entre países, sistemas de ensino ou regiões.

Estas limitações há muito que foram consideradas, nomeadamente entre sociólogos da educação. Dois deles, já na década de 60 do século passado, avançaram com um conceito que, de certa forma, pretendia responder a estas limitações. Falamos de Pierre Bourdieu e de James Coleman. Quase em simultâneo, introduziram na literatura sociológica o conceito de *capital social* de forma a valorizar o papel das formas de organização familiar, das comunidades locais, dos sistemas de valores, da confiança, das crenças e das culturas. Digamos que se trata de um conceito simples que pretende cobrir realidades de extrema complexidade.

Como já é usual na comunidade científica quando surgem ideias estimulantes, o conceito virou moda, banalizou-se e perdeu eficácia operativa. Mesmo assim, houve um esforço de sistematização e de precisão que importa reter. Entre vários contributos relevantes, destacaria os dos sociólogos Alejandro Portes e Nan Lin.[6]

Numa primeira abordagem, Portes apresenta um ensaio de definição relativamente simples e genérica: «Começamos por redefinir o capital social

---

[6] Portes, Alejandro e Sensenbrenner, Julia. «Embeddedness and immigration: Notes on the social determinants of economic action». *The sociology of economic life.* Routledge, 2018: 93–115; Lin, Nan. «Building a network theory of social capital». Lin, Nan, Karen S. Cook e Ronald S. Burt, orgs. *Social capital: Theory and research.* Transaction Publishers, 2001: 3–42.

como as expectativas para a ação dentro de uma coletividade que afeta os objetivos económicos e o comportamento dos seus membros, mesmo que essas expectativas não estejam orientadas para a esfera económica.»[7] Portes recupera de Durkheim e Weber a dimensão moral e ética das transações económicas, de Simmel, as dinâmicas da filiação grupal e o princípio da reciprocidade das transações, de Marx, a «consciência de classe» enquanto espaço limitado de solidariedade e, por último, de Max Weber, a «racionalidade substantiva» das transações económicas como fundamento do que designa de «confiança exigível».

A estes quatro contributos Portes aplica o conceito de *incrustação social* de Mark Granovetter e ensaia a definição nos *enclaves étnicos* nos Estados Unidos, na particular perspetiva das suas iniciativas empresariais, nomeadamente entre as comunidades dominicanas em Nova Iorque, cubanas em Miami ou de outros enclaves étnicos sujeitos a discriminação social um pouco por todo o mundo. Noutra literatura poderemos observar o mesmo tipo de fenómenos em comunidades chinesas, indianas ou judaicas.

O capital social nestas e outras comunidades, sem necessária identificação étnica, acaba por ser uma vantagem pela multiplicação das transações intra e intercomunitárias, pelos mecanismos de entreajuda entre os membros da coletividade, pela redução dos custos de transação, especialmente pela redução do papel dos contratos formais e das práticas de repartição do risco, bem como pela maior facilidade de acesso a recursos e a oportunidades económicas.

Estas vantagens centram-se na conceção corrente de *confiança* e *comunhão de propósitos*, expressos em *expectativas* partilhadas. Estas vantagens contribuirão decerto para um capital social positivo, mas, pelo contrário, são também contrariadas por práticas sociais de condicionamento da liberdade individual, de autodiscriminação e fechamento, ou de parasitismo dos laços e normas da comunidade.

Nan Lin sistematiza os contributos anteriores no sentido da operacionalização do conceito de capital social de forma a aplicá-lo em investigação empírica, mas, ao fazê-lo, restringe o foco nas relações entre indivíduos e destes com grupos, organizações e comunidades.

---

[7] Portes...: 114.

Parte também de uma formulação simples e sintética: trata-se de «investimento em relações sociais com retornos esperados».[8] Por outras palavras, «os indivíduos envolvem-se em interações e "networking" para produzir lucros». Em que se traduz esse investimento?

- No estabelecimento de laços sociais que têm utilidade direta no acesso a *informação* e a oportunidades, quer de quem contrata quer de quem pretende ser contratado, de quem vende e de que quem compra.
- Na criação de laços sociais que podem exercer *influência* nos decisores, especialmente os que detêm posições de *status* e de poder relevantes, de forma a garantir um benefício ou uma vantagem no acesso a recursos.
- O reconhecimento social desse capital acumulado por parte das organizações e comunidades em que se integram os indivíduos pode conduzir à obtenção de uma credenciação social, refletindo a capacidade de acesso e de mobilização de recursos disponíveis.
- Finalmente, estas relações sociais tendem a gerar expectativas de identidade reforçada e de reconhecimento.

Aparentemente, Nan Lin tende a privilegiar as relações dos indivíduos com grupos, redes, organizações ou comunidades, o que levanta a questão: o capital social é um bem coletivo ou individual? Lin esclarece, e neste caso diverge de outros autores, ao considerar o capital social como um «ativo relacional, [que] deverá ser distinguido de ativos ou bens coletivos tais como a cultura, normas, confiança...». Ou seja, enquanto conceito, está enraizado em redes e relações sociais. Assim, define capital social como o conjunto de recursos incrustados numa estrutura social a que se acede e/ou mobiliza por ações intencionais.

Colocam-se agora duas questões fundamentais para compreender de que forma o capital social pode contribuir para um melhor desempenho escolar e, a nível macro, de que forma está associado ao desenvolvimento económico.

Um dos temas mais profícuos na investigação sobre a relação entre desempenho escolar e capital social teve especial desenvolvimento nos

---

[8] Lin...: 6.

Estados Unidos e no Canadá, a propósito dos melhores resultados escolares obtidos pelos estudantes provenientes de comunidades de imigrantes de origem asiática. Trata-se de uma evidência identificada desde, pelo menos, a década de 80 do século passado, que suscitou um conjunto vasto de trabalhos académicos e que ganharam maior poder explicativo a partir da realização regular de testes internacionais, como é o caso do PISA, TIMSS (*Trends in International Mathematics and Science Study*) e PIRLS (*Progress in International Reading Literacy Study*).

Os primeiros argumentos centravam-se muito na dimensão cultural, invocando a tradição da ética confucionista. O conceito de cultura é muito vasto e dificilmente operacionalizável, e a tradição confucionista que se insere necessariamente no conceito de cultura tanto tem servido para explicar o atraso da China na fase da grande divergência como é agora invocado para explicar o sucesso económico.

Se considerarmos os resultados obtidos por estudantes de origem asiática, especialmente chineses e coreanos, em países de destino emigratório, como são os casos dos Estados Unidos, do Canadá e da Austrália, poderemos dizer que esses resultados não são muito diferentes. Ou seja, quer no contexto do país de origem quer em contextos migratórios, os alunos asiáticos apresentam um elevado desempenho, muito acima do verificado para os locais e para outras comunidades de imigrantes. Porém, esta conclusão não é extensiva a todos os países ou comunidades asiáticas.

Os estudos desenvolvidos[9] junto de comunidades imigrantes nos Estados Unidos e no Canadá apontam para um conjunto de particularidades que, de alguma forma, encaixam na definição de capital social:

- O valor da educação é reconhecidamente elevado, quer entre os estudantes quer pelas suas famílias, como forma de acesso a posições de *status* social mais elevados e mais bem remunerados;

---

[9] Entre os muitos estudos disponíveis, destaco os seguintes: Jerrim, John. «Why do East Asian children perform so well in PISA? An investigation of Western-born children of East Asian descent». *Oxford Review of Education* 41.3 (2015): 310–333; Ma, Xin, Cindy Jong e Jing Yuan. «Exploring reasons for the East Asian success in PISA». *PISA, power, and policy: The emergence of global educational governance* (2013): 225–246.

- Elevadas expectativas relativamente ao futuro académico e profissional e níveis de motivação muito elevados;
- Forte pressão familiar e comunitária para o sucesso escolar;
- Participação ativa dos pais no acompanhamento do aluno na escola;
- Apoio suplementar através de escolas comunitárias onde, além do ensino da língua de origem, se dá especial atenção à matemática e às ciências;
- Valorização do trabalho e empenho académico;
- Oportunidade de socialização com os próximos.

Torna-se interessante a constatação de que, integrando-se em sistemas educativos diferentes dos existentes nos países de origem, os desempenhos são muito similares.

Porém, nos países de origem, além das dinâmicas sociais acima enunciadas, há ainda diferenças que importa destacar:

- Uma aprendizagem muito orientada para o treino e a memorização, sem descurar o desenvolvimento da capacidade de resolução de problemas e de questionamento;
- Valorização da disciplina como condição para o desenvolvimento de bons ambientes de aprendizagem e de um clima favorável, quer na sala de aula quer na escola;
- Recurso frequente a exames e testes como principal instrumento de avaliação.

Todos estes fatores identificados estão longe do relevo atribuído ao papel do capital económico familiar ou ao nível de escolarização parental. Vêm demonstrar estes estudos que o determinismo decorrente de muitos estudos e do próprio senso comum pode ser contrariado por outras dimensões. O papel desempenhado pelas expectativas dos estudantes e das suas famílias, ainda que socialmente diferenciadas, revela-se diferenciador, e estas terão de ser operacionalizadas em associação com os valores sociais e com regras de conduta que se desenvolvem, antes de mais, a partir das famílias para se consolidarem através das escolas.

A complexidade do processo de aprendizagem continua a ser um enorme desafio para os professores, as escolas e os responsáveis políticos, mas torna-se ainda mais indecifrável quando a situamos em contextos sociais e culturais diferenciados. É natural que uma parte significativa da investigação em educação continue em busca dos *fatores determinantes*, da identificação de padrões estatísticos, como é corrente na investigação baseada em evidência, mas torna-se cada vez mais estimulante trabalhar os *outliers* e responder aos desafios que eles colocam. Entre as abordagens *macro* e as análises à escala individual, existe um vasto campo de pesquisa que Robert Merton há muito sugeriu: as chamadas *teorias de médio alcance*, à escala *meso*, que poderão ser bem mais profícuas do que as teorias gerais, cuja validade é sempre limitada.

A corrida entre a educação e a economia

As expectativas, que são reconhecidamente diferenciadas entre os grupos sociais, terão igualmente de ser analisadas em função do sistema de oportunidades. Uma sociedade num contexto de *deficit* de oportunidades de inserção no mercado de trabalho tende a produzir baixas expectativas junto dos mais jovens. Essas oportunidades expressam-se pela maior ou menor oferta de emprego, mas também pela qualidade desse emprego (nível salarial, visibilidade da carreira, reconhecimento social, etc.), quer na transição da escola para o mercado de trabalho quer ao longo da vida ativa.

Essas expectativas diferenciam-se também em função das perspetivas de mobilidade social ascendente. Uma sociedade em que a perceção das hipóteses de mobilidade seja reduzida dificilmente poderá mobilizar as populações mais jovens para trajetos de sucesso educativo. Isto tanto se verifica em contextos em que é maior a probabilidade de acesso a grupos de *status* superiores como na identificação de atividades ou profissões de menor risco de mobilidade social descendente. Tal como acontece na economia, também existem posições sociais de refúgio por serem mais resilientes às crises e às alterações profundas no sistema social. Por exemplo, em situações de incerteza, tende a aumentar a procura das ocupações que oferecem mais segurança e estabilidade, ainda que proporcionando menores salários ou menor reconhecimento social. Ou seja, o retorno do investimento em educação não se restringe ao diferencial do prémio salarial, mas traduz-se também em menor risco ou em maior reconhecimento social.

Esta relação entre as expectativas geradas durante o percurso escolar e as oportunidades proporcionadas pelo crescimento económico é claramente assíncrona. Existe sempre um lapso entre as oportunidades existentes ou prospetivadas num dado momento do mercado e as expectativas e as opções por trajetos escolares que são criadas. Os efeitos deste desequilíbrio repercutem-se sobre os ganhos salariais e o emprego.

Entre nós temos vários exemplos, a começar pela procura de cursos na área da construção civil na década de 90 e primeiro quinquénio do nosso século, em que o crescimento do sector exerceu influência sobre a procura daqueles cursos. Com a crise do sector, passou a existir desemprego, redução dos salários e redução da procura de formação até que uma nova vaga de crescimento absorva os excedentes criados e crie novas expectativas. Poderíamos aplicar o mesmo tipo de raciocínio aos enfermeiros, aos médicos ou aos professores.

Como tivemos oportunidade de destacar, o período que vai de meados da década de 1980 até ao final dos anos 90 assistiu ao culminar da melhor fase de crescimento da economia portuguesa. A passagem para o século XXI marcou o início de uma nova fase de quase estagnação que se prolonga até aos nossos dias.

O comportamento do sistema educativo, enquanto produtor de qualificações, tem uma evolução diferenciada. Reage tardiamente ao crescimento económico de finais da década de 80 e, quando este inverte, mantém a tendência até 2008. Com a crise e a recessão que lhe sucedeu, manteve-se o ritmo de aumento da escolarização básica e secundária e só o número de diplomados pelo ensino superior registou uma clara desaceleração, especialmente entre as formações de maior procura, como é o caso das engenharias e de técnicos para a indústria transformadora e construção.

Se compararmos os primeiros 15 anos (1985–2000) com os 15 anos seguintes, a leitura é clara: no primeiro período, a economia teve um desempenho que não foi acompanhado pela educação; no segundo período, verificou-se precisamente o contrário, crescimento económico anémico e clara melhoria do sector da educação. O primeiro teve de se confrontar com um *deficit* de qualificações, o segundo com um *superavit* face ao desempenho modesto da economia.

Este tipo de abordagem pretende ir no sentido das propostas apresentadas por Claudia Godin e Lawrence Katz na sua obra *The Race between*

Education and Technology.[10] A proposta é muito condicionada pela realidade americana ao longo do século XX, nomeadamente pelo papel desempenhado pela educação, enquanto produtora de qualificações, na relação que estabelece com um mercado de trabalho liberalizado, de elevada mobilidade profissional e ao qual é necessário acrescentar as sucessivas vagas de inovação tecnológica, bem como o papel desempenhado pela imigração.

A ideia mais estimulante é a da centralidade dos processos de mudança tecnológica como impulsionadores das mudanças nos sistemas de ensino a que corresponde um aumento diferido do *stock* de qualificações de forma a ajustar-se a essa procura. A relação entre oferta e procura é tensional e, em economia aberta, tende a gerar uma sucessão de desequilíbrios que podem incentivar o recurso a mão-de-obra imigrante ou, pelo contrário, a uma emigração dos jovens qualificados.

Nesta perspetiva, tanto são a economia e a inovação tecnológica a estimular a produção de qualificações, como, em situações inversas, é a educação a gerar um maior *stock* de qualificações disponíveis, favorecendo o investimento de oportunidade. Como me parece razoável, esta tensão não é observável no curto prazo, ganhando maior evidência no médio e longo prazo.

O retorno da educação

A ideia de que o investimento que os indivíduos e as famílias fazem em educação tende a produzir um benefício ou um prémio a longo prazo fundamenta o próprio conceito de *retorno individual* da educação. Em paralelo, o investimento que um Estado ou uma sociedade realiza na educação das novas gerações tende a gerar um benefício coletivo, que é usual designar-se por *retorno social* da educação. Considerando estas definições, poderemos concluir que o retorno total será o somatório dos retornos individuais acrescentado das externalidades positivas expressas através do retorno social.

Em termos simples, esta formulação seria suficiente para percebermos como o investimento em educação sustenta o mito que o considera um dos motores do desenvolvimento. Porém, o problema torna-se mais

[10] Cambridge Mss., Harvard University Press, 2008.

complexo quando começamos a introduzir neste modelo simples algumas condicionantes.

Comece-se pelas decisões individuais. Chegado à idade legal de acesso ao mercado de trabalho, coloca-se ao jovem a decisão de prosseguir os seus estudos para um nível mais avançado ou de se inserir de imediato no mercado de trabalho. A primeira questão que se deve colocar é se ele tem a informação disponível para avaliar de forma racional essas opções e, na maior parte dos casos, não tem. O que poderá percecionar é o facto de determinadas profissões, que exigem um nível mais elevado de qualificações, serem mais bem remuneradas do que outras, com menor exigência. O problema é que o diferencial pode ser reduzido se ele tomar como referencial aqueles pouco menos jovens ou os que, sendo mais velhos, conseguem obter ganhos com menores qualificações.

A segunda questão a colocar centra-se no sistema de oportunidades. O facto de um aumento da escolarização proporcionar acesso a posições de *status* mais elevadas e mais bem remuneradas só se verifica quando essas posições estão disponíveis e a combinatória de capacidades é adequada ao perfil que os empregadores pretendem. Se houver um desajustamento entre o pretendido pelo mercado de trabalho e o tipo de formação proporcionada pelo sistema de ensino, o retorno acaba por ser limitado, entrando o futuro trabalhador em situações de subemprego e precariedade laboral. O mesmo poderemos dizer se existir um desajustamento entre o volume de produção das qualificações por parte do sistema de ensino e a capacidade de absorção desse volume por parte da economia.

A melhor forma de atenuar estas condicionantes pressupõe alguma capacidade de aceder à informação e de antecipar alterações relevantes no mercado de trabalho. Qualquer autoridade reguladora dos sistemas de ensino deveria ser responsável pela produção dessa informação e pelo desenvolvimento de capacidades de antecipação e planeamento da oferta formativa. Ou seja, no que diz respeito à educação e formação profissional, uma parte das condicionantes poderá ser atenuada por uma visão estratégica da evolução do mercado de trabalho.

Países há em que foi possível definir a estratégia de desenvolvimento e integrar o sistema de ensino nessa estratégia. O caso mais relevante é o da Coreia do Sul, que conseguiu, em pouco mais de duas gerações, passar de um dos países mais atrasados para um dos mais avançados na região do Extremo Oriente.

Além de gerir oportunidades, conseguiu gerir expectativas, tornando a corrida entre a educação e a tecnologia/economia um processo mútuo de estimulação, fazendo aumentar as externalidades positivas do seu investimento em educação.

Em Portugal, a investigação sobre o retorno individual da educação tem contribuído para um melhor esclarecimento da relação entre sistema de ensino e mercado de trabalho. Os trabalhos publicados nos últimos 25 anos por Pedro Carneiro, Pedro Martins, Hugo Reis e Mário Centeno deram estimulantes contributos para um melhor conhecimento dessa relação.

Pedro Martins e Pedro Telhado Pereira publicaram um primeiro estudo[11] sobre o retorno da educação em que evidenciavam que Portugal era o país, entre um conjunto de países ocidentais, que apresentava a maior taxa de retorno: 12,6% quando a média da amostra não iria além dos 8%. O maior contributo para este valor era dado pelo retorno obtido pelos portadores de uma licenciatura, claramente acima das habilitações mais baixas. Comparando ano a ano entre 1982 e 1998, era evidente o crescimento deste indicador entre 1987 e 1995, quebrando nos anos seguintes, o que vai no mesmo sentido do exposto antes, ou seja, o sistema de ensino, neste caso o ensino superior, responde com atraso aos estímulos do mercado. Esta situação pronunciava um claro distanciamento dos ganhos salariais dos mais qualificados em relação às qualificações mais baixas.

Em termos comparativos, Portugal encontrava-se na quarta posição entre os países com maior retorno da educação.[12] Tendo em atenção o período estudado, este elevado retorno sustentava-se no que poderemos designar por face oculta do problema: as desigualdades salariais, escolares e sociais.

---

[11] Pereira, Pedro Telhado e Pedro Silva Martins. «Education and earnings in Portugal». *Bank of Portugal Conference Proceedings*, 2002.

[12] Denny, Kevin, Colm Harmon e Reamonn, Lydon. «Cross country evidence on the returns to education: Patterns and explanations». Disponível em: *SSRN 301879* (2002).

5
AS DESIGUALDADES EDUCATIVAS

O mercado de trabalho português é bastante segmentado. As gerações mais jovens e mais qualificadas não têm acesso a empregos melhores e mais estáveis. Cerca de 90% dos novos postos de trabalho estão sujeitos a contratos a termo e a sua grande maioria não é seguida por contratos permanentes. Uma grande parte destes é ocupada por jovens trabalhadores.

Alves, Nuno, Centeno, Mário e Novo, Álvaro. «Investment in education in Portugal: Returns and heterogeneity». *Boletim do Banco de Portugal.* Vol. 16 N.º 1, 2010: 34.

Um dos exercícios mais estimulantes sobre o retorno individual da educação foi apresentado por Mário Centeno num gráfico muito simples que relacionava os ganhos salariais e a idade dos trabalhadores por conta de outrem.[1] Com ligeiros ajustamentos, aproveitámos os dados originais para os representar no gráfico seguinte.

---

[1] «Os Jovens e o Emprego». Conferência publicada em Casa Civil do Presidente da República, *Roteiros do Futuro: Portugal e os Jovens: Novos Rumos, Outra Esperança.* Lisboa, 2015: 123. Introduzimos duas alterações ao gráfico original. A primeira, considerando as idades a partir dos 20 anos. A segunda, ajustando funções polinomiais de 4.º grau para estabelecer a tendência. A fonte é a mesma: MTSS, Quadros de Pessoal.

Gráfico 25: Salário médio em Portugal, por nível de escolaridade

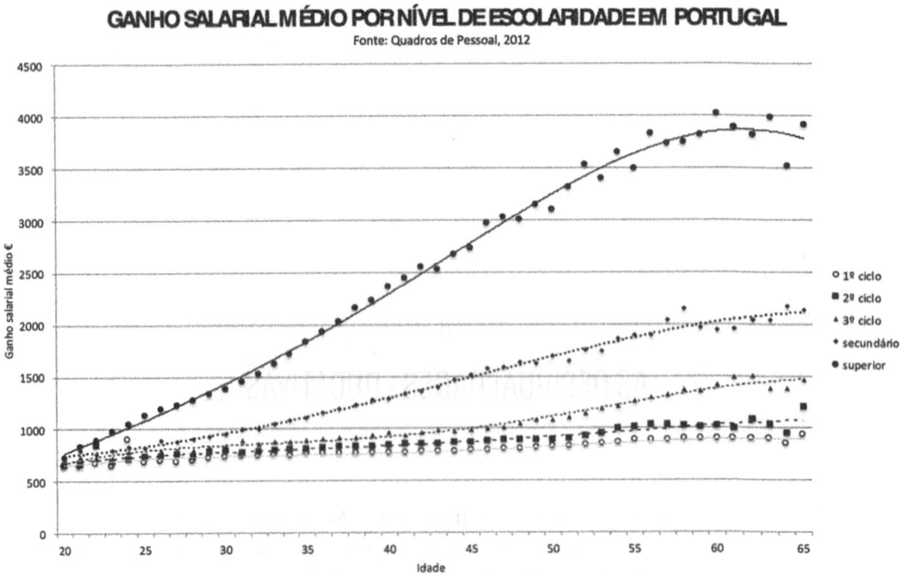

A primeira leitura permite extrair a conclusão mais evidente, que não será surpresa para ninguém: diferentes habilitações escolares conferem ganhos diferenciados ao longo da vida ativa. A segunda leitura resulta da comparação entre o início e o final de carreira. Enquanto um licenciado quadruplica o seu rendimento, um trabalhador com o ensino básico dificilmente poderá duplicar o seu.

As diferenças são mais relevantes para os trabalhadores com o ensino secundário e significativamente maiores para os licenciados.

O ganho salarial da licenciatura é não só o mais elevado ao longo da vida ativa, mas é aquele que mais se valoriza. Num outro gráfico, Mário Centeno analisa, para o período que vai de 1983 a 2009, o prémio salarial da licenciatura em função da experiência adquirida. Não deixa de ser interessante o facto de os licenciados com maior experiência serem aqueles que beneficiam dos maiores ganhos e que apresentam vantagem em relação aos licenciados com menor experiência, ou seja, mais jovens.

Eu faria uma distinção entre «experiência» e anos de atividade, isto é, antiguidade. Parte-se sempre do princípio de que mais anos de atividade conferem maior experiência. Este princípio é verdadeiro se a capacidade de aprender com a experiência for igualmente distribuída, o que não é verdade. Por isso, vale a pena admitir a hipótese de um prémio de antiguidade. Este diferencial expressa, em grande parte, a diferente remuneração dos estabelecidos (*insiders*) e dos excluídos (*outsiders*) na carreira.

Este aspecto é tão ou mais relevante quanto é conhecido o facto de a precariedade laboral incidir mais sobre as novas gerações do que sobre a dos estabelecidos, independentemente do nível e adequação das suas qualificações escolares.

Como salienta a citação que abre este capítulo, o mercado de trabalho português é bastante segmentado. De um lado, os estabelecidos com maior poder de reivindicação salarial, do outro, os excluídos desse benefício, geralmente os mais jovens e mais qualificados. A própria prática sindical é muito mais orientada para a defesa dos instalados do que para a dos jovens trabalhadores.

Esta segmentação acaba por ter uma dimensão geracional face ao diferencial de qualificações. Ou seja, a antiguidade poderá representar um prémio superior ao prémio das qualificações.

O problema que se deverá colocar, então, é o de saber qual o maior produtor de desigualdades de rendimento, se o sistema de ensino ou o mercado de trabalho. A hipótese que formulo é a de que a educação e o sistema de ensino, mesmo que aumentem a equidade, tenderão sempre a criar capacidades diferenciadas, mas é o sistema de oportunidades ao longo da vida ativa que acentua as desigualdades.

A desigual escolarização

Reconheço o sentido da tese de David Card, um distinto professor de Berkeley, ao expressar que «a educação é o principal factor que determina as diferenças salariais».[2] Porém, no caso português, não é a educação que promove as grandes disparidades. É o mercado de trabalho que as amplia, mesmo que a sua raiz esteja nos trajetos escolares.

---

[2] Entrevista ao jornal *Público* em 18 de julho de 2016.

A escolarização em Portugal, durante os últimos 50 anos, deu passos relevantes. Entre 1991 e 2011, a escolarização média da população portuguesa passou de 4,6 anos para 7,4, aumentando a um ritmo constante de 1,4 anos por decénio. Não dispondo ainda de resultados relativos a 2021, é previsível que aquele indicador possa aproximar-se dos nove anos de escolaridade média.

Não deixa de ser relevante o facto de, em 1991, em média, os portugueses pouco mais deterem do que o primeiro ciclo do ensino básico, correspondente à antiga instrução primária. O atraso educativo continuava a ser uma marca indelével da sociedade portuguesa, seis anos depois de termos integrado a Comunidade Económica Europeia.

A evolução da escolarização média revela ainda como os grupos etários mais jovens já apresentam valores médios mais elevados. Assim, o grupo etário dos 25 aos 44 anos, em 2011, tem 10,9 anos de escolaridade média, evoluindo ao ritmo de cerca de dois anos por decénio.

Através do *Atlas da Educação*[3], é possível identificar as regiões onde essa progressão foi mais acentuada: nos grandes centros urbanos, nomeadamente das áreas metropolitanas de Lisboa e do Porto, bem como nas capitais de distrito. O mapa da escolarização é um retrato do desigual desenvolvimento social do território, com o litoral a afastar-se cada vez mais das regiões do interior.

Um outro indicador que o *Atlas* nos fornece é o da desigualdade educativa expressa pelo Coeficiente de Gini. Em 1991, esse indicador apontava para 0,8 (correspondente a um índice de 80% de desigual distribuição da escolarização entre a população portuguesa). Dez anos depois, esse valor foi reduzido a 0,6 e em 2011 a 0,4. Se se mantivesse esse ritmo, estaríamos agora perto dos 0,2.

Um terceiro indicador é o que expressa a taxa de abandono escolar precoce da educação e formação. Se considerarmos as fontes censitárias, a evolução é relevante: 63,7% em 1991, 44,8% em 2001 e 27,1% em 2011. Se, em alternativa, considerarmos o indicador oficial estimado a partir dos *Inquéritos ao Emprego*, veremos que as últimas duas décadas foram surpreendentes: 50% em 1992, 44,3% em 2001, 23% em 2011 e 5,9% em 2021. Para qualquer das

---

[3] Justino, David *et al. Atlas da Educação — Contextos sociais e locais do sucesso e insucesso*. Lisboa, CICS.NOVA — EPIS, 2017: 11-14.

diferentes origens dos dados, o desempenho do sistema de ensino é excecional e não há na Europa nenhum país que num prazo tão limitado de 30 anos tivesse uma evolução aproximada à registada em Portugal.

Um quarto indicador é revelado pelos resultados dos alunos portugueses obtidos em testes internacionais. O caso mais conhecido é o dos testes PISA, os quais revelam uma tendência positiva entre 2000 e 2018 muito pronunciada, colocando Portugal entre os países que mais progrediram, deixando de integrar o grupo de países com pior desempenho para se situar, no final do período, próximo da média da OCDE.

Repare-se que esta melhoria se verificou de forma mais pronunciada entre os alunos e as escolas com piores desempenhos, especialmente os registados em 2015.[4]

Por último, conseguimos conciliar uma diminuição substancial do abandono com um aumento das taxas de transição e conclusão; o mesmo é dizer que temos vindo a reduzir de forma progressiva as taxas de insucesso escolar.

Estes cinco indicadores convergem para o reconhecimento de uma clara diminuição das desigualdades educativas nas últimas três décadas, fruto de uma progressiva superação do atraso da escolarização. Isto não nos permite concluir que essas desigualdades tenham sido eliminadas, só que os mecanismos sociais que as sustentam se tornaram diferentes, especialmente os observados na transição da escola para o mercado de trabalho.

O papel do contexto e do legado familiar continua a exercer uma influência relevante na reprodução das desigualdades escolares e sociais. Porém, sendo secundários, não podem ser considerados irrelevantes outros fatores, como sejam as escolas, os contextos locais de vivência, as políticas e os sistemas educativos, entre vários outros.

Para um modelo compreensivo das desigualdades

Estamos perante um complexo sistema de interações entre atores, instituições e dinâmicas sociais, que são observáveis em diferentes escalas de análise, desde o individual, de nível *micro*, ao das organizações e sistemas, de nível *macro*.

---

[4] http://educacao-exame.eae.pt.

Em 2013, avançou-se com um modelo[5] que conseguisse sistematizar esta complexidade em torno de um conjunto de eixos problemáticos que facilitassem a análise científica. De então para cá, alguns trabalhos de investigação foram desenvolvidos, mas estamos ainda muito longe de completar o imbricado *puzzle* que nos propusemos seguir.

O ponto de partida para a construção do modelo considerava as interações fundamentais entre capacidades, expectativas e oportunidades. O conceito de capacidades já o enunciei no capítulo anterior, distinguindo-o do conceito de competência, dado que esta não se expressa de outra forma que não seja a de uma capacidade. Nesse artigo, recorri ao conceito de disposições, inspirando-me nos trabalhos de Bernard Lahire quando propõe uma «sociologia à escala individual», a partir da qual pretende expressar o «património individual» de adquiridos. O que proponho agora é integrar as disposições dentro do conceito de capacidades, especialmente as desenvolvidas nos processos de socialização familiar e dos espaços de interações mais densas.

Figura 2: Modelo de análise das desigualdades educativas

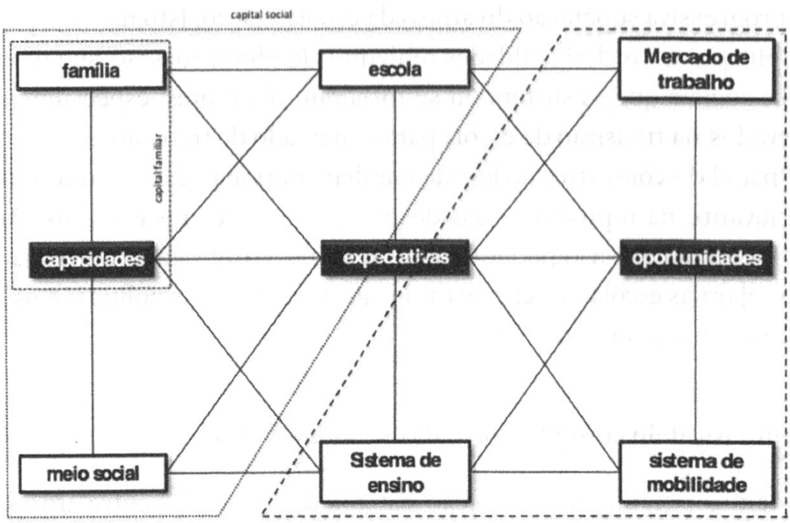

[5] Justino, David. «Origens sociais, expectativas, oportunidades e desempenho escolar em Portugal». Diogo, Ana Matias, e Fernando Diogo. *Desigualdades no Sistema Educativo: Percursos, Transições, Contextos.* Lisboa, Mundos Sociais, 2013: 7–20.

Além destas, a escola é o mais destacado meio de desenvolvimento das capacidades. É não só o mais importante, mas também o mais rico e diferenciado pelo acesso privilegiado ao que Michael Young designa por «conhecimento poderoso». A partir da altura em que a escola prescindir desse conhecimento poderoso, confundir-se-á com o senso comum, com a cultura da rua, do bairro e do grupo dos mais próximos. As capacidades desenvolvidas pela escola constituem o mais importante património dos códigos e literacias fundamentais, bem como das maneiras de pensar e agir numa sociedade moderna.

Diferentes capacidades, resultantes de múltiplas combinatórias de conhecimento, competências, atitudes e valores, tendem a gerar diferentes expectativas em relação aos trajetos escolares e a um perfil profissional desejado. A criação de expectativas está a cargo tanto da família quanto da escola, mas não deixam de ser relevantes as representações que a sociedade vai transmitindo sobre profissões com remunerações de maior ou menor montante, com mais ou menos estabilidade ou reconhecimento social. Objetivamente, as expectativas são socialmente diferenciadas quer na sua origem quer na sua concretização.

A própria organização do sistema educativo pode gerar expectativas mais ou menos elevadas, conforme seja mais seletivo ou mais integrador. Da mesma forma, a existência de mais e melhores oportunidades na transição para a vida ativa poderá produzir expectativas mais ou menos ambiciosas. As crianças e os jovens precisam de aprender a formular objetivos e metas próprios, resultantes das suas escolhas, e não serem agentes passivos de percursos académicos mal informados.

Coloca-se depois o problema entre as expectativas e as oportunidades. Se uma geração de alunos dispõe de capacidades acrescidas e de elevadas expectativas, poderá deparar-se com uma situação de *deficit* de oportunidades. Neste contexto, encontramos correntemente situações de frustração, de subemprego, de desistência, ou então tentarão encontrar noutras geografias as oportunidades ajustadas às suas expectativas.

É neste quadro teórico que vale a pena analisar os mecanismos produtores das desigualdades educativas. Encontramos as suas raízes nas desigualdades sociais que se tornam evidentes na origem familiar, no local de residência, na escola que se frequenta ou no sistema de ensino que as acolhe.

As desigualdades educativas resultam um pouco de todos esses fatores que interagem nos trajetos individuais e coletivos, que vão desde a infância à vida ativa. Olhar apenas para a escola, para as políticas e para os resultados do seu desempenho é iludir a complexidade do problema e reproduzir muitos dos mitos que as visões deterministas construíram em torno da educação.

6

A ETERNA REFORMA DA EDUCAÇÃO

Penso que foi uma forma de o sistema não introduzir uma grande perturbação daquilo que existia. Porque o que havia era os quatro anos do ensino primário, os dois anos do ensino complementar e os três anos da primeira parte do secundário. Portanto, houve aqui uma economia de esforço para poder plasmar na lei aquilo que vinha do anterior e que, na minha perspetiva, funcionou, isto é, os nove anos de escolaridade que vieram a ser cumpridos.

Testemunho de Eduardo Marçal Grilo sobre a Lei de Bases do Sistema Educativo, no Conselho Nacional de Educação. *Lei de Bases do Sistema Educativo: balanço e prospetiva*. Vol. I, Lisboa, CNE, 2017.

Em Portugal, identifica-se um paradoxo em torno da história das reformas da educação: durante quase século e meio, multiplicaram-se as reformas legislativas da educação sem que os seus objetivos tenham sido minimamente concretizados e o atraso tivesse sido superado; nos últimos 30 anos, registou-se a mais profunda alteração no sistema nacional de ensino, com o aumento da escolarização, o crescimento e diversificação do ensino superior, a redução inusitada do abandono escolar e o elevado desempenho dos estudantes portugueses nos testes internacionais, sem que se tenha mudado ou reformado a ainda vigente Lei de Bases do Sistema Educativo que vigora há 36 anos, apenas com três alterações relevantes, mas pontuais.

A Lei de Bases do Sistema Educativo (LBSE, Lei n.º 46/86, de 14 de setembro) foi um referencial de estabilidade a que não será estranho o facto de, desde a sua conceção e aprovação, ter reunido um alargado consenso das diferentes forças políticas e de se ter tornado um dos diplomas enquadradores do sistema educativo com maior longevidade na história da educação em Portugal.

Havia sentido de futuro no articulado daquele diploma. Traçava-se um quadro de referência institucional que proporcionava o desenvolvimento de políticas educativas potenciadoras da mudança, ao mesmo tempo que garantia a continuidade de um legado indispensável a uma desejada estabilidade do sistema.

Entretanto, nos últimos 36 anos, o mundo mudou como há muito não mudava, a sociedade portuguesa mudou profundamente e a educação também, não tanto nos propósitos, mas mais na forma como atingiu níveis de prossecução dificilmente imagináveis há quatro décadas.

O diploma foi desatualizado pelo desenvolvimento que proporcionou. A construção retórica do sistema nacional de ensino em Portugal, que constituiu a principal marca da ineficácia legislativa durante quase século e meio, dava lugar à sua construção centralizada e coerciva e, para todos os efeitos, profícua.

O problema é que a margem que proporcionou a mudança revela-se agora de sentido contrário: deixou de ter sentido de futuro, já não é um referencial para um novo fôlego de desenvolvimento, levanta mais problemas e indecisões do que soluções e ações eficazes.

Desde que entrou em vigor, a LBSE foi modificada três vezes. A primeira, em 1997 (Proposta de Lei 47/VII), da iniciativa do XIII Governo Constitucional (primeiro-ministro António Guterres e ministro da Educação Eduardo Marçal Grilo). A segunda alteração concretizou-se em 2005 por proposta do XVII Governo Constitucional (primeiro-ministro José Sócrates e ministro da Ciência, Tecnologia e Ensino Superior Mariano Gago), que regulou a organização de graus e diplomas do Ensino Superior, na sequência do Processo Europeu de Bolonha (Proposta de Lei 7/X). E a terceira alteração (Proposta de Lei 271/X), da iniciativa do XVII Governo Constitucional (primeiro-ministro José Sócrates e ministra da Educação Maria de Lurdes Rodrigues), que estabeleceu o regime de escolaridade obrigatória para as crianças e jovens que se encontram em idade escolar (dos 6 aos 18 anos) e consagra a universalidade da educação pré-escolar para as crianças a partir dos 5 anos de idade.

Em nenhuma destas alterações foi possível reunir o apoio de todas as forças políticas, mas todas elas foram da iniciativa dos governos e foram viabilizadas pelo maior partido da oposição.

Desde 2009 que não se regista nenhuma alteração à LBSE. A questão que se pode colocar no presente pretende identificar quais as normas que merecem justificadamente ser alteradas e se estas deverão configurar um processo de revisão alargado.

Garantir a estabilidade dos princípios

Não identifico razões relevantes para uma mudança significativa dos princípios gerais e organizativos da atual LBSE. Têm de forma mais ou menos explícita aquelas que são as finalidades axiais de qualquer sistema de ensino, expressas nas seguintes dimensões:

- **Dimensão do desenvolvimento pessoal (I)** — A LBSE entende esta dimensão pelo «desenvolvimento pleno e harmonioso da personalidade dos indivíduos», ou seja, a primeira e mais decisiva finalidade da educação centra-se na formação da pessoa. E quais são os principais atributos dessa dimensão? Em primeiro lugar, a expressão emancipatória da liberdade e da autonomia. Em segundo, o indispensável complemento expresso pelo conceito de civilidade e de disciplina. Pessoas livres e autónomas exigem a interiorização das regras indispensáveis às sociedades modernas organizadas em torno de uma moral cívica e da capacidade de autoconformação dos indivíduos. Em terceiro lugar, os valores e atitudes característicos de sociedades abertas à diversidade social e cultural, como sejam o respeito, a tolerância e a solidariedade perante a diferença.
- **Dimensão de desenvolvimento pessoal (II)** — O que a LBSE designa por «espírito crítico» centra-se, antes de mais, na capacidade de questionamento do adquirido. Saber questionar é o

requisito básico para saber pensar, ambos indissociáveis do conhecimento. É esta trilogia que confere à escola o seu poder institucional que a diferencia do senso comum e de outras instituições modernas sustentadas pelas culturas dominantes. Se a escola se deixar aprisionar pelas orientações para a ação e para o imediato, perde inexoravelmente o seu poder e reconhecimento social como instituição do saber e do conhecimento. Porém, esse poder também lhe é conferido pela educação estética e pela educação física. A educação estética não se confina ao aprimoramento da «sensibilidade artística». Tal como é fundamental a capacidade de questionamento na ciência e nas maneiras de pensar, torna-se decisiva na educação dos sentidos — o saber olhar para lá do evidente, o saber ouvir e escutar na complexidade de uma obra musical ou na diversidade sonora de uma paisagem natural ou humanizada, o saber perscrutar na multiplicidade dos sentidos. Esses são os requisitos para a experiência do belo que nos proporcionam as obras de arte, mas também as oportunidades construídas pelo quotidiano. Nesta perspetiva, a «criatividade» não é uma qualidade intrínseca e dificilmente se pode expressar a partir da ignorância. Só o conhecimento suscita a (re)criação. Do conhecimento e da experiência do que nos rodeia e estimula construímos o conhecimento do «eu», a começar pelo nosso corpo, pela sua motricidade e capacidade de resposta perante a rotina, o treino e o jogo, ou a contingência, o risco e o desafio. É a partir da consciência e domínio do corpo que se pode potenciar o domínio do «bem-estar e da saúde».

- **Dimensão da cidadania** — O que transforma uma pessoa num cidadão? Antes de mais, o que poderemos designar por ética da responsabilidade que pressupõe a consciência e o conhecimento dos direitos e dos deveres dos cidadãos para com os outros cidadãos, e destes para com a sociedade. Já não se trata apenas de uma dimensão moral exclusiva do foro privado de cada cidadão, mas cada vez mais de uma expressão social da esfera pública. Por isso, tem sentido falar em cidadania ativa e participativa nos diferentes contextos da ação coletiva: do local ao nacional, do europeu ao universal. Estamos a falar de uma cidadania que se afirma a partir de identidades concêntricas, as quais são construídas a partir do conhecimento das instituições, desde a freguesia às organizações transnacionais, dos movimentos que pretendem contrariar as causas do aquecimento global, às ações coletivas de defesa do património material e imaterial de uma pequena comunidade. Neste sentido, é necessário reconhecer um novo conceito de cidadania que vá muito além da tradicional dimensão política para se afirmar em domínios como o ambiente, a solidariedade social e a cultura.

- **Dimensão profissional** — Além de formar pessoas e cidadãos, desde a sua origem que aos sistemas nacionais de ensino foi acometida a missão de formar profissionais capacitados para integrar a vida adulta, assegurar o seu sustento e contributo para a criação de riqueza. Neste contexto, conhecimento, habilidades e competências formam a trilogia indispensável à aquisição das qualificações pretendidas pelos indivíduos e exigidas pelo mercado de trabalho. Se a definição dos perfis profissionais é aparentemente menos complexa em sociedades e economias relativamente estáveis, torna-se bem mais problemática quando se desenvolve em contextos de incerteza e acelerada obsolescência tecnológica, como se verifica nas sociedades atuais. Não basta a capacidade de mobilização das técnicas e a destreza no domínio das novas tecnologias, porque essas confrontam-se com ciclos de vida cada vez mais curtos. Exige-se, em primeiro lugar, capacidade de adaptação que só o conhecimento teórico e as maneiras de pensar cientificamente conduzidas (por mais elementares que sejam) proporcionam. Em segundo lugar, exige-se a capacidade e disponibilidade para aprender ao longo da vida em sistemas de educação e formação para ativos adultos. Por fim, e em terceiro lugar, exige-se um sistema independente e eficaz de orientação escolar e vocacional que não se pode confinar às vésperas da concretização de opções por cursos profissionalizantes. Pelo contrário, deverá acompanhar o estudante ao longo da sua carreira escolar.
- **Dimensão organizativa** — Dois princípios que estão mais ou menos explícitos no atual diploma, mas que precisam de ser detalhados de forma a saírem reforçados enquanto objetivos a serem concretizados de forma gradual e sistemática: descentralização e

autonomia das escolas. O atual sistema educativo peca pelo excesso de centralismo. Ao Ministério da Educação só falta a abertura e o fecho dos portões das escolas. Passe o ridículo da imagem, não deixa de ser um retrato da ação das autoridades administrativas. Porém, há que reconhecer que o centralismo beneficia a progressiva ingovernabilidade do sistema. Sindicatos, grupos de pressão, a burocracia da administração e a ação de alguns governantes parecem beneficiar desse condicionalismo.

A organização do sistema educativo

A atual organização do sistema educativo é produto das circunstâncias em que foi pensada, conciliando o que existia à época com o que se pretendia desenvolver. Entre os muitos exemplos de inadequação, temos a educação pré-escolar, separada da educação da primeira infância; uma educação básica unificada de nove anos pensada para concretizar a escolaridade obrigatória de nove anos, quando agora esta se prolonga até aos 18 anos; uma educação primária confinada a um ciclo de quatro anos, dando continuidade à velha conceção de instrução primária; um ciclo preparatório de dois anos (correspondente ao 2.º ciclo), que é um enxerto que ninguém ousa eliminar; um ensino secundário transformado num ciclo propedêutico e licealizado, visando o acesso ao ensino superior; um ensino superior binário que está completamente pervertido; enfim, vários nós de estrangulamento do sistema que precisam de ser desatados.

De uma forma geral, devemos pretender de um sistema de ensino que seja uma «rampa» de progressão das aprendizagens, das mais elementares às mais complexas, e não uma escada em que cada degrau é uma barreira para o degrau seguinte. Existe uma excessiva segmentação desta progressão e, quanto mais são as transições, maior o risco de se cair logo de seguida. O sistema de ensino não pode estar organizado numa sucessão de transições.

A primeira distinção a consagrar é a integração numa primeira fase da educação infantil (creche) com o ensino pré-escolar (jardim-de-infância). Estamos a falar de uma educação não escolar, mas que nem por isso deixa de ser decisiva para o futuro escolar e pessoal das crianças. Designamos por *educação de infância* essa primeira fase de seis anos, integrando de forma sequencial desde o primeiro ano de vida até aos cinco anos.

A segunda alteração tem que ver com a organização escolar e, especialmente, curricular. A grande divisão dos sistemas de ensino, neste particular aspecto, está na organização dos diferentes saberes: integrados numa abordagem generalista, «sem fronteiras», nos primeiros seis anos (até à adolescência) e organizados em disciplinas, correspondentes ao aumento da complexidade e da especialização do conhecimento, nos seis anos seguintes. Esta divisão equivale à distinção entre *educação primária* e a *educação secundária*.

Figura 3: Proposta de organização do sistema educativo

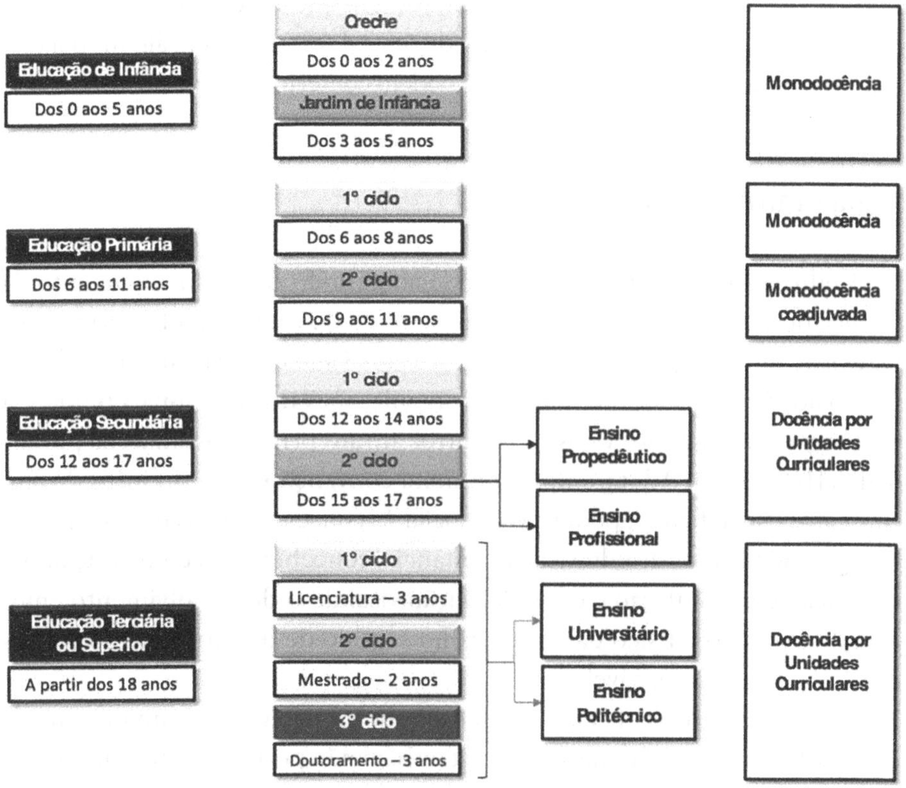

Fonte: Elaboração própria.

Mantenho a dupla via do atual ensino secundário entre a formação para prosseguimento de estudos e a inserção qualificada no mercado de trabalho. A primeira via designo por propedêutica, uma vez que pretende preparar os estudantes para o prosseguimento de estudos a nível superior, sem prejuízo da opção de entrada no mercado de trabalho após o cumprimento da escolaridade obrigatória. A segunda via é profissionalizante e os seus cursos concebidos para a aquisição de conhecimentos e desenvolvimento de competências que os habilitem para o exercício de uma profissão.

No ensino superior, mantenho a organização binária dos cursos em função da diferente natureza da sua formação e independente da natureza jurídica das instituições que a conferem. Assim, o terceiro ciclo, correspondente ao grau de doutor, pode ser conferido por qualquer instituição do ensino superior, dependente apenas dos recursos de que disponha: docentes habilitados, centros de investigação acreditados nas matérias que pretendem lecionar e diplomar e avaliação acreditada da sua produção científica. Há que reconhecer que hoje há universidades que não reúnem estas condições, tal como existem alguns politécnicos que já detêm esses recursos e não podem conferir esse grau.

A educação de infância

A educação de infância corresponde ao período de desenvolvimento da criança desde o berçário até entrar no período de escolaridade obrigatória. Estes seis anos compreendem a creche (até aos 3 anos) e o jardim-de-infância (dos 3 aos 6 anos). Alguns autores e organizações internacionais tendem a prolongar a infância até aos 8 anos, outros até aos primeiros sinais da puberdade (11/12 anos). Adotaremos a primeira convenção, sem prejuízo de, em contextos específicos, a podermos associar às conceções mais extensas.

Quando falamos de educação de infância, concebemo-la como a ação sistemática de estimulação e de socialização visando o desenvolvimento emocional, cognitivo e físico das crianças no sentido de as tornar pessoas mais capazes e mais responsáveis.

Neste contexto, o conceito de educação de infância não se limita à função de guarda familiar ou doméstica, mas também não poderá confundir-se com ensino ou escolarização precoce.

A educação de infância era tradicionalmente entendida no seu propósito de guarda, cuidado e proteção, que se concretizava preferencialmente em contexto familiar. Os avanços verificados nas duas últimas décadas no domínio das neurociências reforçam o carácter decisivo que este período tem para o futuro das crianças, especialmente as oriundas de meios familiares mais desfavorecidos. Crianças que beneficiaram de contextos estimulantes tendem a evidenciar maiores capacidades de sucesso escolar e profissional em relação aos contextos familiares menos estimulantes e mais *stressantes*. Neste sentido, a primeira infância é, cada vez mais, entendida como um período crítico para um bom desempenho escolar, a adoção de escolhas e comportamentos racionais e o desenvolvimento de capacidades de resolução de problemas.

James J. Heckman, Prémio Nobel da Economia atribuído no ano 2000, advoga, na particular perspetiva das teorias do capital humano, uma maior atenção e investimento por parte da sociedade e do Estado em relação à educação de infância:

> A maior taxa de retorno no desenvolvimento da primeira infância vem do investimento o mais cedo possível, desde o nascimento até aos cinco anos, em famílias desfavorecidas. Começar aos três ou quatro anos é demasiado tarde, pois não reconhece que as competências geram competências de forma complementar e dinâmica. Os esforços devem centrar-se nos primeiros anos para a maior eficiência e eficácia. O melhor investimento é o desenvolvimento de qualidade na primeira infância desde o nascimento até aos cinco anos para crianças desfavorecidas e suas famílias.[1]

Se abstrairmos a perspetiva excessivamente utilitária da «produção e acumulação de capital humano», percebemos o quanto uma boa educação de infância pode atenuar o diferencial de capacidades que as crianças revelam já à entrada da escolaridade obrigatória.

Esta atenção acrescida sobre a educação de infância beneficiou muito da investigação em neurociências e em psicologia cognitiva por esta ter revelado

---

[1] Heckman, James J. «Invest in early childhood development: Reduce deficits, strengthen the economy». *The Heckman Equation* 7 (2012): 1–2.

alguns aspectos decisivos do desenvolvimento do cérebro. Pia Britto, uma das especialistas conselheiras da UNICEF para o desenvolvimento da primeira infância, destaca alguma da evidência que resultou dessa investigação:

> A meu ver, estamos no meio de uma mudança revolucionária na forma como pensamos sobre o desenvolvimento cerebral. É cada vez mais claro que são os nossos genes e as nossas interações com o mundo que moldam os nossos cérebros e, consequentemente, conformam os nossos futuros.
>
> Isto é especialmente verdade na primeira infância quando os neurónios formam novas ligações a uma taxa de 700 a 1000 por segundo. Nesta altura da vida de uma criança, a nutrição e a boa saúde são as mais críticas. Mas também é cuidar, estimular e ter boa paternidade — especialmente para as crianças confrontadas com múltiplas adversidades de violência, desastre e pobreza.[2]

A primeira infância ganha relevo na forma como orienta o desenvolvimento futuro da criança, especialmente por ser nesse período que existe maior sensibilidade para a absorção de estímulos exteriores. No gráfico, podemos visualizar em que períodos é maior a sensibilidade do desenvolvimento cerebral em domínios como a linguagem, os números, as competências sociais e o controlo emocional.

Gráfico 26: Desenvolvimento cerebral em função da idade

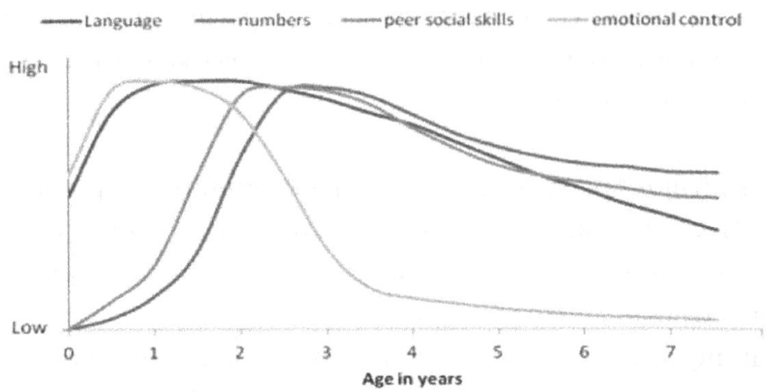

Fonte: Council for Early Childhood Development (2010).

[2] https://blogs.unicef.org/blog/neuroscience-is-redefining-early-childhood-development/.

Estes contributos centram-se no potencial de desenvolvimento que uma boa educação de infância poderá proporcionar, mas acrescentam algo de relevante para a formulação das políticas tradicionais de proteção da infância e de apoio às famílias. A maior integração das mulheres no mercado de trabalho, tendencialmente igualitária na sua participação, coloca desde logo problemas acrescidos no que diz respeito à compatibilização da vida profissional com a familiar.

Convém lembrar que Portugal é o país da UE com maior percentagem de agregados domésticos com uma criança, em que os adultos trabalham a tempo inteiro (valores próximos dos 60%).[3]

Na literatura académica, identifica-se uma clara tendência para se valorizar os efeitos da conciliação entre trabalho e vida familiar, em detrimento das visões tradicionais que se centravam no conflito. As políticas públicas «amigas» da família, visando potenciar os instrumentos de proteção social, têm sido acompanhadas por iniciativas das empresas no sentido de garantir bem-estar familiar, empenho e produtividade laboral.

Identificam-se três tipos de instrumentos: flexibilização dos horários de trabalho, cuidados infantis e licenças parentais. A análise de impacto da adoção destes instrumentos nas organizações nem sempre é conclusiva. Porém, os resultados mais robustos centram-se na flexibilidade e nas políticas de cuidados dos filhos.

Num estudo relativamente recente de investigadores da NOVA.SBE[4] aponta-se para três conclusões fundamentais:

- Os instrumentos de conciliação estabelecidos entre empregadores e empregados tendem a ser mais benéficos e eficazes do que as políticas macro.
- As políticas de conciliação não são universais, sendo mais eficazes aquelas que resultam do diálogo interno porque mais ajustáveis aos problemas particulares de cada grupo.
- As medidas de conciliação família-trabalho tendem a ter mais sucesso quando a proximidade entre chefias e colaboradores é maior ou quando existe uma forte cultura empresarial.

---

[3] Eurostat, EU-LFS (lfst-hhwhacc).

[4] Confederação Empresarial de Portugal e Nova School of Business and Economics. *Desafios à Conciliação Família-trabalho*. Lisboa, CIP & NOVA.SBE, 2018.

O impacto de medidas de conciliação tem sido tratado pela literatura académica, que, de uma forma geral, tem convergido para benefícios relevantes ao nível do bem-estar e da produtividade nas empresas por parte dos pais. Mesmo ao nível da consultadoria empresarial, o tema ganha destaque pelos benefícios que induz:

> Há evidências crescentes que sustentam a ideia de que o bem-estar estimula o desempenho. A investigação mostra que os custos da perda de produtividade são 2,3 vezes superiores aos custos médicos e farmacêuticos. Complicando o leque de potenciais respostas do empregador, estes custos ocorrem frequentemente quando um empregado está realmente no trabalho. Um estudo da Dow Chemical Company concluiu que os custos do «presenteísmo» atingiram uma média de 6721 dólares por trabalhador por ano. Não admira, pois, que o foco no bem-estar se estenda agora para ajudar os empregados a terem um bom desempenho no trabalho, e não apenas evitar ausências.[5]

O problema que se coloca é o de saber como é que as políticas públicas poderão ser reconfiguradas para integrar estes novos adquiridos. Um dos domínios que tem conquistado uma especial relevância é o da natalidade. Tive oportunidade de explicitar no capítulo da demografia que não tem sentido falarmos de políticas de natalidade: ou falamos de política de apoio à maternidade ou à infância. A natalidade é uma consequência do desenvolvimento destes dois domínios.

Muito recentemente, as políticas de apoio à infância têm conquistado alguma projeção mediática, mas pela forma como são concebidas dificilmente poderão gerar os resultados que se pretendem. São muito mais paliativos monetários de forma a aliviar os encargos das famílias do que verdadeiras políticas de reforma deste sector.

A educação de infância tem de ser concebida como um todo. A divisão entre a creche e o jardim-de-infância é uma divisão artificial que cada vez faz menos sentido. Porém, a essa divisão correspondem tutelas diferentes:

---

[5] *Deloitte Global Human Capital Trends 2018. Insights*: 68. Disponível em: https://www2.deloitte.com/content/dam/Deloitte/au/Documents/human-capital/deloitte-au-hc-human-capital-2018-120419.pdf.

a primeira infância é geralmente entendida como um objeto das políticas de proteção social e de apoio à família, sob tutela do Ministério do Trabalho e da Segurança Social ou da Solidariedade; a segunda infância, correspondente ao pré-escolar, está sob a tutela do Ministério da Educação.

A primeira infância é acolhida pelas redes privada e solidária (IPSS), não existindo oferta pública; a segunda é maioritariamente assegurada pela rede pública do pré-escolar. Esta divisão não tem qualquer sentido e muito menos terá se o Estado se der ao trabalho de criar uma rede pública de creches, duplicando ofertas onde elas já existem. Só por capricho ideológico se compreende que não se parta do que existe para aumentar essa mesma rede, promovendo uma cobertura alargada da oferta.

Chega-se ao cúmulo de se determinar que o tempo de serviço das educadoras de infância contabilizado na rede de creches não conta para a sua progressão e reforma no ensino pré-escolar. Consequência: além do sentimento de mal-estar e injustiça que esta situação provoca, torna-se evidente a falta de qualquer preocupação reformista que permita superar este problema.

Por fim, um último indicador que não poderemos ignorar: o da pobreza infantil. Ainda que os valores relativos a Portugal não se destaquem relativamente aos dos países parceiros da UE, existem quatro evidências que convirá reter:

- Nas últimas duas décadas, assistimos a uma indisfarçável alteração das estruturas familiares: em 1993, as famílias monoparentais representavam 7% do total dos agregados domésticos. Em 2018, 25 anos depois, essa percentagem subiu para 11%.
- Entre os agregados domésticos monoparentais, em 87% o adulto é mulher.
- Em Portugal, as taxas de risco de pobreza infantil tendem a aumentar com a idade e destacam-se quando se trata de famílias monoparentais ou com mais de dois filhos.
- Portugal integra com a Austrália, o Japão e o Reino Unido o conjunto de países com menos despesa pública em educação de infância.

Na verdade, aquilo a que temos assistido nos últimos anos é à retórica do combate às desigualdades sociais como pretexto para se distribuir rendimento para que tudo fique na mesma. Se há reforma urgente que precisamos de concretizar, esta é uma delas.

A educação primária

Há uma identidade construída sobre a escola primária enquanto espaço simbólico da velha conceção da *instrução primária* a partir da qual o Estado Novo construiu o fundamental da rede capilar da escola de massas. O chamado Plano dos Centenários lançado pelo Governo de António Salazar, em 1940, criou, até ao final de década de 50, cerca de 7000 novos estabelecimentos, de forma a dar cobertura escolar em todo o país até à mais recôndita aldeia.

Ao simbolismo da escola primária o Estado Novo associou a imagem do(a) professor(a) primário(a), cujo estatuto e reconhecimento social era apenas superado pela elite dos professores de liceu, geralmente provenientes das novas classes médias urbanas que tinham acedido ao ensino universitário.

O ensino liceal iniciava-se aos dez anos e representava a entrada num mundo mais restrito a que poucos conseguiam aceder. Quem quisesse continuar após a instrução primária, na sua maioria, era encaminhado para as escolas técnico-profissionais.

Esta distinção tentou ser superada pela conceção de um ciclo preparatório que unificasse o 1.º ciclo do ensino liceal e o ciclo preparatório elementar do ensino técnico-profissional. Esta operação foi determinada pelo aumento da escolaridade obrigatória para seis anos (1964) e a criação de um ciclo complementar de dois anos da instrução primária (1967).

A LBSE de 1986, além de aumentar a escolaridade obrigatória, deu continuidade ao processo de unificação dos percursos escolares, criando o ensino básico composto por uma sequência do 1.º ao 3.º ciclo (4+2+3). Consagrou, na prática, a estrutura herdada do Estado Novo, mas com uma outra designação e com o prolongamento do ensino unificado coincidente com a escolaridade obrigatória.

Esta alteração acabou por consagrar o ensino secundário «regular» como um ciclo propedêutico do ensino superior, dando continuidade à velha cultura liceal e desvalorizando as vias profissionalizantes, ao remetê-las para uma opção de segunda escolha.

Esta alteração conduziu a uma maior segmentação do sistema de ensino, nomeadamente com a consagração das tipologias dos estabelecimentos: escolas básicas do 2.º e 3.º ciclos (EB23) e escolas secundárias, podendo algumas delas manter ou acrescentar o 3.º ciclo. Foi para combater esta segmentação que, em finais da década de 90, se lançaram os «agrupamentos escolares» e as Escolas Básicas Integradas (EBI). Uma outra preocupação centrava-se na racionalização da oferta do 1.º ciclo, fortemente assolada pela quebra demográfica, pela concentração de algumas escolas rurais e pela criação dos centros escolares.

De alguma forma, o 1.º ciclo estava confinado às velhas escolas do Plano dos Centenários, o que fomentou uma cultura de isolamento que em nada favoreceu os trajetos escolares. Essa cultura não desapareceu com os agrupamentos escolares, mas estes abriram novas oportunidades de articulação pedagógica vertical.

A opção que se coloca atualmente é a de caminhar para um ciclo alargado da educação primária ou manter a segmentação. Isto passa por se resolver o problema do 2.º ciclo. Deveremos regressar à estrutura liceal de associação do 2.º ciclo ao 3.º ou deveremos integrá-lo com o 1.º ciclo?

A opção que faço é a segunda, ou seja, criação da uma educação primária de seis anos, eventualmente dividida em dois ciclos de três anos. A organização em ciclos tem implicações na organização curricular, mas também nos processos avaliativos. Ciclos um pouco mais longos (neste caso, três anos) permitem melhor consolidação das aprendizagens e valorizar a lógica de ciclo na sua avaliação.

Alguns argumentos adicionais:

Temos, a nível formal, um ensino «secundário», mas deixámos de ter um ensino «primário». Não vejo melhor solução do que a recuperação desta última designação, mesmo que ponha em causa alguns preconceitos instalados no senso comum.

A formação inicial de professores continua a reproduzir alguns dos problemas atrás identificados, dividindo-se entre professores do 1.º ciclo e professores do ensino básico sem qualquer identidade profissional suficientemente sólida.

Tal como é urgente proporcionar o desenvolvimento de identidades profissionais para os educadores de infância, é necessário reconstruir a identidade do professor primário, pela dimensão generalista da sua formação e do seu ensino.

A alteração que proponho pressupõe, assim, uma reforma da formação inicial de professores.

A base da educação primária é a monodocência, especialmente nos primeiros três anos, passando a monodocência coadjuvada nos três anos seguinte. O modelo de coadjuvação pode ser mais desenvolvido a partir da ideia do recurso a professores mais especializados que possam distribuir o seu trabalho por mais de uma turma.

A educação secundária

A proposta de uma educação secundária de seis anos integrando dois ciclos de três anos não é mais do que alinhar o sistema educativo português pela grande maioria de sistemas educativos à escala mundial. A terminologia adotada centra-se muito na distinção, internacionalmente consagrada, entre «lower secondary» e «upper secondary», correspondentes ao nosso 3.º ciclo do ensino básico e ao ensino secundário. Nestes termos, disporíamos de um 1.º ciclo de ensino secundário a que sucede o 2.º ciclo desse ensino.

A razão principal desta proposta de mudança prende-se com o objetivo de desconectar o atual ensino secundário de uma identidade utilitária de acesso ao ensino superior, para criar condições para a reconstrução de uma identidade mais alargada que, de facto, já existe em função do perfil de professor que é idêntico, permitindo reforçar os mecanismos de mobilidade vertical entre os dois ciclos.

Esse perfil é determinado pelo tipo de formação inicial de base universitária na maioria dos grupos de docência, correspondente a um nível de conhecimento mais especializado que suporta a organização em disciplinas, distinguindo-se do perfil generalista do professor do ensino primário.

O 1.º ciclo do ensino secundário, correspondente ao atual 3.º ciclo, deveria manter-se na sua atual configuração de ensino unificado. O 2.º ciclo do ensino secundário deve consagrar o já estipulado na atual LBSE: uma via de prosseguimento de estudos que designamos por «propedêutica», assumindo frontalmente a preparação para o acesso ao ensino superior; uma via de formação para inserção no mercado de trabalho, de carácter profissionalizante e com cursos ajustados às profissões. Como me parece razoável, tal como a via de prosseguimento de estudos não deverá excluir o desenvolvimento de competências profissionais, também as vias profissionalizantes não deverão menosprezar a formação cultural e pessoal dos alunos que escolheram essa alternativa.

A desgovernamentalização do *curriculum*

Em 2019, a jornalista do *Público* Clara Viana lembrava que, nos últimos 30 anos, a educação em Portugal tinha sido alvo de 40 reformas e que desde o ano 2000 «foram pelo menos 18 as alterações e reformas curriculares que mexeram na oferta e conteúdo das disciplinas e nas modalidades de formação disponíveis para os estudantes do ensino não superior».[6] Neste balanço particular também dei o meu contributo com a Reforma do Ensino Secundário e os restantes cursos de nível secundário.[7]

O contexto desta reforma foi muito particular. Os anteriores governos liderados por António Guterres tinham desencadeado um processo de revisão curricular do ensino básico e do ensino secundário. À data da minha tomada de posse como ministro da Educação do XV Governo Constitucional, as alterações introduzidas no ensino básico eram irreversíveis e apenas fui a tempo de fazer algumas alterações cirúrgicas. O mesmo já não aconteceu com o ensino secundário. Aí foi possível conter o que estava preparado para os cursos científico-humanísticos e para os cursos tecnológicos e preparar uma reforma sistemática dos restantes cursos de nível secundário, com particular atenção aos do ensino profissional e do ensino artístico especializado.

Independentemente do resultado obtido — que não terá sido tão mau quanto alguns temiam, atendendo a que o fundamental continua em vigor —, tive oportunidade de refletir sobre o que foi feito e sobre a maneira como foi feito. Se há alterações curriculares que podem deixar uma marca simbólica de quem as aprovou, a que me coube a responsabilidade de conceber só foi

---

6 *Público online*, edição de 16 de julho de 2019. Disponível em: https://www.publico.pt/2019/07/16/sociedade/noticia/quase-40-reformas-tres-decadas-assim-educacao-1880064.

7 O conjunto de diplomas, numa edição comentada, foi republicado em Justino, David *et al.* *A Reforma do Ensino Secundário*. Porto, Porto Editora, 2004.

feita, precisamente, para não deixar qualquer marca. Única e simplesmente para que a marca que os antecessores quiseram deixar não nos conduzisse a um perfeito descalabro nos mais variados domínios, desde o curricular, ao pedagógico, do financeiro ao organizacional.

A segunda reflexão que fiz e que agora partilho com o leitor centra-se no poder que exerci e que, de forma racional, gostaria de não ter exercido. Se a cada governo que se sucede alguém pretender deixar a sua marca através de uma reforma curricular, o sistema de ensino corre o risco de colapsar.

Os custos da instabilidade curricular são elevadíssimos e, quando concentrados em grandes reformas legislativas, estas correm sempre o risco de serem revogadas com a maior das facilidades para que qualquer outra possa ser feita. O *curriculum* precisa de estabilidade e, em vez de grandes reformas, precisa de ajustamentos pontuais, devidamente preparados e ponderados. Exige um planeamento que considere desde a formação de professores à monitorização do efeito dessas alterações. Só que esse trabalho de preparação e planeamento não se compadece com os ciclos eleitorais nem com os mandatos — predominantemente incompletos — dos governantes e decisores.

Por estas razões, não encontro melhor alternativa a *desgovernamentalizar o curriculum*. Mas se não forem os decisores políticos, com a legitimidade que lhes é conferida em qualquer regime democrático, quem deveremos responsabilizar por tal tarefa?

Tive oportunidade de participar num processo de reforma curricular. Ouvi dezenas de pessoas, sindicatos, associações de professores, sociedades científicas, grupos de «personalidades» que queriam ter uma palavra a dizer. Muitos dos que não consegui receber tive a oportunidade de os ler, ouvir e ler nos órgãos de comunicação social e, no fim de todo esse processo, criei a imagem de uma gigantesca orquestra em que cada naipe de instrumentos só se queria ouvir a si, ignorando todos os outros. Como hipotético maestro, senti que nem sequer tinham aberto a pauta e muitos deles nem sabiam solfejo. A única orquestra afinada em que os seus membros sabiam o que estavam a «tocar» encontrei-a nos mais de 600 contributos provenientes dos professores e das suas escolas. Mas desses só eu e um empenhado grupo de assessores e dirigentes tivemos a oportunidade de recolher o que de melhor foi reunido.

Por um lado, a governamentalização do *curriculum* presta-se à exposição do decisor a todas as pressões possíveis e imaginárias. Por outro lado, não me parece que uma solução burocrática seja mais imune a essas pressões.

O ideal seria a criação de uma agência ou instituto, com autonomia funcional em relação à administração educativa e aos governos, que pudesse monitorizar a forma como o *curriculum* em vigor está a ser desenvolvido, identificar problemas de articulação horizontal e vertical, preparar e planear os tais ajustamentos que, de forma gradual, pudessem ser introduzidos, não por voluntarismo reformista, mas por uma preocupação genuína de qualificar as aprendizagens.

Não sei se uma solução destas seria possível de concretizar, mas reconheçamos que é difícil contrariar a tentação e o poder de deixar uma marca para o futuro e de fazer vingar uma conceção ideológica que está sempre subjacente a todo o *curriculum*. Esse é o principal entrave a uma solução institucional que reúna consenso entre as diferentes forças políticas e sociais.

O poder curricular é demasiado forte para que possa ser deixado a especialistas e a tecnocratas da educação cuja legitimidade é sempre diminuta face às opções políticas que exigem autoridade e competência.

Descentralização e autonomia

Na comparação com os seus congéneres europeus, o sistema de ensino português passa por ser dos mais centralizados. Esta distinção expressa a forma como esse sistema foi concebido e desenvolvido desde o século XIX: um sistema de ensino desenvolvido a partir do Estado, de cima para baixo, ou seja, da administração centralizada para as comunidades locais, tal como tenho vindo a defender ao longo destes ensaios.[8]

Assumidamente centralista na origem, identificam-se duas tentativas de descentralizar parte significativa das competências e poderes para os níveis municipal e local.

---

[8] Retomarei parcialmente nesta parte o que publicámos em Justino, David. «Descentralização: políticas e dinâmicas escolares em contextos municipais». *História dos Municípios na Educação e na Cultura: Incertezas de Ontem, Desafios de Hoje*. Lisboa, Instituto de Educação da Universidade de Lisboa (2013): 93–119.

A primeira formulação de uma política descentralizadora foi proposta por D. António da Costa, através do decreto de 16 de agosto de 1870. No parecer que acompanha o diploma, aquele que passou por ser o primeiro ministro da instrução pública apontava como a primeira entre as mais importantes causas do atraso educativo a «organização centralizadora» que bloqueava a concretização do desígnio de uma «educação nacional». Por isso enunciava como objetivo principal do seu diploma a descentralização da instrução primária para a «localidade».[9] Esta iniciativa acabou por morrer antes de ser regulamentada.

No rescaldo da crise financeira de 1876, António Rodrigues Sampaio decide retomar o diploma de D. António da Costa, reformulando-o e fazendo-o aprovar em 1878, sob a forma de lei de 2 de maio, completada pela lei de 11 de junho de 1880 e, no ano seguinte, regulamentando-a pelo decreto de 28 de julho de 1881.[10]

A década de 80 vai ser marcada pela descentralização, com uma transformação especial: o pagamento dos professores passa a ser feito pelas Câmaras Municipais e pelas Juntas de Paróquia. A experiência teve um sucesso assinalável na cidade de Lisboa, mas terá sido um enorme pesadelo a nível nacional. Os prenúncios da crise financeira de 1891 faziam-se sentir desde, pelo menos, a crise brasileira de 1889, com a retração do afluxo de capitais a que se seguiu o Ultimato e a Revolta Republicana do 31 de Janeiro no Porto. Em abril de 1890, é criado o Ministério da Instrução Pública e Belas-Artes, velho sonho que remontava a Feliciano de Castilho, mas que, desde logo, põe fim à experiência descentralizadora.

Com a República, uma nova experiência descentralizadora é decretada com o diploma de 29 de junho de 1913. O financiamento das despesas do serviço de instrução primária voltaria a ser repartido entre o Estado e as Câmaras, cabendo a estas o pagamento dos ordenados dos professores, rendas

---

[9] Parecer anexo ao decreto de 16 de agosto de 1870, Legislação Régia, Assembleia da República. Disponível em: http://legislacaoregia.parlamento.pt/V/1/45/74/p476. Nesta, como em outras citações, atualizámos a ortografia.

[10] Silva, Carlos Manique da. «A expressão da Reforma de António Rodrigues Sampaio no Município de Lisboa ou a afirmação de um "Governo dos Assuntos Educacionais"». *Educação e Filosofia*, Universidade federal de Uberlândia, v. 26, n.º 52, 2012: 449–464.

de casa, mobiliário, material escolar e outras despesas de manutenção dos edifícios. Regressava-se também ao modelo em que a nomeação, a transferência e a demissão dos professores do ensino primário estavam a cargo das autarquias. Ou seja, retomavam-se alguns dos princípios de descentralização educativa da legislação de Rodrigues Sampaio.

Decretadas em 1911, as medidas de descentralização entraram em vigor em 1913. Cinco anos bastaram para que o novo quadro jurídico colapsasse. O decreto de 12 de julho de 1918, assinado por Sidónio Pais, determinou que os «serviços da instrução primária» que estavam sob tutela das Câmaras Municipais «passam a ser administrados pelo Estado, a partir do ano económico de 1918–1919». A justificação era simples: não obstante o «prestigiante intuito» que presidiu à descentralização consagrada pela legislação dos primeiros anos da República, a mesma «não tem produzido no maior número dos municípios os benefícios que deveriam resultar da autonomia administrativa desses serviços»[11]. No ano seguinte, recupera-se a criação das Juntas Escolares (decreto de 10 de maio de 1919), compostas por representantes das Câmaras e dos Professores, o que representaria uma solução mitigada, mas que viria a ser revogada por novo diploma de 12 de maio de 1922. Neste último diploma, as Juntas Escolares são acusadas «das maiores ilegalidades», invoca-se o facto de estarem «de tal forma divididas e os seus membros tão incompatibilizados, que a sua existência só prejudica a boa Administração do ensino», aludindo ainda aos «processos dos concursos» que são retidos pelas Juntas durante «muitos meses, com grave ofensa dos direitos dos concorrentes», conduzindo ao «caos na administração do ensino»[12]. O decreto de 19 de maio de 1925 acabaria por extinguir definitivamente as Juntas Escolares.

O centralismo na administração do sistema educativo consolidar-se-á no Estado Novo, aproximando-se do modelo extremado de uma regulação coerciva, autoritária e de pendor fortemente nacionalista e endoutrinadora. Com esse modelo, o conceito de *Estado Educador* ganha a sua máxima expressão, em que o papel das escolas, das comunidades e das autarquias se remete à estrita concretização das orientações superiores.

---

[11] *Diário do Governo* de 13 de julho de 1918: 1186–7.

[12] *Idem*, 12 de maio de 1922.

A imagem da descentralização ficaria, entretanto, associada às efémeras experiências dos regimes liberal e republicano e ao seu insucesso real ou, pelo menos, à não consensualização de um modelo cujos resultados são, no mínimo, duvidosos. No discurso centralista, passariam sempre a constar as experiências dos vencimentos em atraso, do caciquismo no recrutamento, da desqualificação do pessoal docente, das injustiças nos concursos. O discurso da descentralização educativa, fortemente influenciado pelos seus teóricos pioneiros, de Alexandre Herculano a Henriques Nogueira e a D. António da Costa, cedo se transformou num mito democrático de devolução às raízes comunitárias da vontade popular. Sintomaticamente, as soluções descentralizadoras reforçavam-se sempre nas conjunturas de escassez de financiamento, funcionando como alternativa à crise das contas públicas e transformando municípios e paróquias no último recurso indispensável à multiplicação e sustentação das escolas que mal cobriam a totalidade do território nacional.

Só que nem os municípios nem as paróquias dispunham desses recursos nem a vontade real de os mobilizar se fazia sentir, tão habituados que estavam a conceber a escola como uma dádiva do Estado — quantas vezes entendida de duvidosa graça — e o provimento de um lugar de mestre-escola como mais um privilégio a conceder a um protegido do campanário.

Uma das questões mais enigmáticas relativas à evolução do sistema de ensino em Portugal prende-se com a transição do modelo de organização do ensino herdado do Estado Novo para o modelo do regime democrático. As transformações ocorridas logo após a revolução, sendo profundas no que diz respeito ao currículo, à administração das escolas e ao controlo *macro* das novas instituições democráticas, revelaram-se superficiais no que respeita a qualquer reconfiguração descentralizadora. Aparentemente, os mecanismos de regulação coerciva, de carácter burocrático e administrativo, mantiveram-se praticamente intactos, o mesmo é dizer, fortemente centralizados. Ousaríamos dizer que o conceito de *Estado Educador* se poderia aplicar a preceito a dois regimes políticos de tão contrária natureza.

Além das alterações curriculares, cuja porta já havia sido aberta pela Reforma Veiga Simão, a mais decisiva mudança operou-se no poder conquistado pelos professores na afirmação de um modelo autogestionário das escolas de forte pendor profissional e na rápida substituição da burocracia dos serviços centrais. Com esta mudança, consagrou-se o que João Barroso designou por modelo de regulação «burocrático-profissional» baseado «numa "aliança" entre o Estado e os professores, combinando uma "regulação estatal, burocrática e administrativas" com uma regulação "profissional, corporativa e pedagógica"».[13]

Vai no mesmo sentido a perceção de António Nóvoa, ao reconhecer «a continuidade de uma visão centralizada do sistema de ensino, num tempo histórico em que a emergência de um poder local democrático teria permitido imaginar outras alternativas; as referências à descentralização e à autonomia das escolas estiveram sempre presentes, mas os passos dados nesta direção foram de uma enorme timidez».[14]

Ainda assim, alguns passos descentralizadores foram concretizados.

Em primeiro lugar, importa destacar uma das formas de descentralização geralmente secundarizada: o ensino particular. No início da década de 80, o número de alunos matriculados no ensino privado representava cerca de 6,5% do total de alunos matriculados em todos os níveis de ensino. Vinte anos depois, essa razão passa para 19% e em 2021 está em 20%. Ou seja, o peso dos alunos matriculados triplicou em 40 anos. Como fonte de regulação alternativa à escola pública, não deixa de ser assinalável esta progressão.

Em segundo lugar, o ensino superior assistiu a alguns dos processos de mudança mais profundos na sua história contemporânea: o aumento da oferta do ensino público e particular numa progressão constante até ao final da primeira década do século XXI, a cobertura do território nacional numa malha relativamente densa, o aumento da autonomia das instituições públicas em todos os domínios, especialmente no científico e pedagógico. Neste particular domínio do sistema nacional de ensino, até poderemos dizer que a descentralização terá mesmo induzido um aumento da desregulação da oferta.

---

[13] Barroso, João. «O Estado, a Educação e a Regulação das Políticas Públicas». *Educação e Sociedade*, vol. 26, n.º 92, 2005: 725–751.

[14] Nóvoa, António. «O espaço público da educação: imagens, narrativas e dilemas», Nóvoa, António *et al.* — *Espaços de Educação, tempos de formação.* Lisboa, Fundação Calouste Gulbenkian: 2002. Disponível ainda em: http://repositorio.ul.pt/handle/10451/4797.

Em terceiro lugar, comparando com o observado nos dois pontos anteriores, os processos de descentralização nos ensinos básico e secundário de carácter público foram os mais modestos e em muito pouco afetaram o poder de regulação coerciva central.

Na perspetiva da municipalização, as transferências de poderes foram, por um lado, onerosas, por outro, meramente simbólicas. Durante a década de 80, foi transferido para a tutela das autarquias o parque escolar do 1.º ciclo num processo cujos contornos haveriam de manchar as relações entre o Estado Central e o poder local. O estado de degradação em que se encontrava esse parque escolar era de tal ordem que o ónus da manutenção e reabilitação acabou por recair quase em exclusivo sobre as finanças autárquicas. O que o Estado transferiu foi «uma dor de cabeça» sem qualquer poder acrescido de regulação.

As sucessivas tentativas de transferir o restante parque escolar do ensino básico esbarraram na desconfiança por parte do poder local relativamente ao limitado financiamento que lhe estava associado e ao estado de degradação de uma grande parte dos estabelecimentos. A recente aceitação de protocolos de transferência por parte de algumas autarquias foi em número limitado e, entre as que aceitaram, enfrentam o cenário da sua devolução.

Quatro outros domínios registaram alterações: o dos transportes escolares, o da ação social escolar, o dos funcionários auxiliares e o das atividades de enriquecimento curricular. A gestão dos transportes escolares ganhou especial relevo com o reordenamento da rede escolar, especialmente a do primeiro ciclo de ensino. A gestão da ação social escolar é partilhada com as administrações das escolas, sendo mais extenso no pré-escolar e primeiro ciclo. A transferência do pessoal auxiliar para as autarquias levanta ainda problemas de tutela e as atividades de enriquecimento curricular vieram substituir ou complementar competências já afetas a instituições de solidariedade social e a associações de pais.

Um segundo domínio do processo de descentralização para os municípios prende-se com a gestão da rede e das ofertas educativas. O lançamento das cartas educativas concelhias e dos conselhos municipais de educação em 2003 tinha como intenção lançar as bases para a descentralização efetiva de uma gestão da rede de ofertas educativas que fosse partilhada entre os serviços centrais e as organizações locais. Porém, ao voluntarismo e à expressão simbólica dessa descentralização não corresponderam as dinâmicas necessárias à concretização daqueles objetivos. Como muito bem conclui Clara Cruz, «uma medida que poderia ter sido emblemática no processo de descentralização (quer pelo seu conteúdo, quer pelo que lhe está subjacente e/ /ou lhe é complementar) se revela um exemplo ilustrativo dos limites e das potencialidades do processo de descentralização da educação em Portugal nas últimas décadas».[15] «Limites» acanhados, «potencialidades» extensas, concretizações frustrantes, acrescentaríamos.

Sendo relevante pelo conjunto diversificado de serviços prestados, todas estas competências são periféricas e de carácter suplementar em relação à atividade central de gestão das escolas e do processo ensino. Essa atividade mantém-se, no fundamental, no domínio da regulação coerciva central: seleção, recrutamento, afetação e avaliação de desempenho dos professores, financiamento, currículo, avaliação externa, inspeção e organização pedagógica mantêm-se sob controlo central do Estado.

Pelo menos num destes poderes, a tendência até terá sido de maior centralização: a avaliação externa. O efeito regulador das aprendizagens que o sistema centralizado de exames tem vindo a desempenhar é evidente. De certa forma, esse efeito compensa a crescente desregulação que a formação inicial de professores e o respetivo processo de recrutamento têm vindo a revelar. A autonomia pedagógica e científica das instituições de ensino superior responsáveis pela formação inicial de professores contribuiu para que o Estado e a administração central da educação tivessem perdido o controlo sobre esse recurso estratégico.

Na perspetiva da autonomia das escolas, importa lembrar que a atual Lei de Bases do Sistema Educativo é omissa relativamente ao conceito de autonomia das escolas. Aplica-o apenas às instituições de ensino superior. Isto não quer dizer que o tema tivesse ficado afastado da problemática das políticas públicas de educação, desde logo com a aprovação do Decreto-Lei

---

15 Cruz, Clara Freire. *Conselhos Municipais de Educação: Política Educativa e Ação Pública*. Dissertação de doutoramento em Educação — Administração e Política Educacional, IEUL, 2012: 259.

n.º 43/89, da responsabilidade do então ministro Roberto Carneiro. O princípio também viria a ser consagrado no Decreto-Lei 115-A/98, ainda que não tivesse produzido qualquer efeito prático até 2004.

O primeiro contrato de autonomia foi celebrado entre o Ministério da Educação e a Escola da Ponte da Vila das Aves em 2004, considerando o particular projeto de organização pedagógica e administrativa daquele estabelecimento. Só três anos mais tarde é que um novo diploma (DL 75/2008) avança com a contratualização da autonomia das escolas e a medida é concretizada num primeiro grupo de 22 estabelecimentos de ensino público.

É igualmente no quadro do novo regime de gestão e autonomia das escolas (2008) que se reconfigura a participação dos diferentes parceiros educativos nos Conselhos Gerais, órgãos responsáveis pela seleção do diretor e pela definição da estratégia de desenvolvimento educativo das escolas.

Sem menosprezar as alterações introduzidas por este novo regime na gestão das escolas, a maior parte dos estudos é convergente na avaliação de que, no domínio da autonomia, a retórica tende a iludir a real dimensão dos seus efeitos.

João Barroso sintetiza de forma muito precisa as principais características do processo de mudança operado nas políticas públicas de autonomia e gestão escolar[16], com especial destaque para o que identifica como «tensão entre uma "lógica burocrática", centrada numa regulação externa através de procedimentos administrativos de coordenação e controlo, e uma "lógica pedagógica", centrada na auto-regulação pelos profissionais, no que se refere à organização do trabalho e às matérias pedagógicas» e pela «inexistência de uma política articulada» entre a reestruturação do Ministério da Educação e os processos de descentralização para as escolas e as autarquias. Neste contexto, Barroso conclui que a «organização centralizadora e burocrática [...] continua a dominar a administração da educação em Portugal».

Os pilares fundamentais da organização centralizadora e burocrática do Estado mantêm-se e os processos de descentralização, ainda que não desprezíveis, têm sido limitados, num quadro de regulação partilhada que poderá

---

16 Barroso, João. «A Utilização do Conhecimento em Política: o Caso da Gestão Escolar em Portugal». *Educação e Sociedade*, vol. 30, n.º 109, 2009: 994–995.

evoluir no sentido de uma maior responsabilização dos níveis periféricos: escolas, municípios e comunidades locais. Por enquanto, a autonomia e a descentralização educativa continuam a assumir-se como mitos que alimentam a retórica pública sem que se vislumbre uma alteração relevante do quadro centralista tradicional. Mesmo assim, esses níveis periféricos denunciam alguns sinais de mudança que importa considerar, pelo que representam de construção de instrumentos inovadores e potencialmente criadores de uma cultura de autonomia.

Uma das reformas a desenvolver é a do reforço da autonomia das escolas, mas esse reforço também passa pela afirmação das lideranças pedagógicas centradas sobre as funções mais nobres da educação, a saber, a aprendizagem, o ensino e a capacidade de mobilizar todos os recursos disponíveis para qualificar o processo de ensino e aprendizagem. Enquanto as escolas forem entendidas como repartições descentralizadas do Ministério da Educação, nem elas se emancipam nem a educação se qualifica.

Educação terciária ou superior[17]

O enquadramento normativo da estrutura e desenvolvimento do ensino superior foi consagrado na LBSE pelas alterações introduzidas pela Lei n.º 49/2005 de 30 de agosto, que institucionalizou o ensino superior à luz das recomendações e compromissos decorrentes do chamado Processo de Bolonha.

Não creio que se justifiquem grandes alterações ao que foi então estatuído. Existe um consenso alargado em relação à continuidade do sistema binário. Existem enormes tensões em torno da designação do ensino politécnico, mas não creio que esteja em causa a dualidade de perspetivas que deverá existir quanto à sua natureza. Estamos perante formas diferentes de conceber os respetivos *curricula* para perfis diferenciados de qualificação. Não basta remeter para a dicotomia entre conhecimento teórico/fundamental e conhecimento aplicado, pois a distinção deverá sobrelevar essa fórmula

[17] O texto deste subcapítulo é uma atualização de um texto publicado pelo CNE sobre as alterações à Lei de Bases do Sistema Educativo.

simplista e enganadora das formas de conhecimento a privilegiar nos processos de ensino e aprendizagem. A distinção terá de ser feita em função dos referenciais de formação que sejam suficientemente flexíveis para melhor responder às alterações constantes das necessidades do mercado de trabalho e ao impacto da revolução tecnológica.

O segundo ponto a merecer atenção é o da configuração organizacional desse sistema binário. A experiência já consolidada de integração de ensino universitário e ensino politécnico na mesma instituição deveria merecer uma avaliação que apurasse as vantagens e desvantagens dessa solução face à alternativa de soluções organizacionais autónomas. As formas e modelos de integração podem ser diversificados em função das características dos casos em apreço, desde que orientados para a partilha e racionalização dos recursos, para processos de especialização inteligente potenciando as vantagens que cada instituição apresenta, para o desenvolvimento de centros de investigação que mobilizem os recursos humanos e as infraestruturas em torno de projetos de elevado potencial científico e, finalmente, que promovam a mobilidade dos docentes e investigadores de forma a qualificar quer o ensino quer a investigação científica, fundamental ou aplicada.

O terceiro ponto prende-se com o acesso dos dois subsistemas à oferta de cursos e graus de 3.º ciclo (doutoramento). Tratando-se de uma oferta exclusiva do ensino universitário, valerá a pena refletir se será de manter ou não o atual quadro normativo. A capacidade de oferta de cursos e graus de 3.º ciclo não deveria estar dependente da natureza jurídica da instituição, mas antes do seu potencial de produção científica, da qualidade dos seus recursos humanos e das condições infraestruturais indispensáveis à qualidade dos cursos lecionados. Em termos práticos, há que reconhecer que existem universidades que reúnem essas condições para poder instituir cursos de doutoramento numa determinada área científica ou especialização, sendo possível que existam instituições superiores de ensino politécnico que o consigam. Pelo contrário, existirão instituições universitárias que lecionam cursos de doutoramento para os quais não dispõem dos recursos em quantidade e qualidade, à semelhança de outras instituições politécnicas que também não reúnem esses requisitos.

Se considerarmos que dispomos, na atualidade, de um modelo e de uma instituição de avaliação e acreditação do ensino superior com a experiência, os instrumentos e o conhecimento para garantir a sua qualidade, então torna-se viável admitir que esses critérios indispensáveis à oferta de cursos e graus de 3.º ciclo poderão ser validados e reconhecidos através do rigor, transparência e isenção da sua avaliação.

Os restantes problemas do ensino superior prendem-se muito mais com a gestão do que existe do que com qualquer constrangimento da lei de enquadramento. Neste aspecto, pouco haverá a mudar na LBSE.